让 我 们 甲骨文 一 起 追 寻

THE TRUTH IS

RARELY PURE

MATTHEW STURGIS

Oscar: A Life

By Matthew Sturgis

Published in agreement with Georgina Capel Associates Ltd., through The Grayhawk Agency .

Simplified Chinese edition copyright:

2024 Social Sciences Academic Press (China), CASS

OSCAR
A Life

奥斯卡·王尔德

[英] 马修·斯特吉斯 — 著

马娟娟 — 译

| 一 | 部 | 传 | 记 |

1889–1900

II

社会科学文献出版社
SOCIAL SCIENCES ACADEMIC PRESS (CHINA)

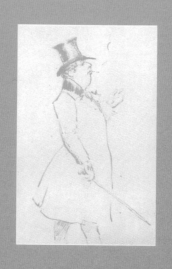

第六部分
少年国王

1889～1892 年

34～37 岁

1892 年，奥斯卡・王尔德在克罗默（Cromer）
附近的费尔布里格村（Felbrigg）

1. 一个绝色的男人

要为艺术做出牺牲，你才能得到回报；但如果要艺术为你牺牲，你可能只会徒增苦恼和失望。

——奥斯卡·王尔德

1889 年的头四周，我们很难找到一份没有刊登奥斯卡·王尔德文章的英国期刊。《笔杆子、画笔和毒药》在《双周评论》上占据了 14 页，《谎言的衰朽》成为《十九世纪》的重要特色，《伦敦的模特儿》（在王尔德威胁要收回稿子之后）最终刊登在《英国画报》上，还配上了哈珀·彭宁顿的图片，而《女性世界》则因编辑的“文学暨随笔”而增光添彩。这是一个显著的成就。 379

评论家认为《伦敦的模特儿》“非常有趣”。王尔德夫人认为这篇文章“写得很好，也很朴素”；而且她说威利也“非常欣赏这篇文章”。[1]在《双周评论》“相当权威”的文学排名榜上，斯温伯恩、J. A. 西蒙兹、埃德蒙·戈斯和亨利·柯曾的作品榜上有名，而《笔杆子、画笔和毒药》被评为“最有趣的”作品，是一篇“原创的”“当之无愧的成功作品”。[2]即使在《女性世界》，人们也发现王尔德已经“超越了自己”，不过与其说这是因为他的“文学暨随笔”，还不如说是因为他成功地获得了罗马尼亚女王的一篇文章。[3]

在一片赞美声中，《谎言的衰朽》得到了最大的褒奖。相

380 比媒体对这篇文章半是迷糊，半是困惑的评论，王尔德更喜欢朋友们私下的赞扬。“您对我文章的喜爱，令我非常高兴，”他在给《星期六评论》编辑沃尔特·波洛克的信中写道，“大众的审美水准正在下降，我决心坚持自己的艺术观点，特别是在艺术与历史的关系上。我将采用一种不为大多数人所理解的形式，但这种形式却可被少数像您这样有着艺术天才的人所欣赏。”[4]

这是那年的一个辉煌的开端。“我很高兴你在文学上找到了灵感，”王尔德夫人以她特有的热情宣布，“我知道，没有哪个作家能做到这样既权威又优美——除了罗斯金。”[5]但王尔德知道，到了2月，报摊上所有的期刊都会换上新的一期，而且（除了《女性世界》）没有一本杂志上会出现他的名字；在新闻界——即便是《双周评论》和《十九世纪》这样比较高端的领域——成就转瞬即逝。叶芝回忆当时的王尔德称，“对于那些人们对他的成功或是能力的普遍看法”，他感到不自在，而且是发自内心的；他仍然认为他的成就是何其少。虽然他偶尔仍然写点诗，但他已经意识到，他不会去挑战上一代伟大诗人的作品。他眼中的大师——斯温伯恩、罗塞蒂、莫里斯、阿诺德、丁尼生、布朗宁——仍然是大师。也许是为了寻求一个解释或借口，他对叶芝说：“我们爱尔兰人过于理想化，所以不能当诗人；我们是一个拥有非凡的败绩的民族，却也是希腊人之后最能说会道的民族。”[6]

但是，他在散文方面取得了进步；当时他在工作中表现出活力和创造力，全新的性生活使他摆脱了约束，很难将此二者割裂开来。正如罗斯所说，当他成了“习惯性的同性恋爱好者”时，他的个性也得到了“强化”。[7]他身上有一种明显的乐观情绪。事实上，叶芝认为那是王尔德在那个阶段最快乐的日子。[8]他的雄心壮志仍未减退。即使前方的道路并不明朗，他仍然对艺术的种种机会抱有信心，相信他有能力去探索这些可能性。

他继续编写着精心构思的、引人入胜的童话故事。《公主的生日》刊登在创新双语周刊《巴黎插画》上。他对一位朋友说："就风格而言，这是我最好的作品。"不过，他很感兴趣的是，他在原著中描述的"黑色和银色"的西班牙宫廷生活，在随附的法语译本中竟然成了"粉红色和蓝色"。[9]他将自己多彩多姿的散文归功于福楼拜，想通过翻译《圣安东尼的诱惑》来表达感激之情。[10]但他想做的事情还不止这些。写作《谎言的衰朽》是个非常有趣的过程，他想回归到对话的形式。此外，他还有一篇酝酿已久的关于莎士比亚十四行诗的文章——将大胆地展示事实与虚构、历史与创新。 381

王尔德想象着，要将莎士比亚与文艺复兴时期重新发现的希腊传统的少年之爱联系起来。莎士比亚将"W. H. 先生"称作他的十四行诗的"唯一促成者"，并为其写了一段"奇怪的赠言"，王尔德从中窥见了"纯粹的柏拉图主义"。他认为，莎士比亚一定是"觉得他的艺术是由这位神秘朋友的美而创造的"。[11]传统学者认为"W. H. 先生"仅仅是一位贵族资助人：彭布罗克伯爵威廉·赫伯特，或者——换成另一个——同样高贵的南安普敦伯爵亨利·赖奥思利。然而，王尔德提出，首字母代表的是另一个不为人知的人物"威利·休斯"（Willie Hughes）。这个观点最早由18世纪的评论家（也是查特顿派学者）托马斯·蒂里特提出，他在几首十四行诗中发现了"Will"和"Hues"这两个词的双关语。然而，王尔德以典型的活力和风格将此概念发扬光大。虽然蒂里特曾经暗示休斯——多首十四行诗里面都出现过的“肤色白皙的少年”——可能是一个宫廷乐师，但王尔德认为，他是莎士比亚剧团里扮演女性角色的少年演员，这个年轻人的“肉体的美成了莎士比亚艺术的奠基石”。他认为，休斯不只是获赠诗歌的人，而且还是莎士比亚所有戏剧的灵感来源，“他的理想的化身”。

王尔德没有把他的观点写成一篇简单的文章，而是用一个故事将它们包装起来。他不想被乏味的事实或固定的立场所束缚。他对一位女性作家朋友解释，“虚构而非真实”是他偏好的模式；“我从来不跟真理打交道。假如真理来到我的房间，他会对我说，‘你太任性了。’而我会对他说，‘你太明显了。’我应该会把他扔出窗外。”当他的朋友问道：“真理难道不是个女人吗？”王尔德承认道：“那么我就不能把她扔出窗外了；我要鞠躬把她送出门口去。”[12]

他设计的小说是一个关于男性友谊、艺术伪造和痴迷的故事，叙述者从他的朋友厄斯金那里得知，他另一个朋友——“非常英俊”和“柔弱”的“西里尔·格雷厄姆”，是如何迷上了“威利·休斯”说，却无法找到确切的证据，于是他伪造了一幅伊丽莎白时代风格的年轻演员肖像，画中人物的手放在一
382 本十四行诗上。虽然这幅赝品最终被人戳穿，西里尔·格雷厄姆自杀了，但首先是“厄斯金”，继而是叙述者，他们都发现自己被这种说法迷住了，到了无法自拔的地步。

尽管小说这种形式让王尔德与这个话题保持了一定的距离，但这个故事对于少年之爱激发艺术创造力做了一番大胆的描述。小说这种体裁也使得他不必就其个人是否认可这种观点作出任何声明——尽管在私下，他会开玩笑地说：“即便我，一直努

力不去相信——因为艺术家总是带着对下一部作品的乐观期待，质疑他的最新作品——甚至也无法怀疑。"[13]值得怀疑的是，王尔德是否将手稿提交给卡洛斯·布莱克并获得了认可，即便他曾经开玩笑地做出过承诺。[14]其他方面的影响则更为明显。和《谎言的衰朽》一样，这篇作品的想法也是在和罗比·罗斯讨论的过程中产生的。事实上几乎可以认为，罗斯之于王尔德，简直就是威利·休斯之于莎士比亚。王尔德告诉他："这个故事实际上有一半是你的，如果没有你，它就不会被写出来。"[15]

王尔德最初想把这篇文章放在《双周评论》上，但弗兰克·哈里斯碰巧不在办公室，稿子被他的副手拒之门外。不过，它在声望颇高的《布莱克伍德杂志》找到了一席之地；王尔德之所以能够说服对方接受这篇稿件，是因为该杂志已经发表了好几篇关于"十四行诗"问题的有趣文章。[16]

如果说《W. H. 先生的画像》本身关注的是赝品的道德问题，那么当时这个话题还在其他方面吸引着王尔德。作为保守党诋毁帕内尔（以及他的"地方自治"议程）的手段之一，《泰晤士报》刊登了一封据称来自爱尔兰领导人的信件摹本，宽恕了——如果不是煽动的话——爱尔兰的暴力行为。帕内尔曾谴责这份文件是伪造的，并要求进行调查以证明他的清白。一个特别委员会就此成立——由三个毫无悔意、充满敌意的统一派人物领导。其调查的不仅是这一指控，还有许多其他针对地方自治领导层的指控。这是一个漫长而充满争议的过程。2月，帕内尔本人面见委员会，他作证时王尔德也经常在场。帕内尔一定是觉得自己离诉讼程序已经很近了。乔治·刘易斯是帕内尔的代理人，他在揭露这封有争议的信确系伪造一事上发挥了极大作用，这封信是由一位名叫理查德·皮戈特的爱尔兰记者伪造的。威利也是委员会的常客，他在为《每日纪事报》撰写的细致入微的党派报道中表现出一种异乎寻常的活力。[17]

1889年上半年，康斯坦斯有了自己的事业，她帮助桑德赫
383 斯特夫人进行开拓性尝试，赢得了伦敦郡议会选举（桑德赫斯特夫人获得了多数选票，但一条法律却取消了她的议席资格）。紧接着这些努力之后，康斯坦斯的身体垮了。自3月的第一次布莱顿之旅后，她开始了一系列休息治疗和假期，目的是让日益脆弱的身体恢复健康。[18]

康斯坦斯的离去让王尔德有了更多的时间与他身边的各种年轻人去追逐友谊，包括性生活和精神生活两个方面。弗雷德·奥尔索斯一直希望王尔德能在复活节和他一起“离开”。王尔德也许是去了。[19]理查德·勒加利安已经在伦敦定居，成了泰特街的常客。春夏之际，24岁的美国作家克莱德·菲奇也来到伦敦。去年，他和母亲在欧洲旅行时遇到了王尔德。现在，他孤身一人：“纤细、黝黑……非常有美感和浪漫的外貌……像孩子一样古怪，而且细心周到、惹人怜爱、快乐、机智并且优雅”；他有一头光亮的黑发，热爱剪裁精致的服装，对王尔德十分钦佩。[20]从他现存的信件中可以勾勒出一段激情四射，然而却十分短暂的恋情：“你是我的诗歌——我的绘画——我的音乐——你是我的视觉、听觉和触觉。你的爱是玫瑰的芬芳，是夏日的天空，是天使的翅膀，是小天使的钹……时间——你离开时它就停止了——将永远，在每一个天气里”，等等。[21]尽管王尔德似乎觉得这种情感的强烈程度相当令人疲惫，但他确实写了一首简短的、含有性暗示的诗作为回应，其开头写道：“出自密林深处的曙光，进入牧场的黎明，象牙色的肌肤，棕色的眼睛，闪出了我的牧神！”[22]

当王尔德正在拥抱身体的时候，康斯坦斯却对精神越来越感兴趣。能否接触“精神世界”是19世纪晚期最流行的话题之一。康斯坦斯和丈夫一样，总是紧跟潮流。婚后不久，她就接触了招魂论——可能是通过王尔德夫人的朋友安娜·金斯福德——渴望探索其更加神秘的种种表现，她是布拉瓦茨基夫人的神智学学会（Theosophists）的首个热心信徒，继而（1888年11月）成为更神秘、更奇妙的金色黎明会的创始成员。王尔德似乎鼓励了她在这方面的兴趣，乐于间接地了解一些相关活动 384
及其奥秘，而又不必遵守其约束。[23]

不过，他对布拉瓦茨基夫人本人颇有好感。在牛津街一家专为职业女性开设的慈善餐厅的开业典礼上，他们成了众人的焦点，两人一边聊天，一边抽烟，度过了一个难忘的下午。客人们将他们围在中间，窗外聚集着好奇的人群，他们俩旁若无人地坐在藤椅上，彼此交换着“精彩的警句”。即便如此，王尔德也没有接受布拉瓦茨基夫人的邀请，加入神智学学会。[24]

牛津街的午餐过去几天后，《W. H. 先生的画像》刊登在7月号的《布莱克伍德杂志》上，在此之前他们挑选了几家报纸对文章进行了预热报道。总的来说，新闻界对此文的关注是非常正面的。还有一些热情洋溢的私下回应。“啊！奥斯卡！”克莱德·菲奇连夜读完了这篇文章，他写道，“这篇文章很棒——太好了！我相信威利·休斯：我不在乎这一切是不是出自你那神奇而美丽的大脑。我不在乎别人的嘲笑，我只知道我被说服了，而且我会，我会相信威利·休斯。”[25]

然而，在评论家眼里，这篇文章在很大程度上是对莎士比亚学术研究的一项独创性贡献——虽然并非十分令人信服。王尔德虚构的叙事框架几乎完全受到了忽视。极少有人在评价中触及他理论中有关同性恋和少年之爱的因素。事实证明，《世界》杂志（长期以来一直是王尔德的重要支持者）是个明显的例外；文章的作者说，莎士比亚对“一个少年男演员”的所谓激情，这个“主题”“非常令人不愉快”，而且“以一种特别无礼的方式在文章中加以扩展”。这种迂腐的反对论调得到了W.E. 亨利（当时在爱丁堡担任《苏格兰观察家》编辑）谨慎的响应。他称这篇文章“不适合《布莱克伍德杂志》——或者任何流行杂志”。王尔德觉得自己可以不去理会这些冷嘲热讽。他对亨利说：“流亡到苏格兰，在荒原上主编托利党的一份报纸本就糟糕透顶，而看不到我发现真正的 W.H. 先生的奇迹和美妙绝对可怕。我对你深表同情……菲利士人用最卑贱无耻的形式抓住了你。我非常失望。”[26]

弗兰克·哈里斯对这篇文章的记忆是，它“引起了每个人的讨论和争论”。神秘的“W.H. 先生”成为当时文学圈的话题之一。王尔德享受着成功，还有这种颠覆感。他已经成功地在一份受人尊敬的杂志上，对“少年之爱”及其对艺术的种种好处进行
385 了一番非常坦率的阐述，其手段是通过框定一个神秘的故事并将其与英国最伟大的诗人联系在一起。他的自信——无论是在写作方面还是在隐秘的性方面——又向前迈进了一步。[27] *

然而，在性方面，谣言开始传播开来。在他刚开始全新性生活的头几年里，他所提倡并实践的那种极端谨慎的态度开始动摇了。[28]王尔德与年轻男子的关系在伦敦艺术和戏剧界的某些领域成为一个共同的秘密。埃伦·特丽在新画廊的夏季私人展上天真地问王尔德，当他对她的朋友——现在已经长大了的艾

* 王尔德的另一个狡黠的颠覆行为是，他在《女士画报》的圣诞号上发表了他写给克莱德·菲奇的爱情诗，稍加修改后将它重新命名为《在森林里》。

梅·劳瑟——说出，“你要是个男孩就好了，我就可以爱你了”时，是不是真心实意的，这番话惹来旁人一阵惊愕。亨利·欧文当时在场，并试图在回去的路上向她说明她的无心失言，但是她太天真了，根本听不明白。[29]

如果说王尔德乐于轻率地调情，那么其他人则不然。一次，康斯坦斯（她的才智与埃伦·特丽不相上下）对挑剔的拉夫洛维奇说，“奥斯卡说他很喜欢你——你们在一起进行了那些令人愉快而不得体的交谈”，拉夫洛维奇听了很不高兴。自那之后，拉夫洛维奇声称他从未和王尔德说过话，除非在“目击者”面前。他不想被王尔德的不当行为玷污。王尔德对这种自负做出了回应，他对拉夫洛维奇的社会地位和外貌发表了一系列越来越不客气的评论。“像拉夫洛维奇一样丑陋”成了他的惯用比喻。对拉夫洛维奇的盛情款待，他嘲讽说“亲爱的安德烈”来伦敦的“目的是开一家沙龙，而且他成功地开了一家沙龙”。不出所料，双方的裂痕很快便扩大为几乎不加掩饰的敌意。即便他们见了面，那也只是“不情愿的偶然撞见”。[30]

尽管布莱克伍德建议，在他们的年度文选《布莱克伍德故事集》中再次刊登《W. H. 先生的画像》，但王尔德急于扩展这个故事，将它单独成书发表。继上一年《快乐王子》大获成功后，他渴望再推出一本自己的书。[31]王尔德觉得自己的专业水平正在上升，这种感觉在那年夏天得到了进一步证实。在间隔了近五年之后，有两个美国制作人与他接洽，希望能将《帕多瓦公爵夫人》 386
搬上舞台。女演员安娜·卡尔霍恩通过伊丽莎白·罗宾斯结识了王尔德，她表示自己对出演这个角色非常感兴趣。几乎与此同时，他收到了美国著名悲剧作家劳伦斯·巴雷特的来信。

巴雷特（王尔德在1882年告诉玛丽·安德森）早在剧本写

成之前就对它很感兴趣。很可能是王尔德在第二年给他寄了一本私人印刷的剧本。当时或许是《维拉》的失败让巴雷特打了退堂鼓；然而，现在他又满腔热情地拾起了这个想法。王尔德很开心——“又自豪，又满意”，他的作品竟然没有被一个如此杰出并“艺术的”制作人“遗忘”。他赶忙向巴雷特保证，自己“非常乐意对剧本做任何你提出的修改”，因为“毫无疑问，剧本将获得巨大改进”。为了讨论这些“修改意见”，王尔德——虽然一如既往地缺钱——到德国温泉小镇克罗伊茨纳赫拜访了这位演出经理。（“我觉得这是一个忘掉语言的绝佳机会。”王尔德如此告诉罗比·罗斯。）他发现巴雷特身体不好，但在莱茵河边“愉快地驾车”时，他们讨论了如何最好地“浓缩”这出戏。自从《维拉》在纽约上演之后可能有一种反王尔德的情绪一直挥之不去，因此他们决定，为避免出现任何对王尔德不利的氛围，这出戏最好是以不公布作者名字的方式上演，并且换一个标题。即使附带了种种条件，对王尔德来说，年轻时的“杰作”还有可能登上专业舞台，这实在令人激动。虽然这出戏剧需要耗费一年多的制作时间才能结出硕果，但他依然对这个项目很有信心。[32]

王尔德从德国回来后不久，收到了来自另一位美国老熟人的邀请。J. M. 斯托达特（费城出版商，两人曾经一起与沃尔特·惠特曼有过令人难忘的会面）以《利平科特月刊》编辑的新身份来到伦敦访问，他邀请王尔德于 8 月 30 日在朗廷酒店共进晚餐。这是一次精心安排的聚会：斯托达特、王尔德、性格开朗的爱尔兰议员亨利·吉尔，还有阿瑟·柯南·道尔。30 岁的柯南·道尔总是称其为“一个黄金之夜”：

令我惊奇的是，王尔德竟然读过《迈卡·克拉克》

(柯南·道尔当时刚刚写的一部关于蒙茅斯叛乱的历史小说),而且对它很感兴趣,所以我并没有感觉自己是个完完全全的局外人……他的个头比我们所有人都高出一大截,似乎对我们所说的所有内容都很感兴趣。他感情细腻,机智老练,这样一个说起话来滔滔不绝的人,无论多么聪明,在本质上也绝不是一个绅士。他既索取又给予,但他所给 387
予的是独一无二的。他说话出奇地精准,夹杂着一丝微妙的幽默,还会用微笑和手势巧妙地说明他的意思,这些都是他独有的特点。这种效果是无法再现的,我记得在讨论未来战争时,他说:"双方的化学家会各自拿着一个瓶子向边境靠近"——他高举起的手和脸上到位的表情,组成了一幅生动而怪诞的画面。

然而,这顿晚餐不仅仅是一次社交应酬。《利平科特月刊》已经在大西洋两岸同时出版发行,斯托达特想要增强这种英美风格。正如一篇社论所说,该杂志最具特色的内容是每个月刊登一篇完整的短篇小说,但直到现在还是"仅限于美国本土作家"。斯托达特到伦敦是为了和一些英国作家签约。他邀请王尔德和柯南·道尔撰写故事,建议长度不少于 3.5 万个单词,"酬金"估计约 200 英镑。王尔德欣然表示同意。[33] *

对王尔德来说,这个提议不仅是恭维,而且颇为及时。尽管最近他的文学声誉有所提升,但他作为杂志编辑的职业生涯

* 柯南·道尔比王尔德小 5 岁,写一篇不少于 4 万个单词的故事只拿到 100 英镑稿酬。他创作了《四签名》,这是他虚构的人物夏洛克·福尔摩斯的第二次亮相。这篇小说发表在 1890 年 2 月的《利平科特月刊》上,并没有引起多少关注。

却即将结束。《女性世界》可能获得了一些出色的口碑，但它在商业上并没有取得成功。卡塞尔出版公司宣布，王尔德的任期（以及杂志本身）将于10月结束。王尔德到时候即使不怀念这份工作，也会怀念这份收入。[34]

《利平科特月刊》的邀约前景光明，再加上劳伦斯·巴雷特计划制作的《公爵夫人》，以及《W.H. 先生的画像》成书出版的可能性，造就了一股逆流而上的乐观情绪。王尔德沉浸在这一刻的享受中，于夏末动身前往普罗旺斯度假——其同伴至今未知。他回来之后准备投入工作。他决定为斯托达特写一个关于渔夫和美人鱼的精致童话故事。他写了个开头，但进展缓慢得令人沮丧。王尔德在法国时感染了一种使人衰弱的疾病（他称之为“疟疾”），耗尽了他的精力。病情绵延拖了好几个
388 月。他对自己的诸多计划漫不经心，似乎无法将它们付诸实现。最后，他写信给斯托达特在伦敦的代理人，建议他们推迟渔夫故事的最后交稿期限。“我无法完成它，”他解释道，“就目前而言，我对它不满意。”[35]

扩充版的《W.H. 先生的画像》进展颇为顺利。这个主题游走在性越界的边缘，也许比神秘的《渔夫和他的灵魂》更容易让人兴奋。王尔德在扩充的内容里，通过“在灵魂深处，在理智热情与肉体激情的奇妙对比中，在梦想将美丽而有生命的（男性）形式当作理想化身的过程中，进行微妙的性暗示”，完全明确了莎士比亚对“威利·休斯”的爱与传统的“少年之爱”之间的联系，后者从柏拉图的《会饮篇》一直延续到马尔西利奥·费奇诺及至文艺复兴时期的新柏拉图主义者。

那年秋天，他把修改后的故事读给朋友和熟人听，至少是复述了一遍，激起了人们对这本书的兴趣（正如他所希望的那

样)。他声称，安德鲁·朗“并非完全怀有敌意”，而且“贝尔福认为自己被说服了”。王尔德还把扩充内容后的手稿交给了出版商，很可能是布莱克伍德的出版社，但该公司的读者对此感到震惊。王尔德写道：“他们建议我不要发表它，以免腐蚀我们英国的家庭。”[36]这样的拒绝似乎只会增强他出版这本书的欲望。他认为，想出版这本书还需要一幅卷首插图——年轻的“威利·休斯”的形象；王尔德开始考虑谁能提供这样的作品。

他最近收到了一本有趣的——完全关于美学的——出版物，名为《日晷》。它集散文、故事、艺术札记和图画于一体，是由年轻艺术家查尔斯·里基茨和查尔斯·香农私人出资制作的。他们住在离泰特街很近的一所摄政时期的破旧房子里（不久前惠斯勒曾经住在那里），房子坐落在国王路旁边的一条朴素的胡同里。王尔德上门拜访了他们。

他发现了一个饶有意味的家庭：23 岁的里基茨性格活泼，小个子，红头发，一双明亮的眼睛，留着浓密的胡子，活力四射，求知欲很旺盛；相比之下，26 岁的香农更安静，更俊美，毛发更稀疏。屋子里几乎没什么陈设，但能从中分辨出不少艺术细节。黄色的墙上钉着日本版画。虽然我们从来不清楚这两位艺术家之间是否存在性方面的关系，但两人之间的情分和互助是显而易见的。许多人猜想他们之间的确存在性关系；还有人怀疑这两个好朋友刻意将性冲动转移升华成了艺术。当时有 389
人给他们起了个绰号“溪谷姐妹”（the Sisters of the Vale）。[37]

里基茨后来回忆起王尔德来访时的兴奋情景时说：他盛情赞扬了《日晷》，并告诫说：“这真是太令人愉快了，但是别出版第二期，一切完美的事物都应该是独一无二的。”他查看了他们的工作状况；之后他出人意料地要求里基茨为他画一幅

“伊丽莎白时代风格的小画像——有点像，克卢埃的风格”——用来装饰他打算出版的一本关于“W.H. 先生”的书。几天后，王尔德在泰特街的书房里给里基茨读了这个经过扩写的新故事。“不到两个星期”，里基茨就画出了这幅小肖像，并和香农一起将它镶了起来，香农形容画框就像“被虫子咬过一样”。[38]

王尔德很激动：

> “亲爱的里基茨，”他写道，“这根本不是伪造，而是具有最高价值的一幅克卢埃真品。你和香农想欺骗我实属荒谬！就像我不知晓大师的笔触，不是绘画鉴赏者似的！
>
> 亲爱的伙计，认真说来，它棒极了，你把它送给我实在让人感激、兴奋，由于无以回报，失望之下我当即恳请上帝往溪谷撒下黄金和玫瑰，或者把这些东西撒在德·摩根们不居住的溪谷区。我真的极为感激（不！那个词可怕：我从不感恩），我受宠若惊，心醉神迷，同时我希望我们一直是朋友，彼此经常相见。”[39]

王尔德的故事现在有了一幅完美的卷首插图，但他仍在努力为这本书找一个出版商。这项计划在那年秋天进行得如火如荼，到了年底却眼看就要夭折。目前尚不清楚出版商们不愿接手这个项目，到底是出于道德原因，还是商业方面的考虑。但就在当时，公众对男性之间的性关系存在一种高度焦虑——几乎到了歇斯底里的程度。从 9 月底开始，伦敦就充斥着关于警察在托特纳姆法院路附近的克利夫兰街发现一家男性妓院的“低级趣味流言”。在那里做生意的男妓大多是来自中央邮局的十来岁的电报员，据说他们的顾客中还包括几名贵族——甚至可能是王室成员。起初，当局竭力掩盖这件事，但到了年底，丑闻还是在新闻界爆发了。当时，尤斯顿伯爵觉得有必要起诉 390
伦敦北部一家报纸的编辑，因为后者暗示他是那个地方的常客。尽管没有迹象表明王尔德曾经造访过克利夫兰街 19 号，但他肯定会对此案抱有浓厚的兴趣——这不仅仅是因为乔治·刘易斯担任了尤斯顿勋爵的律师。

这桩丑闻为英国人的伪善提供了广阔的发挥空间。媒体一方面声称对“贵族老爷”花钱与工人阶级的电报员发生性关系这一现象感到震惊，另一方面又兴致勃勃地报道了全部细节，他们确信这样的报道很有读者市场。很明显，当局一直不愿采取行动。唯一被起诉的两个人（都是妓院的打工者）都获得了轻判；关于他们的情况几乎没什么报道。与此同时，丑闻中最引人瞩目的社会人物亚瑟·萨默塞特勋爵则被允许在没有发布逮捕令的情况下逃往国外。[40]

王尔德饶有兴趣地关注着这出好戏，但他也有自己的烦恼——或者是说小麻烦——要应付。他曾经结识过一位名叫赫伯特·维维安的年轻作家，并以开玩笑的口吻鼓励对方写点“回忆文章”。于是，维维安开始在《太阳报》上摘要地发表一些草率写就的《短暂生活的回忆》。他称王尔德是“童话教父”，在他转述的诸多轶事中，有几件与泰特街的家庭生活有关。维维安提到，王尔德曾经打趣地说，他在孩子房间的墙壁上装饰了“关于清晨早起、懒散倦怠之类的文字，我告诉孩子们，长大后要吸取他们父亲的教训，偶尔地在下午两点之前吃个早饭”。他还讲述了西里尔小时候，不愿意在祷告时说出“让他变得更好”这句话，“经过长时间的争吵”之后，作为

“妥协”，他表示“不介意向上帝祈祷让娃娃（维维安）变得更好”。[41]王尔德为这些细节的粗俗和侵扰感到沮丧。“跟你在社交场合见面时，”他斥责那个傲慢的年轻作家，“在令我深感遗憾的一刻，我偶然向你谈起我孩子的事。你未征得我的同意，就将其在一份庸俗报纸上登了出来，而且采取的是庸俗、不准确和无礼的形式，这大大伤害了我的妻子，她自然不愿意自己的孩子被展示出来取悦愚人。”他在一封措辞激烈的信件中，坚称自己的名字不该被用来为这本书背书。[42]

赫伯特·维维安这些不符合实际情况的胡言乱语还带来了其他方面的烦恼。他评价称，王尔德在学识上受到惠斯勒的恩
391 惠，从而揭开了那个旧伤口，促使惠斯勒给《真相》杂志写了一封措辞严厉的信，而当时该杂志正在就剽窃的道德问题展开辩论。惠斯勒谴责王尔德是“最愚钝的犯人”，重新讲述了他所有的旧怨，并指出（就像维维安所做的那样）“有勇气接受别人的思想”——出现在《谎言的衰朽》中——这句话是从惠斯勒之前寄给王尔德的一封“记忆犹新的信”中“不加一个评语”借用来的。[43]面对这种蓄意冒犯的攻击性语气，即便性情温和的王尔德也觉得有必要做出回应。他给《真相》杂志写信表示，很遗憾被迫去关注“惠斯勒先生这样一位缺乏教养而且无知的人的苦思冥想”——不过，他继续写道：“有关一个门徒是否有勇气接受导师的思想，这种说法真的是太老旧了，甚至就连（惠斯勒）也没有权利声称那是他的高见；至于借用惠斯勒先生关于艺术的思想，我听他说过的唯一彻底具有原创性的思想，乃是说他本人优于比他本人伟大的画家。”[44]两人之间裂痕现在已经公开，无法挽回了。

这样的结局令人伤感。不过，又有许多新鲜开启的事物吸

引了王尔德的注意力。他与里基茨和香农的友谊与日俱增。自从第一次拜访之后，王尔德经常光顾溪谷。没过多久，他一周要去那里“闲聊”三次。他们在这些愉快的夜晚谈论着里基茨所谓的“令人启发的‘腐朽’”。[45]两人当中，最吸引王尔德的是活泼、博学、略显粗鲁的里基茨。他有一半法国血统，和高卢人一样喜欢玩弄思想，尝试各种理论，重提旧有的观点——常常让他那位缺乏想象力的同伴恼怒不已。“说这话有什么用?”香农有时会争辩道，“你知道你不是这么想的。”然而，王尔德却很喜欢这样的天马行空，并准备和他们一比高下。后来成为国家美术馆馆长的查尔斯·霍姆斯是溪谷的常客，他描绘了这样一幅典型场景：“里基茨坐在桌边，和王尔德进行一场冗长的舌战。那些机敏的回应和反驳是如此之迅速，以至于我迟钝的大脑只能听懂后面的几句，除了里基茨的那句‘哦!胡说，奥斯卡’之外，他们说过的话我一句也想不起来。这是我记忆中有幸听到的，最令人眼花缭乱的对话。”[46]

他们争先恐后地炫耀并分享他们的文学兴趣和艺术热情。“王尔德在我眼里，”里基茨后来回忆道，“是一个认识斯温伯恩、伯恩-琼斯，也可能认识罗塞蒂的人。我想，他让我读佩特的书，我让他读维利耶（利勒·亚当）和魏尔伦的书；我们 392
对波德莱尔和福楼拜有共同的看法。”里基茨对法国文学和艺术的了解在很多方面都超过了王尔德。他借给这位新朋友一本魏尔伦 1870 年出版的著作《华宴集》，还向他介绍了魏尔伦的一些追随者的作品。[47]

那年 2 月，王尔德在牛津遇到了另一位有趣的法国青年。他在牛津拜访了佩特，并为学生们上演罗伯特·布朗宁的戏剧《斯特拉福德》提供了建议。也许是受到佩特的指引，他发现了一个名叫莱昂内尔·约翰逊的大学生诗人。“星期六中午，”约翰逊对一个朋友说，“我半睡半醒地躺在床上，读着格林的书，出其不意地被奥斯卡送来的一张伤感的字条惊醒：他哀怨地恳求我起来见他。我照做了：我发现他讨人喜欢的程度和格林不讨人喜欢的程度不相上下。他提到每一个人，言语尖刻到极点；他称赞了《日晷》；嘲笑了佩特；抽光了我的烟。我爱上他了。”王尔德也很享受这次邂逅，并希望在伦敦更多地见到约翰逊。[48] *

注　释

1. ‘Literature’, *Derby Mercury*, 2 January 1889；1888 年 12 月 24 日的《帕尔摩报》称其为“一篇真正的好文章”；“一份独特的贡献”，*Ipswich Journal*, 28 December 1888；JFW to OW, in Tipper, *Oscar*, 116。
2. ‘Magazines for January’, *Morning Post*, 3 January 1889；‘The Reviews for January’, *PMG*, 2 January 1889；‘Our London Letter’, *Sheffield & Rotherham Independent*, 10 January 1889.
3. ‘Literature’, *Derby Mercury*, 2 January 1889.
4. 奥斯卡·王尔德写给亨利·露西的信，后者称赞了《笔杆子、画笔和毒药》——《谎言的衰朽》“是二者中更为出色的一篇”，*CL*, 384。有关媒体的评论，还可参见 *CL*, 392, 394；OW to W. Pollack, *CL*, 387；OW to Mrs George Lewis, *CL*, 389。
5. JFW to OW, [late December 1888/ early 1889], in Tipper, *Oscar*, 116.

---

* 王尔德对佩特作为散文文体家十分赞赏，但他对这位导师的谨慎和沉默的态度常常感到既好笑又恼火。1890 年 11 月 24 日，佩特在伦敦学会上发表了关于普罗斯佩·梅里美的演讲，从之后王尔德对佩特的评论中可以窥见他对“大师”的这种滑稽态度。当佩特表示担心听众是否能听到他说话时，王尔德巧妙地说：“我们偷听到了您的讲话。”

6. Yeats, *The Trembling of the Veil*, 25, 24.
7. Ransome, 100.
8. Yeats, *The Trembling of the Veil*, 25.
9. Mason, 174; see also *CL*, 409; ‘Michael Field’, Journal (BL), 21 July 1890, 其中提到故事的法语版为“粉红色和蓝色”; Mason, 174 中其被描述为“粉红色和蓝色”。
10. *CL*, 372+n; W. Pater to OW, 15 November [1877?] (Clark).
11. Ricketts, 31.
12. ‘Michael Field’, Journal (BL), 21 July 1890.
13. Ricketts, 33.
14. Carlos Blacker to the Duke of Newcastle, 5 December 1888, in Maguire, 24.
15. *CL*, 407-8.
16. Harris, 69; *CL*, 398; 这篇文章于 4 月寄出, 最终于 1889 年 5 月 20 日被采纳。H. Schroeder, *Oscar Wilde: THE PORTRAIT OF MR W. H. -Its Composition, Publication and Reception* [1984], 12.
17. Wright and Kinsella, ‘Oscar Wilde, A Parnellite Home Ruler and Gladstonian Liberal’; Bridget Hourican, ‘A Veritable Tragedy of Family Likeness’, *History Ireland*, issue 5, vol. 14 (2006).
18. Moyle, 148, 151.
19. F. C. Althaus to OW, 19 March 1889 (Clark); *CL*, 397.
20. Quoted in McKenna, 149.
21. Clyde Fitch to OW (Clark).
22. McKenna, 154; 麦肯纳认为, 克莱德·菲奇在写给奥斯卡·王尔德的信中——收藏于克拉克图书馆——认为, 自己就是那个“(躺在)绿草地上, 棕色眼睛的牧神”, 是这首诗的灵感来源。但这首诗似乎更有可能是信中作为参考的部分。更早的一封信(开头写道, “完美, 完美, 完美——这是我读过的最绝妙、最精致、最完整的田园诗”)——可能是对这首诗的认可。
23. Moyle, 174.
24. 多萝西餐厅的这顿午餐是在 1889 年 6 月 21 日, 周五。Gertrude M. Williams, *The Passionate Pilgrim: A Life of Annie Besant* (1931), 200;

Anne Taylor, *Annie Besant: A Biography* (1992), 283; Marion Meade, *Madame Blavat-sky: The Woman Behind the Myth* (2014).

25. Schroeder, *Oscar Wilde*, *THE PORTRAIT OF MR W. H.*, 14-21; Clyde Fitch to OW (Clark).
26. Schroeder, *Oscar Wilde*, *THE PORTRAIT OF MR W. H.*, 14; *CL*, 409.
27. Harris, 69.
28. Ransome, 100, 1889年奥斯卡·王尔德“成了习惯性的同性恋爱好者”。Raffalovich/Michaelson, 108-9, 其中提到他被警告不要去结识王尔德。
29. Marguerite Steen, *A Pride of Terrys: A Family Saga* (1962), 206.
30. Raffalovich/ Michaelson, 110; Ellmann, 369; O'Sullivan, 104. 其中提到王尔德和另外五个人一起来到拉夫洛维奇的住所，其中的“一名健谈者”据说是一名仆役长，“六人一桌”似乎不太可能。
31. *CL*, 407；奥斯卡·王尔德之前考虑将这一篇与《笔杆子、画笔和毒药》以及《谎言的衰朽》一起收录在一本书中。*CL*, 405.
32. *CL*, 406, 456; *PMG*, 6 February 1891.
33. Sir Arthur Conan Doyle, *Memories and Adventures* (1924), 78-9; *CL*, 413, 416; 'Current Notes', *Lippincott's Monthly Magazine*, 44 (1889), 743, in *PDG*, OET III, xvii.
34. *CL*, 411; 'Current Notes', *PMG*, 5 October 1889 宣布“威廉姆斯先生”将担任杂志编辑，他将致力于让杂志变得更“具实用性”；但是一个月后（1889年11月7日《帕尔摩报》）报道，“它出完10月那期就寿终正寝了”。
35. *CL*, 413, 414, 416.
36. Ricketts, 29-30. 奥斯卡·王尔德还补充道：“似乎他（读者）和他的妻子会要求可怜的托马斯·哈代去修改他的故事！”虽然19世纪80年代哈代的主要出版人是史密斯、埃德，但他确实在布莱克伍德的杂志 *Wessex Tales* 上发表过一些作品。
37. J. G. P. Delaney, *Charles Ricketts: a biography* (1990), 24-5.
38. Ricketts, 28-35.
39. *CL*, 412.
40. 阿瑟·萨默塞特勋爵的逮捕令最终于1889年11月12日签发。他此后再没有回到英国。H. M. Hyde, *The Cleveland Street Scandal* (1976); Theo Aronson, *Prince Eddy and the Homosexual Underworld* (1994).

41. Herbert Vivian, 'The Reminiscences of a Short Life', *Sun*, 17 November 1889, 4, in Mikhail, 154-8.
42. *CL*, 426, 427, 415.
43. *CL*, 418.
44. *CL*, 420.
45. 'Michael Field' Journal, in Delaney, *Charles Ricketts*, 45.
46. C. J. Holmes, *Self and Partners* (1936) 168.
47. C. Ricketts to G. Bottomley, 20 July 1918, in Delaney, *Charles Ricketts*, 56-7.
48. *CL*, 423n.

2. 一桩糟糕事

艺术的范畴和伦理的范畴是完全不同的，互相分离的。

——奥斯卡·王尔德

此时，王尔德为《利平科特月刊》写故事的计划开始出
393 现变动。在《渔夫和他的灵魂》上煞费苦心了好几个月后，
他放弃了将它交给杂志的想法。这篇故事只有1.5万单词，实在是太短了。除此之外，他又有了一个“更好”的新主意，那就是写个关于一幅神秘肖像的故事。[1]故事的种子早在几年前就已经埋下。1887年12月，他的朋友，加拿大艺术家弗朗西斯·理查兹为他画了一幅肖像。理查兹当时在伦敦肯辛顿，和罗斯一家住在一起。“摆完姿势站起身后，”王尔德回忆说，“我看着这幅画像，开玩笑地说，‘这是多么可悲啊。这幅肖像永远不会变老，而我会。如果事情不是这样就好了！’就在说话的那一霎，我突然想到，这是一段何其重要的故事情节啊。”[2]

随即顺势编排出一个爱伦·坡式的故事：有一位英俊的年轻人，整日沉溺于花天酒地的享乐生活，他身上始终没有丝毫年华老去，放浪形骸留下的痕迹。然而，这两种可怕的印记却都日积月累地显现在他的肖像上。他擅长即兴表演讲故事，这
394 个故事也一样，在他的朋友们和饭局上的同伴之间流传开来。

现在，他决定将它写下来——或者说是将它写完。* 为了达到篇幅 3.5 万个单词以上的要求，这个故事还需要更充实一些。王尔德告诉斯托达特，他可以在 3 月底完成这项工作。他还询问，是否可以“提前拿到一半稿费（100 英镑）”。抱病赋闲了几个月之后，他需要钱。[3]

王尔德对这项工作满怀热情，他开始扩充情节，并往里注入了自己当前关注的几个问题——法国颓废派文学、艺术与生活的关系、少年之爱带来的创造力，以及经历“双重生活”的种种挑战。他创造了道林·格雷的形象，这个虚荣的年轻人希望自己的肖像日渐老去，这样他自己就可以永葆青春；巴兹尔·霍尔沃德——迷恋道林的艺术家——创造了这幅神奇的画像；亨利·沃顿勋爵是“新享乐主义”的世俗倡导者，他带领道林走上了一条通过自我放纵实现自我的致命道路。“摆脱诱惑的唯一方法，”他告诉道林，“就是屈服于诱惑。”

道林·格雷的名字不仅与迪斯雷利的第一部小说《薇薇安·格雷》相呼应，而且还间接地指向了古代斯巴达的“多利安人”，人们认为是他们将少年之爱引入了希腊文化；而道林在与霍尔沃德的关系——被框定为一段热烈而浪漫的友谊——之中，也是属于“被爱者”，他的俊美激励同性“爱人”创作出一幅艺术杰作。王尔德借鉴佩特的《文艺复兴史研究》和自

---

* 威利·马克斯韦尔是聆听王尔德讲述“肖像”故事的几个年轻同伴之一——他还听过无数其他的故事。他后来回忆起，大约在当时，“我告诉王尔德，我采纳了他告诉我们的一个想法，并用它写了一个短篇故事。他脸色阴沉了一会儿，随后云开雾散，带着责备的口气给予了许可，‘偷我的故事也算是绅士所为，但要是你偷了它还不告诉我，那就是无视友谊。’然后阴云再次降临，他变得非常严肃，‘你不可以写我告诉你的那个故事，关于一个人和一幅画的。不，绝对不可以，我要为自己留着这个故事。我是真心要写这个故事，如果有人抢先写了这个故事，我会非常难过的。”

己的《W. H. 先生的画像》所勾勒出的系谱图，将巴兹尔对道林的感情描述为一种“高贵而理智的”爱——“不仅仅是用身体欣赏美，此种欣赏源于感官，当感官疲倦时就会消亡。这是米开朗琪罗、蒙田、温克尔曼和莎士比亚所了解的那种爱。”[4]

为了给道林·格雷的享乐生涯提供一份蓝图和指南，亨利勋爵借给他一本致命的书——一本“写作风格惊奇”的法国小说，
395 说，它“……没有故事情节，里面只有一个人物，实际上，它只是在研究一名巴黎青年的心理状态。这个青年穷极一生，只为将属于每个年代的欲望和想法在19世纪变成现实。当然，他自己的年代除外……他热爱那些其实不过是矫揉造作，却一直被愚笨的人们称为美德的自我克制。他同样也热爱那些被明智的人们称为罪恶，实则是人类生来就有的叛逆不羁”。这些灵感明显源自——正如王尔德私下承认——于斯曼的《逆流》，然而他却称其为卡蒂勒·萨拉赞（Catulle Sarrazin）的《拉乌尔的秘密》（*Le Secret de Raoul*）（他以一种相当含蓄的方式暗示了拉柴尔德小说《维纳斯先生》中的男主角；颓废派作家卡蒂勒·孟戴斯；以及王尔德的朋友加布里埃尔·萨拉赞）。[5]王尔德对道林的享乐和犯罪只做了粗略描述，虽然以当代法国人的标准来看，这种做法是恪守沉默的典范，但他很清楚，书中所暗示的吸毒、性掠夺和“不正常”恶习已经远远超出了当代英国小说所能接受的限度。他即将在当今小说界发出一种新的声音。

他设计了一段底层生活的次要情节，其间道林爱上了一位名叫茜比尔·文的伦敦东区年轻女演员，被她扮演的莎士比亚戏剧中浪漫的女主人公迷住了。可是，当她过于真实地爱上了他，且因此削弱了艺术能力，无法在剧中令人信服地展现爱情

的时候，他拒绝了她。王尔德制造了一个高潮，道林在谋杀了巴兹尔·霍尔沃德并破坏了无数人的生活之后，竟然扼制住悔恨，最终试图通过摧毁现已容貌丑陋的肖像来抹杀过去，结果却毁灭了自己。

在书中人物亨利·沃顿勋爵的编排下，三个主角之间的妙语连珠抵消了情节中时而过于夸张的桥段。王尔德很享受写作这部分内容，有时候甚至因此影响到小说的整体平衡。事实上，他向一位朋友坦承，这个故事“非常像我自己的生活——一直说话，没有行动。我无法描述行动：我笔下的人物就是坐在椅子上闲聊的”。[6]这些闲聊内容帮他保留了自己心血来潮的机智风趣，延续了他在《谎言的衰朽》一书中成功开创的将悖论与观点融合在一起的手法。弗兰克·哈里斯认为这个故事的“前100页”是“奥斯卡几个月来喋喋不休的结果”，而亨利勋爵则“异乎寻常地成了奥斯卡的代言人”。[7]

这篇近5.5万字的小说是他迄今为止写作得最持久的一篇文章。他一心扑在写作上，为了赶在最后交稿期限之前完成任务，他甚至还拒绝了午餐约会。[8]他确实也走了一些捷径：对宝石和教堂礼服的描述几乎是一字不差地从南肯辛顿博物馆的 396
“艺术手册”上抄来的。[9]但之后，他在其他领域进行了更加细致缜密的探究。他不厌其烦地向一位年轻的科学家朋友讨教有关道林处理巴兹尔·霍尔沃德尸体的最佳方法。他的手稿从总体上显露出一丝不苟的痕迹。[10]

王尔德在3月底之前准备好了一份完整的打字稿。尽管他对伯纳德·贝伦森佯称，自己完成了一桩杂志的苦差事，但毫无疑问，他对自己的创作感到既自豪又高兴。他兴奋地对另一个朋友说，这是“我最好的作品”。[11]正如巴兹尔·霍尔沃德在道林的肖像中投入了大量精力，王尔德也在他的故事中倾注了许多。他后来曾说："巴兹尔·霍尔沃德是我自己眼中的我；亨利勋爵是世人眼中的我；道林是我想成为的人——也许在其他时代。"[12]

王尔德把稿件寄往费城，等了将近一个月后，他收到了斯托达特的来信。斯托达特在信中表示"对这个故事非常满意"——认为这是"当代最具影响力的作品之一"。它将被刊登在7月号的杂志上。[13]不过，这封信背后隐藏的信息，与其表面揭示的一样多。斯托达特第一次阅读手稿时，虽然被其力量所震撼，但同时也警觉地注意到"其中有一些内容会招来清白女人的抗议"。他告诉他的老板克雷奇·利平科特，这个故事出版之前，"无疑必须修改"那些"令人反感的段落"。他向几位文学界的同事（有男有女）咨询，如何才能尽可能完美地完成这一编辑任务，在此之后，他才写信告知王尔德，并接受了他的故事。然而关于这些，他在信中只字未提；毕竟，他没有时间与王尔德商讨如何修改。斯托达特和他的一位编辑已经忙得不可开交，他们从打字稿中删去了500多字。一些被修改——并且淡化——的内容涉及巴兹尔·霍尔沃德对道林感情的同性恋本质；还有一些被删掉的内容是亨利·沃顿勋爵送给道林的那本致命法国小说中的颓废细节（小说奇异的书名和作者也被抹去了）；不过，被删掉最多的是道林与女性的混乱关系。所有提到情妇和卖淫的内容都被小心翼翼地抹掉了。[14]

身在伦敦的王尔德对这些动作毫不知情。他为这个故事感到兴奋不已。他已经将目光投向了即将出版的杂志之外，考虑
397 的是在9月收回版权后，如何扩充这个故事，并将其以书籍的形式出版。他认为再多写两章就足够了；其结果将"轰动一

时”。他至少联系了两家出版商，希望他们能够接手。麦克米伦公司就是其中之一。然而，“轰动”并不是对方想要的。莫里斯·麦克米伦（王尔德的朋友乔治的哥哥）立刻回信，遗憾地表示，这个故事不适合他们——“我们几乎没有处理过情境如此强烈的作品；坦白地说，文章中道林·格雷胁迫年轻自然科学家（让他帮忙处理巴兹尔·霍尔沃德的尸体）的力量，以及其他的一两样事物，相当令人反感。”“我敢说，”他补充道，“你并非蓄意要写成这样。”而且，似乎其他出版商也很谨慎。最后，王尔德与沃德·洛克公司达成了协议，这家公司最近接手了《利平科特月刊》在英国的发行工作。[15]

为道林·格雷制订计划的兴奋之情似乎也刺激了王尔德创作其他文学作品的速度。他在《谎言的衰朽》获得成功的基础上，为《19世纪》撰写了篇幅更长的第二篇“对话”：在超级有文化的“吉尔伯特”和相当认真的“厄内斯特”之间展开的一场关于“批评的真正功能和价值”的讨论。这是对王尔德非道德且无用的美学思想的又一次颂扬，也是对既定等级制度的颠覆。

马修·阿诺德在他1864年的著名文章《批评在当前的作用》中表达了一个响亮的观点，即批评的目的是“看到事物真实的本身”。王尔德推翻了这个观点，文中的吉尔伯特主张“批评家的主要目的是看出对象本身以外的事物”。他认为，批评应该是对批评家印象的纯粹主观记录。“对于批评家来说，艺术作品只是一种启示，启示他创造属于自己的新作品，而他的新作并不需要与他所批评的事物保持明显的一致。”批评家并不寻求去“解释一件艺术作品”，而是要回应它的美丽——寻求“深化作品的奥秘，围绕着它和它的创作者散播一种能够让神祇及其膜拜者都感到亲切的神奇迷雾”。因此，“批评家”的作品等同于“具有创造力的艺术家”的作品；事实上，还要更胜一筹，因为批评家接触的是精致的“艺术”，而非未经提炼的“自然”。这句话——和对话中的许多其他内容一样——是精心炮制而成，用来激怒惠斯勒的。

为了适应这项任务，评论家必须“强化”自身的“个人主义”——不是通过限制他的同情心，而是扩大它们。王尔德让吉尔伯特提出，“罪”是达到这一目的的一种方式：“由
398 于它的奇特，罪恶增加了人类的经验。它通过强化个人主义，使我们免于类型的单一化。”但是，评论家必须采取姿势来表达自己。“人们，”吉尔伯特断言，“在坦诚相见时最易伪装自己，给他戴上一副面具，他就会告诉你真相……人们称作不真诚的东西，仅仅是我们可以用来增长自己个性的方法而已。”这篇“对话”将分成两部分出版，分别刊登在7月刊和9月刊上。

对话和小说，再加上他最近撰写的几篇文章——从《笔杆子、画笔和毒药》到《道林·格雷的画像》——它们坚定了王尔德对自己未来的憧憬，即成为他那个时代的思想家之一。如他后来所说，他“把艺术变成了哲学，哲学变成了艺术”，“用一句话概括了所有的体系，用一行警句概括了所有的存在”。[16]他的一系列出版物也证实了他对自己的另一番愿景，即成为一名纯文学人物。他终于觉得可以放弃仅仅作为“新闻”的评论了。1890年初，他为《演讲家》杂志——一份由他在卡塞尔公司的前同事威姆斯·雷德编辑的新周刊——撰写了四篇书评，这将是他的收官之作。[17]他已经在一个更广阔、更尊贵的舞台上获得了一席之地。

6 月的第三个星期，《利平科特月刊》7 月号出现在伦敦的报摊上，其封面上印着一行醒目的说明："本期杂志刊载由奥斯卡·王尔德创作的足本小说《道林·格雷的画像》。"在这件事情上，光是王尔德这个名字，就足以"激起广泛的兴趣和好奇"。人们的好奇心得到了满足。这个故事立即引起了轰动。[18]它被褒奖为"本年度最成功，最杰出的作品之一"——它"充满强烈而持久的趣味性"，"写得很吸引人，对话简洁，人物性格非常精彩"。[19]它的情节与《浮士德》相似，风格与迪斯雷利和维达相近。人们将这幅画的"神奇目的"与爱伦·坡和霍桑进行对比，把它的核心思想与史蒂文森的《化身博士》相比较。这部小说很快便"独占了伦敦读书人的注意力"。[20]不可否认，这是当时轰动一时的文学作品。在王尔德的写作生涯中，他似乎第一次将自己的恶名与一项同样臭名昭著的成就匹配了起来。

王尔德夫人一如往常满怀热情，承认自己"读到最后一幕时差点晕了过去"。她认为，这部作品在"当今所有小说中最为出色"。[21]罗比·罗斯称，"即便在萨维尔区"也只能听见"赞
美道林·格雷的声音，当然人们传说它十分危险"（罗斯听见 399
一位牧师在赞美这部小说之余，遗憾地表示，"亨利勋爵的某些观点容易让人误入歧途"）。一家名叫斯特兰德的书店一天就卖出了 80 本杂志："往常的销量是每星期三本"[22]。

有超过 200 篇文章对此做出了评论——对于一篇发表在英美期刊上的中篇小说而言，如此反响非同小可。当然，并不是所有人都持赞成意见。事实证明，王尔德保留了他过去惹恼批评家的所有能力。有一篇评论批评他"不太会使用'will'和'shall'这两个词"，另一篇文章则批评"文章中的描写段落显

得很不专业，叙述得不够精确”。[23]《帕尔摩报》刊登的长篇评论写道：“奥斯卡·王尔德先生的新中篇小说是由三个同等比例的元素组成的。一部分是史蒂文森，一部分是于斯曼，一部分是王尔德。”源源不断贯穿对话的“大量悖论”展现出独特的王尔德风格（“真正的奥斯卡——我们所认识的那个19世纪末的奥斯卡”）。为此，评论挑选出大量的例子——既“独特”又“陈腐”（不过要留给读者去判断，哪些是独特的，哪些是陈腐的）：

——“顺其自然只不过是一种姿态罢了，而且在我看来算得上最恼人的姿态了。”

——“哪怕最荒诞不经的事情，我都会相信。”

——“人在选择敌人时应该打起十二分精神。没有一个傻子有资格成为我的敌人。”

——“只有浅薄之士才不会以貌取人。”

——“朝三暮四和矢志不渝之间唯一的区别是，前者反而会更持久一点。”

——“罪孽才是现代生活中唯一的色素。”

——“人们清楚各种物件的价格，却对它们的价值一无所知。”

——“在伦敦，能交谈的只有五个女人，但其中两个还得不到上流社会的认可。”

——“抽烟才是最叫人舒服的享乐方式。那种感觉真是妙不可言，叫人永不满足。”

——“亨利勋爵经常姗姗来迟，因为他恪守这样的信条：准时是时间的窃贼。”

——“我现在什么事情都不表示赞成或不赞成。我不愿对生活采取这样荒唐的态度。”

至于史蒂文森式的那一部分，评论者认为，尽管王尔德的故事可以“和杰基尔博士一样被归为道德故事……但它只是肤浅的道德”——甚至在逻辑上也不连贯。所谓的道德只是“一件传统的外衣……为了确保王尔德先生的幻想故事能够进入体面的英美社会”。王尔德文学“灵感”中的“主导元素”——据说——更确切地说，大体上是“法国‘颓废派’的审美异教”，特别是《逆流》：

王尔德先生感兴趣的是美德和邪恶身上生动的一面， 400
而不是伦理的一面。纯洁只有和它的对立面进行对比，才有它的艺术价值；而腐败是闪耀的，色彩斑斓的，充满了诱人的效果……从一开始（作者）就将我们置于一个病态的氛围中。开场时，亨利·沃顿勋爵和巴兹尔·霍尔沃德谈论道林·格雷的方式让我们暂时以为，貌美的道林一定是个穿着男性服装的女人。我们错了；道林·格雷“鲜红的嘴唇轮廓雅致，湛蓝的眼睛目光坦然，还长着一头金色的卷发”，他和他的崇拜者属于同一性别；但这并没有使他们对他的崇拜之情，以及这种崇拜的表达方式，显得少许地不那么令人作呕。随着故事的推进，气氛并没有变得洁净起来。从波德莱尔的观点来看，王尔德先生对他主人公的恶习的隐晦暗示非常有效。我们感觉到空气中有一种穿透力很强的毒药，却看不清它来自哪里。[24]

尽管一些报纸称赞这篇小说“具有高度的精神意义”，但《帕尔摩报》和萨维尔俱乐部的成员们一致认为，王尔德的故事在某种程度上是“病态的”“不健康的”“危险的”，并带有“毒害”的色彩。《圣詹姆斯公报》《每日纪事报》和 W. E. 亨利的《苏格兰观察家报》（讽刺的是，罗比·罗斯在剑桥度过了不愉快的一年之后，在这里找到了一份工作）都着重强调了这一立场。三者都以各自不同的方式聚焦了故事中“不正常”的同性恋欲望的暗流。他们谴责小说中三个主要人物之间令人腻烦的关系，指责亨利·沃顿勋爵提出的享乐主义信条、对道林的种种堕落行为的描述——尽管它们可能是模糊的，以及王尔德在写作这些内容时毫不掩饰的愉悦感。

“为什么要去挖掘垃圾堆呢?”查尔斯·惠布利在《苏格兰观察家报》上发表的匿名文章中提出质问：

> 世界是美好的，思想健康的男人、诚实的女人相对于那些污浊、堕落或反常的人在世上所占的比例是巨大的。奥斯卡·王尔德先生又在撰写不如不写的东西；《道林·格雷的画像》……精巧、有趣、充满机智，是真正的文人之作，但另一方面它是糟糕的艺术，因为它的兴趣在于法
> 401 医学；它的人性是不正确的——因为它的主角是个恶魔；它在道德上是不正确的——因为它没有充分明确，比起干净、健康和理智的生活，作者自己是否更喜欢一种不正常的罪孽。[25]

《每日纪事报》称这部小说是个“有毒的”故事，“这是从法国颓废派麻风病文学滋生出来的……气氛沉重，散发着道德

和精神腐败的恶臭”；《圣詹姆斯公报》怀疑“财政部或国家警戒协会是否认为有必要起诉奥斯卡·王尔德先生”或他的出版商，因为他们竟然制作出如此“腐败”且令人反感的作品；而《苏格兰观察家报》则认为，这个故事“只适宜于刑事调查部或秘密听证”，只会吸引“非法的贵族和堕落的电报男孩”。[26]文中提及的“电报男孩”“非法的贵族”“法医学”的兴趣，以及“国家警戒协会”等都反映并刺激了克利夫兰街丑闻引发的关于性的“不正常罪孽”的焦虑。

在（即便没有）媒体的影射下，许多读过这本书的人发现了它的“危险”潜台词。维奥莱特·马丁认为这是“有史以来最肆无忌惮的淫猥”；约翰·艾丁顿·西蒙兹收到了王尔德寄来的书，他认为“如果英国公众能容忍这本书，那么他们就能容忍任何事情”。王尔德对这些反应并不感到非常惊讶。毕竟，他曾拒绝让天真的格雷厄姆·罗伯逊读这个故事，并告诉他：“这本书不是为你写的。”[27]佩特拒绝评价这本书，理由是它“太危险”；他告诉王尔德，他担心笼罩在道林的“罪恶”周围的“神秘帷幕”在某处滑落，从而过于明显地暴露出巴兹尔·霍尔沃德对其的性激情。他可能还一直担心，亨利勋爵提倡的“新享乐主义”，似乎呼应了他在《文艺复兴史研究》备受争议的“结论”中提出的思想，甚至是措辞，会将它们引向一个新的去向。在此期间，他自己已经花费了数年时间去淡化他号召的所谓一个以追求“经验”为目的的人生。他自己的小说《享乐主义者马利乌斯》（出版于 1885 年）中的主人公主张的是一种更为简朴的人生哲学，与“新享乐主义”截然不同——是一种认识到“道德感”对于“人的整个有机体的和谐发展”与完整之重要性的享乐主义。[28]

在美国，人们普遍不理解这种愤怒。《纽约时报》6月底的一篇社论提到，这部小说在英国“激起的兴趣远远超过了”其在美国的影响，“原因很简单，自从去年被委婉地称为‘西区
402 丑闻’（即克利夫兰街丑闻）的事件曝光以来，英国人一直对指向友谊的，最轻微的色情暗示异常敏感”。而“一万个美国读者中也不太可能有一个人”的脑子里会闪现出如此“兽性的怀疑”。[29]

王尔德声称对媒体的攻击感到高兴，因为英国公众“只有在得知一件艺术品是不道德的，才会对这件艺术品感兴趣”，这样的评论将“极大地增加杂志的销量”。他只是遗憾，稿酬已经全部付清，他无法从中受益。为了保持这个话题的活跃度，他和三家报纸展开了一场戏谑式的通信——采用了各不相同的辩护手法。他对《圣詹姆斯公报》说：“我十分不能理解，如何可以从道德的立场来评论一件艺术品。艺术领域和道德伦理领域是绝对不同和相隔离的；正是由于两者的混淆，我们才有了格伦迪夫人，这位迷人的老夫人代表了本国中产阶级所能产生的唯一的幽默原型。”[30]

他向《每日纪事报》编辑承认（使用了他最喜欢的头韵），这本书“是有毒的，如果你愿意这么说的话，但你无法否认它也是完美的，而完美正是我们艺术家追求的目标”。[31]在另一封写给《圣詹姆斯公报》的信中，他哀伤地承认——“天啊！”——这的确是一本具有道德的书。“道德是这样的：所有的无节制和节制，都会给自身带来惩罚……这是一个艺术错误吗？我怕是的。这是这本书唯一的错误。”[32]

他避开了惠布利“极不公正”的含沙射影，在信中写道，虽然“这一故事的戏剧发展”需要“把道林·格雷置身于道德

腐败的气氛中”，但他已经设法把各种细节留给读者自己去想象：“每个人都从道林·格雷身上看到了他自己的罪过。”[33] *

王尔德曾经乐观地断言，有关故事不道德的流言将会有利于销售，但这一判断没有完全得到证实。尽管开头还算顺利，7月10日沃德·洛克公司收到了一封“来自W. H. 史密斯父子公 403
司的告知信，‘据新闻报道，（王尔德的）小说讲述了一个猥琐的故事’，他们被迫从书摊上撤下了《利平科特月刊》”。出版商要求立即面见王尔德，并称“这对我们来说是一件严重的事情”。[34]的确如此。在此之前的两年里，国家警戒协会（一个成立于1885年的机构，“旨在执行和改善法律，以镇压犯罪和公众的不道德行为”）已经两次成功起诉了英国出版商亨利·维泽特利，原因是他发行了埃米尔·左拉的英文版小说。他共被罚款300英镑并监禁3个月。

或许正是沃德·洛克公司的焦虑促使王尔德到《圣詹姆斯公报》办公室，他要求面见塞缪尔·杰伊斯，这位记者最早撰写了一篇充满敌意的评论，并加剧了持续的争议。杰伊斯（他在牛津比王尔德低一个年级）毫不妥协。尽管王尔德用尽了“他所有的说服方式和丰富的智慧”，但杰伊斯拒绝让步。“如果你撰写并暗示的并不是你实际上想的东西，这又有什么用处？”他问。“我向你保证，”奥斯卡恳切地回答，“我说的每一个词都是我想的，我暗示的所有东西也都是我想的。”“那么，

---

* 王尔德的朋友沃尔特·帕尔默夫人问及道林罪行的确切性质时，他回答说：“真的，您知道，我不可能在晚餐的时候说这些事情。如果您愿意单独跟我到温室去，我就把一切都告诉您。”晚饭后他带她进了温室，几分钟后他们回来了，帕尔默夫人“几乎笑得尖叫起来”。“你们猜猜这个坏蛋对我说了什么？”她大声说，“我让他告诉我道林·格雷在白教堂做的最邪恶的事情是什么。他弯下腰，在我耳边悄悄说，‘他用刀子吃豌豆！’”

我只能说，”杰伊斯冷冷地说，“如果你确实是那个意思，很可能，总有一天，你会发现自己已经身处弓街警察局了。”王尔德对此报以“淡淡的一笑”。[35]

然而，杰伊斯的话中带有一丝警告。有很多人已经准备好读取有关道林“令人厌恶的罪恶和极其恶劣的罪行”所透露出来的种种暗示，认为这是王尔德自己的种种嗜好和行为的反映。如惠布利所指，这个故事让人不明白的是，“比起干净、健康和理智的生活，作者自己是否更喜欢一种不正常的罪孽”。当然，出生于美国的男中音大卫·比斯芬是王尔德圈子的边缘人物，在他看来，这个故事简直就是一篇鲁莽的“自白书”。[36]这个故事引起了人们极大的兴趣和关注，它们可能大大提升了王尔德的文学地位，但也加速了侵蚀他个人名誉的过程。康斯坦斯的评论固然相当夸张，“自从奥斯卡写了‘道林·格雷’，就没有人跟我们说话了”，但这个故事的出版无疑标志着王尔德的声誉将进一步恶化。从那年夏天开始，伦敦的文化圈里开始大肆传播有关王尔德的“各种奇闻轶事”，让人越发难以忽视。[37]

404 然而，表面上一切都进展顺利。7 月 21 日，王尔德在路易丝·钱德勒·莫尔顿举办的派对上状态不错，与 43 岁的诗人凯瑟琳·布拉德利交谈起来。布拉德利和她的侄女兼终身伴侣伊迪丝·库珀二人合作以“迈克尔·菲尔德”的名义写作并出版。他们谈到了佩特的散文、法语的“颜色词汇”、英语的庸俗和简·奥斯汀的天才。王尔德说：“由于教育不完善，我们从女性那里得到的唯一作品是天才的作品。”谈到天上的事情，王尔德勾勒出他想象中天堂的样子。他说，他到了那里“会找到一些皮纸装订的书，有人会告诉他，那是他写的书”。[38]这是一幅令人向往的场景。到目前为止，35 岁的王尔德只出过两本书，《诗集》和《快乐王子》。它们很难成为不朽名著，他急于增强实力。在接下来的 16 个月里，他会获得极大成功——不是通过写更多的文章，而是通过重新包装他已经写过的东西。

沃德·洛克公司已经在推进发行《道林·格雷的画像》图书版的计划，不过现在人们认为，为了"抵消"《利平科特月刊》版本所造成的广泛"损害"，可能还有必要补充另外两章内容。卡洛斯·布莱克对王尔德那个"该死的故事"将要"再次面世……而且还有补充内容，而非更正内容"的消息感到无比震惊。"您听说过如此可恶的'作对'吗?"他对纽卡斯尔公爵说。然而有一部分人认为，这本书也许需要进一步强调道德信息，淡化其中的颓废细节。[39] *

虽然王尔德还在努力为《W. H. 先生的画像》寻找出版商，而且希望一直落空，但他出版一卷散文集的计划却比较幸运。那年夏天，他在伦敦遇到了年轻的美国出版商克拉伦斯·麦基尔文，他正和两个从事文学的美国人乔纳森·斯特奇斯和斯图尔特·梅里尔一起旅行。这位 24 岁的波士顿人计划与著名的 J. R. 奥斯古德合作，创办一家新的英美出版社，正在英国寻找作家。王尔德开始争取他和他的两个同伴。梅里尔回忆说："尽管他声名显赫，而我们默默无闻，但他向我们展示了魅力，丝毫没有摆架子或傲慢的样子。"[40]这种魅力产生了效果：麦基尔文不仅同意接受王尔德的随笔合集（包括两篇对话），还同 405

* 出版公司的合伙人之一乔治·洛克写信给王尔德，建议"为了让道林活得更久一些，你能不能把画像上的脸变成他自己，让他以自杀或忏悔结束生命的痛苦，使他成为一个更好的人物? 亨利勋爵也很快下线了。难道他就不能再活得久一点吗? ——你可以把这两个人的死做一个极好的对比。这是我想到的。它是否有价值由你来决定"。但是，王尔德认为事情不是这样的。

意出版他刊登在《宫廷与社会评论》和《世界》杂志上的四篇短篇小说的纲要，以及童话第二卷。这三本书将于第二年出版。

《道林·格雷的画像》引发了巨大的骚动，在它的刺激之下，王尔德陆续收到了其他各种邀约。诺曼·福布斯-罗伯逊年底签下了环球剧院的租约，他的目标是制作“演员阵容强大的优秀喜剧”。他找到王尔德，请他写一部戏。但不幸的是，他无法提供任何预付款。“我一直缺钱，”王尔德解释道，“只能做确定下来的事情。”[41]乔治·亚历山大也来打探，他的开价更令人满意。这位32岁的演员也想进入管理层，想要一部王尔德的戏剧。他有理由尊重王尔德的品味，因为王尔德曾经在文章里褒奖过他的表演。用他自己的话说，他“早就被征服了”，相信王尔德能写出一部好剧本。他读完《道林·格雷的画像》之后，对这位作家的“戏剧才能”有了更加坚定的信心。亚历山大还想获得一些他认为与王尔德名字相关的社会声望，以便为他的新剧院（圣詹姆斯剧院）带来“王尔德本人已经进入的上流社会圈子”。王尔德立即作出回应，向他推荐了《帕多瓦公爵夫人》，计划于次年年初在纽约上演。但亚历山大的设想是一出现代装“社交剧”。与诺曼·福布斯-罗伯逊不同的是，他确实有能力预付100英镑：50英镑预付，50英镑在剧本交付时支付。王尔德欣然同意。[42]

事必有三，那年夏天王尔德还收到了一封信，恳请对一个新成立的独立戏剧协会给予支持。该协会以巴黎艺术剧院为参照，旨在上演“英国最著名文学家”（梅瑞狄斯、哈代、史蒂文森、亨利·詹姆斯）的戏剧作品，以及“某些国外的非传统的杰作”（易卜生的《鬼》）——而无需将作品提交给宫务大臣办公室。该俱乐部的创始人是两名居住在伦敦的荷兰作家：

亚历山大·特谢拉·德·马托斯和 J. T. 格莱恩，他们希望王尔德能创作出一部“非传统的戏剧”，并“借给他们……制作上演”。王尔德没有答应他们的要求；不过，这个提议让他觉得很开心，也许是这件事情让他第一次产生了想在“实验性”戏剧领域做点什么的念头。[43] 406

有说法认为，《道林·格雷的画像》的出版导致王尔德一家遭到了社会的排斥，但任何类似的说法都在那年夏天不攻自破，因为这个假期他“处在紫色石南和银色薄雾之中”，是与众多苏格兰男爵一同度过的。王尔德承认道：“这使我，作为凯尔特人的我，从英格兰令人厌倦的绿色中获得解脱。我只喜欢艺术中的绿。此为我的众多异端之一。”[44]

休假回到伦敦后，图书版《道林·格雷的画像》即将出版，作为准备工作的一部分，王尔德邀请里基茨为这本书的封面和扉页做一些设计。这是一次令人愉快的合作，并为日后的多次联手翻开了第一页。它将王尔德进一步拉拢到溪谷的世界。他成了星期五晚上小型聚会的常客，有时候还带一个朋友去他所谓的“伦敦唯一永远不会让人感到无聊的房子”。[45]他逐渐认识了被里基茨和香农拉入这个圈子的艺术家、工匠和作家。他们当中有一个特别英俊、相当严肃的年轻人，名叫约翰·格雷。他是行政部门的一名小职员，出身不高，自学了法语，全身心地爱好文学。第一期《日晷》上有一篇他写的关于“龚古尔兄弟”的文章，还有一篇明显具有王尔德风格的童话《了不起的蠕虫》。他也写诗。王尔德对这首诗（这首诗学的是“巴黎颓废派”）大加赞赏，同样让他赞不绝口的还有这个男人，以及他那优雅的气质和迷人的举止。格雷和里基茨一样，能告诉他一些他不知道的事情。[46]

王尔德兴奋地发现，竟然有这么多年轻人和他一样，对当代法国艺术和文学如此着迷——“这是现在欧洲值得讨论的艺术”，他对另一位新近结识的文学界朋友，自觉前卫的评论家兼诗人阿瑟·西蒙斯说。[47]此外，约翰·格雷孩子气的英俊相貌也莫名地令人联想起王尔德小说的中心主题。事实上，王尔德认为格雷几乎就是“道林”的形象。“直到我在书中描述了他之后，我才找到或见到他。”他后来评论说：这绝妙地证实了，艺术激发和引导了自然。“如果我没有描写过道林的话，这个年轻人就永远不会存在。”[48]这种联系成了他们之间的玩笑
407 和纽带。王尔德会笑着暗指“约翰·格雷是他的男主角‘道林’”。格雷在写给王尔德的信中，甚至至少有一封署名为“道林”。[49]

莱昂内尔·约翰逊和新成立的“诗人俱乐部”的其他成员也有同样的想法。“诗人俱乐部”是由叶芝和一些志同道合的朋友创立的年轻诗人的非正式组织。王尔德和格雷偶尔会参加在菲茨罗伊街世纪行会总部举行的俱乐部聚会。约翰逊和他的同伴欧内斯特·道森很快就把格雷称为“道林”·格雷，或“道林的原型”；约翰逊在描述格雷的时候详细地阐述了这一点：“一个年轻人……有 30 岁，但长着一副 15 岁的脸庞。”格雷实际上的年龄是 25 岁；但这种夸张反而凸显了玩笑。[50] * 艺术和生活是交织在一起的。

---

* 莱昂内尔·约翰逊本人——尽管他对威士忌的热情与日俱增——和约翰·格雷一样长相非常年轻。事实上，王尔德有一次曾经说：“任何一天早上 11 点，你都可能看到他从皇家咖啡馆醉醺醺地走出来，冲着路人打招呼。”

注　释

1. *CL*，416.
2. *PMG*，23 September 1890；文章中提到“一名与她的朋友们，以及我和南肯辛顿的朋友们住在一起的加拿大艺术家”。有关弗朗西斯·理查兹的身份鉴定，可参见 *The Beaver*：*Exploring Canada's History*，86（2006）；罗斯一家住在南肯辛顿。
3. *CL*，416.
4. Nicholas Frankel，ed.，*The Uncensored Picture of Dorian Gray*（2011），150.
5. *CL*，524；Frankel，ed.，*The Uncensored Picture of Dorian Gray*，156；Isobel Murray，ed.，*Oscar Wilde*（1989），582，其中指出“拉乌尔（Raoul）”这个名字可能出自佩特的著作《加斯东·德拉图尔》（*Gaston de Latour*）中的一个人物。
6. *CL*，425.
7. Harris，70-1.
8. *CL*，424-5；*PDG*，OET III，其中提到了王尔德在手稿上倾注的热情。
9. *PDG*，OET III，xliii.
10. Sir Peter Chalmers Mitchell，*My Fill of Days*（1937），183-4；*PDG*，OET III，xxxv.
11. Bernard Berenson，*Sunset & Twilight*（1964），10；*CL*，443.
12. *CL*，585.
13. J. M. Stoddart to OW，22 April 1890，in Frankel，ed.，*The Uncensored Picture of Dorian Gray*，44.
14. Frankel，ed.，*The Uncensored Picture of Dorian Gray*，43-8，232-4. 弗兰克尔在前言和注解中收录了大量宾夕法尼亚州历史学会保留的利平科特公司的记录信息（斯托达特于 1890 年 4 月 7 日在费城收到打字稿）。
15. *CL*，425；Maurice Macmillan to OW，16 June 1890（Austin）；George Lock to OW，7 July 1890（Clark）. 1890 年 6 月，沃德·洛克公司以文集的形式出版了库尔森·克纳汉（Coulson Kernahan）的小说《亡人日记》（*A Dead Man's Diary*），该作品曾经在《利平科特月刊》上连载。
16. *CL*，729.
17. Stokes and Turner，in the ‘Dubia’ section of OET VII，列出了奥斯卡·

王尔德 1890 年有可能为《帕尔摩报》撰写的五篇文章，最后一篇发表在 4 月 3 日。

18. ‘Literary Intelligence’, *Liverpool Mercury*, 25 June 1890.
19. ‘Literature’, *Derby Mercury*, 25 June 1890; ‘Magazines and Reviews’, *Leeds Mercury*, 24 June 1890.
20. ‘England and the Nations’, *NYT*, 29 June 1890, quoted in *PDG*, OET III, l.
21. JFW to OW, in Tipper, *Oscar*, 119.
22. R. Ross to OW [July, 1890], in Ross, ed., *Robbie Ross-Friend of Friends*, 20-1.
23. ‘Magazines’, *Graphic*, 12 July 1890; *Speaker*, 5 July 1890.
24. ‘Mr. Oscar Wilde's “Dorian Gray”’, *PMG*, 26 June 1890；评论中虽然没有点名提到《逆流》，但引用了其名字。
25. *Scots Observer*, 5 July 1890.
26. *Daily Chronicle*, 30 June 1890; ‘A Study in Puppydom,’ *St James's Gazette*, 24 June 1890; *Scots Observer*, 5 July 1890.
27. Gifford Lewis, *The Selected Letters of Somerville and Ross* (1989), 222; Elizabeth Lee, *Ouida: A Memoir* (1914), 157; J. A. Symonds to H. F. Brown, 22 July 1890, Brown, ed., *Letters and Papers of John Addington Symonds*, 240; Preston, ed., *Letters from Graham Robertson*, xvi.
28. Holland, 78, 219-20, 312; Walter Pater, ‘A Novel by Mr. Oscar Wilde’, *Bookman*, November 1891, in Beckson, 84.
29. ‘England and the Nations’, *NYT*, 29 June 1890, quoted in *PDG*, OET III, l.
30. *CL*, 428-9.
31. *CL*, 435-6.
32. *CL*, 429-31.
33. *CL*, 438-9.
34. Ward Locke and Co. to OW, 10 July 1890, quoted in McKenna, 185-6.
35. Sidney Low, *Samuel Henry Jeyes* (1915), 42.
36. David Bispham, *A Quaker Singer's Recollections* (1920), 150.
37. Bispham, *A Quaker Singer's Recollections*, 150; Harris, 72.

38. 'Michael Field', Journal, 21 July 1890 (BL: available online via 'The Victorian Lives and Letters Consortium', tundra. csd. sc. edu).
39. Carlos Blacker to the Duke of Newcastle, [28 July 1890], in Maguire, 26.
40. Stuart Merrill, 'Oscar Wilde' ms (Clark), translated by H. M. Hyde. 斯图尔特·梅里尔虽然出生于美国，但是在法国长大，其父是一名外交官。诗人斯特凡·马拉梅（Stéphane Mallarmé）是他的老师之一。在美国短暂停留后，他于1890年回到法国居住。梅里尔精通双语，翻译了王尔德童话故事《公主的生日》的“粉红色和蓝色”法文译本。
41. *CL*, 454, 451; 'The Theatres', *Daily News*, 25 August 1890.
42. Pearson, 220; 奥斯卡·王尔德在为《戏剧评论》（1885年5月9日）撰写的欧文版《哈姆雷特》的评论中提到乔治·亚历山大“扮演的雷欧提斯表演精彩”; G. Alexander, quoted in *Evening World* (New York), 30 September 1892; J. Kaplan, 'A Puppet's Power', *Theatre Notebook*, 46 (1991), 62. Frank M. Boyd's *A Pelican's Tale* (1919), 298, 王尔德一开始为乔治·亚历山大提供的是“一部无韵诗戏剧”; *CL*, 421, 王尔德写给乔治·亚历山大的信暂时被确认为写于“1890年1月底”，因为其中提到亚历山大排演了 Hamilton Aidé 的《Dr. Bill》，该剧于1890年2月1日在大道剧院（Avenue Theatre）首演。这部剧取得了巨大成功，连续上演了一年。1892年1月亚历山大写给 Clement Scott 的信（Guy & Small, 94n）提到，他与王尔德的最初安排是在“18个月”之前定下的——即1890年7月——亚历山大在 *Evening World* 发表的评论证实了这个时间，其中提到他在读了《帕尔摩报》的文章之后，想到了要请奥斯卡·王尔德写一个剧本。1890年7月，奥斯卡·王尔德收到50英镑，但乔治·亚历山大在给罗伯特·罗斯的信中（Ross, ed., *Robbie Ross-Friend of Friends*, 152）寄去了约定的100英镑预付金。这笔钱被分成两笔支付是我的猜测，它是基于王尔德之前向诺曼·福布斯-罗伯逊提出的类似安排，*CL*, 454。
43. Alexander Teixeira de Mattos to OW, 19 July 1890 (Mark Samuels Lasner collection, Delaware).
44. *CL*, 452.
45. T. Sturge Moore, ed., *Self-Portrait-taken from the Letters & Journals of Charles Ricketts, R. A.* (1939), 16.

46. Harris，73. 传统意见认为，奥斯卡·王尔德第一次遇见格雷的时间相当早——早在他创作《道林·格雷的画像》之前。但这种判断似乎不太可能。任何当时的记录中都没有提到这一点。有关于此的一个消息来源是保存在克拉克图书馆的一份 1910 年弗兰克·利比希（Frank Liebich，1860-1922）打印稿，其中描述了“1889 初夏”在苏豪区一家餐馆的包厢与奥斯卡·王尔德、约翰·巴拉斯、约翰·戴维森和约翰·格雷共进晚餐的情况——其中提到那一次格雷和王尔德是亲密的朋友关系。然而，John Sloan 在 1995 年撰写的约翰·戴维森传记中明确，1889 年初夏戴维森并不在伦敦——他直到年尾才在伦敦做了非常短暂且不愉快的停留。之后他没有返回并居住在伦敦，直至 1890 年。戴维森于 1891 年结识了奥斯卡·王尔德，以及约翰·格雷。菲利普·科恩 2012 年撰写约翰·巴拉斯传记也提到，巴拉斯直到 1891 年初才同王尔德结下友谊。因此，利比希描写的那次愉快的晚餐更有可能发生在 1891 年“初夏”。
47. *CL*，455-6.
48. Louis Latourette，quoted in Ellmann，540；虽然文中所指 1900 年在罗马见到了一位不知名的“英国年轻人”，但其中没有确切指明那个人就是约翰·格雷，但这个可能性极大。奥斯卡·王尔德肯定在 1900 年 4 月在罗马与格雷相遇。他肯定把他看作是“道林·格雷”的类型。
49. J. H. McCormack，*John Gray*：*Poet*，*Dandy and Priest*（1991），55，49；Harris，73.
50. Lionel Johnson to Campbell Dodgson，5 February 1891；Ernest Dowson to Arthur Moore，［2 February 1891］，in Flower and D. Mass，eds，*The Letters of Ernest Dowson*（1967），182；the letter is postmarked 9 January 1891.

3. 暗示

一个思想若不危险，那么它就不值得被称作思想。

——奥斯卡·王尔德

1891 年初的头几天，王尔德满怀旧情回到查尔斯街自己以前住过的房间，参加了从巴黎来访的罗伯特·谢拉德举办的一个小型文学聚会。这群人当中有谢拉德当年在牛津大学新学院的老同学，风度翩翩但脾气暴躁的约翰·巴拉斯。王尔德很想见他一面。 408

巴拉斯既是诗人又是激进的社会主义者。他曾是社会民主联盟成员，也是威廉·莫里斯的《公益》周刊的撰稿人，在 1887 年的“血腥星期日”骚乱事件中遭到警察毒打。在谢拉德的派对上，为了表明自己是个激进派，他带来了“一个古怪的年轻女性，介绍她是自己的灵魂姐妹兼缪斯”。她向大家透露，为了表明自己对革命事业的承诺，她“衣服里面”穿的是红色法兰绒。谢拉德认为她“几乎难以踏足‘体面’的房子”，但王尔德对她彬彬有礼。然而，对于动辄爱争吵的巴拉斯来说，即便这样也不够。

下午聚会结束时，王尔德、巴拉斯和“缪斯”，以及谢拉 409
德及另外一位诗人（巴拉斯的朋友，苏格兰同乡约翰·戴维森）一起离开。路过格罗夫纳广场时，巴拉斯突然招呼了一辆双轮马车，把他的女性朋友塞进车里，然后转向其他人，大声责备起来——尤其是王尔德——因为他们“没有尊重他的灵魂姐妹”。看来他认为，王尔德应该在大家离开之时，向这位女士伸出手臂挽起她。马车夫听说巴拉斯住在兰贝斯贫民窟，便犹豫着要不要收下车费接这趟活儿，这个戏剧性的场面一下子变得十分糟糕。王尔德走上前去，和和气气地劝说马车夫（“马车夫一眼就认出了他，称呼他为‘我的主人’”），一切都不会有事。*

这件事让王尔德感到好笑，丝毫不觉得受到了冒犯：事后巴拉斯道了歉，两人之间建立了友谊。王尔德把他介绍给约翰·格雷以及他周围圈子里的其他人。[1]尽管王尔德欣赏巴拉斯华丽的斯温伯恩式诗歌，但更吸引他的是巴拉斯的政治观点。近几个月来，王尔德一直在为政治立场问题大伤脑筋。1890年11月，帕内尔的私人生活细节被人幸灾乐祸地放到英国媒体上曝光并接受审视，凯蒂·奥谢长期以来一直是他的情妇，她的丈夫最终起诉妻子要求离婚。统一派的报纸抓住机会诋毁帕内尔的名声。面对公众的愤怒，自由党威胁要断绝与爱尔兰议会党的关系，而帕内尔拒绝辞去党魁一职，导致他的政党分裂为帕内尔派和反帕内尔派。媒体炒作的色情内容再加上政治内讧，在这一片混乱中，实现爱尔兰地方自治的希望似乎突然破灭了。这是一个痛苦的时刻。

然而，与此同时，王尔德对英国议会制度是否具有带来彻底变革的能力，变得越发地没有信心，他那更广泛的政治思想正呈现出新的色彩。1890年底，新近创立的《新评论》杂志编

---

* 王尔德已经养成了乘坐漂亮马车的嗜好，这几乎成了一种依赖。他出手大方（即使最短的行程，他也要叫辆车，并且经常在拜访时让马车等他），马车夫们尊称他是“切尔西最棒的乘车人”。

辑阿奇博尔德·格罗夫找到他，希望他能为即将发表的一篇题为“社会主义与文学”的文章写一篇“回应”。格罗夫想让他“从个人主义的角度去写，大约 3500 字”。[2]王尔德没有接受约稿，而是决定自己写一篇有关该主题的文章，将它刊登在弗兰克·哈里斯的《双周评论》上。

据罗比·罗斯回忆，新年伊始王尔德在安斯洛广场 85 号罗 410
斯家的图书室里，花了“连续三个早上”写下了《社会主义制度下人的灵魂》。[3]当然，王尔德对社会主义这个话题产生兴趣已经有一段时间了。自从结识了机智风趣、特立独行的萧伯纳之后，他拓宽了对社会主义的理解，并受到鼓舞，认为这可以作为自己的一个写作主题；[4]而他的新朋友巴拉斯——后者沉浸在蒲鲁东的作品中，更倾向于他众多观点中的“无政府主义”——则提供了一个稍微不同的，甚至更诱人的视角。[5]

王尔德在这篇文章中舍弃了他最喜欢的对话形式——然而保留了许多开放式的警句风格——描绘了一幅迷人的、高度个人化的社会主义愿景。他宣称有必要用“公共财富”取代“私有财产”，这样人类就可以从烦琐的所有权的烦恼中解脱出来，合作可以取代竞争，成为社会的驱动力。但他认为这只是个人主义发展道路上的第一步。“人类真正的完美，”他断言，“不在于他有什么，而在于他是什么。”在这篇作品中，王尔德转向了社会主义各派别中无政府主义的一端。

为了支持自己的理论，他举了耶稣的例子——也许不是正统基督教中的神圣形象，而是一个非凡的人，个人主义的伟大倡导者，一部分出自王尔德的想象，一部分来自欧内斯特·勒南 1861 年出版的坚定的世俗化著作《耶稣传》（勒南的这本书被王尔德列为其藏书中的“黄金书籍”；他称之为“圣托马斯福音”）。[6]王尔德笔下的耶稣所要传达的信息是“做你自己……你有奇妙的个性。发展你的个性……不要想象你的完美是仰仗积聚或拥有外在的东西。你的完美在你自身”。

为了帮助实现自我发展的目标，王尔德宣称所有形式的政府和所有传统道德都是冗余。所有的权威都是有辱人格的：“它降低施政者的人格，也降低受治者的人格。”按照他提出的原则构建的社会将是所有人的天堂，尤其是艺术家（以及奥斯卡·王尔德），因为“艺术是世界上迄今已知的最强烈的个人主义形式”。

文章针对其中概括的一些大的概念，提出了具体而切中时事的要点。帕内尔倒台事件刚刚过去不久，王尔德对英国报刊上的粗俗内容提出了严厉谴责，称其试图“把某位大政治
411 家……的私生活中的一个事件搬到大众眼前，邀请大众讨论这件事”。“古时候，”王尔德说，“人类有拉肢刑具，现在他们有了报纸。”情况几乎没有得到什么改善。他在文中将那些谴责《道林·格雷的画像》为“病态”的评论家们批评了一通。他说：“病态如果不是一种人们无法言说的情感或思想，那么病态是什么？大众都是病态的，因为大众不会表达东西。艺术家从不病态。他表达一切。他身居他的主题之外。”

这篇文章发表在2月号的《双周评论》上。如果像一位评论家所说，这篇文章的写作目的是“引发震惊和激发评论”，那么它成功了。新闻界对它的评价可能存在分歧，但有相当多的人都十分喜爱这篇文章。年轻的罗杰·弗莱非常赞赏它。作家格兰特·艾伦感谢王尔德写了这么一篇“高尚而美丽的文章”。巴拉斯在写给约翰·格雷的信中，称赞它是“迄今为止世界上最完美的革命性文章，不但是一件艺术品，而且充满知

识和洞察力”。[7]他已经以无政府主义者的身份向王尔德——以及格雷——致敬:“所有的艺术家都是天生的”，他说。[8]他很高兴自己的见解得到了证实。

为了让这篇文章在视觉上——以及文学上——显得更加不同凡响，王尔德坚持文中他的许多格言式陈述要用斜体字来体现:“社会上只有一个阶级比富人更看重金钱，那就是穷人阶级”，“艺术从来就不应该去尝试迎合公众，而是公众应该努力去培养自身的艺术鉴赏力”，等等。这些自负的内容中所含的挑衅意味几乎与文中的政治观点不相上下。在一次时髦的午餐会上，自由党议员赫伯特·阿斯奎斯略带恶意地向王尔德建议说:“采用斜体字的人就像一个在谈话中提高嗓门，为了让别人听见而大声说话的人。”然而，王尔德没有钻进这个圈套。“阿斯奎斯先生，您注意到了这一点，真是令人愉快!”他带着愉快的微笑答道，“精彩的措辞，就像美酒，不需要隐藏。不过，演讲家在讲到精彩处的时候，会突然停下来，要么提高或降低声音，要么通过姿势来强调这一点。因此，作家也会用斜体字来强调他的警句，可以说，就像宝石匠点缀上小宝石——这是一种可以原谅的，对自己的艺术的热爱，并不仅仅是出于虚荣，我是这样想的。”[9]

这篇文章在伦敦引起的轰动，远远超过了大西洋彼岸传来的令人振奋的消息。王尔德收到一封来自劳伦斯·巴雷特的电报，告诉他《吉多·费兰蒂》(《帕多瓦公爵夫人》的新名字)已经在纽约百老汇剧院首演，获得了好评，“常常都是满座”。 412
虽然演出海报上没有王尔德的名字，但《纽约论坛报》已经在评论中猜出来了。巴雷特建议王尔德给美国媒体发一份电报，承认作者的确是他，并感谢公众欣赏他的剧本。[10]

巴雷特对这部戏进行了大幅度删减；现在的演出时间只有三个小时。尽管他已经53岁，但他还是以一贯的活力来扮演年轻的奎多；公爵夫人的角色由他的御用女主角明娜·盖尔扮演——她虽然“声音粗哑”“姿态粗鲁”——但至少被一些人称赞达到了一个新的“悲剧力量高度”。王尔德的“无韵诗”被誉为“博学而富有诗意”，有时候“充满雄辩的火焰”。[11]然而大多数评论家对这部剧的赞扬是有所保留的——他们注意到它在文学上存在缺陷，逻辑上不连贯，有点像“情节剧”，存在“病态的”细节，总体上“荒诞不经”——不过，总体的共识还是非常有利的。观众们并没有因此气馁而放弃观剧。

至少有一篇新闻报道称，王尔德对该剧的上演感到十分惊讶。当然，从来没有人建议他去美国参加首演。无论如何，他的到来都会泄露作者身份的秘密。尽管如此，他还是为这出戏的成功而感到高兴（他称之为“巨大的成功”）。他为《每日电讯报》写了一篇关于该剧的文章，并立即写信给亨利·欧文，敦促他再看看这个剧本（“你是英国唯一一个能演出无韵诗戏剧的艺术家”）。然而，欧文再次表示拒绝。王尔德还联系了演员经理查尔斯·卡特莱特，对方也没有排演这出戏的打算。[12]*这出戏在纽约演出了三个星期（直到2月14日），巴雷特用另一件他想尝试上演的作品替换了它。不过，公司已经制订了一项计划，打算在夏季巡回演出时重新推出这部剧。[13]

《帕多瓦公爵夫人》的上演让王尔德想起了他的另一个戏

---

* 王尔德还给《纽约先驱报》（1891年2月15日）写了一封信，纠正他们“有趣而不准确”的文章。有关保持作者的秘密身份，他给出的原因是：“当一件作品为匿名时，公众和记者会在一定程度上接受它，其中所体现的只有该作品的艺术效果。当作品署上作者的名字时，人们会被褒贬的欲望分散注意力，如此一来他们便有了自己的原则或偏见。这对他们是不利的。”

剧承诺。他曾犹豫是否要开始为乔治·亚历山大写剧本，后来发现这个任务很难完成。“我现在对这出戏还没有把握，”他承认，“事实是，我是在没有心情工作的情况下写这个剧本，我 413
必须先把它忘掉，然后再重新来过。”[14]他自己也不知道什么时候才有心情写这个剧本，于是他一反常态地提出，要偿还亚历山大的50英镑预付款，并终止他们的协议。令王尔德没想到的是，亚历山大接受了建议并解释说，实际上，他的“财务状况一团糟”，在《帕多瓦公爵夫人》巡回演出之前，他掏不出一点儿钱。[15]

王尔德眼下在文学上最关心的还是对图书版《道林·格雷的画像》进行最后的润色，他为此增加了六章内容，丰富了情节的戏剧性，强化了社会讽刺，润色了文本，并修改了一些更具争议的同性恋段落。他删除了一段巴兹尔和道林“手挽着手”从俱乐部回来的文字，以及另一段亨利勋爵把手放在巴兹尔的肩膀上的内容。他还删掉了布兰登女士滔滔不绝地为宾客相互做介绍的内容：“亨普提·邓普提爵士——你知道——阿富汗边疆。俄国的阴谋；非常成功的人士——妻子被一头大象杀死了——简直痛不欲生——想要娶一位漂亮的美国孀妇——如今，每个人都这么做。”这也许很明显，描绘的是他母亲在招待会上的样子。王尔德夫人肯定认为故事的这一处需要做“一些修改”。[16]

新增的段落中加入了对“新享乐主义”更详尽的描述，即亨利爵士诱人的享乐理论（“唯一值得来一套理论的东西”）。根据他的估计，“享乐是天性对人的考验，是天性认同的标志。我们快乐时，心总是向善的，但我们与人为善时，并不总是快乐的……‘善’就是同自身和谐……不和谐即指被迫与他人维持和谐关系。个人的生活才是最重要的……个人主义拥有更崇高的目的……没有哪个文明人会因为享乐而后悔，那些野蛮人连享乐是什么都不知道”。[17]这是王尔德准备赖以生存的理论。

沃德·洛克公司的编辑是一位名叫库尔森·克纳汉的年轻作家，他努力让王尔德的言论控制在一定的范围之内。这项任务非常艰巨。他批评“天空像是倒置的蓝色金属杯”一句写得像是“沃杜尔街（Wardour Street）的冒牌货”（因为天空是软的而不是硬的），王尔德打断了他：“不！不！……不是沃杜尔街——把那个‘W’去掉，如果你愿意的话，请用‘ardour’（热情）这个词来形容艺术家，我的眼睛一直都盯着这幅风景，我可能用错了几笔颜色，因为你提到了‘杯子’和‘金属’这
414 两个词，是有点道理的。但至于‘沃杜尔街’，我总是把它和人们所见的四处游荡的妓女联系在一起，这让我不寒而栗。”* 克纳汉以为他已经成功说服王尔德删掉了其中的“魔鬼原则”，即亨利勋爵鼓吹的将“罪恶”作为自我实现的要素。但王尔德后来改变了主意，坚持要恢复这段文字。“毕竟，”他声称，“这只不过是通过一个角色之口，戏剧性地说出路德的那句‘大胆的罪恶’（Pecca Fortiter）罢了。”[18]

这本书的外观，理所当然处理得非常精细。里基茨设计了一系列金色小“蝴蝶”图案点缀在封面上，以及手写体的扉页上。和王尔德之前出版的两本书一样，这本书也要以两个版本发行——一个是标准版（售价 6 先令），另一个是“豪华版”签名大开本版，限量 50 本，有编号和作者签名，售价 1 畿尼。

为了进一步完善这本书，王尔德创作了一系列关于艺术和

---

* 苏豪区的沃杜尔街在过去——19 世纪末——是制造和销售廉价而过于华丽的仿制家具的中心。结果，它成了俗气的代名词和批评性用语。

道德的23条格言警句作为序言，以阻止明显的批评攻击。他的格言中包括：“书没有道德和不道德一说，只有写得好和写得差之分，仅此而已。”“艺术真正反映的是观众，而非生活。”“评论家大可持不同意见，艺术家却能初衷不改。”“一切艺术都是无用的。”弗兰克·哈里斯看了手稿中的这些警句之后，请求允许先将它们发表在《双周评论》上。王尔德同意了——他坚持所有内容都要用斜体字排版，这可能是一次欢乐的反击，针对的是那些攻击《社会主义制度下人的灵魂》采用斜体字印刷的人。

尽管这本书还有很多工作要做，但他还是能辟出时间进行社交活动。王尔德继续与和道林同姓的约翰·格雷见面。1月底，他们一起参加了在霍恩家中举行的诗人俱乐部聚会，一周后，两人去了溪谷。[19]他们俩经常成双结对在一起，导致有人猜测两人的关系中必然有性方面的因素。谣言开始形成。巴拉斯向他的朋友弗兰克·利比奇“相当模糊地暗示”两人之间存在“所谓的亲密关系”。但王尔德自己，尽管他肯定被格雷吸引，并可能试图诱惑他，总是把他们的友谊描述为一种纯粹有关知识和艺术的关系；弗兰克·哈里斯支持这一说法。[20]

我们至今无从知晓，王尔德当时的性兴趣何在，不过他在 415
一封写给年轻演员罗兰·阿特伍德的信中，透露出了他所追求并享受的那种女性化的调情味道：“现将你的领带寄去。我知道，戴上它，你会显得像希腊人一样优雅。我并不觉得它对于你来说颜色太暗……杰拉尔德·格尼原谅我那天下午只同你一个人说话了吗？我想没有吧。但那天我还能同谁说话呢？”[21]他的性接触频率似乎在增加。虽然他吸引和激励年轻人的能力丝毫没有减弱，但他开始以某种玩世不恭的态度来对待它。正如他后来所承认的那样，他“无所顾忌地对待年轻的生命”。他会“狂热地”爱一个年轻人一段时间，然后便“感觉无聊”，甚至不再注意他。[22]

尽管哈里斯承认，格雷“理所当然在奥斯卡的讲话中找到了特别的刺激”，但这种刺激是相互的。两人之间有一种强烈的“知识上的共鸣”，格雷掌握的当代法国文化最新知识使得王尔德对他特别感兴趣。在前一年访问巴黎时，格雷找到了前卫评论家费利克斯·费内翁，并与他展开了通信。他对许多年轻法国作家所拥护的颓废主义现下如何逐渐演变成一种最新特指的象征主义有了一种理解，这种象征主义不是通过直接描述事物，而是通过描述事物所产生的效果来实现其模糊和暗示的效果。在菲茨罗伊街的诗人俱乐部晚会上，格雷朗读了一篇被道森说成是“一些非常美丽而晦涩的法国象征主义最新潮的诗歌”；他还把年轻的法国象征主义风格艺术家吕西安·毕沙罗（印象派画家卡米尔的儿子）带到了溪谷。[23]这样的邂逅似乎点燃了王尔德的兴趣。他在《道林·格雷的画像》的格言警句式序言中引入了时髦的“象征”概念：“所有的艺术既有表层意义又有象征含义。”“若要解读象征含义，也请后果自负。”

书本的编辑工作已经基本完成，2 月底的时候他去巴黎度了一个短暂的假期。自从七年前度蜜月以来，他还没有在法国首都待过。那时候，他还是一个默默无闻的年轻人，除了魅力、自信、与斯温伯恩的亲密关系、一本薄薄的诗集和一次美国巡回演讲之外，几乎没有什么成就可言。现在他又来了，摇身一变成了一个有地位的人物，并开始与法国文坛建立了真正的联系。他的一个童话故事已经出了法语版，他希望自己的两篇对话和《道林·格雷的画像》也能获得翻译出版。[24]

王尔德在法国期间最想见到的作家是斯特凡·马拉梅，他 416
是著名的新象征主义学派领军人物，《牧神午后》的作者，他已经——王尔德最近揣测——将法国的散文和诗歌合二为一了。[25]每星期二晚上，马拉梅在他位于罗马街的公寓里为作家和艺术家举办定期聚会。王尔德参加了2月24日的聚会。

在他看来，这是一个“真正令人难忘”的时刻。聚会结束时，马拉梅送给王尔德一部他翻译的爱伦·坡的长诗《乌鸦》，上面的题字是“赠奥斯卡·王尔德，纪念这个夜晚”。第二天，谢拉德邀请马拉梅与他、王尔德还有诗人让·莫雷亚斯星期四共进午餐（1886年莫雷亚斯在一篇文章中定义了象征主义运动）。他们不知道这位“尊敬的大师”会不会如约现身，因为他给谢拉德的回复——就像他写的所有文字一样——措辞如此“复杂且晦涩”，让人无法确定是什么意思。但他还是来了，大家度过了一段“非常亲切的时光”。谢拉德回忆，王尔德成功地“惊艳”了两位法国诗人。[26]

王尔德本来只打算在巴黎待一周，但是他突然生了一场病，再加上这个城市里的众多消遣娱乐，导致他一直住到3月中旬。他给五岁半的儿子西里尔写了封信，希望他“精心照料亲爱的妈妈”，并许诺带些巧克力回来。停留时间延长，使得他参加了马拉梅的另一次星期二聚会，结识了象征主义学派的更多成员。星期日在雅克-埃米尔·布兰奇家中吃午饭时，有人把他介绍给马拉梅的弟子亨利·德雷尼耶；26岁的德雷尼耶把王尔德称作他遇到的第一个聪明的英国人（王尔德对约翰·格雷说，德雷尼耶这人“很不错”）。[27]卡洛斯·布莱克和他漂亮的情妇“美丽的凯特”也在巴黎。一天晚上，王尔德带着德雷尼耶与他们一起在金屋餐厅吃饭。[28]

在布莱克和谢拉德的陪同下，王尔德拜访了埃米尔·左拉。这位伟大的现实主义者很有风度地接待了著名的唯美主义者，声称这次来访是他的荣幸。他谈到了自己目前的作品《崩溃》，讲述他搜罗了成堆的关于普法战争的文件，并参观了色当的战场。王尔德——尽管曾经贬低左拉的“缺乏想象力的现实主义”——假装赞同这种以研究为基础的小说写作方法，回忆自
417 己写作《道林·格雷的画像》时，“研究了一长串的珠宝清单”，并仔细阅读了园艺公司的目录。“你没办法，”他对左拉说，“像蜘蛛从肚子里吐丝织网那样，凭空靠自己的脑子撰写一部小说。”[29] *

王尔德在巴黎仔细审阅《道林·格雷的画像》的校样时，身在伦敦的库尔森·克纳汉吃惊地收到了一封作者发来的电报：“书中出现了可怕的错误。我会专门赶回来。停止所有校对。”王尔德紧随其后很快就来了，他坐着一辆双轮马车，脸上带着夸张的恐慌表情。“现在还不晚吧？看在上帝的分上，告诉我现在还不算太晚？”他假装喘着粗气。这一切的起因是他注意到在他的小说里，制作画框的人名叫“阿什顿”：“阿什顿”，他用一种极度痛苦的声调说，“是个绅士的名字。我竟然把它——上帝原谅我——给了一个手艺人！必须改成哈伯德。哈伯德尤其具有手艺人的气息！”克纳汉说，王尔德“气喘吁吁地对我说了这番话”之后，又恢复了他的笑脸。[30]

---

* 王尔德似乎向另一个朋友更准确地描述了他们不同的研究方法，他解释说：“只要那个人（左拉）想要写书，他就会直接从生活中汲取题材。如果他打算写那些居住在陋舍里的可怕的人们，他会亲自去陋舍里住上好几个月，以防他写得不准确。这真奇怪。以我为例吧。我曾经构思过有史以来最精致的故事。时间被设定在18世纪。这需要在大英博物馆阅读一个上午的资料才行。所以，这事永远也写不出来。”

这本书终于在4月出版了。一年前杂志出版时引发了铺天盖地的兴趣和争议，如今这种情况已经不复存在。250本定价1畿尼的漂亮大开本精装版在藏书迷中找到了市场，但1000本定价6先令的普通版却卖不出去。新增的六章内容还不足以让人们相信，这是一部全新的作品，值得他们花费比《利平科特月刊》多六倍的钱来购买它。王尔德声称，沃德·洛克公司付给他125英镑（含10%的版税），是利用了他的天真。但是——考虑到销量不佳——这对他来说是一笔不错的交易。[31]

很少有评论提到这本书。直到11月才出现了一条最令人欣慰的消息：沃尔特·佩特对杂志版本中某些段落的删减感到欣慰，他觉得自己可以在《书商》杂志上写一些慷慨而节制的赞美之词。佩特指出，“亨利·沃顿勋爵”和“道林·格雷”未能掌握真正的“享乐主义”中的“道德”元素（如他在小说《享乐主义者马利乌斯》中所写的那样），但他称赞了王尔德在讲述这个“优秀的故事”的同时展现出来的“技巧、艺术的真正微妙之处，以及轻松和流畅”。[32]

王尔德的小说面世后，奥斯古德和麦基尔文很快就在5月
初出版了他的文集。王尔德把他的两篇对话、《笔杆子、画笔 418
和毒药》和一篇关于莎士比亚式服饰的文章合在一起，起名《意图集》。所有的作品都经过了修改，并在最初的文稿上略有扩充。不过，最后一篇文章的内容是呼吁戏剧表演在“考古上”的准确性，它“横卧”在其他几篇号召想象力的文章中间，着实有点不协调——王尔德觉得有必要在文尾加上一段漫不经心的评论：“我并不同意这篇文章里所说的一切，有许多内容我完全不同意。”

如果说王尔德的小说以全新的面貌上市之后波澜不惊，那

么他的“散文”经过重新包装之后则受到了更热烈的欢迎。与时事新闻辩论的即时性不同，这些文章的独特性、原创性以及非凡的才华显得更加突出。弗兰克·哈里斯认为“柏拉图可能会自豪地在（其中几页）上签名”。[33]在佩特看来，王尔德“也许比其他任何作家都更多地”继承了“马修·阿诺德杰出的评论作品”。[34]它永远不会成为流行的成功作品，但它会受到“精英们”的赞赏和欢迎。那年夏末，《亚瑟·萨维尔勋爵的罪行及其他故事》问世，有助于王尔德这颗文学之星一直处于上升的状态。

注　释

1. R. H. Sherard to J. Barlas, 29 January 1891："很高兴你和奥斯卡·王尔德冰释前嫌。别不把他放在眼里，他可能会帮你找个很棒的出版社，无论如何即便只做朋友，他也很值得交往。" In Philip K. Cohen, *John Evelyn Barlas: A Critical Biography* (2012), 105.
2. Archibald Grove to OW, [December 1891] (Washington, Library of Congress)，随信附上了“一份研讨会的证明，该篇文章将刊登在1月号上”。《社会主义与文学》的作者为 Henry S. Salt。
3. Robert Ross to Mrs Colefax, 20 June 1912, reproduced in *Intentions*, February 2011, 22.
4. 萧伯纳回忆；“我发表了一次关于社会主义的演讲，奥斯卡出席并发表了讲话。罗伯特·罗斯在奥斯卡去世很久之后告诉我，正是我的这次演讲感动了奥斯卡，让他尝试写下《社会主义制度下人的灵魂》这一名篇，这让我大吃一惊”(Harris, 331)。虽然很难确定这段轶事的细节，但萧伯纳的日记中记录了两人之间的各次见面（see Stanley Weintraub, 'The Hibernian School' in J. A. Bertolini, *Shaw and Other Playwrights* [1993]），提供了相关参考。1890年7月18日，萧伯纳在圣詹姆斯餐厅，就有关“当代文学中的社会主义”给费边学会做了一个讲座，题目是“易卜生主义的精髓”，但不知道奥斯卡·王尔德是否参加。

5. 有关巴拉斯对《社会主义制度下人的灵魂》一文的贡献，参见 Cohen，*John Evelyn Barlas*，106-16；他引用了一封（1891 年 3 月）谢拉德写给巴拉斯的信，“王尔德高度评价了你和你发挥的作用”。
6. *CL*，743；《社会主义制度下人的灵魂》中引用了勒南的话，他和达尔文、济慈、福楼拜一起被列为 19 世纪为数不多的几个能够实现自身完美的人物之一。
7. Denys Sutton，ed.，*Letters of Roger Fry*（1972），601；J. Barlas to J. Gray，[February 1891]，in Cohen，*John Evelyn Barlas*，105；see also OW to J. S. Little，*CL*，475.
8. J. Barlas to J. Gray，29 January 1891，in Cohen，*John Evelyn Barlas*，105.
9. Harris，100；Schroeder，146-7.
10. OET V，11；*CL*，467-8；这部剧于 1891 年 1 月 29 日周一首演。
11. *CL*，468；‘The Drama in America’，*Era*，21 February 1891；‘Lawrence Barrett in a New Play’，*New York Tribune*，27 January 1891，in OET V，14；*NYT*，27 January 1891，in Beckson，87.
12. *PMG*，6 February 1891，其中引用《格拉斯哥先驱报》“驻伦敦记者”的话说，奥斯卡·王尔德曾经向巴雷特询问，打算什么时候上演这出剧，得到的回答是“不确定的”。“但是两三天前，王尔德先生收到一封纽约发来的电报——《吉多·费兰蒂》上演了；获得了巨大成功。”*CL*，464；Guy & Small，105；467-8.
13. OET V，15.
14. Rodney Shewan，‘A Wife's Tragedy’，*Theatre Research International*，7（1982），94，其中提到奥斯卡·王尔德所指的，之前放弃的作品也许是《一个妻子的悲剧》手稿。
15. *CL*，463，486；劳伦斯·巴雷特的健康状况长期不佳，他于 3 月 20 日去世，之后巡回演出的事务变得很复杂。不过，明娜·盖尔决定继续巡演。目前保留下来一张 1891 年 6 月 20 日的签名支票（信件抬头是“音乐俱乐部”）：“今收到明娜·K. 盖尔从纽约汇至的 200 英镑——此为我的作品《帕多瓦公爵夫人》在美利坚合众国和加拿大的独家权利——奥斯卡·王尔德。”（Clark）

16. *PDG*, OET III, lilvi. Guy & Small, 234-7. 除了新增的六章——3、5、15、16、17和18——王尔德还将第十三章分成两部分，成为第19、20章。JFW to OW [June 1890], in Tipper, *Oscar*, 130.

17. *PDG*, Chapter 6.

18. Coulson Kernahan, 'Oscar Wilde: Some Recollections', ts 12-13, (Clark); Coulson Kernahan, '*Oscar Wilde As I Knew Him*', ts 52, (Clark).

19. Ernest Dowson to Arthur Moore, [2 February 1891], in Flower and Mass, eds, *The Letters of Ernest Dowson*, 182, re. meeting chez Horne on 29 January; Lucien Pissarro to Camille Pissarro, 10 February 1891, in Anne Thorold ed., *The Letters of Lucien to Camille Pissarro 1883-1905* (1993), 179; J. Barlas to J. Gray, 29 January 1891, in Cohen, *John Evelyn Barlas*, 105: "我很开心，你们（奥斯卡·王尔德和格雷）都是无政府主义者。"

20. Frank Liebich, 'Oscar Wilde', ts (Clark); CL, 686; Harris, 73.

21. *CL*, 482.

22. *CL*, 905.

23. Harris, 73; McCormack, *John Gray*, 27-9; Ernest Dowson to Arthur Moore, [2 February 1891], in Flower and Mass, eds, *The Letters of Ernest Dowson*, 182; Lucien Pissarro to Camille Pissarro, 10 February 1891, in Thorold, ed., *The Letters of Lucien to Camille Pissarro*, 179.

24. OW to Arthur Symons, [pm 1 October 1890]: "你的朋友完全有权翻译我有关批评的文章——我认为《谎言的衰朽》已经完成，我正在安排翻译《道林·格雷的画像》"（佳士得，2000年5月19日）。信中虽然没有具体说明，但翻译的应该是法语。然而，后来没有出现这些翻译作品。

25. *CL*, 471.

26. Horst Schroeder, 'Oscar Wilde and Stéphane Mallarmé', *Wildean*, 41 (2012), 75-81; also *CL*, 471; Sherard, *SUF*, 114-16.

27. D. J. Niederauer and F. Broche, eds, *Henri de Régnier*, *Les Cahiers inédits 1887-1936* (2002), 244, 464; John Gray to Félix Fénéon, 14 April 1891, in M. Imbert, ed., *Félix Fénéon & John Gray: Correspondance* (2010), 40.

28. *CL*, 472; Maguire, 24; OW to Henri de Régnier, 2 March 1891 (Paris); Niederauer and Broche, eds, *Henri de Régnier*, 244.
29. OET VI, 88; Robert Sherard, 'Aesthete and Realist', *Morning Journal*, 22 March 1891, in Ellmann, 304; see also Horace G. Hutchinson, ed., *Private Diaries of Rt. Hon. Sir Algernon West* (1922), 63.
30. Coulson Kernahan, *In Good Company* (1917), in Mikhail, 310-11.
31. *CL*, 295; Guy & Small, 57-61; Mason, 341-5.
32. *Athenaeum*, 27 June 1891; Walter Pater, 'A Novel by Mr Oscar Wilde', *Bookman*, November 1891, I, 59-60.
33. Schroeder, 111.
34. Pater, 'A Novel by Mr. Oscar Wilde', 59-60.

4. 社交达人

一个能控制伦敦宴会桌局面的人就能控制全世界。

——奥斯卡·王尔德

419 6月底的一个下午，莱昂内尔·约翰逊拜访泰特街，带来了一位朋友：20岁的阿尔弗雷德·道格拉斯勋爵。他是鼎鼎大名的昆斯伯里侯爵（以制定拳击规则而闻名）的第三个儿子。道格拉斯是约翰逊在温彻斯特公学和牛津大学的同窗兼亲密伙伴。他完全被《道林·格雷的画像》迷住了，把这本小说从头到尾读了十几遍，一直急切地想见到作者。王尔德在一楼的“图书室”招待了这两位大学生仰慕者，他的讲话令他们赞叹不已。不过，他自己也有点目眩神迷——那是因为阿尔弗雷德勋爵的一头金发、白皙的皮肤，还有年轻人的俊美。不光是外表，道格拉斯本人也相当有魅力：他想写诗，他欣赏王尔德的作品，他说了一些有趣的事情，当他们上楼到客厅见到康斯坦斯时，他给她留下了很好的印象，而且他还有一个头衔。也许，甚或在第一次见面时，他就暗示了自己“坦率的异教信仰”，以及与其他年轻男性发生性关系的热情。王尔德当然很感兴趣，也很兴奋。[1]

一段友谊就这样迅速开始了。王尔德与其他许多年轻、聪
420 明的文学崇拜者也建立了朋友关系，这一段友情并没有什么特
别之处。几天后，诗人俱乐部邀请道格拉斯共进午餐，并赠送

给他一本豪华版《道林·格雷的画像》，上面的题字是“阿尔弗雷德·道格拉斯，来自他的朋友，本书作者奥斯卡。1891年7月”。那个夏天，他们可能还见过几次面。根据道格拉斯后来的讲述，从他们第二次见面时，王尔德就开始“主动向我‘表示’”，但被拒绝了（道格拉斯自己在性方面的品味，用他自己的话说，都是年轻的，温柔的）。然而，这样的拒绝并没有破坏萌芽中的友谊。[2]

那年夏天，与一位勋爵共进午餐并不是王尔德社交生涯中最成功的时刻。事实上，1891年的这一段时间，他取得了一种胜利性的进展。文学上的成功为他打开了一扇扇新的大门。他和康斯坦斯受邀去塔普洛、威尔顿和威斯特参加了一系列盛大的乡村别墅聚会，还有卡尔顿花园的晚餐，或者成群结队地逛伦敦的剧院。

王尔德将这一切都归功于艾蒂·格伦费尔，他的牛津同辈威利·格伦费尔的妻子，塔普洛的女主人。这位24岁性格活泼的社交界女主人，吸引了一大群彼此联系密切的朋友和亲戚，他们自称并被别人称为“灵魂”（因为据说，他们从来不谈政治，而是把所有的时间都用来讨论他们的“灵魂”）。这些人在传统的英国社交界是个特别的存在，不仅是富有的贵族，而且聪明有趣。其中的佼佼者包括乔治·温德姆、温德姆的妹妹埃尔科夫人、艾蒂以前的情人阿瑟·贝尔福、势头正盛的年轻人玛戈特·坦南特、哈里·卡斯特（以“随时随地的机智”而闻名）[3]、诗人威尔弗里德·布朗特、圣约翰·布罗德里克（1883年王尔德横渡大西洋时觉得他非常幽默）、乔治·寇松。

王尔德很激动地发现自己被拉进了这个迷人而高尚的圈子

里。他似乎已达到了一个新的社会境界，甚至超越了体弱多病的纽卡斯尔公爵和堕落的弗朗西斯·霍普勋爵所在的圈子。和往常一样，他还是很受女人们的欢迎。男人们都有令人妒忌的社会地位，不完全值得信任。就在艾蒂·格伦费尔提议出门远足并发出邀请的同时，寇松——王尔德所谓的朋友——却埋怨她"结交声名狼藉的人物（尽管这些人还算聪明）"。他感到遗憾的是，"由于'奥斯奎斯'的加入，我们这个圈子正在走
421 向衰落"——"奥斯奎斯"这个词是他把奥斯卡·王尔德和赫伯特·阿斯奎斯结合在一起创造出来的。他对"艾蒂"邀请这些"新成员"——还有（社会地位更低的）比尔博姆·特里——到塔普洛参加盛大的星期日聚会感到非常愤怒。寇松向美国外交官哈里·怀特抱怨称："这意味着有史以来最公平、最强大的友谊联盟要解体了。"他怂恿怀特在白天乘船的时候把船弄翻，将这些闯入者掀进水里，淹死他们。[4]

5月31日，王尔德所幸没有在塔普洛的派对上被淹死，艾蒂后来回忆，只见他"站在河中间"，"迈着沉重的步子，摇摇摆摆地"从一只平底船走到另一只船，比尔博姆·特里夫人用"开心地问候""欢迎新人"。[5]他讲着故事，炫耀自己，过了愉快的一天。另一位客人记得他和贝尔福、哈里·卡斯特等人一起坐在塔普洛的草坪上，谈论着他们每个人曾经目睹的"最引人注目、最令人印象深刻的事件"。王尔德说："生活中给他印象最深的是，看到一个法国寡妇披着一身沉重的绉纱丧服在运河边钓鱼！"[6]

当王尔德在克拉布特园度单身周末时，这种潜在的敌意可能就更易察觉了——有人介绍他加入威尔弗里德·布朗特专为精英人士举办的非正式的"克拉布特俱乐部"。那些打网球、

聊天的日子在晚上的餐后演讲和诗歌创作比赛中达到了高潮。* 王尔德被“选拔”进入俱乐部的过程中，寇松扮演了“魔鬼代言人”的角色，提出了王尔德可能没有资格入会的原因。他曾经与王尔德同在牛津大学，他认为王尔德曾在莫德林学院穿着白色罩袍读书，如此对待“严肃的工作”是错误的行为。王尔德辩解道：“我总是带着怀疑的态度来读课文，在敬拜仪式之后总要被沃顿斥责为‘在讲台上要轻浮’。”[7]

接下来，寇松开始“针对一些奇奇怪怪的罪恶，展开了一场含沙射影、冷嘲热讽的攻击”。尽管上一年媒体已经在有关《道林·格雷的画像》的报道中杜撰出所谓小说中“不健康的”细节可能与作者的赞成意见存在某种微妙的联系，但寇松和他的圈子似乎已经对王尔德的秘密性趣味及行为有了真实的了解。哈里·怀特赞成寇松净化灵魂圈的做法，他说：“我必须说，我倾向于和奥斯卡·王尔德划清界限，大家都认识他很多年 422
了。”布朗特觉得寇松的攻击太过分，想要介入。但王尔德从椅子上站起来，发表了“一场有趣而精彩的演讲”。他采用为扩充版《W. H. 先生的画像》所规划的论据，为一个男人和一个年轻人之间可以存在的理想友谊——既有创意，又很浪漫——进行了慷慨激昂的辩护。这场辩论持续了很长时间，尽管大家认为“寇松与王尔德的决斗”精彩绝伦，但也注意到了它的“残酷性”。当王尔德指责寇松知识平庸，他极力追求二等的学位，然后是一份二等的职业时，在场的其他俱乐部成员感觉“既好笑又不安”。布朗特感到欣慰的是，两个对手都始终控制着情绪。但他意识到，对王尔德来说这是一个令人不快

* 王尔德的草地网球技术比他在牛津大学的时候退步了很多。布朗特的女儿朱迪丝回忆，他在球场上，“就像一个试图低手发球的摇摇晃晃的牛奶冻”。

的场合（尽管布朗特一再催促，王尔德再也没有回到克拉布特俱乐部）。[8]

在威尔顿的家庭聚会上，因为有布朗特的好友彭布罗克伯爵在场，因此现场没有那么多潜在的敌意，但大家希望王尔德扮演宫廷小丑的角色。同为客人的作曲家休伯特·帕里回忆，他从头至尾是“吸引人的焦点”。在这个充斥着“社会喧嚣”的一周里——他“不停地说话”，白天和各种各样的女士们“促膝谈心”，或者用他的故事和悖论来娱乐“着迷的听众”。到了晚上，晚餐结束后，吸烟室里会举行“某种座谈会”，乔治·温德姆（克拉布特俱乐部的一名成员）引导着讨论，让王尔德讲得更泛泛一些。帕里觉得王尔德有时“很有趣，有那么一两次，才华横溢，但常常犯傻……他在艺术和文学方面表现得最好，在政治和社会问题上则完全是个傻瓜”。

在他眼里，王尔德“有了不起的天赋——当他胡说八道的时候真的是无所顾忌。当他非常疲倦的时候，就会故意用慢吞吞的方式，讲些彻头彻尾的陈词滥调。一天晚上，他被接二连三的促膝谈心搞得精疲力竭，吸烟室的讨论照常进行，乔治·温德姆主持讨论。实际上乔治·温德姆一直在说话，而奥斯卡·王尔德所能做的就是，反反复复地在提到某个人时，拉长了声音问，‘他多大了？’在场的人都觉得非常有趣”。[9]

王尔德似乎并没有努力去吸引帕里——到了周末，帕里“对他厌恶极了”。然而，这位作曲家却和康斯坦斯成了朋友。康斯坦斯似乎对她丈夫在文学和社交上取得的成功越来
423 越感到不安，对他异常的性兴趣也越来越感到不安，越来越跟不上他的脚步。帕里发现她是“一个非常奇怪的人，她放弃了正常的心智和自我控制，但同时又善良、自然，随时愿

意为朋友付出”。[10]

一周后，在贝德福德郡考珀勋爵夫妇家的韦斯特园，在另一群以“灵魂”为主导的客人中，再次出现这种情况，王尔德再次成为人们关注的焦点。一位同行的客人回忆，他坐在草坪上给“周围的一大群女士”讲故事。在他那些匪夷所思的言辞中，必然有一套“男爵的祈祷方式”。[11]也许是在威斯特喝茶的时候，他突然把女主人让大家传递观赏的一朵美丽的玫瑰花上的花瓣摘了下来，令在场的人大为震惊。当人们为这一亵渎行为“气得发抖”时，他让大家少安勿躁并解释说：“要是这么美丽的一朵玫瑰枯萎了，那真是太悲哀了”。[12]王尔德对自己能力的自信，以及对自己成功的自信，在访客簿上签名时表现得淋漓尽致。他没有像其他人一样把自己的名字和其他人的名字写在同一页上，而是重新翻过一页，把自己的名字写在上面，然后尽情挥洒，这样别人就不会在下面再写上名字了。[13]

他以各种方式来庆祝自己获得的社会声望。在准备出版他的第二部童话故事集《石榴之家》时，他选择将四个故事分别献给四位不同的杰出女性——“威廉·H. 格伦费尔夫人”、“玛戈特·坦南特小姐”、“摩纳哥公主 H. S. H. 爱丽丝”（他在巴黎认识的），以及马来西亚沙捞越总督夫人、伦敦文学沙龙女主人“玛格丽特·布鲁克夫人”。这本书由里基茨设计，香农绘制插图，是献给“康斯坦斯·玛丽·王尔德”的。

更重要的是，夏天令人兴奋的社交活动似乎激发了他的灵感，他最终决定为乔治·亚历山大写个剧本。他告诉弗兰克·哈里斯，他想出了一个他“挺喜欢”的主意，“明天我要把自己关在房间里，一直在那儿直到写完……我不知道能否在一个星期内写出来，或者三个星期？要不了多久就能打败那些皮内

424 罗们和琼斯们”。* 这个想法是一部以受传统束缚的当代社会为背景的喜剧，而且似乎在一个月内就完成了。[14]

这出戏被王尔德暂时起名《良家妇女》，讲述了年轻的温德米尔夫人怀疑丈夫与世故而神秘的厄林太太有外遇的故事。他曾经向厄林太太支付过几笔巨额的秘密款项。当被问及这个问题时，温德米尔勋爵拒绝解释两人之间关系的真实性质，只是坚称他们是清白的。温德米尔夫人并不相信，情急之下，她决定离开自己的生日舞会，与聪明而不负责任的达林顿勋爵私奔，达林顿勋爵已经向她表白了他的爱。然而，厄林太太发现了她的计划，跟踪她到达林顿勋爵的家，并劝说她改变主意，以免为时过晚。就在这时，两个女人听到了达林顿勋爵、温德米尔勋爵和其他朋友的声音，他们马上就要走进两人正在谈话的房间。为了不被发现，两人躲了起来，但是温德米尔夫人把她那把特别的扇子——丈夫送给她的生日礼物——落在了桌子上。男人们进来了。扇子被发现了。温德米尔勋爵怀疑他的妻子就在这里。但在他开始搜查前，厄林太太从她的藏身之处走了出来，并因此损害了她自己的名誉；她称自己一定是在离开舞会时不小心错拿了温德米尔夫人的扇子。温德米尔夫人逃过一劫。观众最后得知——温德米尔夫人并不知情——厄林夫人实际上是温德米尔夫人的母亲，她 20 多年前抛弃了婚姻家庭和她襁褓中的女儿。她如今正试图以化名重新获得社会地位（并通过勒索温德米尔勋爵获得资金）。无论如何，她通过自我牺

* 阿瑟·温·皮内罗（1855~1934）和亨利·阿瑟·琼斯（1851~1929）是当时最受欢迎的戏剧家。然而王尔德形容皮内罗的戏剧“是我睡过的最好的一出戏”，他的戏剧格言是“写剧本有三条规则。第一条规则是不要像亨利·阿瑟·琼斯那样写作；第二条和第三条规则亦是如此”。

牲，将女儿从类似的命运中拯救了出来，她有权被称为“良家妇女”。

剧中情节的外在细节相当传统，明显受到了大仲马作品的影响。王尔德的朋友，出生于澳大利亚的剧作家哈登·钱伯斯一年前曾有一部戏剧大获成功，剧中已婚的女主人公为了让丈夫免遭敲诈，把她的扇子留在了敲诈者的房间，差点因此害了自己。[15]王尔德的戏剧之所以与众不同，不仅在于其精彩的对话，还在于它轻松地剖析（并接受）了社会中随处可见的伪善和双重标准。

王尔德在自己的对话、文章以及《道林·格雷的画像》等 425
作品中磨炼出来的那种看似自相矛盾的智慧，现在有了戏剧性的表达。达林顿勋爵是迄今为止王尔德笔下最自信、最有造诣的满嘴精辟警句的花花公子；贝里克公爵夫人是他最出色的喜剧创作。王尔德兴致勃勃地从自己的早期作品中汲取精彩的诗句和警句。* 这种做法符合维维安在《谎言的衰朽》中所说的格言，即良好社会中人们有趣的地方在于他们所戴的面具，而不是面具背后的现实。剧中没有明确针对任何传统道德。温德米尔勋爵一直不知道他的妻子差点私奔，温德米尔夫人也不知道她与厄林太太的真实关系。而厄林太太在短暂体验了为人母亲的可怕激情后，又逃回了快乐的世界。当年早些时候，王尔德曾经多次前往杂耍剧院观看伊丽莎白·罗宾斯首演的易卜生作品，颇具争议的《海达·高布乐》；他的剧本挑战了中产阶

* 例如，亨利·沃顿勋爵在《道林·格雷的画像》中说：“如今人们清楚各种物件的价格，却对它们的价值一无所知”。这句话经过改造之后，成了达林顿勋爵给“玩世不恭者”下的定义，“一个玩世不恭的人知道每一件东西的价格，却不知道任何东西的价值”。

级道德的既定价值观，表明了他拥护这位挪威剧作家开创的戏剧现实主义新精神。[16]

根据亚历山大后来的回忆，他从未忘记过聆听王尔德为他读剧本手稿时的那种喜悦。当王尔德问他是否喜欢时，他回答说："'喜欢'不是我想说的词。它简直太棒了。"为了证明自己的惊叹之情，他出价1000英镑当场买下了这件作品。然而，王尔德说："我对你卓越的判断力非常有信心，亲爱的亚历克，所以我不得不拒绝你这个慷慨的提议——我要抽版税。"[17]然而，当时有证据表明，亚历山大可能并没有被该剧的精彩之处所折服。尽管他很高兴得到这个剧本，并预付给了王尔德第二部分款项，但他不希望在创作时间上有任何束缚，他认识到这出戏需要"付出巨大的劳动"才能"排好"。[18]王尔德本人对这出戏的前景充满了希望、兴奋和焦虑。他立即寄了一份剧本给当时在伦敦的美国经理人奥古斯丁·戴利，希望他能买下其在美国的版权。但是，他们没有立即达成协议。[19]

此时，即将上演的唯一一出跨大西洋大制作是威利·王尔德与美国杂志老板兼编辑弗兰克·莱斯利夫人的精彩而不可思
426 议的婚姻。她当时55岁，比威利大12岁。在此之前的七年里，令人敬畏而又充满活力的莱斯利夫人经常来英国，与王尔德一家关系很好，对王尔德夫人产生了一种特别"强烈的爱慕"和钦佩之情。威利似乎已经意识到她的财富可以给他提供一个避风港。至于她，觉得他的机智非常有趣，被他显而易见的热情说服了一半。她还认为，他流利的写作风格也许可以成为她的各种美国出版物的资产。但她忽略了这样一个事实：他很少把时间花在工作上，他的大部分钱花在喝酒上了。她把他带去纽约，嫁给了他（于1891年10月4日）——理所当然在尼亚加

拉度完蜜月之后——让他住进了位于西 27 街盖拉赫的豪华公寓。康斯坦斯（也许是为了附和奥斯卡）对她的朋友芒特・坦普尔夫人说："这个消息在社交方面对我的影响与可怜的帕内尔先生（最近）去世对我的政治影响不相上下——也就是说，它是解决困难的最好办法，现在这两件事都将回到正轨。"[20]事实即将证明，她在这两方面的乐观估计都是错误的。

王尔德因为奋力写作《良家妇女》而精疲力竭。而且，有一天晚上，泰特街的房子在他和孩子们睡觉的时候被盗了，导致他的神经更加紧张。康斯坦斯的大部分珠宝被盗，失窃的还有孩子们的洗礼杯和其他银器。如果说钱没有被偷走，那也是——正如恶意的流言所说——因为"没钱可偷"。[21]

除此之外，还有来自其他方面的压力。10 月 16 日，年轻的出版商威廉・海涅曼（和法国作家杰拉德・哈里一起）来到泰特街，试图激发王尔德的兴趣，为梅特林克的象征主义戏剧《玛莱娜公主》的英文版写一篇介绍。他们发现主人一副悲痛欲绝的样子。王尔德解释说："今天正好是我的生日（他的 37 岁生日），我在哀悼我的一年青春化为虚无，我的夏天渐渐枯萎。"[22]鉴于这种种积虑，医生建议他休息六周。王尔德决定去巴黎，那是世界上最不安宁的城市。

注　释

1. LAD, *Autobiography* (1929), 59.
2. LAD to F. Harris, 20 March 1925, Texas; LAD to A. J. A. Symons, 14 March and 16 March, 1939 (Clark); the inscribed *PDG* is at the Clark.
3. W. L. Courtenay, *The Passing Hour* (1925), 118, 其中提到只有卡斯特

“或许还有埃德蒙·耶茨，在状态比较好的时候，能够或多或少像奥斯卡·王尔德一样随时随地迸发灵光”。

4. R. Davenport-Hines, *Ettie* (2008), 57-8; 男主人威利·格伦费尔是“一位才智水平颇高的英国模范运动员”，他并不认同这种贬低。他认为奥斯卡·王尔德是“很令人惊讶，很迷人，是一个能说会道的人”。Harris, 85.
5. Lady Tree, 'Herbert & I', in *Herbert Beerbohm Tree, Some Memories of Him and of His Art Collected by Max Beerbohm* (1918), 87.
6. CL, 484; Lionel Earle, *Turn Over the Page* (1935), 77.
7. Douglas Ainslie, *Adventures Social and Literary* (1922), 92-3.
8. Harris, 258-9; Harry White to G. Curzon, in R. Davenport-Hines, *Ettie*, 58; Elizabeth Longford, *A Pilgrimage of Passion: The Life of Wilfrid Scawen Blunt* (1979), 289-90. 1889 年 7 月，奥斯卡·王尔德曾经到过克拉布特俱乐部，参加被称为“阿拉伯集市”的年度园艺会和马术表演。Tynan, *Twenty-five Years*, 303.
9. Charles L. Graves, *Hubert Parry: His Life and Works* (1921), 1: 343; 帕里记录道，“当乔治·温德姆走开时，就会有人以同样的方式迎合王尔德，让他更加夸夸其谈地说下去。”
10. Graves, *Hubert Parry*, 1: 344.
11. A. G. G. Liddell, *Notes from the Life of an Ordinary Mortal* (1911), 283 (from diary entry, 1 August 1891); Arthur Balfour in a letter to Lady Elcho, dated 5 August 1891, 记录了周日在威斯特见到奥斯卡·王尔德夫妇的情况，同时在场的还有 E. 格伦费尔夫人、H. 卡斯特、北安普顿勋爵、Alwynne Comptons、Bobby Spencer、the L. Drummonds，以及 the Earl of Dudley。Jane Ridley and Percy Clayre, eds, *The Letters of Arthur Balfour to Lady Elcho 1885-1917* (1992), 77.
12. René Gimpel, *Diary of an Art Dealer* (1963)，其中记载了 Albert Clerk-Jeannotte 讲述的事情经过，Jeannotte 当时还是个小男孩（1881 年出生于蒙特利尔）。
13. Liddell, *Notes from the Life of an Ordinary Mortal*, 283.
14. Harris, 81-2. 我没有找到任何确凿的证据可以证明，王尔德在湖区一个朋友的“别墅”写下了这个剧本，之后经由约克郡的塞尔比返回

（因为剧中的最后一幕中提到了塞尔比）。这件事情显现是罗伯特·罗斯向赫斯基思·皮尔森透露的；见 Pearson to Rupert Croft - Cooke (Texas)。但奥斯卡·王尔德早在他的小说《亚瑟·萨维尔勋爵的罪行》中就使用过“温德米尔太太”这个名字，而“塞尔比”则是《道林·格雷的画像》中的一处房子。

15. *The Oscar Wilde Encyclopedia*, 179；钱伯斯的《漫步者》(*The Idler*) 遭到赫伯特·比尔博姆·泰利拒绝后，被伊丽莎白·马布里接手，于1890年11月在纽约上演。
16. OW to Elisabeth Robins [1891] (Fales), OW to Marion Lea [1891] (Fales)；有关奥斯卡·王尔德对易卜生的喜爱，参见 George Bernard Shaw to LAD, in Mary Hyde, ed., *Bernard Shaw and Alfred Douglas*: *A Correspondence* (1982), 128-9。
17. *Evening Standard*, 29 November 1913, quoted in Ellmann, 315; Boyd, *A Pelican's Tale*, 298.
18. Kaplan, 'A Puppet's Power', 62.
19. CMW to Lady Mount Temple, 22 October 1891, in Moyle, 195; *CL*, 488, 489. 奥斯卡·王尔德最初将剧本寄给了戴利的伦敦经纪人乔·安德森，但随后要求将其取回“因为我想在戴利看到之前稍微润色一下”。
20. Weindling and Colloms, *The Marquis de Leuville* 有关威利与弗兰克·莱斯利夫人的关系；Moyle, 194。
21. *PMG*, 28 September 1891, 报道了这起盗窃事件，盗贼“由天窗进入”，事情发生在“周五晚上”，即1891年9月25日；John Davidson to McCormick, quoted in John Sloan, *John Davidson*: *First of the Moderns* (1995), 67.
22. Frederic Whyte, *William Heinemann*: *A Memoir* (1928), 82-4.

5. 七重纱之舞

在巴黎，我们展示一切，在这里我们隐藏一切：——甚至精神！这就是英国和法国的区别。

——奥斯卡·王尔德

427 然而，法国首都犹如一剂补药。王尔德很高兴能回到这些林荫大道上。他向一个朋友解释道："除非是在温文尔雅的人群中，在令人陶醉的大都市，在富人区的中心地带，或置身于华丽的皇宫酒店，周围摆满自己喜欢的物品，还有一队仆人，豪华地毯温暖地爱抚着双脚，否则的话，我就简直不是自己了。"所有这些话语中都带着一贯的夸张色彩；在还算豪华的诺曼底酒店短暂小住之后，他搬进了卡普辛大道上一间低矮的房间。[1]

他重拾起年初时与几位法国作家建立的友谊和联系，并且
使之得到了加强。事实上，王尔德已经对法国及其文学产生了
428 浓厚的感情，正在考虑雇一个翻译将《良家妇女》译成法语并
在法国首次公演，而不是在伦敦。他要以现代戏剧家的身份在
巴黎首次亮相，而且是用法语，此举肯定会让英国评论家们手
足无措。这部作品——就像当时的许多其他法国戏剧作品一
样——可能会作为一个成功剧目被转而搬到伦敦。一天早餐时，

他向同在巴黎的威尔弗里德·布朗特、乔治·寇松和威利·皮尔宣布了这个大胆的计划。大家沉浸在幻想中，答应出席首演，“寇松到那时恐怕就已经是英国首相了”。[2]

王尔德和往常一样，旅行时带了一大堆礼物。他把一本有题字的《意图集》送给了英国大使、布朗特的表兄利顿勋爵（利顿勋爵既是诗人，也是印度前总督，王尔德是在奥维达的朗廷酒店招待会上认识他的，此后两人成了文学上的朋友）。利顿已经是这本书的忠实崇拜者，很高兴收到来自他“才华横溢的朋友”的礼物，但他道歉说，自己病得太重，不能见客人。尽管如此，他还是希望王尔德能光临大使馆与利顿家族的其他成员共进午餐。利顿 17 岁的女儿艾米莉描述当时的场景说：“我们都认为他（王尔德）很有趣，并不像预期的那么可憎，尽管他显然极为自负。他主要谈了自己的健康和几本书（以及他的法国戏剧计划），但他确实非常有意思。”[3] *

王尔德向马拉梅赠送了一本带有题字的《道林·格雷的画像》，作为参加 11 月 3 日诗人举办星期二聚会的前奏。当晚的气氛因为惠斯勒的一封电报——被放在餐具柜上——而显得略微有点尴尬，电报上用刺眼的大写字母写着：“序言主张——预先警告信徒们——提防——致命的亲密——藏好珍珠——祝夜晚愉快”。惠斯勒当时就住在巴黎，他是马拉梅的老朋友，当得知王尔德被允许进入诗人的圈子时，他几乎歇斯底里。他持续不断地写信谴责王尔德是个“滑稽演员”——这个人剽窃

* 利顿勋爵没有从这场突如其来的疾病中恢复过来；他于 11 月 24 日死亡。王尔德参加了在英国大使馆对面阿格索街的英国教堂举行的葬礼——令他印象颇为深刻的是“棺木上盖着紫色织物，上面有一顶月桂花冠”，在“大使们华丽的制服之间有一种孤独的、庄严的、悲伤的色彩”。

了惠斯勒的思想（其中就包括《道林·格雷的画像》的序言），只要有一丁点儿机会，他就会从马拉梅和他的信徒们那里窃取“珍珠”。马拉梅很欣赏这两个艺术上的竞争对手，他安抚了焦
429 虑的惠斯勒，同时欢迎王尔德加入。王尔德也尽力摆脱了惠斯勒的嘲讽。当马拉梅在讨论的时候提到惠斯勒的名字时，他欣然附和在场的其他人对其所表达的钦佩之情。[4]

马拉梅为《道林·格雷的画像》写了一封措辞隐晦的感谢信，称赞这本书在内心幻想和“灵魂的奇特芬芳”中激起了风暴，并称赞它是一件真正的艺术作品。“是画像起了作用，”他总结道，“这幅令人不安的道林·格雷的全身肖像将会继续作祟，但是由于你的写作，它已经变成了一本书。”这是一种夸赞式的认可。然而，王尔德似乎没参加几次马拉梅的聚会。[5]

他被别的事情所吸引，兴奋地投入了文学的洪流。他寻求进入亚当夫人著名的沙龙，给她寄了一本《道林·格雷的画像》，还写了一封充满恭维的信。他拜访了摩纳哥王妃，收到了一张她的照片，上面优雅地题写着“真正的艺术——奥斯卡·王尔德”。他经人介绍结识了罗伯特·德·孟德斯鸠伯爵，他被认为是于斯曼的《逆流》中德塞森特的原型。[6]

谢拉德和斯图尔特·梅里尔随时可以带着他穿梭于拉丁区的咖啡馆之间。他在牛津的老朋友博德利也在巴黎，他于前一年在这里定居，从事新闻工作。他已经积攒了不少人脉，举办了一个小型“宴会”将王尔德介绍给“一些法国作家”。也许正是在那里，王尔德认识了协助卡图勒·门德斯编辑《巴黎回声报》文学版的马塞尔·施沃布。24 岁的施沃布已经写过一本象征主义风格的童话故事，他和王尔德一样热衷于中世纪的犯

罪诗人弗朗索瓦·维永，以及城市下层阶级的俚语。这些共同爱好为他们的友谊打下了基础，在接下来的几周里，施沃布成为王尔德的另一个向导——他的“引路人”，或者如让·洛兰所说，是个驯象者。[7]*

白天和黑夜都充满了几乎无休止的谈话——在咖啡馆、在餐馆里，在林荫大道上散步时，在路上乘车时，在时髦的沙龙里，在亲密无间的晚宴上，在罗马街马拉梅的高级会所附近，或者是与堕落的流浪汉比比·拉皮雷一起，挤在圣米歇尔大道哈考特咖啡馆的餐桌上。王尔德成了这个季节的“大红人”。斯图尔特·梅里尔回忆说，王尔德是那几周的中心人物，他 430
“面色光滑红润，就像赫利奥加巴卢斯时代的月亮大祭司”一样，说话、倾听、微笑。[8]德雷尼耶记得王尔德对所有听过他说话的人所施展的魅力：每个人都被“讲故事的人用他缓慢、均匀、悦耳的声音所创造的事物”所迷惑。他享有传奇般的地位。[9]有人说他是“百万富翁”，“出版商夺走了他的一点点文学成果，他们的手里便塞满了钞票”，还有人说他是英国贵族的宠儿。[10]他结交了新朋友，聚集了新的信徒。这其中首先是打扮花哨的皮埃尔·路易斯。他是个痴迷于希腊文化研究的学者兼诗人，为了向他的文学英雄们致敬，他将自己姓氏中的传统字母“i”替换为“y”——有时候是“i-grec”。

紧随路易斯之后的是安德烈·纪德。这位22岁的作家最近发表了一篇关于纳西索斯的论文，他发现自己几乎被王尔德那

---

* 颓废派小说家让·洛兰虽然是同性恋和花花公子，但他属于巴黎作家中王尔德无法与之相处融洽的少数几个人之一。双方被介绍彼此认识之后，王尔德被问起对洛兰有什么看法。他回答说：“洛兰是个装腔作势的人。”而当洛兰被问及对王尔德的看法时，他说：“他是个骗子。”

不可一世的个性，他滔滔不绝的谈话，他的寓言和故事，他对享乐主义的赞美，他对公认的道德准则的蔑视所征服。王尔德当时谈论的话题中，有一部分是关于基督的生活。在《社会主义制度下人的灵魂》中，他暗示基督传递的真正信息是关于个性的发展，他急于将这一观点做进一步推进。他对库尔森・克纳汉说，他最想写的是《基督教的伊利亚特》。然而，他对"基督所教导的基督教"的看法是新颖而独特的，既没有形而上学，也没有道德。正如他向纪德解释的那样，基督说过的任何话"都可以立即被转换进入艺术的领域，并在那里获得充分的实现"。[11]

纪德在日记中记录了许多他们的会面内容——与路易斯、梅里尔、施沃布、亨利・德雷尼耶等人共进了"三个小时"的晚餐。在这些场合，当王尔德滔滔不绝地讲述着几乎无穷无尽的故事时，纪德——如梅里尔所述——会心不在焉地盯着自己的盘子。在有些人看来，他一定是爱上了这位年长的作家。他把王尔德的照片放在壁炉架上显著的位置。在密集地相处了几周之后，纪德宣称王尔德对他的影响几乎完全是"邪恶的"——"和他在一起，我忘记了如何思考。我的情绪越来越多样化，但我不知道如何让它们变得有条理；最重要的是，我再也不能遵循别人的推论了。"他从日记中删掉了很多页，也许是关于王尔德的内容。但是，这种魅力和吸引力依然存在。[12]

431 王尔德总是在寻找年轻人。他接纳了年轻迷人，而且刚刚从祖国危地马拉获得文学奖学金来到巴黎的恩里克・戈麦斯・卡里略。他拜访了在朱利安学院学习的英国学生，与天才威尔・罗森斯坦和友善可亲的查尔斯・康德成了朋友。罗森斯坦被王尔德的谈话，以及他对人和书的非凡知识所震惊和着迷，但更被他的慷慨精神所吸引。“我从来没有遇到过一个人，”他后来回忆道，“能让我如此意识到自己潜在的能力。”王尔德坚持把这位 19 岁的朋友视为“某种年轻的奇才”：他对罗森斯坦的淡彩画很感兴趣，并把他介绍给了巴黎的文学圈。一天晚上，他们与谢拉德和梅里尔一起到红城堡进行了一次难忘的朝圣之旅，这是一家臭名昭著的小客栈兼小旅馆，是小偷和妓女经常光顾的地方。王尔德开心地说：“犯罪阶层对我一直有极大的吸引力。”不过，他还是劝谢拉德不要大声警告那些接近他们的下层人物。“罗伯特，”他宣称，“你这样保卫我们，会让我们送命的。”[13] *

也许是在第二天，施沃布去了王尔德的房间；当他们准备出发时，王尔德说找不到他的手杖了：“我的金手柄的手杖消失了。昨天晚上，我跟一些最可怕的家伙在一起，强盗、杀人犯、小偷——就像维永经常结交的那种人。他们偷走了我的金手柄手杖。有个长着漂亮而忧伤的眼睛的年轻人，那天早晨因其情人不忠而杀死了她。我敢肯定，一定是他偷走了我的金手柄手杖。”他一边讲着这个浪漫的故事，一边总结道：“我的金手柄手杖现在落入了一个杀死了柔弱姑娘的人的手里，这个姑娘优雅得像一丛雨中的玫瑰。”“可是，王尔德先生，”施沃布插嘴说，“你的金手柄手杖在那个角落里。”“啊，没错，”王尔德有点恼火道，“这么说，是它了。我的金手柄手杖在这儿。

---

* 尽管王尔德通过雅克·埃米尔·布兰奇结识了 20 岁的马塞尔·普鲁斯特，普鲁斯特对罗斯金和乔治·艾略特的了解给他留下了深刻印象，但两人之间没有建立起友谊。菲利普·朱利安在《奥斯卡·王尔德》（1976）中首次提到了一次王尔德在普鲁斯特家的一顿没有吃成的晚餐。当时王尔德没有找到迎接他的主人（在客厅里看望了普鲁斯特的父母并称“你们的房子真难看”）之后，便躲到厕所最终连夜离开。然而，这件事情不一定是真的。

你真聪明，找到了它。”[14]

巴黎底层生活的戏剧性场面和各种冲突与文学界简直称得上旗鼓相当。王尔德很快发现，这是一个四分五裂的世界。在诗歌方面，马拉梅及象征主义者与埃雷迪亚严格的帕纳斯派是
432 对立的——（王尔德拜访了埃雷迪亚，后者的小女儿后来嫁给了皮埃尔·路易斯）。梅里尔带着王尔德与让·莫雷亚斯及其追随者们共进晚餐，他们脱离象征主义，创立了罗马学派，再次强调经典的纯洁性，反对暗指的模糊性。根据梅里尔的描述，晚餐后（从雨果开始的所有法国文学都被置于不屑一顾的地位），面色白净、一脸黑胡子的莫雷亚斯命令追随者们朗诵他们的诗歌。先是一首“献给让·莫雷亚斯的十四行诗”，接着是“献给让·莫雷亚斯的颂歌”，当宣布即将朗诵“让·莫雷亚斯之墓”的时候，王尔德找了个借口离开了。[15]

他觉得还是听刻薄的卡蒂勒·孟戴斯说话更有意思，后者在诋毁了波德莱尔、兰波和魏尔伦之后，开始攻击马拉梅和他的追随者们：“象征主义者让我们发笑，”他宣称，“他们什么也没有发明。那种象征就和世界一样古老。”马拉梅被贬为“一个支离破碎的波德莱尔，他的碎片从来没有组合在一起过”。亨利·德雷尼耶都不过是在重复庞维勒和雨果。保尔·福尔采用的是“比利时审美观”，至于维耶勒-格里芬则似乎什么也没有。[16]阿道夫·雷泰也会对让·莫雷亚斯和他的学派提出类似的谴责。只有魏尔伦，和蔼可亲，一脸无辜，通常喝得醉醺醺，他似乎站在冲突之上——或之下。

《石榴之家》于 11 月中旬出版，当时王尔德还在巴黎。他将这本书献给康斯坦斯，而且要确保让她从出版社拿到第一册书。他还写信为这些故事中出现的各种名字做了解释。“这座

大教堂是献给你的，”他告诉她，“单独的附属小教堂是献给其他圣人的。这符合最高的宗教习俗！所以，请收下这本你自己的书，它是为你量身定做的。祭坛旁燃烧的蜡烛不如神龛里的大灯那样明亮和美丽，神龛里的灯是金子做的，它有一颗奇妙的心灵和永不熄灭的火焰。”康斯坦斯很激动，很明显，她在王尔德的生活和情感里的中心地位继续得到了肯定。尽管人们可能会怀疑王尔德的真诚，但这句话很可能反映了他情感的某些方面，而且，就像他的许多声明一样，仅仅是说出这句话的事实就让他相信了……几乎可以这么说。[17]

这本书的封面装饰华丽，看起来很豪华，而且定价也很贵——就像王尔德的其他收藏版作品一样——1 畿尼。但香农的四整页插图却几乎看不到，这一事实严重削弱了书本丰富多彩的效果；用来复制这些插图的“改进过的”新流程出现了严重的错误。这是一个令人伤心的打击。针对该书的为数不多的评论，大多数都毫不客气地指出了这些插画的问题。其余的几 433
篇则在乏味地争论这些故事是否真的为孩子们写的。王尔德写信给《演讲家》和《帕尔摩报》，解释“在建造石榴之屋”时，他“既有意讨好英国儿童，也存心取悦英国公众”。他写这些故事是为了取悦他自己。如果王尔德希望这本书能让他成为可以与福楼拜匹敌的人物，那么他失望了；1891 年，在王尔德与奥斯古德和麦基尔文合作出版的三本书中，这本书是最不成功的。[18]它的主要用途是作为文学名片。他送了一本给路易斯，上面写着“致崇拜美的年轻人，致受美崇拜的年轻人，致我崇拜的年轻人，奥斯卡 · 王尔德”。[19]

王尔德通过赠送这类礼物，努力使他的作品在法国变得更加广为人知。《道林 · 格雷的画像》已经小有名气，但很少有人（像马拉梅这样获赠这本书的人除外）真正读过这本书。这本书没有推出法语版的迹象，王尔德的几篇对话亦是如此。然而那年夏天，无政府主义杂志《反叛者》上刊登了他的《社会主义制度下人的灵魂》节选。它提高了王尔德在年轻的象征主义者中的声誉，《帕尔摩报》驻巴黎记者夸张地声称，这些作家现在已经将王尔德视为“某种弥赛亚”。[20]作为一个小小的但令人满意的下一步，施沃布已经着手翻译《自私的巨人》，准备发表在《巴黎回声报》上。[21]

然而，为了摆出一种姿态，王尔德回避了人们对他作品的种种询问——至少在他身处巴黎的早期。当莫雷亚斯的追随者之一欧内斯特·雷诺提及他的作品时，他说：“我写那些东西是为了消遣，也为了证明我并不比那些我看不上眼的同代人更逊色，你们的波德莱尔过去也曾经这么做过，只不过他比我更有天赋罢了。我的抱负何止是写诗呢。我想要让我的生活本身也成为一件艺术品。”一天下午，在哈考特咖啡馆——在座的有戈麦斯·卡里略、魏尔伦，以及名字很特别的伊万霍·朗博松——王尔德坦承：“我只把才华用在写作上，而把所有的天赋都挥霍在生活中了。”（这句话他以后还会再说。）魏尔伦突然变得认真起来，一边悄声赞许地对朗博松说：“这个人是个真正的异教徒。他过得无忧无虑，这样幸福就有一半到手了，因为他不懂得忏悔。”[22]

年轻的法国作家几乎被王尔德的表演弄得眼花缭乱。纪德回忆，在乌鲁索夫公主举办的一次晚宴上，公主突然尖叫一声，
434 宣称她看到王尔德头上有一圈光环。[23]而王尔德，尽管可能有所掩饰，也对年轻的法国作家们颇有好感。他假装对文学作品漠不关心，但他却在他们的活力和承诺中得到了极大的激励，他

们一致渴望实现“更丰富的浪漫主义，它将拥有微妙的新色彩、奇特的音乐和更宽泛的主题”。王尔德认为，“法语在各个新学派领袖手中发生的转变”是“最有趣、最吸引人的，是值得观看并为之惊奇的事情之一”。[24]尽管莫雷亚斯的性格着实让人恼火，但王尔德看到了罗马学派的魅力，但最吸引他的还是马拉梅和德雷尼耶的象征主义。虽然他一开始似乎对自己的法语没有足够的信心，以为只能用来“观察事物，表达惊讶”，但在法语中浸淫了数周之后，在不断地用法语讲述和复述他的寓言故事的过程中，他受到鼓励开始重新考虑这件事情。

当然，他的许多新朋友都对他掌握语言的能力大为赞赏，他不仅能够表达自己的思想，而且还能用一种被阿道夫·雷泰称为“不可抗拒的温柔”来说话。“他的法语讲得很好，”纪德回忆，“但他要假装寻找合适的词，他想让别人等着。”他几乎没有口音，或者说，“即便有一点点，那也只是因为他喜欢保留这种口音，有时候这会给他讲出来的话平添一分新奇”。[25]

在王尔德口头讲述的所有故事中，有一个故事出现的频率比其他故事要高得多：那就是希罗底王后的女儿莎乐美的故事。她为她的继父希律王跳舞，并要求得到他的囚犯施洗者约翰的头颅作为回报。《圣经》的叙述是如此简洁，以至于让人浮想联翩，王尔德最喜欢的三位法国作家都曾经添枝加叶地讲述过这个故事。福楼拜将它作为他的《三故事》之一；在《逆流》第五章中，德塞森特大部分时间都沉浸在对古斯塔夫·莫罗绘画中莎乐美在希律王面前跳舞的珠光宝气的梦幻形象的狂喜中；而在古斯塔夫·莫罗的另一幅更令人不安的作品《幽灵》中，圣人的被切下的头颅悬浮于一个光环中，出现在惊恐万分的舞者面前。王尔德把华丽的描写段落背得烂熟于心，而且喜欢当众朗诵。[26]马拉梅也参与了这一主题，在一部未完成的诗歌作品中，以希罗底的形象为起点探索语言和美的本质（马拉梅从22岁开始创作这部作品，但直到他去世时仍未完成）。王尔德并没有被这些显赫的前辈们所吓倒，反而受到了鼓舞。

435 毕竟，他在动身去巴黎之前，就对这个故事产生了兴趣。据埃德加・萨尔图斯回忆，几年前的一个下午，他和王尔德在弗朗西斯・霍普勋爵的房间里看到了一幅雕版画，画上莎乐美"双手翩跹起舞，脚后跟在空中舞动"，就像福楼拜在他的故事中描述的那样。王尔德面对这幅画惊呼道"La bella donna della mia mente"（我的梦中美人）。[27]这个梦想一直伴随着他，到了巴黎之后便逐渐清晰起来。

他按照惯常的做法，对故事进行了多次改编，尝试各种变化，在听众身上测试其效果。他想象莎乐美既无耻又残忍（"她的欲望一定是深渊，她的堕落就像海洋"）。他想象她近乎纯洁，是一个"悲伤的公主"，跳舞"是出于神启，从而让冒牌者和耶和华的敌人受到惩罚"。[28]在一个版本中，莎乐美被懊悔不已的希律王放逐到沙漠，过着隐居生活，直到有一天她看见耶稣经过，认出他就是弥赛亚。然后，她开始传播这一消息。几年后，她穿过一个冰湖时掉进了冰窟窿，她的头颅在身体下沉时被割了下来，她用最后一口气在嘴里念出了耶稣和约翰的名字。后来的旅行者在冰湖上见到了她的头颅，周围有金色的光环闪闪发光。她成了一个圣人。[29]另一个不同版本中（是一天晚上在让・洛兰家里讲述的）莎乐美只想要施洗者约翰的头颅，因为她爱上了一位"年轻的哲学家"，他表示渴望拥有这件东西。但当她把这件战利品送给他时，他说："亲爱的，我真正想要的是你的头颅。”她在绝望中离开，并将自己斩首了。当人们把她的头带到哲学家面前时，他问了一句：“你们为什么要把这个血淋淋的东西送给我?”然后便继续读柏拉图的书去了。[30]雷米·德·古尔蒙引用古代历史学家约瑟夫斯的话指出，王尔德在他所有的故事中混淆了两个不同的人物，他们都叫莎乐美——一个是希律王的女儿，另一个是致命的舞者，但王尔德对此一点儿也不感兴趣。“可怜的古尔蒙，”他对戈麦斯·卡里略说，“他告诉我们的是一位学院教授讲述的真相。我倾向于另一种我自己的真相，那就是梦的真相。在两种真相中，假的那种要更真一些。”[31]最后，在不断变化的梦幻般的真相中，王尔德选定了一段简洁而可怕的叙事线索，莎乐美沉浸在得不到回应的欲望之中，一心想要得到被监禁的施洗者约翰被砍下的头颅，以便——最终——她能够亲吻他的嘴唇。

王尔德起初曾想过，是否应该把他的故事写成短篇小说，或者写成一首诗。[32]但后来他有了灵感，要把它变成一部戏剧， 436
一部法语的戏剧。他一直在“考虑”梅特林克的事情，准备给他的《玛莱娜公主》写一篇介绍（但他一直没有抽出时间来写）。然而，事实证明准备工作是卓有成效的。梅特林克的新象征主义戏剧于他而言是个福音——啰唆、不自然、写得像咒语一样，来回重复，装腔作势，行文生硬。事实上，王尔德认为“梅特林克创造了一种稀奇古怪的效果”，原因就在于法语不是他的母语。于是他开始揣摩，自己也许可以写点类似的东西。由于没有现实对话的束缚，他自己的法语完全胜任这项任务。奇怪的表达方式会给作品“添加某种调剂或色彩”。[33]

据他自己说，这部作品是在他和一群年轻作家吃过午饭后的一个下午开始创作的。他像对别人讲过的一样，把莎乐美的故事讲给他们听，但回到房间时，他注意到桌上有一个空白的笔记本，于是便决定把这个故事记下来。“如果桌子上没有那个空白本子，”王尔德说，“我做梦也不会想到这么做。”他一刻不停地一直写到深夜。十点钟，他到附近的咖啡屋用晚餐。他告诉吉卜赛管弦乐队的领队，他正在“写一部戏剧，其中有一个女人，她赤着脚在自己渴望拥有并杀死的男人的血泊中跳舞。我希望你能演奏一些与我的思路相符的东西”。于是乐队演奏起“如此狂野而可怕的音乐”，以至于整个咖啡屋里的客人都停止了交谈，面面相觑。“然后，”王尔德说，“我回去写完了《莎乐美》。”虽然这些细节肯定经过了一番修饰，但确实有一个笔记本，是在卡普辛大道的一家文具店买的，里面有剧本的初稿，可以用来确定故事的梗概。[34]

然而，第一波热热闹闹的动作只是前奏，接下来还需要更加发奋。王尔德努力修改和改进手稿。莎乐美占据了他的谈话和思想。他在巴黎的新朋友对这个话题感到很兴奋。他们敏锐地意识到这可能是一出象征主义戏剧：梅特林克的戏剧《入侵者》已经于当年 5 月在保尔·福尔的实验性艺术剧院成功首演。[35]

王尔德受到这些事情的鼓舞，他的想法很快就转向了舞台和设计的细节。他不知道莎乐美是该穿衣服跳舞，还是该赤裸着身子跳舞，或者是全身珠光宝气地跳舞。他在和平街的精品店外徘徊，琢磨着哪种饰品或布料最适合他的女主人公。他沉浸在这个致命的舞者的形象中。他希望能陪戈麦斯·卡里略去
437 马德里的普拉多博物馆看一看提香为她画的那幅画，上面有她“颤抖的肉体”。他痴迷于寻找这位舞蹈公主的完美代表，他宣称自己“疯了，就像德塞森特一样”。他像《逆流》中的主人

公一样欲罢不能，满脑子都是古斯塔夫·莫罗创造的那个充满情欲、珠光宝气的形象。他说，这是"世界奇迹之一"。这幅画激起了他的热情，他在林荫大道上经过的女人身上寻找莎乐美的理想代表；他想象莎拉·伯恩哈特扮演这个角色的样子；当他在红磨坊看到一个罗马尼亚杂技演员用手跳舞时，他就寄去名片，希望能引起她对这个角色的兴趣。他去了一趟停尸房，看了一具刚刚被处决的罪犯的尸体，这样他就可以感受一下被砍下的头颅的重量。他对它的重量感到"震惊"。[36]

通过皮埃尔·路易斯向保尔·福尔所做的介绍，王尔德在艺术剧院的赞助下举办了一场手稿朗读会。[37]根据王尔德的说法，朗读会（于 12 月中旬举行）获得了巨大成功：由"年轻诗人"们组成的观众"非常"欣赏这部正在写作过程中的作品。一位朋友回忆，王尔德对"吟诵"剧中铿锵而又简单的词句感到极大的满足。他开始为下一年的剧本排演制订计划。[38]王尔德现在可以自称是巴黎文坛上的一个人物了：他半带幽默地夸口道，他现在已经变成了"一个著名的法国作家！"[39]

他的地位在新闻界得到了证实。《费加罗报》和《高卢报》上都刊登了关于他的长篇文章，《巴黎回声报》对他进行了采访（王尔德夫人赞许地指出，采访者似乎对她的儿子怀有"一种敬畏"）。《巴黎回声报》还刊登了一封王尔德写给埃德蒙·德·龚古尔的措辞巧妙的公开信，对最近连载的龚古尔写于 1883 年 4 月 21 日的一段日记提出更正意见，其中提到王尔德曾把斯温伯恩描述为"一个夸耀自己恶行的人"。王尔德从一个巧妙的悖论开始，既然他的美学知识的基础是非现实的哲学，他应该被允许对一个错误陈述做一个小小的纠正，而这个错误陈述无疑是由他自己的法语说得不好而造成的。"法国人是有同情心的，”他（用法语）说，“我原本是爱尔兰人，英国人迫使我讲莎士比亚的语言。”龚古尔后来以书籍的形式出版日记时，删除了其中冒犯性的段落，以此表达他对王尔德的尊重；他还删掉了其中引用的有关这位爱尔兰作家“可疑的性行为”的文字，尽管王尔德并没有就此提出异议。[40]

注 释

1. Ernest Raynaud, *La Mêlée Symboliste* (*1890–1900*) *Portraits et Souvenirs II* (1920), 133, translation in Ellmann, 328 and Schroeder, 119.
2. Wilfrid Scawen Blunt, *My Diaries–Part One* (1919), 72: diary entry for 27 October 1891. 有时候人们认为，这里提到的“剧本”指的是奥斯卡·王尔德的《莎乐美》(see for example *CL*, 491n)。但王尔德写给摩纳哥王妃的信（*CL*, 491, 495）明确记载，他所谈论的是《良家妇女》；1891 年 11 月 3 日，艾米莉·利顿写给惠特韦尔·埃尔文牧师（Rev. Whitwell Elwin）的信 [quoted in Lady Emily Lutyens, *A Blessed Girl* (1953), 68] 中提到：“（奥斯卡·王尔德）刚刚写了一部剧本，他想把它翻译成法语，然后在法国喜剧剧院演出，这对他来说再好不过了。”她的这番话表明，这部“刚刚写好的剧本”是用英语创作的，应该由奥斯卡·王尔德或其他人翻译成法语。而《莎乐美》是直接用法语写的。
3. 这本《意图集》上的题字为“赠给罗伯特，利顿勋爵，致以最美好的祝愿，并致以诚挚的敬意，作者于巴黎，91 年”，Mark Samuels Lasner 收藏，特拉华大学；Lord Lytton to OW ‘Saturday’ [31 October 1891] (Austin); Emily Lytton to Rev. Whitwell Elwin, 3 November 1891 (quoted in Lutyens, *A Blessed Girl*, 68.
4. *CL*, 492；这本《道林·格雷的画像》上的题字是“致斯特凡·马拉梅，奥斯卡·王尔德敬赠，巴黎，91 年”。Telegram JMW to Mallarmé, 3 November 1891; JMW to Mallarmé, 2 November 1891, quoted in Ellmann, 317–19.

5. *CL*, 492n; S. Mallarmé to JMW, 11 November 1891; 24 November 1891; 23 December 1891 (GUL).

6. *CL*, 500; CL, 495; Sherard, *SUF*, 109; Margaret Talbot to Robert de Montes-quiou-Fézensac, 7 November [1891] (GUL).

7. Leslie, *Memoir of John Edward Courtenay Bodley*, 18; Arthur Kingsland Griggs, ed., *The Memoirs of Léon Daudet* (1926), 200; Jean Lorrain, *Sensations et souvenirs* (1895), in Bernard Gauthier, 'Marcel Schwob et Oscar Wilde', in Bruno Fabre et al., *Marcel Schwob. L'homme au masque d'or* (2006), 59.

8. Stuart Merrill, 'La Jeune littérateur anglaise', *La Plume*, 15 March 1893.

9. Henri de Régnier, *Les Annales Politiques*, in Mikhail, 464-5.

10. Gustave Le Rouge, 'Oscar Wilde' [3 November 1928], in Mikhail, 459.

11. Coulson Kernahan, '*Oscar Wilde As I Knew Him*', ts 50 (Clark); *CL*, 741.

12. André Gide, *Journal I, 1887-1925*, ed. Eric Marty (1996), 138ff; 两人第一次见面是11月26日在亨利·德雷尼耶家里，从那时起到12月15日期间，两人大约见了十几次。Robert Mallet, ed., *André Gide and Paul Valéry Correspondance 1890-1942* (1955), 139; Jules Renard, *Journal Inédit 1887-1895* (1925), 131. Gide, *Journal I, 1887-1925*, 148: "我想，王尔德只会伤害我。和他一起，我学会了思考。我有了更多不同的情绪，但我不知道如何控制它们；最重要的是，我再也不能再跟着别人的推论走了。"

13. William Rothenstein, *Men and Memories I*, 86-93; Sherard *SUF*, 95, 谢拉德没有感受到王尔德话中的幽默感，因此记录的是，"罗伯特很棒，他用生命保护了我。"

14. O'Sullivan, 75-6.

15. Gide, *Journal I, 1887-1925*, 138; Stuart Merrill, *Prose et vers: Oeuvres posthumes* (1925), 142-5, in Ellmann, 328; Rothenstein, *Men and Memories I*, 92.

16. Raynaud, *La Mêlée Symboliste*, 136-7, translation in Ellmann, 330.

17. Moyle, 200.

18. *Glasgow Herald*, 26 November 1891; JFW to OW, in Tipper, *Oscar*, 130;

Liverpool Mercury, 23 December 1891; Mason, 365-9; Moyle, 200.

19. *Intentions*, 62 (2009), 26.
20. *PMG*, 21 August 1891. 从报道中还不清楚这篇文章是经过翻译之后发表的还是以英文原文发表的；David Goodway, *Anarchist Seeds Beneath the Snow* (2011), 78, 其中记载马拉梅也订阅了《反叛者》。
21. *L'Echo de Paris*, 27 December 1891.
22. Raynaud, *La Mêlée Symboliste*, 134; Yvanhoe Rambosson, 'Oscar Wilde et Verlaine', in *Comedia*, 7 June 1923, in Ellmann, 322.
23. A. Gide, *If It Die* (1951), 249.
24. *CL*, 499.
25. A. Retté, *Le Symbolisme: Anecdotes et Souvenirs* (1903), in OET V, 329; A. Gide, *Oscar Wilde: A Study* (1949), 26.
26. E. Gómez Carrillo, 'Comment Oscar Wilde rêva Salomé', *La Plume* (1902), in Mikhail 195.
27. Edgar Saltus, 'On the origins of Salome', ts (Clark).
28. Gómez Carrillo, in Mikhail, 195.
29. Guillot de Saix, 'Oscar Wilde chez Maeterlinck', *Les Nouvelle Littéraires*, 25 October 1945, in Ellmann, 325.
30. Jean Lorrain, 'Salomé et les Poètes', *La Journal*, 11 February 1896; Pierre Léon-Gauthier, *Jean Lorrain* (1962), 370-1, in Ellmann, 324.
31. E. Gómez Carrillo, *Treinta Años De Mi Vida* (1974 edition), 295, translation in Ellmann, 323-4.
32. H. Gómez Carrillo, in Mikhail 194: "王尔德开始写一篇短篇小说（关于莎乐美），题目是《双重斩首》。不久之后，他撕毁了自己写的东西，考虑写一首诗。"
33. OW to W. Heinemann, 29 Boulevard des Capucines [November/December 1891] (BL, RP 3753), 他在信中为没有完成"序言"而表示抱歉："不知何故，我一直没有心情去写它，而有心情就是艺术的一切。" OW in *PMB*, 30 June 1892, 947, in Mikhail, 188.
34. O'Sullivan, 32-3; OET V, 337, re. the notebook at in the Bodmer collection, Geneva.
35. A. Lugné-Poe *Le Sot du Tremplin*, *Souvenirs et Impressions de Théâtre*

(1931), in OET V, 332; 1892 年 1 月 27 日,《入侵者》的英国首演在干草剧院的午后场拉开帷幕，赫伯特·比尔博姆·特里扮演祖父。据猜测，王尔德当时到场观看了演出。

36. Gómez Carrillo, *Treinta Años De Mi Vida*, 296, in Ellmann, 323; Gomez Carrillo, 'Comment Oscar Wilde rêva Salomé', *La Plume* (1902), in Mikhail 195; Louise Thomas, *L'Esprit d'Oscar Wilde* (1920), in Ellmann, 324; O'Sullivan, 216. 奥沙利文称，被处决的人是无政府主义者Ravachol，但他是在卢瓦尔河边的蒙布里松被处决并掩埋的。
37. *CL*, 506; see OET V, 337-9, 这似乎表明，奥斯卡·王尔德要求梅里尔、雷泰和路易斯修改手稿的要求是后来才发生的。
38. OW quoted in *PMB*, 30 June 1892, 947, in Mikhail, 188; *Gil Blas*, 27 December 1891: 英国诗人奥斯卡·王尔德刚刚读完了他用法语写的散文戏剧《莎乐美》。这出戏将在明年冬天上演。See also OET V, 342-3 for other references to OW reading. Robertson, *Time Was*, 136, on OW's diction, re. a private reading of the script.
39. Ricketts, 52-3.
40. Huges Le Roux, 'Oscar Wilde', *Le Figaro*, 2 December 1891; [interview by Jacques Daurelle] *L'Echo de Paris*, 6 December 1891, in Stefano Evangelista, ed., *The Reception of Oscar Wilde in Europe* (2010), 69; R. H. Sherard, *Le Gaulois*, 17 December 1891, reprinted in *SUF*, 258-70; *L'Echo de Paris*, 19 December 1891; JWF to OW, December 1891, in Tipper, *Oscar*, 133; *CL*, 504n.

6. 迷人的舞会

我们大家都在阴沟里，只是我们中某些人在仰望天上的星星。

——奥斯卡·王尔德

438 王尔德及时赶回英国过圣诞节。康斯坦斯和孩子们见他回家，都很开心。节日期间，他在托基修改并完成了《莎乐美》，然后去格林-加斯住了几天。格林-加斯是梅奈桥旁的一座“亲王宅邸”，属于萨利斯·施瓦贝夫人，她是一位富有的棉花大亨的遗孀。这是一段休息和娱乐的短暂插曲。[1]

在伦敦，很多事情需要他操心。埃尔金·马修斯和约翰·莱恩成立了一家新的出版公司，名字叫博德利·黑德。这家公司追求的特色是，出版设计精美、价格公道的小版当代诗歌和美文。这个精心设计的策略旨在吸引日益增长的，有审美倾向的藏书者市场，事实证明，它出人意料地获得了成功。为了将唯美主义者王尔德加入他们的名单，他们提议买下博格手里剩余的 220 本《诗集》，将其重新包装，作为独家经营的收藏品。王尔德很喜欢这个想法（自从 1882 年 8
439 月博格破产后，这些未装订的书页就一直被存放在仓库里）。里基茨受委托为这本书设计一个新的装饰性的标题页和封面。王尔德建议在每一本书上签名，以进一步增强该版本的“特色”。[2]

这时他发现，自己被卷入了一场意想不到的戏剧性事件中。1 月 31 日，约翰·巴拉斯因在一场无政府主义抗议活动中向威斯敏斯特宫开枪而被捕；用他的话来说，此举是为了显示他“对下议院的蔑视”。1 月 7 日，王尔德与格雷、约翰·戴维森以及几名家庭成员一起出席了巴拉斯在威斯敏斯特地方法院的传讯。有些人担心当局会宣布巴拉斯精神错乱，但事实并非如此。一周后，王尔德和社会主义出版人 H. H. 钱皮恩回到地方法院，地方法官表示可以释放巴拉斯，条件是缴纳 200 英镑保释金，“承诺”在接下来的两个月里不再闹事。王尔德和钱皮恩同意担保。王尔德似乎很享受他作为一个负责任的社会成员的短暂亮相；在拥挤的法庭上，他受邀坐在地方法官旁边。在听证会结束时，“地方执法官”试图以法律式的幽默口吻对他说：“我认为，王尔德先生，这显然是一桩有关（镇静剂）溴化钾的案子。”[3] *

钱皮恩带着巴拉斯即将出庭的消息来到泰特街时，他发现王尔德正要出门去见乔治·亚历山大，讨论他即将上演的戏剧的计划。一片混乱中，王尔德携带的一卷手稿掉落在地。他高兴地注意到，稿子并没有“平整地落在地上”。这似乎是个吉祥的预兆。[4]

亚历山大的计划不断变化。他新年的第一部作品（乔·科明斯·卡尔的《宽恕》）失败了。他本来希望能用 R. C. 卡顿的《自由大厅》代替它，但是剧本还没有完成，卡顿就病倒

---

* 尽管王尔德一直向巴拉斯提供帮助并和他保持着友谊，但巴拉斯的精神健康问题依然存在。他在 1892 年短暂地被关进精神病院，在 1894 年被永久关进精神病院。当王尔德被告知巴拉斯的精神错乱在一定程度上是“读圣经的结果”时，他说：“当我想到那本书造成的所有伤害时，我对写出任何能与之相提并论的东西感到绝望。”

了。困难当前，他叫来王尔德，提议下个月将《良家妇女》投入制作。对王尔德来说，这是一个应该抓住的机会。他受邀前往圣詹姆斯剧院朗读剧本。据当时在场的人回忆，他到场时，丝绸帽子“皱皱巴巴”，登上舞台时差点绊了一跤。但随后，
440 他的自信油然而生。“他把一大盒香烟放在面前的桌子上，问了句：‘我可以抽烟吗？’然后，他点上一根烟，开始读起来。”大家本已不抱什么特别的期待，但“在听了第一句话之后，所有人都屏息静听，直到结束”。[5]有人告诉里基茨，王尔德作为剧本的朗读者，“没有人能够超越”他，“在涉及对话的地方，措辞和表达都是一样的丰富多彩而生动”。[6]

大家一致同意将本剧的名字改为“温德米尔夫人的扇子”。王尔德夫人和其他一些人都不喜欢最初的标题：“它令人作呕，”她说，“没人在乎什么良家妇女。”排练始于2月初，圣詹姆斯剧院的舞台现在已经空出来了。王尔德经常来这里，操心布景设计、舞台事务、对话，甚至化装的种种细节。每次排演结束后，亚历山大几乎都要处理大量的意见：“我想让你把厄林夫人安排在舞台中央左侧的沙发上。”“霍普最好用自己的头发或者是一个不会移动的假发套。昨天晚上，他的脸太苍白了，他的模样也太可笑了。”“公爵夫人在第一次讲话中漏掉了一些重要的词。台词应该是，‘（澳大利亚。那里一定十分精彩，周围有那么多可爱的）小袋鼠飞来飞去。阿加莎在地图上找到了澳大利亚。它的形状太有意思了！不过，那是一片非常年轻的国土，不是吗？’我画了线的地方是漏掉的词。它们指出了评论这个年轻国家的重点。”“我认为（塞斯尔·）格雷厄姆不该带着他的姨妈去舞厅——年轻的花花公子不喜欢年迈的亲戚——至少不怎么注意他们。”“请认真注意所有这些要点。”[7]

让王尔德更加担心的是，泰特街 16 号的下水管道出了问题，全家人不得不搬出去住。康斯坦斯和孩子们住到了乡下，他住在皮卡迪利大街附近的阿尔比马尔酒店。这里距离剧院只有几百码远，他可以更为密切地关注整个排演过程。事实证明，他是一个神经紧张、很难对付的作家。两个人因为第二幕的结束语展开了一场拉锯战。亚历山大最终占了上风（他诅咒剧作家那“该死的爱尔兰式顽固”），而王尔德则“对自己感到很恼火”，不得不承认修改后的结尾更加轻松，相对原作明显的“戏剧性”，这是个巨大的改进。

然而，他拒绝接受亚历山大的主要观点：厄林夫人作为温德米尔夫人母亲的身份，要在剧中一开始就揭露出来，这是极其重要的，而不是拖到最后一幕。这个问题很容易修改，只需要在第二幕中加几句话。但王尔德“丝毫不为所动”，无视所有的争论和请求。恼羞成怒的亚历山大开始指责王尔德是个“自负、傲慢、忘恩负义的人”。这场争论给排练平添了不少压力。[8]王尔德还因为在戏迷俱乐部活动中的一番即兴讲话，而不得不接受演职员们的“一大堆理所应当的逗弄”。据报纸报道，他认为演员不过是“一群木偶”——而舞台仅仅是“配置木偶的架子”。这可不是演艺界愿意接受的观点。[9] 441

王尔德给《每日电讯报》写了一封长信，解释说他的话被人做了错误的引用：“我真正说的是，我们称之为舞台的框架‘是由活生生的演员，抑或活动的木偶组成的’。”然而，他又继续写道，“演员的个性往往是完美呈现艺术作品的危险因素。”这段话只会进一步激起亚历山大和其他演职人员的愤怒。[10]王尔德还在信中纠正了另一个问题。报纸之前曾经将约翰·格雷描述为王尔德的“被保护人”，格雷的演讲是活动当晚的主要内容。格雷似乎对这个称呼感到不安。于是，王尔德写信否认了这一点。“请允许我说明我与约翰·格雷先生的相识，”他不太准确地宣称，“非常遗憾地说，这还是最近的事，我寻求与他相识的理由是，他在散文和诗歌两方面已经具备了完美的表达方式。”由于他“漠然的心境”及他对艺术的热爱，“他无须别的保护，事实上，他也不会接受”。《星报》上的另一篇文章（可能是出自列·高丽安之手），则将格雷描述为“与他同名的道林的原型”。在王尔德的支持下，格雷威胁要提起诉讼，并要求撤回这篇文章。格雷的焦虑到底是艺术上的原因，还是出于社会影响方面的考虑，目前尚不能确定。但他显然了解王尔德与其他年轻男子的危险性关系，很可能一直谨慎地与他们保持距离。[11]

此时，王尔德将性兴趣锁定在了别处。阿尔比马尔酒店距离维戈街上的博德利·黑德公司很近，这样就能便于他仔细审阅新版《诗集》的制作细节。他在出版公司注意到有一个“相貌出众”的高个子销售助理，名叫爱德华·谢利，后者经常停下来和他聊上几分钟。这个18岁的年轻人，尽管家境贫寒（他的父亲是一名铁匠），却既有文学抱负又有社交渴望；他谈吐衣着都很得体，王尔德形容他有一张“知识分子”的脸庞。他渴望学习，对王尔德的作品极为钦佩，这在一定程度上掩盖了他那惶恐和缺乏自信的性格。王尔德送他书籍作为礼物，其中
442 包括一本题字的《道林·格雷的画像》，他的钦佩之情因此而愈发浓烈。根据谢利自己的描述，一天结束工作之后，王尔德邀请他去阿尔比马尔餐厅吃饭。他很激动地接受了邀请。即便他当时没有意识到这可能是诱惑的前奏，那么他很快也就发现了。王尔德点了香槟。他们谈到了书，也谈到了谢利自己的文

学抱负。晚餐后，两人坐在王尔德的房间里，一边喝威士忌、苏打水、抽烟，一边继续聊天。那天晚上王尔德带他上了床。[12]

面对谢利变幻不定的焦虑和种种要求，王尔德以习惯性的鲁莽轻率继续维持着这段感情。那年，王尔德很可能带谢利参加了杰米恩街弗兰克·哈里斯的派对。晚饭后，哈里斯注意到这个年轻人“在生奥斯卡的气，几乎对他不理不睬，而奥斯卡在向他献殷勤。我听到了奥斯卡只言片语的恳求——‘我求你……这不是真的……你没有理由……’——奥斯卡一直站在离我们很远的地方，一只胳膊搭在年轻人的肩膀上；但他费尽口舌也没有奏效，那个年轻人阴沉着脸，任性地走开了”。哈里斯回忆说，这是一幅令人不安的“场景”。[13]

谢利也拿到了王尔德赠送的 2 月 20 日（星期六）首演门票。然而王尔德安排另一个年轻的朋友坐在他旁边的前排座位，陪伴在一旁。[14]王尔德认为他手里的赠票太少，从他手里拿到票的还有弗朗西丝·福布斯-罗伯逊和库尔森·克纳汉。王尔德送给理查德·勒加利安两张票，让他“带着你的诗歌（即他的妻子）坐到你身边”。他委托阿瑟·克利夫顿照顾康斯坦斯和她的姨妈坐在 D 包厢：“（康斯坦斯）可能会非常紧张，有个老朋友陪着她就好了。”[15]

在进行种种安排的过程中，王尔德突然产生了一个“新想法”。首演的前一天晚上，他遇见格雷厄姆·罗伯逊（他的另一位受邀者）。王尔德要他去一家时尚的花店，为第二天晚上订购一支可以别在纽扣孔上的“绿色康乃馨”。康乃馨的茎被浸泡在蓝绿色的苯胺染料溶液中，巧妙地着上了色。“我希望明天有很多人可以戴上它们，”王尔德解释说，“这样就会惹恼公众。”“可是为什么要惹恼公众？”对于罗伯逊的质疑，他回答："公众喜欢被人惹恼。"饰演年轻花花公子塞西尔·格雷厄姆的演员也会佩戴这朵色彩奇特的花："人们会盯着它看，并且感到惊奇。然后他们环顾四周，就会发现到处都有越来越多的神秘的绿色小斑点。'这一定是什么秘密符号，'他们会说，
443 '这究竟是什么意思？'""那么，这是什么意思呢？"罗伯逊问。"什么意思都没有，"王尔德说，"但那正是没有人能猜得到的。"王尔德为这个想法感到很开心。[16]*

在弗兰克·哈里斯的记忆中，公演第一天晚上剧院不仅富丽堂皇、光彩时髦，而且在知识层次上也相当出类拔萃。对于《帕尔摩报》的社会专栏作家来说，到场的显然都是与众不同的"奥斯卡·王尔德的观众"——剧作家的风格和情绪都反映在一众"画家、律师、演员、经理和漂亮女人身上"（没有人能比莉莉·兰特里更漂亮，她坐在包厢里特别抢眼），还有"二十来个完美无瑕的年轻纨绔子弟"分散在各排座位间，其中许多人玩弄着绿色康乃馨。观众从一开场就喜欢上了这出戏。乔普林夫人回忆，她从来没有如此享受过一次首演。[17]

然而，批评家们就没这么好对付了。文学界和戏剧界对王尔德仍存有很大的职业怨恨。第一次幕间休息时，哈里斯下楼来到门厅，他发现报纸评论员们对王尔德笔下那种令人愉快的"新鲜感"和"出人意料的幽默"一点也不感兴趣。"戏中的幽默既呆板，又不真实。"《雅典娜神殿》杂志的笨拙评论员乔·

---

* 这其中当然有一种隐秘的性的成分。王尔德从有异装癖的欧内斯特·博尔顿（又名"斯特拉"）身上借用了"塞西尔·格雷厄姆"这个名字。欧内斯特·博尔顿和他的朋友弗雷德里克·帕克（又名"范妮"）是1870年一起著名法庭案件的当事人，他们面临合谋鸡奸的指控。当博尔顿身着女装在斯特兰德剧院被捕时，他自称名叫"塞西尔·格雷厄姆"。乔治·刘易斯是博尔顿和帕克的代理律师；在他的帮助下两人获得无罪释放。

奈特如此说道（王尔德在撰写书评期间，一直将此人当作嘲笑的对象）。这一观点得到了其他几位记者的支持。哈里斯听了这话大吃一惊，于是便说，戏还没演到一半时，他就认为它可能是“最好”“最出色的”英语喜剧；可以跟康格里夫的作品相提并论。剧中的对话——“一连串的异想天开、轻浮地难以捉摸”——也许和最沉闷的舞台语言相比要矫揉造作得多，但对许多观众来说，它似乎很“自然”，因为它很新奇。据格雷厄姆·罗伯逊回忆，“它既有趣又让人惊讶”。[18]

王尔德非常高兴地目睹了这出戏带来的乐趣和惊奇。人们因为他的俏皮话而发笑。几乎每一个场景都得到了“热烈的掌声”——它们来自剧场的各个角落。亨利·詹姆斯发现，“正厅后排和楼座的观众”为自己“足够聪明”能“领会”至少一点点巧妙而大胆的格言而沾沾自喜；他们相信剧中的对话忠实地代表了“豪华上流社会的谈话”，这让他们感受到了“特权 444
和时髦”。[19]王尔德对易卜生主义进行了社会性颠覆，他与奥维达都具备一种特殊的天赋，能让中产阶级相信他写的是“公爵夫人的谈话”。

演出结束后，演员们谢幕了三次，观众们开始呼唤作者。王尔德出现在舞台上，他的扣眼上显眼地插着一朵大大的绿色康乃馨，他鞠躬，然后退场。当呼唤声再次响起时，他又出现了，这次还抽着一根烟。听到“说几句”的喊声，他似乎有些犹豫，但随后，他把右手插在裤兜里，开始说道：“我相信，作者有这样的特权，让别人重视他的作品，而他自己却保持沉默。不过，你们似乎希望听到我讲话。所以，我接受了你们满怀好意授予我的这种荣耀。”他停下来抽了一口烟（据乔普林夫人说，这是出于紧张），接着感谢乔治·亚历山大制作的戏剧具有“令人钦佩的完整性”，称赞整个剧团“小心之至地”将他的“草稿”变成了一幅“完善的画面”。他干净利落地对观众总结道：“我认为你们和我一样喜欢这场演出，我很高兴地相信，你们几乎和我一样喜欢这出戏。”这一番大胆的断言得到了“热烈的笑声和掌声”，王尔德继续抽着烟，离开了舞台。

然而，谢幕几乎比戏剧本身更能激怒那些缺乏想象力的批评家。他们用“居高临下”、“粗鲁无礼”和“寻求关注”等修饰词来形容王尔德，以及他的演讲，他的香烟，还有他那“令人震惊的绿纽扣”。只有《星期日泰晤士报》认为他的结语“很聪明”，也只有《时代》报颇具风度地承认，他只是在大声说出所有“成功的戏剧作家对自己作品的看法”。[20]

至于这部剧本身，尽管获得不少好评——人们普遍认为，即便它“大胆”而且“愤世嫉俗”，那也是“非常聪明”且有趣——但大多数评论家毫不客气地指出，王尔德借鉴了其他人（大仲马、萨杜、哈登·钱伯斯等）的戏剧作品。人们发现它在“建构”上有问题。有人对它的道德基调提出了质疑。有一些人认为温德米尔勋爵的行为不可思议；另一些人则认为他的妻子行为荒谬。[21]

不过，王尔德有本钱对此不屑一顾。他认识到，观众的热情已经压倒了微不足道的批判性回应。即使最刻薄的评论家也不得不承认，这部剧非常受欢迎。小说家兼杂志编辑奥斯瓦尔德·克劳福德自发地给《帕尔摩报》写了一封信，通过对该剧
445 的赞扬来平衡他们的官方报道：“这是戏剧史上的一个新纪元”，标志着“沉闷”而“不真实”的情节剧被推翻了，“自谢里登的《丑闻学校》以来”不曾有过这么多“深思熟虑的机智

和完美的警句”。[22]

人们的口口相传跑赢了报纸的报道。这出戏的成功是不可否认的——也是不可阻止的。《伦敦旗帜报》很快就表示，说王尔德将不得不放弃他独创和古怪的名声，并“屈从于作为一出成功戏剧的作者所要蒙受的耻辱。人们甚至还担心，这出戏会上演很长一段时间，带来一大笔庸俗的利润”。[23]

王尔德本想在首演一结束就逃到法国南部去。但随着这出戏取得成功，他反而在兴奋的喜悦中放松了下来。库尔森·克纳汉回忆，首演结束的第二天早上，激动不已的剧作家拜访了他，当他们谈论昨晚发生的事情时，王尔德“开心地拥抱了自己”。[24]王尔德的神经不再处于极度紧张的状态，在何时向观众透露厄林夫人真实身份这一重要问题上，他的态度缓和下来。亚历山大与克莱门特·斯科特打算请评论家在文章中指出这种改变的必要性。但事实证明，这样的盘算几乎没有必要，因为几乎所有的评论家和大多数观众都注意到了这个问题。王尔德给亚历山大发去一封“措辞优雅的电报”，承认对方“自始至终都是正确的”，并在星期一晚上的第二场演出中及时修改了台词。然而，他在给新闻界的一封信中坚持说，他的决定并不是由任何“记者”的苛责而引发的；而是在演出结束后，同几个年轻朋友共进晚餐时，听取了大家的建议：“老年人对艺术的看法当然毫无价值。年轻人的艺术本能总是令人着迷。”[25]

王尔德和他的母亲都为他的胜利而激动不已。两人都非常看重成功，现在他们可以尽情享受了。艾蒂·格伦费尔和威尔弗里德·布朗特都写来了贺信。寇松邀请王尔德共进晚餐。有人劝埃尔乔夫人不要在舞会场景中扮演跑龙套的角色。“全城的人”都在反复念叨“最精彩的台词”：“我能抵抗一切，除了诱惑。”“这个世界上只有两种悲剧。一个是得不到你想要的，另一种是得到了你想要的。”“丑闻就是被道学家搞臭的流言蜚语。”“一个玩世不恭的人知道每一件东西的价格，却不知道任何东西的价值。”“我们大家都在阴沟里，只是我们中某些人在
446 仰望天上的星星。”当被问及演出进展如何时，王尔德夸口说：“非常好。我听说皇室每晚都被拒之门外。”当亚历山大发现便宜的座位似乎和前排及包厢座位一样拥挤时，王尔德得意地回答道：“亲爱的亚历山大，答案很简单。仆人们听到了客厅和餐厅里的谈话。他们听到人们在讨论我的戏剧，他们产生了好奇，于是挤满了你的剧院。从他们那完美的举止来看，我知道他们是仆人。”[26]

绿色康乃馨在开幕之夜亮相之后，成为当时的时尚花卉。3月27日，约翰·格雷翻译的庞维勒的诗剧《吻》在独立剧院上演，“正厅前排座位上开满了”绿色康乃馨。[27]对此，安德烈·拉夫洛维奇发表了一首十四行诗以示“反对”，在一些“周刊”上，这首诗被认为是他对整个奥斯卡·王尔德“一帮人”的“公开拒绝”。[28]

从一开始，这出戏就吸引了“大批”观众。王尔德和亚历山大的约定是总收入的5%（直至他赚到600英镑），之后是7.5%，很快他每周的收入就超过了40英镑。这是他有生以来第二次面临赚钱的美好前景。更进一步的是，康斯坦斯在艾米莉姑妈去世后得到了3000英镑的遗产。尽管他们急于用这些钱偿还几年来积累的债务，但一直挥散不去的财务忧虑似乎正在逐渐解除。他们甚至还想搬家，住到泰特街上一所更大的房子里去。[29]

这部戏让王尔德结交了许多新朋友，艾达·莱弗森就是其

中之一。也许就是她撰写了《笨拙》杂志上那篇温和的滑稽小品《一部贴有王尔德“标签”的温文尔雅的戏剧》。她是奥斯瓦尔德·克劳福德的杂志《黑与白》的撰稿人，王尔德就是在克劳福德家认识她的。莱弗森当时29岁，聪明、风趣、有文学头脑，但受制于一个传统的、比她年长许多的丈夫。她和王尔德建立了一段轻松而亲密的友谊，莱弗森的才智和幽默激发了王尔德的灵感。他很快就称她为“伦敦最聪明的女人”。[30]

这出戏的成功是一个基础，王尔德现在意识到写作现代社会喜剧是他的专长。“我一直都知道写剧本是我的兴趣范围所在。”他如此告诉弗兰克·哈里斯。他的错误在于写了好几出“诗体剧”，写了关于俄国政治的戏剧。“现在我明白多了，”他宣称，“我对于自己，对于成功都有信心。”[31]但是，一旦他确信自己能够重复这一伎俩，他就不想限制自己。他的其他文学作品或许可以借《温德米尔夫人的扇子》的热度而继续下去。他开始想象制作一系列戏剧作品的可能性。他热衷于追随创作《莎乐美》时的兴奋感：创作一部象征主义戏剧将给他带来文学声望。尽管他对“诗体剧”持保留态度——但他始终怀有希望，要为《帕多瓦公爵夫人》找一位英国制作人。 447

王尔德放弃了去法国南部疗养的想法，而是在3月底去巴黎待了几周。除了享受巴黎的春天，他似乎还想和那里的朋友商量一下在法国出版《莎乐美》的计划。他请梅里尔帮他检查手稿，去掉任何严重的语法错误。梅里尔设法让王尔德删掉了剧中主要人物长篇大论之前惯用的“Enfin”这个词，但他的其他建议都没有被采纳。王尔德傲慢地称，出生在美国（但他在巴黎长大，会说两种语言）的梅里尔是“一个外国人，不懂法语”。梅里尔对此感到很好笑，于是把王尔德的事情交给了雷泰——后者又挑出了一些英国式表达，并且砍掉了希律王背诵的一长串宝石清单——直到他也被旁人取代。皮埃尔·路易斯是介入其中的第三个权威人士，他提出了一些最终的建议（这些建议在很大程度上被忽略了），并做了一些最终的修正，主要与虚拟语气的使用有关（这些建议大多数都被接受了）。然后，手稿被交给印刷商。[32]

回到英国后，王尔德发现他在戏剧上取得的成功，竟招来了滑稽模仿作品。演员查尔斯·布鲁克菲尔德——携手作曲家吉米·格洛弗（他在都柏林的老朋友）创作了一出关于王尔德与《温德米尔夫人的扇子》的小喜剧。它的标题是《诗人与木偶》，暗指王尔德当下颇受非议的，关于“木偶”比演员更受欢迎的评论。19 世纪 80 年代初，王尔德为了制造恶名而全盘接受了《笨拙》与《佩辛丝》的诸多讽刺，因此他开始怀疑这样的广告的好处。他知道抱怨是徒劳的，也是致命的。他也知道审查法规，在理论上，禁止在舞台上表现活着的人。演员可以模仿个人，但剧本本身不可以直接描绘个人。王尔德向负责发放戏剧许可证的 E. F. S. 皮戈特寻求保护。他还要求亲自审阅剧本。

朗读剧本被安排在泰特街。格洛弗回忆，王尔德“一边抽着雪茄”“一边听着剧本，对每一页内容都赞不绝口‘令人愉
448 快！’‘有魅力，老朋友们！……它简直绝了！’等等”。王尔德显然就是剧中那个女里女气，在牛津受过教育的“诗人”。剧中对话借用了许多他的格言，其中包括“生活中最大的乐趣就是被人误解”。但剧本中没有任何人身攻击，也没有偷偷摸摸地暗示他与年轻男子之间发生性关系。不过，为了表明自己的观点，王尔德还是提出反对在开场歌曲中特别提到他的名字（布鲁克菲尔德因为不想激怒这个审查者，于是同意进行修

改）。当王尔德把两个人送到门口时，他给了他们“临门一脚”：“不过，我觉得，我已经被，嗯，布鲁克菲尔德，怎么说来着？你用那种令人愉快的警句式的舞台英语是怎么说的？嗯？哦，对了！愉快的恶搞！”[33] *

王尔德傲慢地拒绝接受讽刺冒犯，这加剧了布鲁克菲尔德对他的敌意。这位毕业于伊顿公学的演员有点小聪明，长期以来一直嫉妒王尔德的卓越地位。还有人说，王尔德曾经纠正过他在着装上的一些失礼做法，他对此耿耿于怀。关于王尔德性取向的谣言越来越多，这让他得以采用一种道德上的愤怒来渲染自己的敌意。王尔德非常敏锐，察觉到了这种反感，但他对自己的能力非常有把握，根本不予理会。[34]

布鲁克菲尔德的“滑稽剧”（于5月19日首演）在没有损害王尔德剧作以及王尔德名字的情况下取得了小小的成功。查尔斯·霍特里对王尔德的模仿堪称一幅“精美的漫画”——每一个动作做派和抑扬顿挫都惟妙惟肖。为数不多的没有被打动的人之一是演员赫尔曼·维津；他认为王尔德应该写他自己的“滑稽作品”（“我相信它会大获成功”）。然而，王尔德只是在皇家戏剧基金总会的晚宴上，针对《温德米尔夫人的扇子》发表了评论。一位满怀好意的市政官称赞他的剧本“鞭笞了恶行”，称他是一个“实话实说”的作家，对此王尔德表示反对。“我想要对此提出我的异议，我从不实话实说，”他说，“实话实说的人应该受到谴责。”至于“鞭笞恶行”，他向在座的人保证，他根本没有什么

---

* 演员阿瑟·罗伯茨不久前发明了“恶搞”（spoof）一词，他回忆说，王尔德和比尔博姆·特里曾带他去卡尔顿烧烤店吃晚餐，询问他关于这一现象的问题。当罗伯茨解释说，“恶搞”是“一种诀窍，用来说服人们相信一些极不可能的事情为真理”时，王尔德说：“我亲爱的罗伯茨，恐怕我们当中某些人一辈子都在玩‘恶搞’，却不知道这个游戏的名字。”

449 进一步的意图。“那些观看《温德米尔夫人的扇子》的人将会了解，如果其中有一个独特的信条，那就是绝对的个人主义。谁也没有权利去责备别人所做的事情，每个人都应该走自己的路，去自己选择的地方，完全遵照自己选择的方式。”[35]

注　释

1. R. Ross，‘A Note on “Salome” ’；‘Latest News’，*Liverpool Mercury*，5 January 1892. 奥斯卡·王尔德拜访格林-加斯一事，是一段令人好奇的新发现。施瓦贝夫人是莫里斯·萨利斯·施瓦贝的祖母，王尔德于1892年与她相识，但目前为止没有证据表明他们在这次访问期间（或之前）见过面。
2. James G. Nelson，*The Early Nineties：A View from the Bodley Head*（1971），79；Mason，319-23；*CL*，490，494.
3. Cohen，*John Evelyn Barlas*，111-16.
4. H. H. Champion，‘Wilde As I Saw Him’，*Booklover*（Melbourne），1 December 1914.
5. Guy & Small，106；Sherard，*Real*，295；有消息称，奥斯卡·王尔德当时“刚刚从爱尔兰回来”，但这似乎并不太可能。
6. Ricketts，35.
7. JFW to OW，in Tipper，*Oscar*，134；*CL*，513-15.
8. *CL*，518；Pearson，222；Kaplan，‘A Puppet's Power’，72.
9. ‘Music and Drama’，*Glasgow Herald*，15 February 1892.
10. *CL*，518-20.
11. *CL*，520；James G. Nelson，*The Early Nineties*（1971），199；Ernest Poole（editor of the *Star*）to OW，16 February 1892（Mark Samuels Lasner/Delaware）；文章最初刊登在1892年2月6日的《星报》上，于2月15日声明撤回。
12. Holland，133-43；Hyde，*Trials*，212-16，296. 尽管在审判中，奥斯

卡·王尔德最终在这件事情上被判“无罪”，但从技术层面分析，两人发生性关系的可能性似乎非常大。约翰·莱恩、理查德·勒加利安、约翰·格雷和其他人肯定料到了（或知道）这件事情。根据奥斯卡·王尔德的起诉书，这起事件的发生日期为 1892 年 2 月 20 日。但由于《温德米尔夫人的扇子》当晚首演，这显然是不可能的。根据王尔德自己回忆，他第一次与谢利共进“晚餐”是在“3 月初”。

13. Harris, 77.

14. Holland, 231+n；在法庭上宣读的一封谢利写给奥斯卡·王尔德的信中，这位“朋友”被指认为“B 先生”。霍兰德暗示，他可能是年轻演员西德尼·巴勒克拉夫。但奥斯卡·王尔德提到，他与“有教养”的 B 先生的家人是“最亲密的友谊关系”。没有证据表明王尔德认识来自约克郡的西德尼·巴勒克拉夫一家。一个更有可能的人选是奥布里·鲍西考尔特，他是迪翁·鲍西考尔特 22 岁的儿子，刚刚开始戏剧生涯。迪翁·鲍西考尔特（年长）于 1890 年去世。

15. *CL*, 517-21.

16. Robertson, *Time Was*, 135-6; Schroeder, 122，其中提到的花店是皇家拱廊的古德伊尔花店，戴花的角色是“塞西尔·格雷厄姆”。19 世纪 80 年代末，英国化学家阿尔弗雷德·内斯比特率先提出了给花卉“染色”。据当时的报道，1891 年期间曾有一个法国政党的支持者以佩戴“绿色康乃馨”作为标志。一些人认为王尔德在巴黎的时候，已经熟悉了绿色鲜花。Charles Nelson, ‘Beautiful Untrue Things’, *Wildean*, 48 (2016), 96-103.

17. ‘By our Special “First Nighter” ’, *PMG*, 22 February 1892; ‘Society Gossip’, *Preston Guardian*, 27 February 1892. Louise Jopling, *Twenty Years of My Life* (1925), 81.

18. Harris, 82-3; Robertson, *Time Was*, 135.

19. H. James to Mrs Hugh Bell, [23 Feb 1892], in Leon Edel, ed., *Henry James Letters* (1981), 3: 372-3.

20. 根据乔治·亚历山大讲述——几年以后告诉赫斯基思·皮尔森（海德转述，*Oscar*, 174, and Ellmann, 346），这次演讲篇幅短小，是经过深思熟虑的——很可能事先早已做好了准备。但当时媒体的报道认为它属于即兴发挥，形式上略显杂乱无章，得出了一个明智的结论。See:

Morning Post, 22 February 1892; *Era*, 27 February 1892; 'Our London Letter', Dundee Courier & Argus, 22 February 1892; *The Sunday Times*, 21 February 1892; 'Last Night's Theatricals', *Lloyd's Weekly Newspaper*, 21 Feb 1891; 'By our Special "First Nighter"', *PMG*, 22 February 1892; *Glasgow Herald*, 22 February 1892.

21. *Manchester Guardian*, 22 February 1892.
22. Oswald Crawfurd, 'A Contributor's Opinion', *PMG*, 22 February 1892.
23. *Standard*, 22 February 1892.
24. Coulson Kernahan, '*Oscar Wilde As I Knew Him*', ts 21 (Clark).
25. Kaplan, 'A Puppet's Power', 59–73. See: *PMG*, 22 February, 1892; *Birmingham Daily Post*, 22 February 1892; *Glasgow Herald*, 22 February 1892, etc. *CL*, 521–2；改变场景的决定似乎是在首映当晚或之后不久做出的。See *Era*, 27 February 1892："在落幕时，王尔德承认，从吸引着观众对角色的关注和令人兴奋的同情的角度来看，亚历山大的观点完全正确。"
26. JFW to OW, [26 February 1892], in Tipper, *Oscar*, 138；虽然简·弗朗西斯卡·王尔德没有在首演当晚观摩这出戏，但她是——也许不是第一次——和夏天抵达伦敦的王尔德的老朋友朱莉娅·沃德·豪一起去看的。L. E. Richards, M. H. Elliott and F. H. Hall, *Julia Ward Howe* (1916), 2: 168; *CL*, 524–7; Longford, *A Pilgrimage of Passion*, 295; Harris, 83; Pearson, 225; Ellmann, 347.
27. *PMG*, 25 February 1892; 'Our London Correspondence', *Glasgow Herald*, 9 March 1892.
28. Raffalovich/Michaelson, 111.
29. *Standard*, 22 February 1892; *PMG*, 23 February 1892; Guy & Small, 107–8. 克拉克图书馆保存了奥斯卡·王尔德的部分账单收据：1892 年 3 月 11 日周末聚会：43 英镑 15 先令 1 便士；1892 年 3 月 25 日：46 英镑 12 先令 5 便士；1892 年 4 月 13 日：36 英镑 17 先令 11 便士；1892 年 6 月 8 日：48 英镑 1 先令 11 便士。Moyle, 210; CMW to Mrs Fitch, 14 September 1892 (Clark).
30. Harris, 83，记录了艾达·莱弗森在《笨拙》杂志上撰文称赞《温德米尔夫人的扇子》。匿名发表的《一部贴有王尔德"标签"的温文尔雅的戏剧》配有伯纳德·帕特里奇的漫画，是这份杂志对该剧的唯一一篇评论（除此之外还有一首小诗，以及一小段文字是关于“乔治·亚历山大先生在圣詹姆斯剧院上演了王尔德的戏剧”）。莱弗森后来告诉奥斯伯特·西特韦尔（Osbert Sitwell），她与王尔德结识，是因她在《笨拙》杂志上匿名发表了一篇有关道林·格雷的滑稽小品。王尔德觉得文章非常有意思，想见一见作者，随后他惊讶地发现这篇文章的作者竟然是一名女性。然而，这番回忆可能有误。因为莱弗森直到1893年12月才在《笨拙》杂志上发表的文章（《New Year's Eve at Latterday Hall》）中第一次提到道林·格雷，那时她已经与王尔德建立了友谊。也许是一篇有关《温德米尔夫人的扇子》的小品激起了王尔德的好奇心。而这篇小品也许正是《一部贴有王尔德“标签”的温文尔雅的戏剧》。Julie Speedie，*Wonderful Sphinx*（1993），33-4.

31. Harris，100.

32. O'Sullivan，169；H. M. Hyde，‘Prefatory Note’ to Stuart Merrill，ts ‘Oscar Wilde’（Clark）；王尔德三四月间的巴黎之行之前并没有留下记录（皮埃尔·路易斯的日记中的若干条目，以及一封1892年4月14日写给保罗·瓦莱里的信［Peter Fawcett and Pascal Mercier, eds, *Correspondances A Trois Voix*（Paris，2004），581-2］为此提供了证明，有趣的是，约瑟夫·多诺霍（Joseph Donohue）在他对各种留存的《莎乐美》手稿及其更正内容之间的复杂关系的出色描述中，提出了这样一次访问的可能性，OET V，337-8；P. Louÿs to OW，22 May 1892（Austin）。

33. Jimmy Glover，*His Book*（1911），37. 格洛弗最开始一直与钱斯·牛顿（Chance Newton）合作一出名叫《Lady Windowblind Finde-Siécle》的小品（*PMG*，8 March 1892），但接着便与霍特里和布鲁克菲尔德合作了；Charles Brookfield，*The Poet and the Puppets*：*A Travestie Suggested by Lady Windermere's Fan*（1892）.

34. Pearson，246-7.

35. *The Artist and Journal of Home Culture*，1 June 1892；*Standard*，20 May 1892；Hermann Vezin to OW，24 June 1892（Clark）；*Proceedings at the Forty-Seventh Anniversary Festival of the Royal General Theatrical Fund*（1892）（Berg）. 我将此处的文本从过去时转换成了现在时。

7. 白与金

我想所有风度迷人的人们都是给宠坏了的，这是他们之所以迷人的秘密所在。

——奥斯卡·王尔德

450 《温德米尔夫人的扇子》获得巨大成功令王尔德满怀信心——以及资源——去遵循他自己的个人主义信条。他可以凭借一种新的力量，以崭新的重点，再次主张他从大学时代起就憧憬的自我实现。他宣称自己的人生是“一件艺术品”。在一位朋友看来，“他所渴望的至少是，从他的同胞眼中体现出一种建立在对美和快乐的崇拜之上的生活观念”。他甚至道出了生存的细枝末节。王尔德和他的门徒们“用诗歌遮盖一切”的方式，让皮埃尔·路易斯印象深刻。他们不会简单地把烟递给一个朋友，而是——以一种“精致”的优雅——先点上它，吸了第一口之后才递给别人。如果说这种新的“快乐”往往体现在奢华的生活中——昂贵的晚餐和更昂贵的香烟——那么他很乐意放纵自己，满足于实现他的愿景，“蔑视任何由他过分的享乐主义所引起的反对意见”。[1]

成功影响到了王尔德生活的方方面面。他在众人的关注下，显得精神焕发。一次在维奥莱特·费恩（以及她未来的丈夫）
451 举办的晚宴上，他的“状态非常好”，与威尔弗里德·布朗特等人一起熬夜直至凌晨。他还应赫伦-艾伦之邀，参加了英国藏书爱好者俱乐部（Sette of Odd Volumes）的晚宴，平添了一份欢乐的气氛。不过也有人发现，他的做派中新近沾染了一丝势利。伊迪丝·库珀（她是“迈克尔·菲尔德”组合的另一半）最气恼的是他在一次招待会上对她不理不睬：“我们不属于时尚世界，所以奥斯卡只是冲着我们耸了耸肩膀。”与此同时，他的戏剧有了自己的生命力。尽管他似乎已经放弃了自己制作一出法语戏剧的计划，但意大利、德国和奥地利却有人对此感兴趣。王尔德把剧本的美国演出权卖给了从纽约来的查尔斯·弗罗曼，还请到了能力卓著的伊丽莎白·马布里担任他在美国的代理人。[2]

那年夏天，另一位横渡大西洋的访客是弗兰克·莱斯利太太，她是和倒霉的威利一起上路的。离开纽约之前，她告诉朋友们：“我要把威利送到英国去，但是我不会带着威利回来。”事实证明，这段婚姻是一场灾难。威利不想工作。在他看来，美国已经有太多的活儿要干。“纽约需要的，”他称，“是一个休闲阶层，我决定引进一个。”他拒绝去办公室，白天不是在豪华的格拉赫酒店，就是在欢乐的莲花俱乐部。他把自己的时间——还有妻子的钱——都花在喝酒和游手好闲这两件事情上。他“极其滑稽地”模仿奥斯卡，用异乎寻常的审美态度、一种“肥嘟嘟的、被土豆噎住似的声音”夸张地即兴表演美学诗歌，以此取悦他的俱乐部同伴们。妻子替他支付酒吧账单，忍受着他的粗鲁，并时时催促他去工作，她很快便厌倦了这一切。据她估计，威利“在基督教世界里，比任何同他一样大小的人都更懒惰”。她懊丧地得出结论：无论白天黑夜，他对她都毫无用处，必须把他赶走。奥斯卡——和王尔德夫人——对于威利回到伦敦并没有感到兴奋，这与其说是一笔资产，不如说是一种负债。威利希望重回《每日电讯报》，却发现报社已经不再需要他了。他不断地在走下坡路，“为无足轻重的报纸写点戏剧评论，写点常规性的文章，他会在文章里提到商人的名字，以便弄点额外收入”。[3]

奥斯卡尽量置身事外；他想得更多的是如何花掉自己赚的钱。其中一个计划是向马修斯和莱恩支付出版约翰·格雷诗歌所需的费用。王尔德十分欣赏格雷笔下受法国影响的颓废派风格诗句，并乐于在里基茨的帮助下，用一本精美的书来推广这
452 些诗歌。他还希望以书本的形式出版《温德米尔夫人的扇子》，以此庆祝该剧获得的成功。然而，马修斯和莱恩在编辑出版王尔德的《诗集》大获成功后（该书在几天内就销售一空），真正想要的是另一部诗歌作品。于是王尔德安排他们推出他的《斯芬克斯》；这首诗共有 174 行，也许可以优雅地排列在足够多的页面上，凑成一本书，极富创意的里基茨会将它装帧得非常漂亮。[4]

在执行这些各不相同的计划期间，王尔德意外地收到了阿尔弗雷德·道格拉斯勋爵从牛津寄来的“一封十分令人怜惜且非常迷人的信件”。道格拉斯“受人敲诈陷入了巨大的麻烦”。有关这起“不幸的牛津事件”的细节目前尚不清楚：可能是道格拉斯有一封有失体面的信落入了他愤怒的父母或者其监护人手中。王尔德（据他自己判断，他当时“几乎不认识”道格拉斯，也有一段时间没见过他了）被他的恳求深切打动，而且也颇为自得。他主动伸出援手，帮助道格拉斯与擅长规避丑闻的乔治·刘易斯取得联系。埃德温·利维也被拉了进来，和王尔德一起向勒索者支付了 100 英镑。利维感觉这场灾祸暗藏凶险，他发现道格拉斯拒绝为此承担任何责任（似乎是王尔德提供了

这笔钱)。于是他花费一个小时告诫王尔德不要继续这段友谊。然而，他的努力白费了。[5]

对王尔德来说，这一充满危险、性、阴谋和犯罪的事件本身就令人兴奋。对于道格拉斯而言，这件事让他松了一口气，并且心怀感激；王尔德将他从灾难中解救了出来。各种各样的元素产生了一种奇怪的魔力：王尔德与道格拉斯的友谊迅速发生转变，先是相互痴迷，然后是持久但总是动荡不安的爱恋。王尔德之前已经被道格拉斯的年轻可爱以及他古老的名字所吸引，现在又被他的性格特点所迷惑：他像贵族一般蔑视传统，他像“异教徒”一般毫无罪恶感地享受性爱，他极其漠视后果；他乐意依赖别人；虽然他自私、娇惯、虚荣、放纵、贫乏、苛刻，但这些只会令他更具魅力。欲望一如既往地与理想主义混杂在一起。道格拉斯身上有一种魅力，使得王尔德很容易将其视为理想的、可以启发灵感的柏拉图式“宠儿”——就像他心目中莎士比亚的“威利·休斯”，或者是“道林·格雷”，而他也许既是巴兹尔·霍尔沃德，又是亨利·沃顿勋爵。

道格拉斯也表现出同样的忠诚。“我被王尔德迷住了，”他 453
后来告诉弗兰克·哈里斯，“崇拜他，为他‘疯狂’。”王尔德激发年轻人爱慕的所有天赋都发挥了作用。道格拉斯承认王尔德令他“变得活跃起来”，“用金子般的语言”将他“从这个乏味的世界，带入一个充满幻想、自负、矛盾和美的仙境”。他下意识地为自己博得王尔德的喜爱而感到喜悦，由此而更加极度热爱王尔德非凡的才华。[6]

敲诈勒索事件之后，王尔德对道格拉斯大献殷勤，令后者应接不暇，其间他赠送了一本《诗集》(最新的博德利·黑德版)，上面题写着“来自奥斯卡，给披挂着金甲的男孩。牛津，

6月中旬”。除此之外，还有性爱。道格拉斯回忆（大约30年后，此时他已经完全改变了对同性恋的态度），两人在城里寻欢作乐一晚上之后，王尔德带他去空无一人的泰特街住所上了床：那里有个空闲的卧室，“他终于做成了自从他第一眼见到我，就想做的事情”。道格拉斯称，王尔德对待他“就像学校里的大孩子对待小男孩一样，而且还做了一些我从未见过的事……他‘吮吸’了我”。然而，这种不带感情的惊讶语气却并不可信。道格拉斯——自从在温彻斯特公学开始就放荡不羁，在牛津声名狼藉——理所应当是经验更为丰富的一方。[7]他在给王尔德的信中签名写道：“你心爱的宝贝男孩，和你一起做你喜欢的事情。”这封信或许能够更好地表达他们之间性关系的真实基调。[8]*

崭新的激情带来了无比的兴奋，与之呼应的是另一种兴高采烈。莎拉·伯恩哈特来了。王尔德在亨利·欧文家里见到了她。据报道，莎拉·伯恩哈特问他（现在是伦敦西区一部热门作品的作者）是否愿意为她写一个剧本；他开玩笑地回答说——拿出了《莎乐美》——他已经写好了。这句俏皮话似乎足以激起她的兴趣。王尔德给她朗读了一段，他又惊又喜地发现，她“被迷住了”。她想扮演主角，并且不是在未来某个不确定的日子，而是马上，作为她目前伦敦表演季的一部分，这一季的表演已经被延长至7月。对王尔德来说，“神圣的莎拉”——（他认为）“毫无疑问是任何舞台上最伟大的艺术

---

* 道格拉斯晚年皈依了罗马天主教，放弃了过去的同性恋立场，他几乎疯狂地坚持认为自己从未被王尔德鸡奸过。也许这是真的，虽然道格拉斯在写给莫里斯·施瓦贝的信中（见下文）似乎表明，他很乐意在性爱中扮演被动角色。

家”——将在伦敦的剧院里首演他的作品，这简直是一个令人炫目的难得机会。它将会带来一次“艺术的”胜利，足以媲美《温德米尔夫人的扇子》在商业上获得的成功。[9]

彩排立刻开始了。伯恩哈特意识到这不是一出关于“宗教”的戏剧，而是关于“爱、激情、自然、星星”（王尔德告诉她“主角是月亮的角色”）的作品。在她的概念中，这出戏“像纹章一样”——有一种“壁画”的庄严感。据里基茨回忆，她和王尔德花了好几天时间讨论表演所需的“音调”。伯恩哈特的想法是，每个词语都应该像“珍珠落在水晶盘上一样”说出来。动作速度不要快，要有风格化的姿态。[10]即便王尔德对这位 47 岁的女演员饰演年轻的公主有任何疑虑的话，它们也很快就烟消云散了。他认为，“由世界上最美丽的声音说出”他写的台词，这是他“所能体验到的最大的快乐”。他开始认识到伯恩哈特确实是“唯一”能扮演这个角色的人；年龄无关紧要。[11]王尔德自己对这出戏的估量似乎在这个时候发生了变化。里基茨怀疑，他最初只是把它当作一个“精神游戏”，用来“让法国人感兴趣，并且吸引他的朋友们”。然而现在，在伯恩哈特的光辉照耀下，他开始将它看作一件小小的杰作——一件可以扩大舞台“艺术视野”的作品。[12] 454

尽管王尔德自己一直在考虑各种想法，但他还是请来格雷厄姆·罗伯逊帮忙安排演出和服装事宜。据罗伯逊回忆，王尔德希望“舞台上的每个人都穿黄色衣服”。他还建议在管弦乐队所在的位置燃起“散发香气的火盆”。他激动地想象，“芳香的云朵一片片升起，让舞台若隐若现——情绪发生变化的时候，香味也会有所改变！”但罗伯逊的反对打消了这个想法，“剧院不可能在变换情绪的时候通风散味，各种香味混杂在一起，闻起来会相当恶心”。此外，他们几乎没有时间（或金钱）来实现这种奢侈的幻想。伯恩哈特认为，可以将她在《埃及艳后》中的布景和服装拿来根据场景需要略加修改。[13]

事情进展得很顺利，这让王尔德感到“非常高兴”。他的排练脚本上点缀着各种修正和注释，其中包括那句针对莎乐美的醒目的舞台指导，“她跳着七重纱之舞”。但接下来，祸事临头了。剧本理所当然地提交给了审查官办公室，以便获得演出许可证。然而皮戈特裁定，不允许发放执照。审查法律（起草于 17 世纪）禁止人们在舞台上表现圣经人物，这似乎就是皮戈
455 特做出这个决定的原因。但即使没有这样的立法，这部剧中的性变态——乱伦和恋尸癖的主题——可能也已经超出了人们的接受范围。排演当然不能继续进行了。*

在王尔德看来，这桩事情既令人难以置信，又“荒谬至极”。在一系列的采访和信件中，以及在作家俱乐部的一次演讲中，他哀叹这个制度允许画家、雕塑家和诗人描绘或叙述圣经人物，但剧作家和演员却被剥夺了同样的权利，这是不公平的。“压制《莎乐美》是对舞台作为一种艺术形式的侮辱，”他称，“而不是对我的侮辱。”虽然王尔德肯定料到了，这部剧要想获得许可证可能会遭遇问题（他这么晚才处理这件事可能是

* 皮戈特似乎认为这部作品——以及排演制作这出戏的想法——只不过是一个品味很差的笑话而已。1892 年 6 月 27 日，他私下写信给他的同事斯宾塞·庞森比，并附上该剧的手稿供他作为“私底下的教化和消遣之用”：“这真是一个厚颜无耻的奇迹；我必须说，（奥斯卡·王尔德的）代理经理艾比先生应我的召唤来听取答复，当我给他讲述了这个作品，并且建议他（就像斯特恩的《项狄传》中，托比叔叔向少年诗人的父亲提出建议那样）‘把它拿走，不要再说了’时，他竟然惊讶地打了个颤……这个剧本是由奥斯卡·王尔德本人用法语写的——一半是《圣经》，一半是色情。想象一下普通英国公众对它的接受程度。”

出于懈怠)，但他也知道，这些规则其实从来都没有一以贯之地实施过。他最近经历的《诗人与木偶》事件表明，规则有可能受到忽视。此外，还有一种传统，那就是法语戏剧享有相当大的额外自由度。皮戈特这个不可撤销的裁决成了一个可怕的打击。而另一个打击则是，在此期间很少有艺术家和评论家站出来支持他。只有威廉·阿彻和萧伯纳是罕见的例外。[14]

王尔德试图通过“邀请表演”来做些挽救——也许类似独立剧院一样——但伯恩哈特称这种做法不是她的“风格”。相反，她会让这部“令人钦佩的”戏剧在巴黎首演，它将在那里获得“巨大成功”。她只是不确定什么时间上演，但正如她对记者所说：“这个角色是我的。奥斯卡·王尔德先生把它给了我，没有别的人能表演它。不，不，不。”[15]

王尔德一怒之下宣布他也要搬去巴黎——“艺术家的安身之处，不……艺术家之城”——并将“入籍成为法国人”。官方的否定刺伤了他，同样令他感到刺痛的是，有人竟然拿他的窘迫尴尬寻开心。他不愿意自称为“一个在艺术批评方面如此狭隘的国家”的公民。于是庸俗的报刊立刻开始猜测，他可能要去法国服兵役了；《笨拙》杂志还画了一幅他身着制服的 456
漫画。[16]

然而他没有在法国定居，而是去了德国。他需要从《莎乐美》彻底失败所带来的压力和失望中恢复过来，也许还需要从《温德米尔夫人的扇子》获得巨大成功所带来的过度兴奋中清醒过来。7月，他来到时尚的温泉小镇巴特洪堡，住在一座可以俯瞰美丽的“英国式”公园的漂亮房子里。康斯坦斯向她哥哥汇报，奥斯卡的“生活很有规律：早上7：30起床，晚上10：30上床，几乎不抽烟，有人为他按摩，当然也喝矿泉水：

我真想亲临现场看一看”。王尔德希望卡洛斯·布莱克也能一起去，并自称“非常痛苦”。但事实上，他很快就找到了志趣相投的朋友。他和皮埃尔度过了“迷人的一天”，后者在去拜罗伊特的路上正好经过那里。赖德·哈格德正在那里做矿泉疗养。年轻的道格拉斯·安斯利现在是一名无报酬的外交使馆随员，他住在临近的宾馆，并且迅速朝一向慷慨——现在似乎很富有——的王尔德借了一笔钱。亚历山大写来一封信，给王尔德的账户转了 1000 英镑，还讲述了《温德米尔夫人的扇子》持续火爆的消息，当时这出戏正准备到各省进行夏季巡回演出。禁烟的效果似乎有利有弊：“我身体很好，”他写信告诉路易斯，“但我非常忧郁。”赖德·哈格德虽然觉得王尔德是个“有趣”的伙伴，但他惊讶地发现，王尔德非常在意他本人及其作品最近遭受的“冷嘲热讽和攻击”；他认为“那是他生命里不可缺少的东西”。[17]

经过一个月休养，王尔德回到伦敦。他只是稍事停留；康斯坦斯在诺福克郡克罗默附近的费尔布里格租了一间农舍，作为夏季度假的地方（乔治·亚历山大曾向王尔德推荐过那里）。康斯坦斯担心，乡村生活“会让奥斯卡无聊得要死”，但事实上她大可不必如此焦虑，那里“有大把的空间”，他们可以“请人到乡下来让他高兴起来”。一开始，王尔德对乡村的宁静和“甜蜜”的空气非常满意。他会趁下午和康斯坦斯一起去克罗默散步，在那里他们“通常会遇到一些朋友一起喝茶”；自由党政治家西里尔·弗劳尔和他的妻子康斯坦斯·德·罗斯柴尔德在欧弗斯特兰德附近有一座美丽的美学度假屋。王尔德每天早晚都在工作。

王尔德在巴特洪堡构思了一出新戏——一出以《温德米尔

夫人的扇子》的成功为基础的喜剧。现在他要动笔了。这出戏暂时被叫作《阿巴斯诺特太太》。这部作品是针对“堕落女性” 457
主题的又一次优雅的颠覆性改编，刻画了社会上普遍存在的，关于男性和女性婚前（不当）行为的“双重标准”。[18]

标题中的阿巴斯诺特太太年轻时被“邪恶的”伊林沃兹勋爵勾引，独自一人抚养两人的私生子杰拉德。她瞒着儿子，不让他知道自己可耻的身世，以及她不堪回首的过往。她把他带到这个世界上，结果却发现他——碰巧——被伊林沃兹勋爵收养了，伊林沃兹勋爵想让他担任自己的私人秘书。经过一番不可避免的揭露、相互指责与随之而来的和解，杰拉德发现了自己身世的秘密，原谅了母亲，牵手富有而高尚的美国女继承人赫斯特·沃斯利，并加入了对完全不思悔过的伊林沃兹勋爵的谴责。

王尔德自负地认为——公众也很容易相信——“剧本创作是一门艺术……其中包括写一系列格言警句，然后找到适合它们的各种人物，再插入事件作为标签”。[19]他的新作品理所当然地以 24 小时内的乡村别墅聚会为背景，将机智和矛盾混杂在一起：“打好领带是走向生活的重要第一步”；“《贵族人名录》……是迄今英国人所编的最好的一部小说”；“这年头总得要有点事儿干。我如果没有任何债务，就没有什么该想的事情了”；“我喜欢简单的乐趣，它们是复杂事物的最后避难所”；“英国乡绅骑马奔驰追捕一只狐狸——没法儿夸的人全力以赴地追捕没法儿吃的东西”。事实上，王尔德形容戏的开场部分是对评论家的一种反驳，因为他们批评《温德米尔夫人的扇子》缺乏动作表演。在一大堆关于爱情、婚姻和社交的饶有趣味的谈话中，“绝对没有任何动作表演”；王尔德说，这才是

“完美的表演”。[20]

剧中有许多优秀的女性角色（世故的阿朗拜太太、令人敬畏但又愚蠢的亨斯坦顿夫人、热情的赫斯特·沃斯利、阿巴斯诺特太太本人），但大部分俏皮话都是从愤世嫉俗的伊林沃兹勋爵嘴里说出来的。他是继保罗王子、亨利·沃顿勋爵和达灵顿勋爵之后，王尔德笔下的又一个才华横溢、警句隽永的花花公子，尽管王尔德一如既往地喜欢夸大其词，声称其“和之前存在的任何人物都不一样”。事实上，他立刻反驳了这一论断，接着说：“他肯定是非自然的。他是个艺术中的人物。说实在
458 的，如果你愿意听真话，他就是我自己。”[21]毫无疑问，这个角色的大部分智慧都借鉴了王尔德自己的谈话。当然，它们来自他的众多作品：其中的许多诗句摘自《道林·格雷的画像》。王尔德还利用这部戏，狡黠地评价了自己在社会中过着岌岌可危的非法双重生活。对于那些知道——或者怀疑——他的秘密的人来说，这样的评论简直是一把尖锐的双刃剑，比如，“这年头，人们到处乱窜，在人家背后净说些坏话，真是十分可怕，不过说的倒全是彻头彻尾的大实话”。这是通过自我揭示来隐藏自我。

戏剧界渴望得到这出戏的消息。王尔德现在很抢手。在经历了《温德米尔夫人的扇子》紧张的制作过程后，王尔德准备把目光移向乔治·亚历山大之外的其他人身上。一段时间以来，比尔博姆·特里一直在争取获得他的下一部作品的制作权。王尔德——认为特里最适合扮演历史角色——最初曾经试图让他对《帕多瓦公爵夫人》产生兴趣；但是这个提议后来发生了变化。特里想要做一些现代的、滑稽的东西。这位演员兼经纪人被地位显赫的艾蒂·格伦费尔带来之后，王尔德或许

很重视他的愿望。当然，他同意让特里对他的新剧本享有“优先取舍权”。[22]

不过，他仍然对这位演员是否有能力扮演贵族兼纨绔子弟伊林沃兹勋爵持怀疑态度（王尔德认为，他更适合在《莎乐美》中扮演希律王）。特里自称，他最近在 A. H. 琼斯的《舞女》中扮演的吉斯伯里公爵受到了高度赞扬，王尔德回答说：“啊！就是因为如此。在你能成功地扮演我正在构思的角色之前，你必须忘掉你曾经扮演过哈姆雷特；你必须忘掉你曾经扮演过福斯塔夫；尤其是，你必须忘掉你曾经在阿瑟·亨利·琼斯的一出情节剧中扮演过公爵。”[23]

在诺福克的头几个星期里，尽管有一些干扰，剧本写得相当顺利。“我担心奥斯卡迷上高尔夫了，”康斯坦斯对她的朋友蒙特·坦普尔夫人说，“他昨天在这里的高尔夫球场打了第一场比赛，已经玩了两周了。”[24]他们将西里尔从剑桥郡的朋友家接来，而他的弟弟因患百日咳只能继续住在那里。王尔德邀请爱德华·谢利到乡下来，但他没有来。阿瑟·克利夫顿和他的新婚妻子来了，当时他们正在度蜜月（王尔德赠送了他们 160 英镑，帮助他们完婚）。[25]然后，在 8 月的最后一天，阿尔弗雷德·道格拉斯勋爵发来一封电报“请求在这里住一晚”。康斯 459
坦斯很乐意招待他。然而，所谓的“一晚”似乎只不过是一句套话；道格拉斯在这里安顿了下来。他每天都和王尔德一起去高尔夫球场（康斯坦斯笑着哀叹自己成了“高尔夫寡妇”）。康斯坦斯在 9 月 10 日聚会之前，安排拍摄了一些照片，其中都能看到他的身影。

按照计划，王尔德还要一个人在乡下再待一个星期，以便写完这部戏。然而，道格拉斯也设法留下了。有一种传说是，他生病了（康斯坦斯去了巴巴科姆，她从那里写信来，询问是否需要回来“照顾他”）。而在道格拉斯的记忆中，那段时间他在打高尔夫，以及由“奥斯卡自己驾着一辆小马车——冒着巨大的交通风险”去旅行。他们经常去欧弗斯特兰德的弗劳尔家。在一次午餐会上，王尔德称：“如果必须为自己的生活而劳作，那么他愿意成为一名牧羊人。”当弗劳尔太太提出，他很可能会“发现照看许多羊很不容易”时，他回答说：“哦，我只养一只，不想多养。”弗劳尔夫人在一片笑声中反驳道：“好吧，你已经有一只长着金羊毛的小羊羔了。”王尔德对于这个指向金发的道格拉斯的影射感到高兴；道格拉斯也很开心。这句话很直白：弗劳尔夫人认为“波西”只不过是个孩子，后来甚至邀请他去伦敦的家中参加一个儿童聚会。[26] *

但她被道格拉斯那副孩子气的外表欺骗了。在费尔布里格的那一周，对道格拉斯和王尔德来说，无疑是一次做爱的机会，但也正是这一次，让王尔德了解到道格拉斯贪婪滥交的一面。我们无从知晓，波西透露了多少有关他与朋友、“漂亮男孩”莫里斯·施瓦贝之间的性关系。在现存的道格拉斯写给施瓦贝的信中，他提到了永恒的爱，并宣称自己是“你可爱的男性妻子，或者你的‘小贱人’，如果你愿意的话”，明确了这种关系的强烈程度和活跃程度；一张拍摄于牛津的照片——波西坐在施瓦贝的膝盖上——也说明了这一点。道格拉斯所谈论的是，他和施瓦贝正忙着共同探索伦敦的男性卖淫亚文化。王尔德记得这是道格拉斯谈论的唯一话题。克利夫兰街的妓院可能已经

---

* 西里尔·弗劳尔不太可能如此天真地看待王尔德和道格拉斯之间的关系。他也是男人们的情人——（如道格拉斯后来所说）1902 年，他“因为一起同性恋丑闻陷入了严重的麻烦，不得不匆忙离开这个国家”。

关闭了，但还有很多其他地方，绅士们可以与工人阶级的年轻 460
人见面，并付钱与他们做爱。骑士桥溜冰场和圣詹姆斯餐厅的酒吧都是他们经常出没的地方。阿尔弗雷德·泰勒把道格拉斯和施瓦贝带进了这个充满性的秘密世界。泰勒刚满 30 岁，虽然软弱却受过良好的教育，据说他挥霍掉 4.5 万英镑的遗产，充当了一个非正式的皮条客，挑选感兴趣的年轻人并把他们介绍给有钱的客户。道格拉斯和施瓦贝渴望这种充满激情的相遇，他们的力量、羞辱、堕落和危险交织在一起。正如波西已经发现，敲诈勒索是一种持续不断的风险。

这是一个王尔德无法理解的情色世界，而且——他总是在寻求新的体验——了解了这些事情后，他感到既着迷又兴奋，甚至还想有所体验。正如他的新剧中，阿朗拜太太所说的，“危险在现代生活中是如此罕见”。而王尔德对此的态度，则在她的另一番话中亦有所体现：“玩火的一个好处是，从来没人会被烧焦。只有那些不会玩火的人才会被烧得焦头烂额。”

注　释

1. Henri de Régnier, *Les Annales Politiques et Littéraires*, in Mikhail, 465; P. Louÿs to A. Gide, June 1892, quoted in Mc-Cormack, *John Gray*, 91.
2. Blunt, *My Diaries-Part One*, 81; Anne Anderson, ‘There is Divinity in Odd Numbers’, *Wildean*, 43 (2013), 77-86; ‘Michael Field’, Diary, 25 May 1892. Teodoro Serrao to OW, 21 July 1892, Rome: “请尽快将《扇子》(《温德米尔夫人的扇子》) 的手稿寄给我，以便我准备使其在冬天上演”(Clark); J. T. Grein to OW, 5 September 1892, 此外，王尔德还与 O. Blumenthal 博士签了一份合同，授权其在奥地利和德国制作上演《温德米尔夫人的扇子》(Dulau cat. no. 161; item 122); ‘Theat-

rical Gossip', *Era*, 18 June 1892; *Evening World* (NY), 23 June 1892.

3. Tynan, *Twenty-five Years*, 130; 'Dropped from the Lotos', *NYT*, 18 September 1893; Weindling and Colloms, *The Marquis de Leuville*; S. N. Behrman, *Conversations with Max* (1960), 239-40.
4. *CL*, 527-8. 奥斯卡·王尔德首先找到麦基尔文，商讨出版《温德米尔夫人的扇子》，但没有成功；see 'Unknown Publisher' [C. McIlvaine] to Jonathan Sturges, 18 March 1892 (GUL); Guy & Small, 70-1; *CL*, 533-4.
5. CL, 701-2; 725, 795. McKenna, 241ff, 其中提到，当时找到奥斯卡·王尔德的人似乎是阿尔弗雷德·道格拉斯勋爵的兄弟德拉姆兰里格勋爵，但这似乎是被王尔德的书信误导了，*CL*, 795。
6. LAD to F. Harris, 1925 (Austin); R. Croft-Cooke, *Bosie* (1964), 91.
7. The Oscar Wilde collection of John B. Stetson, cat. item 11; LAD to F. Harris, 1925 (Austin).
8. Gertrude Simmons, 'Witness statement', quoted in *Guardian*, 6 May 2001.
9. R. Ross, 'A Note on *Salome*', in *Salomé* (1912); 'The Censure and *Salomé*', *PMB*, 29 June 1892. 伯恩哈特应该扮演这个角色的想法早些时候就已经被讨论过。1892年2月2日，《巴黎回声报》甚至宣布，她和她的团队将在伦敦上演这出戏，伯恩哈特将担任莎乐美的角色。但这似乎只是新闻记者的一厢情愿——如果这也算是先见之明的话（OET V, 341）。
10. 'The Censorship and *Salomé*', *PMG*, 6 July 1892; 'The Censure and *Salomé*', *PMG*, 29 June 1892; Ricketts, 53.
11. 奥斯卡·王尔德在巴黎的时候曾经对戈梅·卡里永说，他想看"莎拉·伯恩哈特，奇迹一般重回少女时代，赤裸着身体在希律王面前跳舞"(in Mikhail, 194); *CL*, 1196.
12. Ricketts, 52; *CL*, 874.
13. Robertson, *Time Was*, 126-7.
14. *PMG*, 29 June 1892; 读者可以从费城免费图书馆（可以在线浏览）看到奥斯卡·王尔德的带注释的《莎乐美》打字稿；Kerry Powell, *Oscar Wilde and the Theatre of the 1890s* (2009), 34.
15. *PMG*, 6 July 1892; 伯恩哈特在康斯坦斯·玛丽·王尔德的纪念册中写道："我向您保证，女士，我会让《莎乐美》取得巨大的成功，我向

您保证，法国公众将为这部令人钦佩的戏剧的首演感到非常自豪。”（BL）

16. *PMG*, 29 June 1892; ‘Mr Oscar Wilde’, *Standard*, 30 June, 1892, quoting *Le Gaulois* (Paris), 29 June 1892; *Punch*, 9 July 1892.

17. 奥斯卡·王尔德在皇家维多利亚酒店稍事停留之后，便去了凯撒-弗里德里希长廊 51 号；see the ‘Zugangs-Liste’ in *Amtliche Homburger Fremden-listen*; CMW to Otho Lloyd, 7 July 1892, *CL*, 530n; Maguire, 27; *CL*, 530; Ross, ed., *Robbie Ross-Friend of Friends*, 358. 有一种经常提到的说法（Hyde, *Oscar*, 189; Ellmann, 356; McKenna, 253; Moyle, 204）是阿尔弗雷德·道格拉斯勋爵是在洪堡陪伴，或者遇上王尔德的，但施罗德（130-2）澄清了这种说法是不正确的。

18. 与王尔德同时入住巴特洪堡的凯撒-弗里德里希长廊 51 号的客人中，有一个名叫“Alex. Arbuttnot”的人——他很可能是前印度总督亚历山大·阿巴斯诺特爵士。

19. Chris Healy, *Confessions of a Journalist* (1904), 255.

20. OW in *Sketch*, 9 January 1895, in Mikhail, 241.

21. H. Pearson, *Beerbohm Tree* (1956), 65.

22. H. Beerbohm Tree to OW, 12 December 1891 (Austin)，信中回复并批评了王尔德的剧本（《帕多瓦公爵夫人》），称赞了他“极为出色的”文章，如《谎言的衰朽》、《笔杆子、画笔和毒药》。*Liverpool Mercury*, 26 October 1892，提到约翰·黑尔（John Hare）也提出想要得到王尔德的新剧，但比尔博姆·特里享有“优先取舍权”；*CL*, 535-6.

23. H. Pearson, *Beerbohm Tree*, 65.

24. Moyle, 205.

25. Ada Leverson, *Letters to the Sphinx* (1930), 47.

26. Moyle, 206-7; LAD to A. J. A. Symons, 16 March 1939 (Clark). 高尔夫球场上有个名叫“杰克”的小伙子，道格拉斯似乎是因为他，而对高尔夫运动兴趣大涨；Laura Lee, *Oscar's Ghost* (2017), 39-40.

第七部分
自私的巨人

1892～1894年

37～40岁

奥斯卡·王尔德与阿尔弗雷德·道格拉斯勋爵，牛津，1893 年

1. 对美的永恒追求

关注行为对错的想法都是智力发展停滞的表现。

——奥斯卡·王尔德

王尔德最初的玩火之举似乎发生在回到伦敦后不久，施瓦
贝和道格拉斯在凯特纳餐厅的一个包间里安排了一场小型晚宴。 463
阿尔弗雷德·泰勒带来一个“谦虚和善”的年轻人，他叫西德尼·马弗，20岁，是伦敦一家灯芯厂的职员，和他寡居的母亲住在一起。他是被特别选中来勾引王尔德的。“我很高兴你把自己打扮得这么漂亮，”他们到达餐厅之前，泰勒对马弗说，“王尔德先生喜欢干净整洁的男孩子。”王尔德确实很喜欢马弗。“我们的小家伙举止真讨人喜欢，”聚餐快结束时，他面带满足地说，“我们得多见见他。”据马弗说，那晚他和王尔德在阿尔比马尔酒店的房间里发生了性关系。不管这次交往中有什么交易元素，王尔德坚持要让这次邂逅显得有人情味一些——甚至是浪漫一些：几天后，马弗收到一个昂贵的银烟盒，里面刻着“奥斯卡·王尔德赠西德尼，1892年10月”。他说，这份礼物“真是个惊喜”。[1]

这是众多类似约会——以及许多这样的烟盒（“我非常喜
欢送人烟盒”，王尔德后来承认）——中的第一次。这也标志 464
着王尔德与波西的关系发生了转变。他们的相互迷恋还在继续，诗歌、热情洋溢的信件和偶尔的性爱给这种迷恋增添了色彩，

然而现在它被一种热情点燃了，他们都掠夺性地热衷于同他人发生性关系；道格拉斯称之为“永恒追求美”。王尔德成了阿尔弗雷德·泰勒的茶会常客，茶会在威斯敏斯特小书院街一家闲置的面包房楼上，泰勒的公寓举行，参加者全部为男性。泰勒的房间被百叶窗和窗帘挡住了光线，用扇子和人造花做装饰，挂着东方织品和舞台服饰，是个廉价的唯美主义所在。一个“真正高贵的耶稣受难像”为屋子添加了一种独特的感觉。空气中弥漫着香味。那里还有一架钢琴，王尔德说泰勒弹得“非常迷人”。[2]

在结识西德尼·马弗的那个月，王尔德和康斯坦斯受邀到布拉克内尔拜访道格拉斯的母亲昆斯伯里夫人——一个贫困而傲慢的女人。她于1887年同昆斯伯里侯爵离婚，于是便整日为儿子焦虑不已，宠坏了他。她很担心这个三儿子与王尔德日益深厚的友谊，她甚至写信给莫德林学院院长沃伦博士（王尔德的老熟人），询问这个人是否适合交往。沃伦告诉她，波西非常幸运，能获得这样一位能干而杰出的人物的关注。[3]昆斯伯里夫人放下心来，现在想就她那误入歧途的孩子，以及他在牛津的种种坎坷，向王尔德寻求建议。当王尔德“坐在布拉克内尔的树林里”听着昆斯伯里夫人讲述她的担忧时，他一定感到了自己的处境是多么荒谬和尴尬，同时他也很享受侯爵夫人对他的一片信任。她说，“波西”爱慕虚荣，而且“对金钱的看法是完全错误的”。当王尔德询问，她为什么不在这些问题上责问儿子时，她说他的脾气很坏。然而到目前为止，王尔德并没有领教过这一点。

布拉克内尔之行让王尔德第一次进入了道格拉斯家族的关系网。他日后会发现，自己很难与他们逃脱干系。与昆斯伯里夫人会面后不久，他见到了她的前夫。这位“疯子侯爵”是一个意见激烈、生性好斗的人。除了对拳击和赛车界所做的贡献，他还是一个坚定的世俗主义者和失意的政治家，拥有“吸引公众注意力”的罕见能力（如一家报纸所描述的那样）。即使在一个以怪胎闻名的家庭里，他也非常引人注目。1882 年，他声势浩大地打断了丁尼生作品《五月的承诺》的演出，抗议剧中 465
对无神论者的处理。*

随着波西和王尔德关系的发展，人们开始经常看到这对朋友结伴在城里走动，侯爵变得不安起来。他对有关王尔德性趣味的谣言早已有所耳闻，因此很不赞成两人的这种关系。他以一种不寻常的父亲式的策略，故作“轻松地”建议儿子放弃这段友谊。然而，道格拉斯并不想听命于——他认为一直忽视自己的父亲——或接受他的建议。尽管他的回信很恭敬，但这封信还是一触即发地点燃了侯爵的怒火：他称波西是个“傻瓜”“婴儿”，并且威胁要断了他的零用钱。

但在事态进一步恶化之前，侯爵碰巧在皇家咖啡馆遇见王尔德和道格拉斯正共进午餐。道格拉斯坚持让父亲加入他们。王尔德则努力取悦侯爵，很快，侯爵不仅参与其中，而且还露出了笑脸。当他把话题转到基督教的不公正（昆斯伯里最喜欢

---

* 道格拉斯家族“令人大跌眼镜的独特”行为经常出现在报纸的社会专栏中。昆斯伯里的一个妹妹格特鲁德夫人嫁给了一个面包师，和他一起住在他的“牧羊人灌木丛小店”的楼上；另一个妹妹弗洛伦斯·迪克西女士养了一只美洲豹作宠物，那是她穿越巴塔哥尼亚旅行的纪念品；她声称自己在温莎大公园遭到芬尼亚会会员攻击，是这只美洲豹保护了她。在侯爵夫人的兄弟中，约翰勋爵（1891 年自杀前）是法庭的常客——有一次，他在人口普查报告中称自己的妻子是个“杂种”加“疯子”。她的另一个兄弟阿奇博尔德勋爵对侯爵的世俗主义做出了回应，他皈依天主教成为一名牧师，在哈罗路经营一个男孩之家。

的话题）时，波西感到“很无聊”，干脆抽身离开让他们俩自己聊。王尔德后来说，他们一直吃到下午四点。之后，昆斯伯里给波西写信，称赞王尔德是一个“有魅力的家伙”，“非常聪明”。经历了这次谈话之后，他已经非常明白为什么儿子会那么喜欢他。当他听说德格雷勋爵夫妇认为王尔德各方面都“完全无恙”时，他也感到备受鼓舞。一场危机似乎就这样消解了。[4]

这些新的情感潮流贯穿了王尔德的生活，它们不得不与他的新剧计划并驾齐驱。从诺福克回来后不久，王尔德拜访了他在雷丁的朋友帕尔默一家，沃尔特·帕尔默是饼干制造公司亨特利与帕尔默的负责人。64 岁的小说家乔治·梅瑞狄斯也是其中一员。这太令人兴奋了。梅瑞狄斯被誉为“当时最聪明的谈
466 话者”，他说起话来滔滔不绝——据当年有人回忆——“从孩子气的‘嬉戏’顽皮动作到成熟老到、随机应变的讽刺攻击，充分体现了喜剧精神”。西奥多·沃茨认为梅瑞狄斯是一个可以和王尔德相提并论的健谈者，如果可以“选择自己的话题”，他会更加出色；而王尔德则在“快乐并恰当地运用随机的语言”方面更胜一筹。两个人同处一个屋檐下，实属难得。另一位嘉宾乔普林夫人写道：“两位作家非常享受他们的第一次见面。”遗憾的是，她没有注意到更多。“餐桌上的谈话非常有趣。我希望我能记住它，哪怕只是一两句话也好。”会面之后，先前对《道林·格雷的画像》持保留态度的梅瑞狄斯称，王尔德是一个“好伙伴”。[5]

王尔德急于测试他的新剧本，一天下午，他把最后一幕大声朗读给聚集的客人听。他高兴地注意到，当蒙冤的阿巴斯诺特太太将手套扔到骗子伊林沃兹勋爵脸上时，有些人感动地流下了眼泪，尽管——不出所料——王尔德当时称：“这个情节

是我从《家庭来使》中借鉴来的。”[6]不久之后，王尔德在格拉斯哥同比尔博姆·特里及其团队见面——他们正在那里巡回演出——并把剧本读给他们听时，重复说了这句话（略有变化）。面对演员经理对该剧情节的溢美之词，他回应道：

> 情节是乏味的。任何人都可以创作情节。生活中到处都是情节。事实上，一路上挤满情节，必须用手肘推开它们才能走自己的路。我从《家庭来使》中借鉴了这个情节，而该剧——很明智地，我感觉——从我的小说《道林·格雷的画像》中借鉴了情节。人们喜欢听这样的故事，一个邪恶的贵族勾引了有操守的少女，他们喜欢听到一个有操守的少女被邪恶的贵族勾引。我已经把他们喜欢的东西给了他们，所以他们也许能学会欣赏我想要给他们的东西。[7]

特里认定公众会喜欢这出戏。他们拟定了一份合同，安排来年春天在干草市场剧院上演。与此同时，《温德米尔夫人的 467
扇子》仍然吸引着观众。它在 10 月的最后一天结束巡回演出，回到圣詹姆斯剧院，最终在 11 月底落幕。10 个月的演出为王尔德赚了大约 3000 英镑。不久，布莱克见到王尔德，称他“脸上洋溢着成功的醉意”，并为他以如此“惊人的速度”创作出如此“出色”的新剧而感到高兴。[8]

王尔德从特里支付的酬劳中拿出一部分钱，租下了芒特·坦普尔太太在托基城外巴巴科姆悬崖的漂亮房子，租期三个月（从 11 月中旬到来年 2 月中旬）。康斯坦斯一直想买一幢乡间别墅；相比之下，这样的选择更容易操作。巴巴科姆将用作全家人的休养之地。王尔德告诉芒特·坦普尔太太，他很期待她那

“安静而美丽”的家，他可以在那里做一些富有想象力的工作——“听见耳朵听不到的东西，看到看不见的东西”。巴巴科姆对王尔德的健康也有好处。频繁的酗酒、吸烟、外出就餐、熬夜、缺乏锻炼、工作压力和私人烦恼，给他的身体造成了损害。他的神经变得越来越脆弱，而且身体疲惫。但“健康”也的确是他的借口和逃避的手段。[9]

即便在安排巴巴科姆的诸多事项期间，王尔德还是跑到伯恩茅斯的皇家巴斯酒店待了几天——表面上是因为他“身体不太好”。实际上，他是陪道格拉斯一起去的。道格拉斯已经被自己的医生送到那里，但他“讨厌一个人待着”。波西的要求和王尔德的顺从已经形成了模式。不过，这其中也有鼓动和迁就的因素。道格拉斯刚刚接受了牛津大学本科生杂志《灵灯》（*the Spirit Lamp*）的编辑工作，王尔德同意为下一期杂志贡献一首诗。这次旅行似乎也让王尔德第一次领教了波西的坏脾气。他对此感到不安，对其他事情的忧虑也让他焦虑。他与男妓们的交易似乎已经让他面临敲诈勒索的威胁。康斯坦斯的哥哥奥索回忆，他见到刚从伯恩茅斯回来的王尔德时，“有一封重要的信……他说，被酒店的行李员放错了地方，或是送错了地方，我觉得他很着急，好像有什么麻烦在纠缠着他似的”。* 在谈到道格拉斯（当时已经回到牛津）时，他半遮半掩地称其是伦敦生活中“走在涂脂抹粉的场面上的那些奇奇怪怪、令人烦恼的人物”。[10]

然而，这样的焦虑并没有使他偏离自己的方向。他对地下
468 性交易的迷恋与日俱增。这成了他强烈的爱好。如他后来回忆

* 奥索·劳埃德自己也陷入了困境：他在一场金融投机中赔了钱，正被债权人追索。不久之后，他隐居到瑞士，采用自己的中间名“霍兰德”作为化名。

（并解释）："在高峰顶上待腻了，便成心下到谷底，寻求新的刺激。对于我，思想范畴里的似是而非，在情感范畴中则成了任性乖张。"[11]如果有危险，王尔德也愿意接受它们，将其当作游戏的一部分："这就像与豹子同桌饕餮，一半是危险，一半是兴奋。"[12]施瓦贝给他介绍了一个不到20岁的图书公司职员，此人名叫弗雷迪·阿特金斯，一心想做音乐厅喜剧演员（也是一个娴熟的敲诈勒索者）。据阿特金斯说，他们在苏豪区一家餐厅包间里饮酒作乐，其间，王尔德亲吻了侍者。如果那天晚上他没有和阿特金斯上床，那么他似乎是后来才和他睡的。不久之后，王尔德不得不去巴黎待上几天，监督《莎乐美》的出版细节（马修斯和莱恩想把他们的名字加到标题页上，以便为英国市场创造一个同步版本）。阿特金斯和施瓦贝两人陪同王尔德一起走这趟短途旅行。他们在王尔德之前住过的卡普辛大街旅馆里，分别住进三个相邻的房间，这种方式很适合相互背叛：阿特金斯称，一天晚上他从红磨坊回来，发现王尔德和施瓦贝在一张床上。旅程结束时，阿特金斯收到了他的银烟盒。[13]

康斯坦斯和孩子们从11月中旬就被安置在巴巴科姆，每天都期待着奥斯卡的到来。他终于在12月3日赶到，给孩子们带来了锡兵。* 他们见到他很兴奋。然而，没过几天，他的身体就垮了，在床上躺了一个多星期。医生断言"他不能住在伦敦"。他可不会听从这样的建议。[14]

巴巴科姆悬崖是拉斐尔前派的梦想之家，一位到访者形容

---

* 王尔德对玩具有强烈的看法。有人偶然听到他在"摄政街一家著名的玩具店"里，要求购买"挪亚方舟……不是你们这种现代的挪亚方舟，而是老式的那种，挪亚的尺寸像鸽子一样大，鸽子的大小和大象一样"。当这款玩具最终生产出来后，他问是否可以舔一舔彩绘的挪亚，看看它是否对路，那味道是不是像他童年时的玩具。

它“到处都是充满惊喜和好奇的房间，每一个角落都有罗塞蒂的影子”。那里有一扇伯恩-琼斯设计的窗户。所有的卧室都有各自的名字：王尔德被安置在“仙境”——那是芒特·坦普尔太太的闺房，也是所有房间中“最具艺术性”的一间。康斯坦
469 斯说，他正忙着给“厚脸皮”的鸽子喂食，它们要么飞到他的窗前，要么可爱地“沿着冷杉树的树枝排成一行”坐在那里。他正全神贯注地读着一本关于“超自然故事”的书，其中充满了阴间的启示。这种兴趣拉近了他和康斯坦斯的关系。她自己日益关注并投入精神和宗教问题。她还和罗比·罗斯分享其中的一部分内容，后者当时也来住了一段时间。作为一个有天主教倾向的但丁迷，他准备和她探讨宗教和《神曲》。他甚至送给她一串念珠，以及如何使用的指南。[15]

然而，伦敦、波西，以及淫乱的性交易对王尔德的吸引力仍然十分强烈，已经到了危险的地步。年底之前他被拉到城里。他从波西那里得知了泰勒的最新发现：一个英俊、健壮、金发的 17 岁工人阶级青年，名叫阿尔弗雷德·伍德。道格拉斯已经和他发生过性关系，他渴望和王尔德分享这段经历。他们毫无例外地在一个包间里举行了一场香槟晚宴，晚餐结束时，王尔德把手伸进了伍德的裤子里。接下来，人们都走了，他们就可以回到泰特街做爱。

马塞尔·施沃布从头到尾一直在盯着图书版《莎乐美》的制作。而王尔德在不得已赶赴巴黎商榷最后的细节之前，又安排了几次和其他人的幽会。在法国首都，王尔德短暂地瞥见了康斯坦斯；她称之为“愉快的窥视”。她和她的姨妈玛丽·纳皮尔以及两个表兄弟正在前往意大利的路上。她即将离开近两个月。[16]

王尔德回转巴巴科姆，到了孩子们身边，开始工作。他抱有很大的希望。《无足轻重的女人》——现在改了名字——完成之后，他就着手一项新计划。他似乎忽略了为亚历山大写点东西的口头协议，转而签下合同要为约翰·黑尔制作一部社会喜剧。黑尔是新落成的加里克剧院雄心勃勃的演员兼老板。至于他自己，他还计划创作一个“无韵体”剧本——虽然此刻还没打定主意，到底是按照《莎乐美》的模式来写，还是写成《帕多瓦公爵夫人》的样子。[17]但是，阿尔弗雷德·道格拉斯勋爵的到来，几乎立刻打破了这种有益于创作的平静氛围。他带着他的猎狐犬，还有他的导师——坎贝尔·道奇森，一个刚从牛津大学毕业的学者（莱昂内尔·约翰逊的朋友）。道格拉斯由于疏忽学业，被莫德林学院惩罚在春季学期休学，学校要求 470
他在6月期末考试前通过一门阅读课程作为弥补。王尔德曾建议他可以随时来巴巴科姆，他很快就赶到了。[18]*

王尔德向芒特·坦普尔太太描述了一个好学奋进的场景：“巴巴科姆悬崖已经成为一种学院或学校，西里尔在育儿室里学习法语，我在仙境里写我的新剧本，阿尔弗雷德·道格拉斯勋爵——昆斯伯里太太的一个儿子——在客厅里和他的导师一起学习柏拉图，准备应付6月牛津大学的学位考试。他们俩要

---

* 坎贝尔·道奇森在一封写给莱昂内尔·约翰逊的信中，生动描述了他们从道格拉斯母亲所住的索尔兹伯里市出发的过程：“我们出发时颇有戏剧性；波西一如既往地忙碌着：他没有靴子，没有钱，没有香烟，有些极为重要的电报也没发出去。接着，我们要在最短的时间内赶上火车，我们得把许多箱子装上一辆小马车，波西怪我带了猎狐犬，还有一个猩红色的摩洛哥公文箱，那是奥斯卡送的一件豪华漂亮的礼物。匆忙告别女士们之后，我们开始了一段狂野的旅途，波西负责驾车。我原本只希望自己还能坚持到索尔兹伯里医院，但我们赶到了车站。我们走了大约一个小时后，波西突然想到，他从来没有告诉奥斯卡我们要来，于是他从埃克塞特发了一封长长的电报。”

陪我一起住几天，所以晚上我就不孤单了。”但在一封写给道奇森——在他离开之后——的信中，或许能更加真实地反映出王尔德所称的那种状态，它成功地“将公立学校与私立疯人院的各自优势结合在了一起”。王尔德制定了一份规章：

巴巴科姆学校

正校长：奥斯卡·王尔德先生

副校长：坎贝尔·道奇森先生

男学生：阿尔弗雷德·道格拉斯勋爵

规章：

上午9：30：	校长们和男学生一起喝茶。
10：30：	吃早餐。
11：30~12：30：	工作。
12：30：	正校长和男学生一起喝雪利酒，吃饼干（副校长表示反对）。
12：40~下午1：30：	工作。
1：30：	午餐。
2：30~4：30：	例行的与校长进行捉迷藏游戏。
5：00：	正副校长喝茶时间，男学生喝白兰地和苏打水（不能超过七杯）。
471 6：00~7：00：	工作。
7：30：	晚餐，必备香槟酒。
8：30~12：00：	玩纸牌，限于五畿尼得分。

12：00～1：30：　　必须在床上读书。任何违反这一规定的男学生都将被立刻叫醒。

学期结束时，男学生要赠送正校长一个银墨水台，副校长一个铅笔盒，以示尊敬之意。[19]

在道奇森的记忆中，这是一段“懒散而奢侈”的日子，其间更多的是与“鸽子和孩子们”玩，在海边驾车、聊天，而不是认真学习。他发现王尔德对语言的掌握“不同凡响”。“我们为柏拉图主义的不同解释争论了好几个小时，”他在写给莱昂内尔·约翰逊的信中写道，“奥斯卡张开双臂，眼中含着泪水恳求我，让我的灵魂独处六个星期，好好锻炼我的身体……波西英俊而迷人，但相当邪恶。他被柏拉图描绘的民主党人迷住了，我的任何论点都不会使他相信任何绝对的道德标准或其他任何东西。”[20]

道格拉斯还在忙于《灵灯》的编辑工作，通过电报进行大量通信。这份杂志已经抛弃了所有绝对的道德标准，在最近的几期中逐渐形成了一种日益强烈的同性恋——或“第三性”（Uranian）——的腔调。道格拉斯曾向约翰·艾丁顿·西蒙兹和亚瑟·萨默塞特勋爵约稿。该杂志自称致力于“新文化”——暗指促进男性之间的同性关系。[21]王尔德当然赞成这种冒险，也赞成波西参与其中。他为即将出版的杂志提供了一篇类似圣经的散文诗——《裁判所》，他还鼓励了道格拉斯在诗歌方面的抱负。道格拉斯在到达巴巴科姆之前给他寄了一首爱情十四行诗，对此，王尔德以惯常的热情洋溢的口气写道：

“我的人儿，你的十四行诗非常动人，你那红玫瑰花瓣一样的嘴唇不独为疯狂的热吻，也为歌声的音乐所造，这真是一个奇迹。你那纤弱诱人的灵魂在激情与诗歌之间行走。我知道阿波罗疯狂地爱着雅辛托斯，那就是古希腊时代的你。”[22]

王尔德心情很好，他收到了从巴黎寄来的第一批图书《莎乐美》。他觉得，用“提尔紫”的封面与道格拉斯的“金色头
472 发”正好相映成趣。他把书寄给斯温伯恩、佩特、萧伯纳、威廉·阿彻、埃德蒙·高斯、弗洛伦斯·斯托克和弗兰基·福布斯-罗伯逊。尽管道格拉斯保证《灵灯》杂志会大大称赞这部戏剧是“一次大胆的尝试和一个完完全全的成功”，但公开出版物却没有这么慷慨。由于当局不允许在舞台上观看这出戏，于是人们便开始对这本书展开了“严厉而愤慨的谴责”。《泰晤士报》称其为“一种血腥、凶残、病态、怪异、令人厌恶的编排，相当无礼地改编了圣经用语，用在与神圣背道而驰的场景中”。王尔德已经逐渐习惯了批评家们“庸俗”的敌意；更令人沮丧的是，他把这本书献给了皮埃尔·路易斯，而对方却只发来一封语气轻浮的致谢电报。“一滴没有酒的泡沫而已。你多么令我失望，”王尔德在信中说，“我新近才意识到，友谊竟比爱情更加脆弱。”路易斯急忙写了一首优美的十四行诗来弥补这个错误。[23]

2月底，道格拉斯突然歇斯底里地大发脾气——甚至比在伯恩茅斯的时候更猛烈，巴巴科姆的规章制度崩溃了。一切究竟是因什么而起，目前尚不清楚，可能也无关紧要。但这让王尔德感到震惊和不安。看到他深爱的男孩——他喜欢将其视为“阳光”——“身心”突然改换、变形，是“一件可怕的事情”，简直令人震惊。道奇森似乎及时赶回目睹了一切，他解

释说，他和“莫德林的大多数人”都认为道格拉斯“有的时候……对自己的言行相当不负责任”。第二天早上道格拉斯离开了，王尔德下定决心，以此为标志结束两人之间的关系。他再也不想（他后来说）见到道格拉斯，再也不想和他说话了。[24]

房子里一下子平静下来，让人感觉非比寻常。王尔德得以将思绪转到康斯坦斯身上。她在意大利旅行期间，两人每天都保持联系。她发现了（随身带着一本罗斯金的著作）托斯卡纳的艺术之美和罗马的辉煌，他一度陶醉其中。他每天给她写信，鼓励她相信他们可以一起在佛罗伦萨度过即将到来的秋天。然而，这一愿景却难以达成。[25]道格拉斯刚走到布里斯托尔，就“又写信，又发电报”请求和解。日后这将成为一个熟悉的套路。怒气一旦过去，波西似乎就完全将之抛到了脑后。对于王尔德来说，他的世界是由文字构成的，那些愤怒的侮辱之词会永远留在记忆中。但即便如此，他的决心还是动摇了。如安德烈·纪德所指，波西一次次地发泄完之后，王尔德尽管对这种 473
“可怕”的场景感到痛苦，却有一种“被情人征服的痴迷快感”。[26]于是，他立刻心软了。他们相遇了，在进城的路上，道格拉斯请求带他去萨沃伊。[27]

这是伦敦最豪华的旅馆，坐落在斯特兰德街附近，距王尔德离开牛津后的第一个住所非常近。它于1889年对外开放，极尽舒适与现代，是理查德·多伊利·卡特建造的，其资金来源于吉尔伯特和沙利文的歌剧，以及王尔德的美国巡回演讲所获的利润。卡特安装了电灯和电动升降机。里面浴室众多，设备齐全。塞萨尔·里兹担任经理，艾斯可菲担任大厨。道格拉斯似乎已经是那里的常客，他和莫里斯·施瓦贝在那里睡过几次。他通过多伊利·卡特的儿子卢卡斯攀上了这个地方。卢卡斯也曾经在温彻斯特和牛津上学，是经常与他寻欢作乐的另一个枕边人。这样的生活很昂贵。但王尔德现在从美国上演的《温德米尔夫人的扇子》中赚到了钱，他希望《无足轻重的女人》能很快进入彩排。[28]

他们住在相邻的房间里，开始了一场纵情享乐的狂欢。虽然王尔德在铺张浪费方面并不需要什么鼓励，但道格拉斯还是起到了推波助澜的作用。他们在餐馆欠下了巨额账单。王尔德回忆其中有“清澈的海龟汤——卷曲的西西里藤叶包裹着美味的蒿雀”，以及“浓重的琥珀色，几乎散发着琥珀香味的香槟”。他发现，和波西一起“平平常常”在伦敦过一天，光是“日常开支”就极有可能花掉 20 英镑——“午餐、晚餐、夜宵、娱乐、双座马车等等”。王尔德原本打算在这里住几个晚上，结果他住了一个月，住在一个带起居室，可以俯瞰河流的套间里。道格拉斯来了又走，一连串的男妓们也是如此。泰勒又把王尔德介绍给了另外两个小伙子，查理·帕克和威廉·帕克兄弟。王尔德称，查理“是适合我的男孩”。其他男孩子也是一样。道格拉斯时常过来，总是不顾一切地让这两个年轻人在他的房间里过夜，旅馆服务员很有可能在第二天一大早看见他们还躺在床上。然而，王尔德并不想阻止这种放纵的做法。旅馆的侍童给他送信时，他坚持要亲吻他们，这让他们大为惊慌；尽管有一名侍童说：“他总是给我 2/6 的小费。”[29]

当王尔德发现自己受到阿尔弗雷德·伍德敲诈——或“烦扰”时，这场欢乐的盛会便中断了，但并没有终止。这是道格
474 拉斯的错，不过他拒绝承担任何责任。他带伍德到牛津去住了几天，伍德从那里偷走了几封信——有些是王尔德写的，有些是卢卡斯·多伊利·卡特写的。伍德后来声称，他是在道格拉

斯送给他的一件西装口袋里发现的。这是一个严重的警报。王尔德不确定伍德持有哪些信件。那一封称波西“玫瑰花瓣一样的嘴唇”是为“疯狂的热吻”所造的信件，肯定会败坏他的名声。他觉得没有别的办法，只好请乔治·刘易斯来。这是他第二次就这样的事情向刘易斯咨询——尽管他很可能试图将这件事伪装成是受一个陷入困境的“朋友”之托，但刘易斯应该猜到了事实的真相。不过，他还是答应“马上”“解决”伍德的问题——并给伍德的住处发去了一封律师函。事实上，阿尔弗雷德·泰勒因把伍德介绍给王尔德而感到心烦意乱，最终是他促成了和解。他在小书院街将这两个人重新撮合在一起。伍德解释说，他之所以要钱，是因为他想去美国，为了逃离“某一类人”——两个臭名昭著的勒索者——他们想把他拉进他们的阴谋。王尔德接受了这个故事，并给伍德大约 30 英镑，以换取三封被盗的信件。他发现，“疯狂的热吻”那封信并不在其中。他拿不准是该放心还是该不安。被“烦扰”这件事情是一种新的、令人不安的经历。尽管他看上去“安然无恙”(用道格拉斯的话来说)，但这一事件标志着他的又一次堕落。他意识到，他已经开始失去刘易斯的“尊重和友谊”——这种友谊可以追溯到近 15 年前，它支撑并指导了他在伦敦的大部分生活。[30]

除此之外，其他关系也发生了破裂。经过一段时间的感情动荡和痛苦，格雷与他决裂了。这位年轻的诗人——在他遇到王尔德前不久——皈依了罗马天主教，但随后，他立即开始了他所谓的一种蓄意的“罪恶历程”，将自己沉浸在这个世界及其欢乐之中。那就是他作为王尔德忠实的门徒的那段时间。多年后，格雷向“迈克尔·菲尔德”吐露了他过去的一些生活，他明白自己在“奇异陋习”中的放纵程度非常有限——“与其说是罪恶”，不如说是“与罪恶对话”。但即便如此，它还是激起了反应。父亲的离世也许加深了格雷的懊悔。当然，王尔德对阿尔弗雷德·道格拉斯勋爵的日益迷恋，也起到了一定的作用。1892 年底，格雷似乎遭遇了某种严重打击。他向谢拉德坦
475 白了对“死亡、疯狂、癫痫和其他恐怖事物”的恐惧之情。王尔德当时没有在他身边提供支持或帮助。他的位置很快被安德烈·拉夫洛维奇取代；他成了格雷忠实的朋友和保护者。尽管拉夫洛维奇的做法真的很慷慨，但他可能也很喜欢挖走王尔德最引人瞩目的门生这一想法。旧的关系很快就破裂了。格雷重新起草了《银点》的合同，不再需要王尔德帮忙。书中有一首诗是献给“奥斯卡·王尔德”的，但这是一种告别的姿态。3 月 16 日，格雷写信给皮埃尔·路易斯，证实他“与奥斯卡断交”是“千真万确的”。[31]

爱德华·谢利是另一个受害者。他来到萨沃伊酒店，哀叹自己失去了在博德利·黑德公司的职位。关于他和王尔德关系的谣言，在员工当中引发了下流的玩笑话，他们开始叫他“奥斯卡小姐”或“王尔德夫人”，这让埃尔金·马修斯蒙羞，导致他被解雇。他现在也下定决心与过去决裂，但他的萨沃伊之行并不顺利。他和王尔德吵了一架——也许是因为王尔德对他调情。但就在几天后，当他的父亲把他赶出家门时（还是因为他与王尔德的友谊），他写信请求王尔德给他钱，并提供帮助。在伦敦文坛这个小圈子里，王尔德的所作所为即便不是众所周知的事情，也称得上人人皆知的传闻。勒加利安和莱恩——尽管与王尔德保持着明显的友好关系——都敦促谢利与他断绝关系。[32]

另一个被拿掉的人是莫里斯·施瓦贝。3月初，绝望的父母把他送到澳大利亚，希望他能在那里重新开始。他想加入教会。道格拉斯失去了他的“亲爱的宝贝”，他心烦意乱，给他写了几封热情洋溢的信——还附上了一个手镯（“亲爱的，请你不要取下它”）。不过，他很快就得到了安慰，因为他与罗比·罗斯建立了一段新的亲密友谊。王尔德让他们走到一起，他们立刻建立起了一种联系——似乎是基于他们对公立学校英俊男孩的共同偏好。[33]

王尔德现在很少掩饰自己的品味或癖好。他变得越来越鲁莽。有人发现他在帝国音乐厅时，波西以一种非常“不当”的方式“压着他”。一天晚上，弗兰克·哈里斯在皇家咖啡厅的角落里偶遇他，他坐在两个“很普通”的年轻人之间（“事实上他们看起来像新郎”），这幅景象让他感到震惊。王尔德正在告诉他们——“如果你们愿意的话！”——关于古代奥运会的事情。这是一场充满激情的雄辩，展示了他华丽的口才，阳光下的古希腊摔跤场闪耀着生命的光芒——至少直到一个年轻人发问：“你的意思是说，他们都是裸体的？” 476

“当然，”奥斯卡回答说，“裸体：身上只穿着阳光和美丽。”小伙子咯咯地笑着：“哦，天哪！”哈里斯和他的同伴都跑开了。难怪昆斯伯里侯爵改变了对王尔德的好感，并再次要求波西断绝这份友谊。但是，波西对其置若罔闻。[34]

王尔德一直待在萨沃伊酒店——酒店方面越来越担忧——直到3月29日。[35] 3月21日康斯坦斯从意大利回来时，他并没有回到泰特街欢迎她。离开萨沃伊酒店之后，他没有回家，而是搬到了阿尔比马尔酒店，以便下个星期干草市场剧院开始排演他的剧本时，他能在场。道格拉斯跟他一起来了。[36]一天早上，康斯坦斯从泰特街带来王尔德的邮件，流着眼泪找到他的房间，当时住在伦敦的皮埃尔·路易斯目睹此情此景感到痛心不已。[37]路易斯建议他回家，然而他回答称，自己离家太久，已经忘了门牌号码。[38]

注　释

1. Hyde, *Trials*, 211－12; Sidney Mavor witness statement, quoted in Mc－Kenna, 281. 马弗在法庭上表示，施瓦贝名义上是晚宴的东道主。他还暗示，当时王尔德和阿尔弗雷德·泰勒是第一次见面。这与王尔德的说法是一致的，即施瓦贝于1892年10月将他介绍给泰勒。阿尔弗雷德·道格拉斯勋爵后来声称，是罗斯——而不是他自己——把王尔德介绍给了“街头的卖淫男子”［LAD to Frank Harris, 22 March 1925（Austin）］。但哈里斯说，道格拉斯说过的谎言太多，很难确认或相信他的话［F. Harris to Henry Davray, 1 March 1926（Clark）］。没有任何证据显示，这件事情与罗斯有关。
2. Holland, 225; W. B. Yeats to Olivia Shakespear, 30 June 1932, in Allan Wade, ed., *The Letters of W. B. Yeats*（1954）, 798.
3. Hyde, *LAD*, 25-6.
4. LAD, *Autobiography*, 99. 这件事情发生在1892年11月；见Schroeder, 149。
5. James Sully, *My Life & Friends*（1918）, 326; J. Dobson and C. Wakeley, *Sir George Buckstone Browne*（1957）, 79; Jopling, *Twenty Years of My Life*, 81. Horst Schroeder, ‘The OET Edition of the “The Critic As Artist. Part I”’, *Wildean*, 38（2011）, 69-70. 没过多久，王尔德与梅瑞狄斯在W. S. 布伦特（W. S. Blunt）于布朗酒店举办的晚宴上再次见面（W. S. Blunt to Sir H. B. Loch, 25 October 1892, at National Records of Scotland）.
6. Jopling, *Twenty Years of My Life*, 81.

7. Pearson, *Beerbohm Tree*, 67; 评论家们从那时候起也发现，该剧情节与大仲马的《自然之子》（*Le Fils naturel*）（1858）也有相似之处；奥斯卡·王尔德在访问苏格兰期间，在位于苏格兰边界格兰小镇的玛戈特·坦南特家度过一晚。Horace G. Hutchinson, ed., *Private Diaries of Rt. Hon. Sir Algernon West* (1922), 63 (entry 5 October 1892).
8. *CL*, 536; Guy & Small, 110f, 驳斥这个数字为 7000 英镑, Ward, *Recollections of a Savage*, 51 and used by Ellmann (315) and others; Maguire, *Ceremonies of Bravery*, 27.
9. Moyle, 212-14; *CL*, 538.
10. *CL*, 538, 763, 156.
11. *CL*, 730.
12. *CL*, 758.
13. Hyde, *Trials*, 206-7; Holland, 182-91; *CL*, 546-7.
14. Moyle, 214.
15. Campbell Dodgson to Lionel Johnson, 8 February 1893 (BL); CMW to Lady Mount Temple, 12 December 1892, in Moyle, 215; CMW to RR, 4 December 1892 (Austin); CMW to RR, 16 April 1893 (Clark).
16. McKenna, 284-5; OET V, 347-51. CMW to Lady Mount Temple, 2 February 1893, in Moyle, 217.
17. *CL*, 538; CMW to Lady Mount Tem-ple, 2 February, 1893, in Moyle, 218; *CL*, 582. 黑尔曾经想要获得《无足轻重的女人》，但那个剧本被比尔博姆·特里拿走了。*Liverpool Mercury*, 26 October 1892.
18. *CL*, 544.
19. *CL*, 547; *CL*, 555-6.
20. Campbell Dodgson to Lionel Johnson, 8 February 1893.
21. McKenna, 266.
22. *The Spirit Lamp*, 3, no. 2 (17 February 1893); *CL*, 544; the sonnet was 'In Sarum Close'.
23. *CL*, 552-6; *The Times*, 'Books of the Week' Column, 23 February 1893; *PMG*, 27 February 1893; *CL*, 552; *Black and White*, 11 May 1893; *Spirit Lamp*, 4, 21-7; *CL*, 557; Mason, 375.
24. *CL*, 689, 691.

25. Moyle, 219, 221.
26. *CL*, 691; André Gide, *If It Die* (1915), 300.
27. *CL*, 691.
28. *CL*, 549-50.
29. *CL*, 688; see Bills at BL (Hyde); *CL*, 774-5. LAD to Maurice Schwabe, 5 March 1893, from Salisbury:“我和奥斯卡在萨沃伊待了两周；我多愁善感地去了我们曾经一起睡过的那家餐厅旁边的 123 号老房间，那里的侍者是‘您的表亲’”。奥斯卡·王尔德称，那年春天他和道格拉斯在萨沃伊住了“三次”（*Yorkshire Herald*, 25 May 1895）；查理·帕克证实了这一说法，in McKenna, 293; *CL*, 714; Harris, 166; 赫伯特·坦卡德（Herbert Tankard）证实了这一说法，in McKenna, 298。
30. McKenna, 305-6; LAD to M. Schwabe, 9 March 1893; LAD to M. Schwabe, 17 March 1893; *CL*, 701-2.
31. McCormack, *John Gray*, 39-40; R. H. Sherard to Pierre Louÿs [November 1892] (Austin); Ellmann, 369; John Gray to Pierre Louÿs, 16 March 1893, in McCormack, *John Gray*, 105.
32. Hyde, *Trials*, 215, McKenna, 297; Holland, 233.
33. Mary J. Schwabe to Maurice Schwabe, 25 October 1894 (Library of NSW); LAD to Maurice Schwabe, 5 March 1893 (Library of NSW); McKenna, 354-64.
34. Memoirs of Charles Hirsch, quoted in Caspar Wintermans, *Alfred Douglas* (2007) 32; Harris, 90; LAD, *Autobiography*, 99.
35. Anon., *Oscar Wilde: Three Times Tried* (1915), 143.
36. McKenna, 301; Moyle, 222; *Era*, 23 March 1893; ‘Theatrical Mems.’, *Bristol Mercury*, 28 March 1893.
37. *Goncourt Journal*, 30 April 1893.
38. Jacomb-Hood, *With Brush and Pencil*, 115.

2. 与豹子同桌饕餮

阿朗拜太太："您曾经试过要个好名声吗?"

伊林沃兹勋爵："这是一个我至今还没遭遇到的烦恼。"

——奥斯卡·王尔德《无足轻重的女人》

王尔德借排演准备《无足轻重的女人》，把自己的冷酷无 477
情埋藏了起来。接下来的三个星期，他经常出现在剧院里。当特里被问及该剧是否已经在"王尔德的协助下"排演时，他回答说，"是在王尔德的干扰下"。排练过程中当然有气氛紧张的时刻，但也有很多有益的合作。王尔德接受建议，对剧本做了许多删减，并对文本进行了几次生动的补充。特里惊讶地发现，他会"躲到剧院的某一个角落里，然后很快就带着一个充满智慧和警句的全新场景现身"。他还增加了一些风趣的内容。一天早上，一声可怕的撞击声打断了排练，王尔德当场做出反应称，撞击声只是 A. H. 琼斯"失败了"的对话的一部分。

那是一段欢乐的时光。王尔德经常和慷慨大方的特里及其他演员在下摄政街的大陆酒店共进午餐。这出剧中有他的朋友"伯尼"·比尔，她在剧中扮演阿巴斯诺特太太。特里很享受扮演伊林沃兹勋爵的角色。比尔博姆·特里踏入戏剧生涯的第 478
一部戏是《猫在哪里》，他在其中模仿王尔德。他现在可以更充分地描绘出王尔德作为一个机智而愤世嫉俗的同龄人的举止。

他的表演已经超越了舞台。他会把王尔德即兴的俏皮话记在本子上，以便日后使用，他甚至开始根据这些俏皮话创作自己的变体。“啊，”王尔德说，“亲爱的赫伯特一天比一天更像奥斯卡了；这是自然模仿艺术的出色事例。”

这种模仿也许需要更进一步。当演员兼经理斯夸尔・班克罗夫特询问特里是否适合出演这个角色时，王尔德言不由衷地回答：“适合？不。”“肯定不坏吧？”班克罗夫特反问道。“坏？不。”“那么就是一般了？”“不，不一般。”“那么他究竟怎么样呢？”“绝对保密……但是您不会再问一遍了吧？”“一个字也不会。”“那我就悄悄说给你听。特里将成为……我们必须勇敢地面对这件事情……他还是特里。”[1]

4月19日的首演之夜与《温德米尔夫人的扇子》魅力相当。因为是星期三，议会没有举行会议，所以很多政治“名人”都能到场。撇开在爱尔兰问题上的所有分歧，贝尔福和乔治・温德姆以及格罗夫纳伯爵夫人都坐在王尔德的包厢里。西里尔・弗劳尔——最近被封为巴特西勋爵——坐在对面。乔治・刘易斯、伯恩-琼斯、阿尔玛・塔德玛、乔普林太太、柯南・道尔、勒加利安，甚至斯温伯恩都出现在名流如云的现场。威利也出席了。

观众显然喜欢这出戏。演出结束时，有人呼唤作者——然而王尔德上台鞠躬致意时，欢呼声中夹杂着一些“嘘声”。没有人说明其中的缘由：有人认为，赫斯特・沃斯利的台词“英国社会”“就像一个身穿紫色衣服的麻风病人……一个涂上金色的死人”，这句话可能冒犯了正厅后排观众的爱国情感。“众神们”召唤王尔德回到台上发言。不过，考虑到外界对他“褒贬不一”，他拒绝了。最后，出场的是特里，他宣布王尔德已经离开了现场，他为自己能与“这样一部艺术作品”结盟而感到骄傲。[2]

王尔德到后台祝贺演员们，大家也向他表示祝贺。他热情地对特里说：“我一直认为，对于我的戏剧，你是最好的评论家。”“可是，”特里说，“我从未评论过你的戏剧。”奥斯卡得意地回答：“这就是原因。”媒体再次蓄意给出了缺乏善意的回应。他的一位朋友发现，“评论家们是如何攻击温和的奥斯卡的”。除了《世界》杂志的威廉·阿彻和《演讲家》杂志的 479
A. B. 沃克利之外，“其他人几乎都没怎么提起这出戏。他们只是在辱骂奥斯卡”。但即使是怀有敌意的评论家也不得不承认这部戏会大受欢迎。当威尔士亲王观看了第二晚的演出之后，这出戏的前景便更加明朗了。有报道称，他告诉王尔德“一行字”也不要修改，而王尔德的回答是：“陛下，谨遵您的命令。”——王尔德后来又评论道：“多么了不起的国家，连亲王都理解诗人。”[3]很明显，王尔德重现了《温德米尔夫人的扇子》的魔力。由于场场满座，再加上有利的版税安排，王尔德有望每周赚到 200 英镑——远远超过他第一次获得成功时的收入。[4]

但那一刻的兴奋立刻被戳破了。首演的第二天，特里递给王尔德一张纸。这封信是有人在大街上交给他的，上面写着：“请将此信交给奥斯卡·王尔德先生，并劳驾您（签名难以辨认）。”特里指出，信中表达的情绪可能会招来误解。这封信是王尔德“疯狂的热吻”信的副本。特里认为这封信可能带来“危险”，但王尔德假装漫不经心笑了笑称，这是一首“散文诗”，“如果写成诗歌的样子，也许可以收录在《名诗金典》这样受人尊敬的集子里”。“是的，”特里回答道，“但是它不是诗。”王尔德回答：“这毫无疑问正好解释了它为什么没在《名诗金典》里。”然而，这种漫不经心是装出来的。王尔德知道，随之而来的便是索要钱财。不久，有个人在街上向他走来，想谈一谈他手里的一封信。王尔德声称自己忙于演出，无暇顾及这类事情。他需要时间。[5]

他和道格拉斯两人按照特里的做法，制订了一个计划。这封信——其中提到了雅辛托斯和阿波罗——的热烈之情溢于言表，与其说是一次常规的交流，倒不如说是一部文学作品。它过剩的艺术气质可以转化成优势。他们请皮埃尔·路易斯将这些文字转换成一首十四行诗——王尔德的“散文诗”的法国诗歌版本。它可以拿来出版发表，不是在《名诗金典》，而是在《灵灯》杂志上。他们想要通过公开这封信，寻求摧毁它的破坏力。没有人会因为发表了一首诗而遭到敲诈。路易斯——尽管他越来越担心王尔德与道格拉斯的关系——同意承担这项任务。仅仅两周之后，他的译文就出现在5月号的《灵灯》上，标题是：“奥斯卡·王尔德先生写给朋友的散文诗信件，由一位无足轻重的诗人翻译成押韵诗”。

480 王尔德已经做好了准备，几天后，泰特街（他终于回到那里）来了一个访客。晚上8点45分左右，就在晚餐前不久，王尔德的仆人说有一位艾伦先生在门厅，“有点特殊的事情”想要见他。王尔德下楼去见来访的人。他后来告诉弗兰克·哈里斯，从这个人的举止可以看出，“真正的敌人”来了。艾伦先生说，自己手里有一封王尔德的信，他可能想要回去。“我想，你指的是我写给阿尔弗雷德·道格拉斯勋爵的那封漂亮的信，”王尔德说，“如果你没有愚蠢地把一份抄件交给比尔博姆·特里先生，我很愿意为这封信付给你一大笔钱，因为我把它看成是一件艺术品。”他的虚张声势令人难忘；王尔德后来承认，整个过程中，“我的身体似乎因恐惧而变得虚空”。艾伦说：“人们可以对这封信做出一种非常稀奇的解释。”“当然，当然，”王尔德轻松地回答，“犯罪阶层是难以理解艺术的。”艾伦挑衅地反驳道：“有人为这封信开价 60 英镑。”王尔德说：“那你就答应他吧。60 英镑是个不错的价钱。对于这种长度的散文，我自己从未拿到过这么高的稿酬。但我很高兴，在英国有人愿意为我的信出这么大一笔钱。”艾伦虚弱地回答说，那个人“不在伦敦”。王尔德强调了自己的优势所在，他说：“他肯定会回来的，而我一点也不关心这封信。”当王尔德想结束这次会面时，艾伦改变了态度，开始辩解说自己很穷，为了找到王尔德花掉了很多钱。王尔德给了艾伦半英镑，以减轻他的“痛苦”，同时向他保证他真的对这封信丝毫不感兴趣——事实上，这封信很快就将被发表在“一本令人愉快的杂志”上。他又说：“我会给你寄一份的。”

尽管双方分手时王尔德表现得很勇敢，但这次会面还是让他倍感恐慌，心里充满“说不清的忧虑”。五分钟以后，又响起敲门声，他的神经越发紧张了。来的是一个名叫克里伯恩的年轻人。他是为了“艾伦的一封信”而来的。“我不想再为那封信的事情操心了，”王尔德告诉他，“我才不在乎呢。”令王尔德大为吃惊的是，克里伯恩随即从口袋里掏出这封信说：“艾伦让我把它还给你。”“他为什么要还给我呢？”王尔德漫不经心地问。“他说你待他很好，这样千方百计‘烦扰’你是没有用的。你只会嘲笑我们。”王尔德看了看那份皱巴巴、脏兮兮的信，说：“我觉得你们没有更好地保存我的手稿，这实在不可原谅。”他接受了克里伯恩的道歉，也给了他半英镑，然后道：“恐怕你过的是一种不可思议的邪恶生活吧。”克里伯恩说："王尔德先生，我们每个人都有好的一面和坏的一面。"王尔德答道："你是一个天生的哲学家。"[6]

这件事令人担忧，但王尔德似乎化险为夷了。随着事件的消退，他从中获得了一种力量感，甚至是一种情欲的兴奋：他战胜了"胆大、诡计、令人着迷的"黑豹们。然而，有关这次会面的细节开始流传开来，为流言蜚语起到了火上浇油的作用。关于王尔德性品味和性冒险的谣言传得越来越普遍。[7]然而，有的人仍然对此持怀疑的态度。有很多人——包括"朋友和朋友的朋友"——都否认了这些传闻，认为它们只是他装腔作态的一部分："那只是奥斯卡……他嘴上说一套，但不会做那一套。"对其他人来说——更世俗一些——他的性品味只是一个好玩的话题，仅此而已。他私下里做什么是他自己的事情。[8]

如果真的有一些老朋友开始疏远，那么新的朋友很快就会取代他们。年轻演员和刚毕业的大学生们围在王尔德身边，对他赞不绝口，甚至是充满崇拜。但也有新兴一代的艺术家和作家，他们——除了钦佩之外——提出了一些更具挑战性的东西。威廉·罗森斯坦回到英国，到了伦敦。在《无足轻重的女人》的彩排过程中，王尔德结识了特里身材矮小的同父异母弟弟马克斯·比尔博姆，当时他还是牛津大学的一名本科生。作为作家和漫画家，比尔博姆是一个非常早熟的天才，他对王尔德怀有一种崇拜，借鉴了他的风格、智慧和姿态。不过，这种崇拜总是带有一种颠覆性的意味。他问他的朋友雷吉·特纳：

> 我跟你说过餐厅里奥斯卡的事吗？他点了一份豆瓣菜三明治，食物及时地端上来了：不是他说的那种又薄又透

明的绿色的东西，而是一种非常结实、令人满意的食物。他假装厌恶（但显然是津津有味）地吃完了，当他付钱给服务员时，他说："请转达奥斯卡·王尔德对这家餐厅厨师的敬意，这是世界上最糟糕的三明治，我要的是豆瓣菜三明治，不是中间有一块田地的面包。"

王尔德放任享用的不仅仅是食物。"我很遗憾，奥斯卡喝得太多了，"比尔博姆说道，"说实在的，我第一次见到他的时候，在经过了那么长时间的，遥不可及的仰慕和崇拜之后，他已经醉得不可救药了……我想他会在演出的第一天晚上死于中风。"比尔博姆为《英美时报》撰写的一篇恶搞文章——《一个美国人笔下的奥斯卡·王尔德》就是以这种讽刺好笑的评价口吻写成的。王尔德说它"无与伦比地辉煌"，即便这篇文章中的讽刺轻微地触痛了他。[9] 482

21 岁的艺术家奥布里·比尔兹利也同样早熟，喜欢做讽刺性的评价。他是罗比·罗斯最近的新"发现"。比尔兹利当时刚开始他的职业生涯，就用钢笔和墨水创作了一幅非凡的作品，描绘了《莎乐美》情节中的高潮部分。王尔德对公主准备亲吻施洗者约翰被砍下的头颅，那幅高度"日本式"风格的画作印象十分深刻。他同时也被这位艺术家棱角分明、消瘦而又泰然自若的形象所打动。为了答谢他们两个人，他送给比尔兹利一部法文版剧本，上面题写着"1893 年 3 月。赠予奥布里：除了我之外，唯一知道七重纱之舞是什么，并能看到那无形之舞的艺术家。奥斯卡"。[10]

王尔德立刻开始考虑是否可以请比尔兹利当自己作品的插图画家。当月，格雷的《银点》正式出版，里基茨为它设计了精美的封面，正文排版稀疏，页边空白处很宽。艾达·莱弗森建议王尔德更进一步，写一本“只有页边空白的书；里面充满了没有写下来的美妙思想”。王尔德欣然应允，对她说：“这本书应该献给你，那些没写出来的文字应由奥布里·比尔兹利绘制成插图。应该为特定的朋友印刷五百本签名本，再印刷六本给普通大众，一本给美国人。”不久之后，王尔德说服马修斯和莱恩推出了英文版《莎乐美》，由比尔兹利提供十幅钢笔画插图和封面设计。[11]

这份委托并不意味着王尔德抛弃了里基茨和香农。他们当时仍然参与着他的其他出版项目。尽管王尔德对逾期付款和广告预算有些不满，但莱恩和马修斯对书籍的处理方式令他大为赞叹，于是他与博德利-黑德公司进行一番商议之后，决定由他们出版他的全部作品。除了英文版的《莎乐美》，还要推出一系列统一版本的王尔德戏剧作品——《温德米尔夫人的扇子》《无足轻重的女人》《帕多瓦公爵夫人》（薇拉似乎已经被淡忘了）——封面全部由香农设计。《帕多瓦公爵夫人》尚未在英国演出，由王尔德的朋友、美国诗人埃德加·福西特为其
483 作介绍。人们还设想，里基茨一旦完成了《斯芬克斯》的创作，将为《W. H. 先生无可比拟的历史》设计封面和首字母。这个计划——如果能够实现的话——似乎将成为王尔德的一份令人赞叹的，永恒的文学成就。[12]

然而，道格拉斯抢先了一步。王尔德在牛津度过了连续几个周末，住在道格拉斯和他的朋友恩科姆勋爵合住的高街的房子里。《灵灯》小团体的成员几乎每晚都为他举行宴会。王尔德很高兴回到母校，周围都是热情的年轻听众。他给他们讲了几个关于自我牺牲的讽刺故事：莉迪亚和梅特卢斯是一对贵族

恋人，是早期教会的皈依者，他们作为基督徒被判死刑，尽管他们已经各自在监狱里对信仰失去了信心，但他们都认为即便放弃宗教也不可能拯救自己，而且这样做还会伤透对方的心。“于是，到了行刑的那一天，莉迪亚和梅特卢斯被丢给竞技场中的野兽——就这样，他们都为自己并不相信的信仰死掉了。”他还讲了一个关于教宗约翰二十二世的故事，他在前往和情妇幽会的路上，坐进了一个小教堂的忏悔室，听到一个企图暗杀他的人发出忏悔。教宗向杀手保证，上帝会原谅他犯下的这一重大罪行，然后继续前往幽会。当他拥抱情妇的时候，刺客从暗处跳出，高举匕首刺向了他。“他呻吟着倒在地上——即将死去。然后，他竭尽最后的力量，望着那个袭击他的人，说出了告解时的最后一句话：‘我给予你所求的赦免。’”

王尔德在牛津现身招来了本科生期刊《蜉蝣》的讽刺攻击，该杂志在划船竞赛周期间，连续几天出版。两位编辑中的一位（阿瑟·坎利夫）撰写了一篇名为《奥西恩野人的新剧》的恶搞文章。（“尽管还没有情节，但它像往常一样进展得又快又顺利。奥西恩戏剧中的情节是经‘最后润色’才出现的”，等等。）这篇讽刺文章虽然语气温和，却将剧作家描述为“一个有着粗劣体格和更粗劣的思维习惯的人”，这种“恶意的”嘲弄激怒了道格拉斯，他对之后的几期杂志做出了“全面回应”。两位编辑道了歉，但坎利夫为自己使用“粗劣”这个形容词做了一番辩解，称它反映了王尔德在作品中显露出来的“精神倾向”。

尽管如此，汉密尔顿·格兰特（坎利夫的编辑同事）还是同意在道格拉斯的房间里共进晚餐，与王尔德见个面；像其他许多人一样，他很快就被征服了。王尔德非常讨人喜欢地对他说：“我听别人说，你叫‘格拉格’。但这太糟糕了。不能再这 484

样叫下去了。我们得给你起一个新名字，一个漂亮的、配得上你的苏格兰名字。”晚餐结束时，格兰特拿出一根雪茄（以区别于那些一直抽着金头香烟，“衣着光鲜的娘娘腔”），王尔德让大家安静，并说道：“你简直太可怕了！不过，我们应该管它叫栗色香烟——你抽吧。”在圣吉尔斯街的房间里另一次晚餐之后，二楼阳台上的王尔德吸引了一小群喧闹的市民，他们喊着：“霍斯卡——给我们来一次演讲吧，豪斯卡，豪斯卡，霍斯卡，霍斯卡！”格兰特和一个朋友驱散了人群。两人回来时，王尔德冲着他们欢呼道：“你们简直太棒了——你们是巨人——有思想的巨人。”[13]

有思想的苏格兰巨人并不是牛津唯一吸引人的地方。在道格拉斯的寓所里，有一名 17 岁的男仆，名叫沃尔特·格兰杰。很难想象道格拉斯没有和他发生过性关系；王尔德在他定期的周末拜访中当然会这么做。格兰杰后来讲述了在连续几天的时间里，当他端着一杯早茶去王尔德的卧室时，王尔德先是吻了他，然后便玩弄他的“私处”，最后引诱他躺在床上，“他把他的阴茎放在我的两腿之间来满足他自己”。在一次这样的会面之后，王尔德给了格兰杰 10 先令，向他强调了谨慎的必要性。然而，他自己的行为却一点也不谨慎。[14]

皮埃尔·路易斯对于在伦敦见到的一切感到不安。他根本不喜欢道格拉斯，也不赞成他和王尔德的关系。即便在王尔德吹嘘自己“一生结过三次婚，一次是女人，两次是男人”之前，阿尔比马尔酒店那几个公用的（或相邻的）卧室的性质就已经令人毫不怀疑了。然而，比这种无所顾忌、大肆招摇的做法更糟糕的是，路易斯目睹了王尔德对康斯坦斯的轻率残忍。他把这些担忧告诉了亨利·德雷尼耶，而亨利·德雷尼耶很快就告诉了别人。龚古尔在4月30日的日记中幸灾乐祸地写道："难道你还不知道？（当人们提到奥斯卡·王尔德的名字时，德雷尼耶说），'好吧，他自己也没打算隐瞒。是的，他承认他是个男同性恋……他的戏剧在伦敦大获成功后，他离开了妻子和三个孩子，住在一家酒店里，和一位年轻的英国勋爵同居'。"

在这座闲话盛行的城市里，王尔德的性取向从此成为一个永恒的主题。龚古尔怀疑他的鸡奸行为是对魏尔伦的一种致敬——如果算不上剽窃的话（王尔德经常称颂魏尔伦）；或者他这么做是对龚古尔自己的小说《浮士德》中堕落的英国贵族 485
"安南代尔勋爵"的致敬。关于王尔德在与男性的性关系中是"主动"还是"被动"，存在很多争论——大多数人认为是前者；尽管有评论说，他肯定是"被动的"，因为只有这样，一个男人"才会得到他和女人在一起时享受不到的乐趣"。[15]

然而，对于路易斯来说，王尔德的行为才是真正痛苦的根源。5月底王尔德在法国时，路易斯去酒店拜访他，敦促他断绝与道格拉斯的联系。那是一次徒劳的面谈。王尔德被迫在路易斯和波西之间做出选择——如他后来所说——他"立刻选择了更卑鄙的本性和更卑劣的思想"。"再见，皮埃尔·路易斯，"王尔德在会面结束时悲伤地说，"我曾经希望自己能拥有朋友；但从现在起我就只剩下爱人了。"[16]

注　释

1. Pearson, *Beerbohm Tree*, 69-71; Pearson, 233-4; 奥斯卡·王尔德后来承认了特里罕见的独特之处，他说，"除了特里自己，对特里的模仿全都大同小异。"

2. Ellmann, 360; Schroeder, 134; Julia Neilson, *This For Remembrance*（1940）, 139-40 其中认为当时之所以出现一片嘘声，可能是因为有关奥斯卡·王尔德的丑闻已经传播开来，但从时间上看，似乎不太可能；'Theatrical Gossip', *Era*, 21 April 1893; *Freeman's Journal*, 20 April 1893; 'Mr Oscar Wilde's New Play', *Birmingham Daily Post*, 20 April 1893; *Morning Post*, 20 April 1893. 有一则轶事（in Pearson, *Beerbohm Tree*, 71）称奥斯卡·王尔德当晚在自己的包厢中宣布，"女士们，先生们，我遗憾地通知大家，奥斯卡·王尔德先生并不在现场"——这种说法没有任何当时的证据。
3. Pearson, 237; Max Beerbohm to Reggie Turner, [30 April 1893], in Rupert Hart-Davis, ed., *Max Beerbohm's Letters to Reggie Turner*（1964）, 38; quoted in Ellmann, 360.
4. Guy & Small, 116; Schroeder, 135; 即便在演出的最后阶段，观众人数渐渐减少，王尔德每周仍然可以赚到 70 英镑。
5. *Oscar Wilde*: *Three Times Tried*（1906）, 57; Pearson, 274.
6. Harris, 94-6; Holland, 32, 52-4.
7. George Ives Diary, 23 December 1893; Harris, 94; 'London Correspondence', *Freeman's Journal*, 27 May 1895.
8. Raffalovich, *L'Affaire Oscar Wilde*, 5.
9. Hart-Davis, ed., *Max Beerbohm's Letters to Reggie Turner*, 36, 35, 34.
10. 比尔兹利获赠的《莎乐美》目前收藏在伦敦大学斯特林图书馆。人们经常认为（比如 Ellmann, 290）比尔兹利和奥斯卡·王尔德是 1891 年 7 月在伯恩-琼斯的工作室相识的，但是虽然比尔兹利确实提到在那个场合见到了"奥斯卡·王尔德一家人"，但他见到的只是康斯坦斯和孩子们。See Matthew Sturgis, *Aubrey Beardsley*（1998）, 73-4.
11. Leverson, *Letters to the Sphinx*, 19-20; John Lane to OW, 8 June 1893（Aus-tin）："我今天去见了比尔兹利，安排了 10 张插图和 50 畿尼的一个封面。"
12. J. G. Nelson, *The Early Nineties*, 244-245; Guy & Small, 160-4. 这份协议——于 5 月份起草，最后由王尔德的签字——于 1893 年 8 月 3 日签订。
13. A [lfred] Hamilton Grant, '*The Ephemeral*: Some Memories of Oxford in

the'Nineties', *Cornhill Magazine* (December 1931), 641 - 53, in Mikhail, 220-7.

14. McKenna, 320-1; 虽然麦肯纳写明格兰杰当时 16 岁，但他出生于 1875 年底（于 1876 年 1 月 9 日受洗），所以 1893 年 5 月时，他应该是 17 岁半。

15. *Goncourt Journal*, 30 April 1893, 7 April 1895, 14 April 1894.

16. H. P. Clive, *Pierre Louÿs* (1978), 92-3，其中引用了奥斯卡·王尔德对安德烈·纪德所说的话。在路易斯的记忆中，王尔德在分手时说的话是“你以为我有朋友。其实我只有爱人”。当王尔德将这段对话描述给莱昂·都德听时，话传到了皮埃尔耳朵里，他写了一封言辞激烈的分手信，于 1893 年 5 月 25 日结束了这段友谊。马塞尔·施沃布和保罗·瓦莱里试图从中调解，但最后都没有办成。

3. 短暂的夏日

为现在和未来而活。

——奥斯卡·王尔德

486 王尔德很快回到英国，满足了苛刻的情人的各种要求。道格拉斯称病未能在那年6月取得学位。尽管王尔德祝贺他——像斯温伯恩一样——选择了终身做本科生，但他的父母和学校方面都很失望。他需要分散一下精力。在道格拉斯的催促下，王尔德租下了“别墅”，一座位于戈林、风景如画的泰晤士河边的房子。人们认为王尔德可以在那里工作：他为黑尔所作的剧本并不像《蜉蝣》杂志所写的那样有了进展。然而，王尔德最看重的似乎是确保舒适和奢华。他让道格拉斯监督订购各种用品，并且雇（八个）仆人；前者包括大量香槟，后者中既有昆斯伯里家族的老管家，还有来自牛津的年轻人沃尔特·格兰杰。[1]

那年夏天酷热难耐，在河上游玩是件愉快的事。王尔德备齐了平底船、小艇和独木舟；他认为打网球太累人，于是还准备了槌球。康斯坦斯带来了西里尔，还有一个家庭女教师。从
487 伦敦和牛津来的客人络绎不绝。阿瑟·克利夫顿和他的妻子来了。年轻的未来诗人西奥多·拉蒂斯瓦夫在那里度过了一个难忘的周末。波西的大学同学接二连三地赶来，于是威利——和他的朋友，“迷人的丹”——被迫推迟了行程，因为房子里已

经人满为患。奥斯卡以他一贯的慷慨，在听说威利抽上了美国烟时，假装惶恐地说："我非常痛苦……你其实不该做这么令人恐怖的事情。迷人的人儿应该抽金过滤嘴香烟，要么就去死，所以我在此附上一张小纸片，草率从事的银行家也许会付你钱，因为我不想让你死。"乔治·格罗史密斯和他的妻子在附近有一栋房子，他们经常参加槌球聚会和晚上的"戏剧演出"。7月初的皇家赛船会期间，河上放起了"超级美丽的烟火"。[2]

但是，尽管如此，气氛仍然十分压抑——有时候简直令人窒息。天谴一般的雷暴会不时打断酷热。仆人们除了糟蹋香槟酒（这让王尔德很是开心）之外，无法在一起相处。类似的事情频频发生。在克罗默家度过一年舒适的家庭生活之后，康斯坦斯感到自己已经被排斥在道格拉斯掌控的氛围之外，周围全是他的欲望，他的朋友，他的要求。她抱怨奥斯卡"对别人那么好"，对自己却"那么冷漠"。她最终选择离开，留下了西里尔和他的家庭教师。[3] *

她不在的时候，人们日夜纵酒狂欢。一天，牧师前去拜访，发现王尔德身裹一条浴巾坐着，而波西则一丝不挂地躺在草坪上。他们一直在用水管互相滋水降温。可怜的牧师目睹这幅"彻头彻尾的希腊式景象"，满脸通红地走了。王尔德经常和沃尔特·格兰杰睡在一起，这件事情很快就被其他仆人知道了，成为楼下的流言蜚语。家庭教师格特鲁德·西蒙兹万分惊讶地发现，赛船会那天晚上，王尔德竟然把胳膊搭在船童的肩膀上。当地人也不认同"别墅"里人们的种种做法。村里弥漫着敌

---

* 康斯坦斯对王尔德越来越恼火，于是他幽默地给她起了个"康坦克雷太太"的绰号，那是化用了 A. W. 皮内罗的戏剧《第二任坦克雷太太》中的主人公的名字，该剧于 1893 年 5 月 27 日在圣詹姆斯剧院上演，曾经轰动一时。

意：当地酒馆老板回忆，有人想揍王尔德一顿。回到伦敦，关于戈林生活的"各种怪异故事"开始流传开来。[4]

王尔德试着工作，但并不是很投入。他什么也没有做成。他对里基茨坦承："河神引诱我去划一艘加拿大独木舟，流连
488 于水上。它像一朵花一样有优美的线条。"他对伦道夫·丘吉尔夫人说，他的进步受到了阻碍，因为他"还没有笔！"波西总是让人分心。他又开始大发脾气，王尔德已经见怪不怪。事后，他提醒道格拉斯——在经历了一件"可怕的"事情之后——"我们站在平坦的槌球场上，四周是一片漂亮的草坪，（我）向你指出，我们正在互相作践对方，你绝对是在把我往绝路上推，而我也明显地没让你真正幸福，一刀两断才是上策，午餐后你闷闷不乐地走了，给管家留了一封最恶语伤人的信，要他在你离开之后交给我。"但是，果然"不出三天"，波西就从伦敦发来电报请求原谅。当然，王尔德原谅了他。[5]为了鼓励道格拉斯从事创作，以便在作品上共同署名，王尔德建议波西为计划中的英文版《莎乐美》做翻译。王尔德交给他一个任务，然而他迟迟没有动手。

据王尔德估计，戈林的奢华生活每月大约要花费 445 英镑——似乎可以靠《无足轻重的女人》持续获得成功来作为支撑。8 月 14 日，王尔德前往伯明翰，参加该剧夏季巡回演出的首演，刘易斯·沃勒饰演伊林沃兹勋爵。两天后，王尔德和波西去伦敦观看干草剧院的最后一晚演出。随后，他们同罗斯、比尔博姆和比尔兹利共进晚餐。比尔博姆对特纳说，王尔德不仅喝得醉醺醺，而且"一副愚笨的样子"："他说比尔太太'就像是朱诺'，肯布尔就是'奥林匹亚山神'，还在自己头上一圈又一圈地挥舞着香烟。当然，我愿意看到一个放肆而不冷静的

奥斯卡，但是……但我还是觉得很反感。”[6]

如果比尔博姆认为王尔德状态糟糕，那么王尔德其实也这么认为。他为自己的健康状况担心。也许就在此时，他请教了伦敦著名耳科专家威廉·丹比爵士。尽管王尔德似乎患有中耳感染和一定程度的听力障碍，但丹比安慰他道：“只要照顾得当，他完全不可能失去听力。”[7]

8月底，在医生的鼓励下，王尔德去布列塔尼海岸的迪纳尔住了两个星期。他独自旅行——用他后来的话说——需要从 489
被道格拉斯陪伴的“可怕压力”中解脱出来。然而，他“隐居和休息”的愿望并没有完全实现。他被卷入了一场“狂欢”，而且很快就开始抱怨自己来得太晚了。他参加了他喜爱的艾梅·劳瑟的客厅表演。生活的变化和海边的空气给人带来了新的希望和可能性。他对一个在海滩上与他搭话的记者说：“我正在考虑出版一本名为《奥斯卡语录》的格言集，思想界可能会接受，也可能不会接受。我的想法是，每一天都应该以一个新思想、新想法开始，‘昨天’应该成为过去。忘掉过去的一切不愉快，为现在和未来而活。”[8]

王尔德努力体现自己的哲学。年轻律师沙特尔·拜伦记录了那年夏天，他在迪纳尔一场简朴而传统的家宴上与王尔德邂逅的情景。“当时有很多关于王尔德的不愉快谣言，”拜伦回忆道，“我对他抱有强烈的偏见。他的外表并不讨人喜欢，沉重而富于肉感；可是他一开口，整个脸都亮了起来，人的面貌改变了，他的性格似乎变了。”眼前的一切抹去了过往。尽管王尔德让所有人“着迷”，但他并没有独自出尽风头：他的机智和“智慧”都来自“普普通通的交谈”。他对勃朗宁的所谓“晦涩”做了一番评论，令人难忘。他解释说：“你必须记住，每一个伟大的真理都是难以理解的。如果大师为了取悦听众，把真理稀释成弟子的水平，那么它就会流行起来，最后便消失殆尽了。”拜伦觉得他的建议很有趣：与其从梯子的最底层开始，一步一步往上爬，不如“从顶层开始，坐在上面”。[9]

王尔德经由泽西岛回到英格兰，那里正在巡回上演《无足轻重的女人》。他离开期间，道格拉斯完成了《莎乐美》的翻译：然而不幸的是，王尔德对此无动于衷。译文中充满了“学生气的错误”（例如，“On ne doit regarder que dans les mirrors”被译成了“不能朝镜子里看”，而不是“应该只从镜子里看”）。道格拉斯一直为自己的努力感到“相当自豪”，无法认真地接受批评。接下来便是一如往常的愤怒和谩骂信件。道格拉斯在其中一封中称，他对王尔德“没有任何心智上的亏欠”。他拒绝接受王尔德的更正。他在写给约翰·莱恩的信中写道，自己不打算再参与这件事情了，“我不能允许自己的作品被篡改和编辑，从而变成一
490 台只会干翻译粗活的机器……我的个人意见是，除非奥斯卡本人翻译，否则他是不会满意的”。然而，似乎是比尔兹利自告奋勇承担了翻译工作，王尔德同意让他试一试。[10]

王尔德需要专注于自己的文学事业。他迄今还没有为黑尔写喜剧，尽管最初的截止日期已经过去了，媒体已经透露了关于这出戏的消息。为了促使自己投入工作，他在圣詹姆斯广场的一家私人酒店订了房间，作为他每天离家工作的地方。事实证明，这是一个极富成效的环境；不到一个星期，他就完成了《理想丈夫》的第一幕。但是，这个圣所很快就遭到了入侵。他最初因翻译《莎乐美》而燃起的怒火已经消退，波西每天中午都来，“抽烟聊天直到一点半”。然后——正如王尔德后来对他所说的那样——“我不得不带你去皇家咖啡馆或伯克利餐厅

吃午饭。午餐加上甜酒，一顿饭通常吃到三点半。你到怀特俱乐部歇了一个钟头，等到了下午茶的时候又来了，一直要待到换衣服用正餐的时候。你同我用餐，要么在萨沃伊酒店，要么在泰特街。我们照例要到午夜以后才分开，因为在威利斯饭店吃过夜宵后，这销魂的一天不收也得收了。”[11]

王尔德当然同意这样的消遣，而且也很享受。他一直觉得，轻而易举就能让自己疏于工作。在寻欢作乐的同时，他很快就将在迪纳尔下定的决心忘得一干二净。查尔斯·帕克定期来圣詹姆斯广场约会。同时他还结交了新朋友。王尔德——和道格拉斯一起——经常见到富有的未来小说家乔治·艾夫斯。艾夫斯是一个热爱板球的希腊人，也是男人们的忠实情人，他决心建立一个秘密团体，推广他理想中的同性恋“新文化”，或者他所谓的“事业”。该协会被命名为“喀罗尼亚会”，以纪念公元前338年的一场著名战役。在那场战役中，一支由男同性恋者组成的底比斯军队被马其顿人全部歼灭。作为第一步——“获得了母亲的许可之后”——艾夫斯剃掉了胡子，理由是它过于“反希腊”。尽管艾夫斯发现王尔德和道格拉斯都是一副让人捉摸不透的样子，他还是希望将这两个人纳入他的新协会。[12]

王尔德那种切切实实的不严肃令艾夫斯大为困惑。在萨沃伊酒店的一次小型晚餐会后，他在日记中烦躁地写道：“（奥斯卡·王尔德）对我来说是一个谜，他好像生来就是个老师，他要么不会，要么就会把他那套哲学的关键交付与人，我在掌握他的哲学之前是无法理解他的。他似乎没有目标，而我则目标明确。他表面上有着优雅的天性，才华横溢几乎无人能及，耀眼得像一颗闪闪发光的宝石，然而他却传授了许多无法把握的 491
东西，它们是如此虚幻，以至于毫无危险。”尽管如此，他认为王尔德“将带来巨大影响”。

道格拉斯肯定支持这个观点。他告诉艾夫斯的朋友查尔斯·凯恩斯·杰克逊“没有人能够像我一样了解”王尔德，他到底“为‘新文化’做了些什么，他把人们拉出火坑，‘看透’了世事，不仅用金钱，而且还在别人不理不睬的时候坚持自己的态度。他是世界上最侠义的朋友，是我所知道的唯一一个有勇气把手臂放在前科犯的肩膀上，和他一起走在皮卡迪利大街上的人，再加上他的智慧和个性，他把一切都处理得那么好，没有人会介意”。艾夫斯觉得，道格拉斯非常招人喜欢。但他认为，道格拉斯走上了一条自我毁灭的道路——甚至警告他“正沉迷于同性恋，而且到了一种不管不顾和极度危险的程度”。他很可能“有朝一日遭到逮捕”。[13]

毫无疑问，道格拉斯最近的一桩“愚蠢行为”使他差点陷入灾难。涉及这起事件的是罗斯最近占有的一个17岁男孩，他“有一双漂亮的眼睛”。男孩名叫克劳德·丹西，在布鲁日罗斯家一个朋友开设的一所“英语学院”上学。道格拉斯在男孩的上学路上将他从罗斯身边“偷走”，安置在阿尔比马尔酒店，周末和他睡在一起。道格拉斯还出钱让男孩在星期一晚上同一个女人睡了一觉。丹西回到布鲁日时，已经晚了三天。他的迟到引起了校长的注意，经调查发现了丹西与道格拉斯和罗斯之间存在的“猥亵”关系——而且罗斯早些时候还勾引过校长的长子。丑闻迫在眉睫，一触即发。罗斯和道格拉斯前往布鲁日，试图通过谈判达成和解。丹西的父亲是皇家近卫队的一名上校，他想提起诉讼，但乔治·刘易斯（对罗斯来说，他似乎是在演戏）劝阻了他，律师指出，虽然肇事者“无疑会被判坐两年牢”，但他的儿子作为心甘情愿的共犯也要“被判六个月”。最

后，在退回并销毁了各种涉案信件之后，这件事被按下了。但这是一件非常悬的事情。[14 *]

这出好戏发生在那年10月，它使得王尔德和道格拉斯的关系变得愈发紧张。王尔德前往加莱将波西从欧洲大陆“接回 492
来”，为此被迫错过了劳埃德家族的婚礼。双方发生了激烈的争吵，并再次相互指责。然而，王尔德似乎从这起祸事中认识到，也许可以采取一种办法来打破两人之间情感上不断由疲惫到自我毁灭的循环：他说服道格拉斯，让他必须出国一段时间。罗斯被绝望的家人驱逐到瑞士的达沃斯，据说要在那里待两年，以避免比尔博姆所说的“社交旧病复发”。王尔德写信给道格拉斯的母亲，暗示波西从牛津回来后迷失了方向，并敦促她把他送出英国——到英国驻埃及总领事克罗默勋爵那里住上几个月，“如果可以那么做的话”。[15]

昆斯伯里夫人欣然接受了这个想法。她对王尔德的态度已经发生了变化。她不再把他视为一位善良的导师，而是一心只想要断绝他和她儿子之间的友谊。她意识到儿子一向很难相处，而且现在已经变得越发不可理喻，她将之归因于王尔德的影响。她也许听说过他们在伦敦生活在一起的谣言——她不知道波西早已立志献身于一种“异教”的不道德行为，因此她怀疑儿子扮演了“道林”的角色，而王尔德就是那个“亨利·沃顿勋爵”。她认为，王尔德是谋杀波西“灵魂”的“凶手”。事实上，她还告诉波西，她甚至想要因为王尔德的所作所为而谋杀

---

* 克劳德·丹西（1876年9月10日—1947年6月11日）在军队接受了各种历练，之后成为英国情报部门的一名高级人物，第二次世界大战期间曾经担任军情六处局长助理。他于1943年被封为爵士。他后来对保密事业的热情，或许可以追溯到他的信件曾经被他人截获并偷窥的经历。

他。不过，她写给王尔德的信还算比较温和，她只是想得到一个保证，如果道格拉斯出国，王尔德不会企图去那里看望他。王尔德被这一含蓄的指责激怒了，急忙向她透露了道格拉斯最近丑闻缠身的一些细节，指出这才是送走他的真正原因。王尔德坚定地表示，自己完全不想再见到她的儿子了。[16]

这是一个分手的时节。威利的离婚案在秋季有了结果，但美国媒体紧随其后地报道了他在纽约的所作所为：他在莲花俱乐部“简单粗暴地”模仿奥斯卡，并声称他计划“买一本二手的拉罗什富科《箴言集》”，然后“开办一家剧本工厂”来对抗他的兄弟。这些新的背叛让奥斯卡觉得无法原谅。兄弟俩断交了，这让王尔德夫人非常难过。[17]

面对种种破裂，王尔德似乎倒是松了一口气。显然，一想到即将与波西分手，便让他精神为之一振。他重新融入了家庭
493 生活，11 月时单是一个星期便带康斯坦斯去了三次剧院（他们特别喜欢谢里登的《丑闻学校》），与她在阿尔比马尔俱乐部共进晚餐，聆听了威廉·莫里斯关于印刷的讲座，还在泰特街举办了一场小型晚宴，这样的事情现在已经相当难得。当月，图书版《温德米尔夫人的扇子》面世，王尔德心情十分愉快。他收到一封阿德拉·舒斯特的信——在年轻女性朋友中，他特别喜欢她——感谢这出戏让她“度过了我人生中最喜爱的几个小时”。虽然迫在眉睫的新喜剧依旧被抛在一边，但他确实展开了一部“悬疑剧”的创作（几乎可以肯定是关于一个神圣的妓女，这部象征主义戏剧讲述了一个美丽的妓女在一名苦行隐士的影响下皈依宗教生活的故事——这名隐士则因她的美丽而被感官享受的世界所吸引）。康斯坦斯和朋友们对这一连串突如其来的转折感到既高兴又困惑。王尔德向妻子透露，这其中

涉及了超自然力量：他在一次降神会上和父亲的灵魂进行了一番沟通——通过“叩击声”。[18]

随着美国制作的《无足轻重的女人》即将在纽约上演，王尔德的美国经纪人伊丽莎白·马布里敦促他来参加首演之夜。她表示，这将极大地“促进”作品获得成功。王尔德可以在访问的同时，做一次短暂的巡回演讲，从而挣得“一大笔钱”。事实上，她摆出了如此多“令人信服、无法抗拒的”理由，以至于王尔德觉得自己根本不可能办到如此“合理”的事情。他拒绝启程。[19]

他还要在伦敦监督出版遭遇麻烦的英文版《莎乐美》。出版商提议用“粗糙”、“平庸”和“目不忍睹”的布料装订该书的“普通”版，他必须加以制止。除此之外还有其他问题。王尔德发现比尔兹利翻译的剧本甚至还不如波西的版本。据道格拉斯说，他称这份译稿“一败涂地”，并决定“重新考虑一下，宁可接受我的翻译”。这是在罗斯的鼓励之下做出的一个决定，他一直敦促王尔德，不要在道格拉斯的文学事业刚刚起步之时，打击他的士气。这一逆转使得王尔德恢复了与波西的密切联系。所有的文字修改仍需协商，道格拉斯坚称，如果修改了他的作品，就不要将其名字放在标题页上。最后，王尔德想出了一个优雅的解决方案，在标题页上去掉道格拉斯，但将这本书献给了“我的朋友阿尔弗雷德·布鲁斯·道格拉斯勋爵，剧本的译者”。道格拉斯难得地让自己相信，此举具有“极高的艺术和文学价值”——这是“艺术家的赞誉与商人的赞誉的区别”。[20] 494

比尔兹利的插图也同样引起了争议。由于一贯具有颠覆性，他悄无声息地在许多插图中加入了淫秽的细节，其中有生殖器形状的烛台，还有因明显勃起而扭曲了的衣服。王尔德抱怨道：“亲爱的奥布里的设计就像一个早熟的小学生在抄写本的页边空白处胡乱涂鸦。”有几幅插图中，由于男性角色的生殖器过于显眼，不得不用编辑手段去掉，以确保这本书可以在书店公开展示。莱恩断然拒绝采用其余三幅插图，导致比尔兹利只能用另外三幅画取而代之，为此他对罗斯说，这三幅画“太漂亮了，根本毫无问题”。这位插画家的讽刺行为已经超越了不雅，甚至还有夸张地模仿王尔德的意思：剧作家的样子被分别体现在希律王、预示希罗底到来的法师身上——更具争议的是，它甚至还显现在“月亮上的女人”身上（文中将其描述为“疯狂”、“醉酒”和“四处寻找情人”）。这本书即将出版之际，围绕图片和翻译的紧张气氛引发了激烈的辩论。“我可以告诉你，我与莱恩和奥斯卡以及公司度过了一段温馨的时光，”比尔兹利向罗斯戏谑地说，“在一周的时间里，上门的电报员和快递员的数量简直令人震惊。”[21]

波西的虚荣心和坏脾气往往使压力重重的局面变得更加紧张。在经历了一件“令人相当反感”的事情之后——11月底——王尔德逃到巴黎，为了减轻折磨，他给康斯坦斯留下了一个“荒谬的”借口和一个假地址。在法国首都，他向卡洛斯·布莱克“倾吐了自己的灵魂”，布莱克对未婚妻说：“可怜的家伙……（奥斯卡）遭遇了很多让他不开心的事情，但我相信他伟大的乐观精神最终将战胜一切。”[22]然而，王尔德的“伟大精神”必须与道格拉斯的固执己见相抗衡。虽然他觉得自己有能力不去理会那些“惯常的恳求和懊悔的电报”，但波西拿不去埃及当作威胁，并以此促成了和解。王尔德同意见面，而且“在巨大的情感影响下”同意原谅过去（但“对未来只字不提”）。这足以确保波西前往开罗。[23]

对王尔德来说，钉子终于拔掉了。因为无论是第一次还是最后一次，他都下定决心再也不想见到道格拉斯了。昆斯伯里似乎因两人的分手而态度缓和了下来。* 生活的节奏可以自我调整。他重新开始为约翰·黑尔写喜剧；尽管他“非常怀疑”自己是否能够说服那位演员经纪人这是一部“杰作”，但他还是不顾一切地想要完成它。在戈林挥霍了整个夏天之后，他非常需要钱：“贪婪的债权人”在周围盘旋。令人尴尬的是有一次，屠夫拒绝在他结清账单之前，把一大块肉送到泰特街去。 495

道格拉斯离开后，他继续不时地和乔治·艾夫斯见面——显然，他至少在一个场合亲吻过他。那年 11 月，魏尔伦到英国举办一系列朗诵会，王尔德以自己的方式表达了对艾夫斯“事业”的承诺，他自豪地带着这位诗人（魏尔伦是一名同性恋者，有犯罪史）四处游历。王尔德在格雷夫人举办的一个招待会上将他介绍给众人，并鼓励他背诵诗作《监狱》（D'un Prison）：这场表演形式简单，凄美而悲情，让老于世故的社交界观众流下了眼泪。[24] 过去的交情依然维系着。罗比·罗斯在 12 月偷偷溜回来，“一瘸一拐的，还长出了胡子！”，他当时正准备去凯特纳家吃饭。也许就在那个时候——为了协助王尔德完成《理想丈夫》——罗比·罗斯交给王尔德一沓警句，那是他 1887 年住在泰特街时，从两人的谈话中记录下来的。[25] 王

---

* 侯爵当时还在忍受着其他麻烦。那年夏天，他和长子德拉姆兰里格子爵发生了纠纷。德拉姆兰里格勋爵是格莱斯顿政府外交大臣罗斯伯里勋爵的私人秘书助理。作为增加上议院自由派代表计划的一部分，26 岁的德拉姆兰里格被提升为贵族，获得凯尔黑德男爵的头衔。而当时，昆斯伯里侯爵却还在为自己被苏格兰同僚排除在上议院之外而苦恼。他对此感到不满。他写给格莱斯顿、女王和罗斯伯里勋爵的信，一封比一封火气大，但这些信件都石沉大海，这让他相信整件事都是针对他的阴谋。他很愤怒。8 月，他去了巴特洪堡，希望能在公共场合与“犹太皮条客”“骗子”和“该死的混蛋”罗斯伯里勋爵大打出手。最后在乔治·刘易斯和威尔士亲王的介入下，冲突才得以避免。

尔德还尽力给卡洛斯·布莱克帮忙，后者与纽卡斯尔公爵发生了严重纠纷。公爵指责他玩牌作弊，布莱克觉得有必要起诉。王尔德与布莱克的律师商量办法（不幸的是，纽卡斯尔聘请了乔治·刘易斯），并寻求与纽卡斯尔面谈，以努力解决这个问题。[26]

王尔德强烈地感觉到自己已经回归了平静，以至于到12月底，他甚至觉得可以给波西写信了。波西一直从埃及连续不
496 断地写来悔过信，恳求引起他的关注。"我最亲爱的孩子，"王尔德用一种淡淡的口吻写道，"当我知道我们又成了朋友的时候，我很快乐，我们的爱已经穿越阴影和疏远以及悲伤的黑夜，像从前一样镀上了玫瑰色的光晕。让我们永远无限地亲密吧，一如往昔。"道格拉斯远在两千多英里之外，如此说话似乎很安全。* 回到伦敦，王尔德沉浸在和家人一起过圣诞节的欢乐中。据格特鲁德·西蒙兹回忆，那年他在泰特街的餐厅里，"开心得像个孩子"，一边分发圣诞布丁，一边玩着彩色拉炮。[27]

---

* 道格拉斯在开罗玩得很开心。在各种各样的性爱冒险中，他与44岁的赫伯特·基奇纳——当时埃及军队的一名陆军准将，进行了一次"浪漫的会面"（据他后来所说）。他在给罗比·罗斯的信中描述了当地的名胜古迹、各种便利条件，以及"美目炯炯"的当地男孩。他还动笔写了一部"滑稽讽刺剧（当然无法出版）"，将当时的音乐厅热门歌曲《爸爸不给我学狗叫》改头换面用在其中——内容是关于"刑法修正案中的拉布谢尔条款"——他认为这首歌跳起舞来非常"适合奥斯卡（打扮成小贩的模样）"：

> 拉布不让我结交小伙伴，
> 拉布这不让，那不让，
> 我认识了一个亲爱的荷兰人，
> 我非常喜欢她，
> 可我还是喜欢小伙伴。

注 释

1. Hyde, *LAD*, 1984; McKenna, 321; Moyle, 208-9, 224-5.
2. Gertrude Pearce (née Simmonds) letter (1906), in Ellmann 389 - 90; Moyle, 210; Theodore Wratislaw, 'Memoir of Wilde' (Clark); *CL*, 569.
3. Moyle 210, 224-5; Gertrude Pearce, in Ellmann, 390.
4. Harris, 104-5; 有关格特鲁德·皮尔斯·西蒙兹和 Ernest Mitchelmore（戈林当地曼斯菲尔德旅馆的老板）的证人证词，见 McKenna, 323-4。
5. *CL*, 566, 567; 692.
6. *CL*, 688; *The Sunday Times*, 20 August 1893; *Birmingham Daily Post*, 15 August 1893; Max Beerbohm to R. Turner, 19 August 1893, in Hart-Davis, ed., *Max Beerbohm's Letters to Reggie Turner*, 53.
7. *CL*, 659; Robins, 101-2; 王尔德向丹比咨询病情的日期，一直都是推测的结果。
8. 'Oscar Wilde's Philosophy', *Weekly Standard and Express* (Blackburn), 16 September 1893; *Le Gaulois*, 9 September 1893，其中提到艾梅·劳瑟于 5 点上演这出独幕剧。
9. Sir Chartres Biron, *Without Prejudice; Impressions of Life and Law* (1936), 211-12, in Mikhail, 339.
10. *CL*, 692; Ellmann, 379; LAD to John Lane, 30 September 1893; LAD ms copy (at BL, RP 1802), later included as a note in *Autobiography* (1931 edition), 160n. 事件的确切顺序很难理解。8 月 30 日，道格拉斯写信给莱恩，说他已经完成了翻译，并将其寄给了身在迪纳尔的王尔德。9 月 9 日，王尔德从法国回来后写信给道格拉斯，称自己很快就能校完稿。从中看不出有任何争议——这说明，王尔德要么还没有读译文，要么认为道格拉斯会欣然接受并改正其中的任何错误。See OET V, 662ff. Donohue (OET V, 672-3) 认为，道格拉斯有关比尔兹利想要翻译该剧的说法是"值得怀疑的"，因为他在做此声明的同一张纸上，还写了其他一些明显不真实的内容（例如，奥斯卡·王尔德最初是用英语写成该剧，然后又在路易斯和纪德的协助下，将该剧译成了法文）。但在我看来，由比尔兹利翻译该剧貌似非常可信，因为比尔兹利既有文学抱负，又有文字能力。道格拉斯似乎没有理由杜撰这一点。

11. *CL*, 686; *The Sunday Times*, 6 August 1893，刊登了有关这部新剧的消息。王尔德写给乔治·亚历山大的信（标注日期为 1894 年 1 月，*CL*, 582）应据此重新考证日期。

12. McKenna, 269-70; George Ives Diary (Austin) 14 October 1893; 奥斯卡·王尔德于前一年在作家俱乐部的会议上结识艾夫斯（1892 年 6 月 30 日），当时他正在谴责《莎乐美》遭受审查一事。

13. George Ives, Diary, 15 October 1893, 26 October 1893 (Austin); LAD to Charles Kains Jackson, 10 September 1893 (Clark).

14. McKenna, 354ff; 该事件过去 25 年之后，奥斯卡·勃朗宁声称，"周日（这个男孩子）和奥斯卡睡在一起"。虽然这种情况有可能发生，但更大的可能性是王尔德并没有涉及此事。当然，从王尔德后来就此事指责道格拉斯态度可以看出，他没有参与其中。马克斯·比尔博姆当时在描述这件事情的时候，也没有表示王尔德卷入其中，他只是在事件发生后有所参与。Oscar Browning to Frank Harris, 3 November 1919; *CL*, 694; Hart-Davis, ed., *Max Beerbohm's Letters to Reggie Turner*, 84.

15. *CL*, 575; McKenna, 362.

16. Lady Queensberry to LAD, in Ellmann 390-1; *CL*, 694; LAD to A. J. A. Symons, 24 August 1937 (Clark).

17. *NYT*, 18 September 1893; JFW to OW, 29 March 1894, in Tipper, *Oscar*; 威利从美国回来后写了两个剧本。尼科尔的 *History of English Drama 1660-1900* 一书收录了一出两幕戏剧《哑巴公主》（*The Dumb Princess*），该剧于 1894 年 1 月 17 日在西肯辛顿的 Baskcome House 上演，另外一出戏是《法式抛光》（*French Polish*, 1895）。这两部戏都没有受到任何评论关注。

18. *CL*, 574, 576; Adela Schuster to OW, 26 November 1893 (Clark); Moyle 233-6.

19. Elisabeth Marbury to OW, 10 November [1893] (Clark); Elisabeth Marbury, *My Crystal Ball* (1923), 97-103, in Mikhail, 437-8.

20. *CL*, 574, 576, 578-9; LAD, *Autobiography* (1931 edition), 160n; LAD to John Lane, 16 November 1893 (Rosenbach Library, Philadelphia).

Joseph Donohue（OET V，674-5）指出，由于交付给印刷商（T. and A. Constable）的手稿已经丢失，因此无法知道该作品中到底有多少是王尔德的手笔，有多少是出于道格拉斯之手。虽然道格拉斯的话通常并不可信，但是 1906 年 7 月 6 日他确实写信给约翰·莱恩，当时莱恩正在着手将该书再版，他在信中写道，“我想，最好把我的名字略掉。你可能还记得，我翻译这本书只是为了迎合奥斯卡·王尔德的要求，而且他自己修改了译本，去掉了我原稿中的大部分元素”（约翰·莱恩收藏）。

21. Frances Winwar, *Oscar Wilde and the Yellow Nineties*（1940），214；H. Maas, J. L. Duncan & W. G. Good, *The Letters of Aubrey Beardsley*, 52, 58；Sturgis, *Aubrey Beardsley*, 158-61.
22. Carlos Blacker to Carrie Frost, 1 December 1893, quoted in Maguire, 33.
23. *CL*, 693-4. 如果王尔德的叙述无误，道格拉斯与王尔德的会面地点似乎应是在巴黎，道格拉斯从那里前往埃及。布莱克的信（Maguire, 34）明确表明，王尔德直至 12 月 4 日一直在巴黎，而道格拉斯在 1893 年 11 月 29 日写给查尔斯·凯恩斯·杰克逊的信（克拉克图书馆）中结尾写道，“我非常开心，我将于星期五（12 月 1 日）上午 11 点出发。我的地址是 c/o Lord Cromer, British Agency, Cairo。”
24. *CL*, 578；Gertrude Pearce letter [906], in Ellmann, 389-90；乔治·艾夫斯在 12 月 8 日、13 日、17 日、22 日的日记中记录了几顿晚餐和会面；Emma Calvé, *My Life*（1922），96-7.
25. RR to Adela Schuster, *CL*, 1229.
26. Maguire, 34.
27. *CL*, 578；Gertrude Pearce, in Ellmann, 389-90.

4. 浪漫之敌

向全世界敞开自己的内心是不明智的做法。

——奥斯卡·王尔德

497 1894年初，王尔德收到反迷信组织十三俱乐部的请柬，邀请他参加1月13日在霍尔本餐厅13号房间举行的13道菜晚宴。他很快回信，表示遗憾不能参加，“我爱迷信，”他解释道，“它们是思想和想象的多彩元素。它们是常识的敌人。常识是浪漫之敌。你们社团的目标看起来很可怕。请给我们留点非现实吧。别让我们过分正常。”[1]

对王尔德来说，工作即是当下的“非现实”选择。亨利六岁的女儿不幸去世后，他在吊唁信中写道：“工作吧，工作吧……那是我们这类人尚存的东西。工作对我来说从来不是一个现实，而是一种消除现实的手段。”[2]数月以来他第一次不再分心：能够集中精神，发挥他的想象力。《理想丈夫》继续朝前推进，他希望在1月底之前完成这部作品。[3]

他认为这是一出告别的戏。当然，与他之前的作品比较，这部戏的情节更加丰富——展开了一个复杂且多方面的阴谋：
498 英国内阁大臣罗伯特·奇尔顿爵士——标题中的所谓“理想丈夫”——受到诡计多端的女冒险家谢弗里太太威胁，除非他参与她邪恶的赚钱计划，否则就要将他年轻时做过的几笔可疑的金钱交易公之于众。虽然剧中的戈林勋爵——罗伯特爵士的好朋友（也是谢弗里太太的前未婚夫）——也是个满嘴警句格言的花花公子，但王尔德遗憾的是，与他之前的戏剧不同，在这部作品中“没有哪个角色像我自己一样”。有时候，他指责所有的角色都是“一本正经的人炮制出来的，是可怕的客观存在”，并且担心评论家们会匆忙宣布，“哦，奥斯卡在这个剧本中变得不像他自己了！”但其他时候，他愿意承认自己一直在“全神贯注”地撰写这部作品，而且——在这部制作精良的情节剧的一切惯例之下——“它包含了很多真正属于奥斯卡的要素”。[4]

这出戏中一些传统的方面也许会激发人们，想要去尝试一下其他不那么传统的形式和效果。虽然康斯坦斯在描述他的“神秘剧”时曾经说，它们“不是用来表演的，而是用来阅读的”，但王尔德似乎已经有了其他想法。他认为《圣妓》可以成为实验性的独幕“三联剧”的一部分。他向年轻的演员兼经纪人刘易斯·沃勒提出了这个想法，当时沃勒正在与乔治·亚历山大谈判《温德米尔夫人的扇子》在英国的巡回演出权，并且还在为巡演剧目寻找更多的作品。王尔德手里可能已经有了第二部作品——一部以文艺复兴为背景的无韵短剧，名叫《佛罗伦萨悲剧》。该剧和《圣妓》几乎已经完成，他有信心在 3 月底完成整个三联剧的剧本。[5]

王尔德的脑海中流淌着各种计划，他还在考虑以《帕多瓦公爵夫人》在纽约获得“成功”为基础，另外写一个完整的历史诗体悲剧。他找到美国莎士比亚悲剧演员理查德·曼斯菲尔德，建议其接手《阿维尼翁的红衣主教》，那是他早在 1882 年就提出的想法。剧本尚未动笔，但王尔德重新起草了该剧的场景，描绘出一个爱情受挫、野心膨胀、蓄意造假和激情自杀的故事。* 王尔德认为，曼斯菲尔德能够“出色地”完成这类作品。[6]

499 在这一切略微的忙乱之中——除了创作的兴奋之外——他还迫切地需要钱。泰特街的用钱又一次紧张起来，好几份账单过期了：夏天在戈林还欠账 13 英镑。有人威胁要采取法律行动。“伦敦非常危险，”王尔德抱怨道，“送传票的人夜里出来执行命令，债主们在拂晓时的吼声令人恐怖，掮客们得了狂犬病，到处咬人。”据报纸报道，《温德米尔夫人的扇子》上演两年，王尔德从版税中赚取了 2000 英镑。然而这无济于事，钱早就花完了。[7]

英文版《莎乐美》于 2 月出版，表面上看，他似乎保持了文学创作力。在新闻界和公众看来，这本书浓缩了世纪末的颓废衰落。但王尔德不安地意识到，比尔兹利独树一帜的插图让这本书失去了平衡——如果算不上劫持的话。这是许多评论家提出的观点。王尔德也许曾经向里基茨承认“我很钦佩，（但）我不喜欢奥布里的插图。他们太日本式了，而我的戏剧是拜占庭式的”。而且私下里，他甚至可能承认厌恶它们。然而面对公众时，他表现出一种见多识广的热情。他带比尔兹利去观看《第二任坦克雷太太》，给扮演坦克雷太太的帕特里克·坎贝尔夫人写了一张纸条，询问能否把这位艺术家带到她的化妆室，在她的脚边放一份豪华版《莎乐美》。“他的画作，”王尔德称，“非常精彩。”[8]

---

* 在错综复杂的情节中，红衣主教暗恋上了他年轻漂亮的被保护人，而他的一个年轻英俊的随从也爱上了女孩。红衣主教对男孩谎称，女孩实际上是他失散已久的妹妹，试图以此解除两人的婚约。王尔德——如果并非借用——杰出的亲戚查尔斯·马图林在小说《流浪者梅尔莫斯》中也有同样的情节设计。

王尔德仍然时常和比尔兹利见面（比尔兹利给王尔德看了一幅他随后画的帕特里克·坎贝尔夫人画像），但两人的关系有些紧张。王尔德愿意和这个少年老成的门徒为伍。“奥布里简直太像巴黎人了，”有一次他说，“他忘不了他曾经去过迪耶普——虽然只有一次。”他还说：“不要和奥布里坐同一把椅子。这样不会难堪。”他甚至将他比作“畸形的兰花”。然而，这些做法效果并不明显。比尔兹利也许会借鉴王尔德身上那些纨绔子弟的举止和机智（他称，手杖上的流苏不见之后，他便感冒了），但他的同化能力如此之强，以至于他从来都不像是在附和“大师”。事实上，弗兰克·哈里斯经常看见比尔兹利和王尔德在一起，他认为，是王尔德更多地受到了比尔兹利的影响，而不是相反。他从年轻的艺术家身上——经常被滥用——汲取了一种强化的“艺术气魄和自我主张”意识，以及对批评家和公众的“蔑视”。[9]

比尔兹利的“轻蔑”有时候似乎甚至可以波及王尔德本人。王尔德当然意识到了这位艺术家狡猾的讽刺方式：将《莎 500
乐美》搅得一团糟之后，他又炮制了一些类似的作品。一位评论家批评比尔兹利品味很差，他在为约翰·戴维森戏剧所作的封面插画中，其笔下的奇幻人物中竟然清晰可辨是王尔德的形象（被藤蔓树叶缠绕着）。对此，这位艺术家给报纸写了一封信，提出王尔德“肯定足够英俊美貌，即便是肖像画也经得起考验”。这样的花言巧语，虽然看上去很好玩，却意在激怒王尔德。一次吃午饭时，他宣布，从今以后只要比尔兹利在场，他就只喝苦艾酒：“苦艾酒之于其他饮料，就像奥布里的画之于其他画作一样。它是孤立存在的，与众不同；它像南方的暮色，闪着乳白色的微光；有一种奇怪的犯罪的诱惑……就像你的画一样，奥布里；让人心烦意乱，这很残忍。”[10]

在王尔德与年轻的马克斯·比尔博姆的友谊中，也涌动着类似的暗流。事实上，在1894年的头几个月，比尔博姆正忙着写一篇关于王尔德的讽刺文章。这本书名为《窥视过去》，自称记录了对一位几乎已被遗忘的“老绅士奥斯卡·王尔德”的采访，这个人曾经“一度”逗乐了《笨拙》杂志的读者。书中充斥着广为人知的典故：“我被领进（他的）小书房时，我想我听到了迅速褪下的花呢裤子发出的窸窣声，但我看到主人正懒洋洋地躺在沙发上，虽然有些蓬乱，但精力充沛。”除了这些颇具威胁的闲话，事实上比尔博姆还在考虑将这篇文章刊登在约翰·莱恩计划于当年春天发行的一份名为《黄皮书》的新期刊上。比尔兹利担任期刊的美术编辑，美国小说家亨利·哈兰担任文字编辑。所有涉及这份期刊的人达成了一个共识，决定将王尔德排除在整件事情之外，这又是一道虽小但却伤人的裂口。

尽管伯纳德决不会在《笨拙》杂志中恢复对“伟大的唯美主义者”的“崇拜”，但艾达·莱弗森有时也会在作品中模仿王尔德。然而，她的语气更温和，她与王尔德的观点一致，即成功的戏仿“需要一种轻松的手法……而且，奇怪的是，还要热爱那位被讽刺的诗人。能够模仿一个人的是他的门徒，而不是别人”。王尔德当然也很欣赏莱弗森创作的“精彩”素描。尽管如此，这些作品还是以其微弱的方式让人们再次意识到，王尔德是一个可以被公众拿来嘲笑，甚至轻蔑的人物。[11]

那年3月，阿尔弗雷德·道格拉斯勋爵的归来进一步损害了他的地位。如果说双方的分离让王尔德感到如释重负，那么
501 波西则充满了悔恨和渴望。他开始写信请求完全和解。遭到王

尔德拒绝后，道格拉斯说服母亲为他说情，努力让她相信，他与王尔德的关系不但不会有损于他的灵魂，而且对他的艺术发展是十分必要的。这一招失败后，他又求助于康斯坦斯。尽管康斯坦斯个人不喜欢道格拉斯，也意识到他对王尔德性格产生了不良影响，但她还是迈出了非同寻常的一步，敦促丈夫回信。她沉浸在基督教的宽恕观念中，无法忍受看到他对一个“朋友”如此“不友善”。尽管如此，王尔德还是犹豫不决。直到道格拉斯匆忙赶到巴黎，从那里发了一封很长、很绝望的电报，似乎暗示着要自杀时，他才心软下来。他们在巴黎见了面，在混合着泪水和香槟的晚餐上，旧日的激情以其旧有的力量——及旧有的奢侈——重新燃起。王尔德计算过，他们在巴黎的八天共花费了近 150 英镑。等到康斯坦斯明白自己的所作所为时，一切都已经晚了。王尔德没有从巴黎写信给她，也没有向她告知自己的计划，这表明他的感情发生了决定性的重组。[12]

王尔德和道格拉斯回到伦敦，原本打算短暂地延续他们的欢乐和爱情。道格拉斯在开罗时，曾经收到驻君士坦丁堡大使馆的柯里勋爵提供的一个无薪外交职位，打算在 6 月接受这份工作。然而，在他们返回伦敦的第二天，昆斯伯里侯爵发现，王尔德和波西在皇家咖啡厅共进午餐。他看到儿子回到英国和这样的人在一起，感到非常震惊。尽管他当时没说什么——甚至还坐到了他们桌边——但他随后立即写信给波西，表达了不满，首先是对他懒散的生活方式，其次是对他“与王尔德这个人的亲密关系”。他要求立刻了结这段关系：

> 不然我就跟你断绝关系，不再给你供钱。我不打算花心思去揣摩这种亲密关系，我也不想做出指控；但在我看

> 来，装出这副样子和确属事实的恶劣程度不相上下。通过你的态度和表情，我亲眼看到你们保持着最可憎和恶心的关系……难怪人们议论纷纷。我听说根据可靠消息，不过这也可能有假，他的妻子正在基于鸡奸和其他罪行申请离婚。这是真的吗？还是你不知道这回事？如果我觉得真有这么回事，而且已经为公众所知，我就算见面时一枪把他
> 502 打死，也完全是正当的。这些信奉基督教的英国懦夫和男人，他们自称如此，该醒醒了。
>
> 你那讨厌的所谓父亲
>
> 昆斯伯里[13]

道格拉斯不承认父亲有权对他发号施令。他没和王尔德商量就回了电报："你是一个多么可笑的矮子。"他对这一回复非常满意：这句话是借用了当时的一首音乐厅歌曲——"哦，卡姆登镇的基克尔伯里·布朗，你是个多么可笑的矮子。"此举果然激起了预期的反应。昆斯伯里反击道：

> 你这个无礼的顽童，如果你再发来这种电报，或者还是无礼地对待我……我就要揍你一顿，那是你咎由自取……如果我再发现你跟那个男人在一起，我就要以一种你做梦也想不到的方式，制造一起公开丑闻了；这已经成为一桩私底下的丑闻。我倒宁愿将这丑闻公之于众，无论如何事情发展到如此地步，责任不在我。除非你们断绝来往，否则我说到做到，停止所有对你的供养……你知道事情会发展到怎样的地步。[14]

王尔德发现自己深陷于一场冲突之中，敌对双方鲁莽而肆无忌惮，他对这两个人几乎无法施加影响，也无法予以控制。* 道格拉斯喜欢正面交锋。王尔德却不喜欢这样。幸好昆斯伯里太太让波西去佛罗伦萨，他得以舒了口气。当王尔德嫉妒他可以亲眼看见“乔托钟楼”，切利尼的“青铜和黄金的神像”时，道格拉斯却在向他的朋友凯恩斯·杰克逊打听臭名昭著的亚瑟·萨默塞特勋爵的地址——克利夫兰街丑闻发生后，他一直在流亡中——以及其他小建议，它们都事关“对美的永恒追求，这是我必须要做的！”[15]

王尔德留在伦敦，心里想着他渴望的“金币”，迷失在“绝望的紫色山谷”中——然而，他通常对身无分文找上门来的爱德华·谢利很慷慨。“尽管他粗暴地背叛了我，我当然给 503
了他钱，对他也很友好，”他向道格拉斯解释道，“我发现原谅一个人的敌人是一种非常奇怪的，病态的乐趣；也许我应该克制一下这种举动。”除此之外，还有一些让人恼火的事情。第一本《黄皮书》面世了，他不得不忍住火气，于是对道格拉斯说：“它很乏味，可厌，是个极大的失败。我很高兴。”这份杂志——其黄黑相间的封面由比尔兹利设计——确实引起了轰动，尽管有很多负面评论，但卖得相当好。上面没有刊登比尔博姆关于王尔德的随笔。倒是有他写的一篇自相矛盾的，为“化妆

---

* 昆斯伯里对这个世界的愤怒因一桩个人难题而增加。1893 年 11 月，他娶了一位名叫埃塞尔·韦登的年轻女子。这场婚姻结果一团糟，而其中的原因显然是侯爵无法同房。妻子向他送达离婚文件后（3 月 9 日），他提起反诉，声称他们已经圆房了，他既没有阳痿，也没有性冷淡。4 月 10 日，也就是他与波西交流后的一周，他不得不忍受一次令人羞辱的体检，以确定他所说的话的真实性。4 月 20 日，他的妻子也被迫接受了同样令人痛苦的检查，以确定她是否仍是处女。

品辩护”的文章。王尔德认为它“很精彩……出了些令人愉快的错误，但很吸引人”。虽然王尔德既不是杂志的撰稿人，也不是其中的话题人物，但是在公众心目中，他与比尔兹利和颓废派的联系让许多人认为他也参与其中。事实上，有一篇评论甚至将《黄皮书》描述为“奥斯卡·王尔德的期刊”。[16]

黑尔那里传来了关于《理想丈夫》的坏消息：虽然他看上去很喜欢这出戏，但剧本完成得太晚了，加里克剧院即将到来的演出季已经另有安排，无法确定什么时候能够上演这出戏。黑尔提出，如果双方不能就令人满意的未来安排达成一致，可以退还手稿。王尔德抓住机会，把剧本给了刘易斯·沃勒和他的搭档哈里·莫雷尔：不是作巡回演出用，而是要在伦敦上演。他们同意预付 500 英镑，并保证在 1895 年 2 月 1 日之前确定一家剧院上演。合作成功之后不久，好消息传来，马布里小姐也从丹尼尔·弗罗曼那里获得了一笔数目可观的预付款，出售了该剧在美国的上演权。[17]

如此安排让王尔德在 5 月初得以赴意大利旅行。上一年，康斯坦斯曾希望同丈夫一起去佛罗伦萨；但王尔德却和道格拉斯在一起。不过，这次旅行是秘密的。也许是为了掩人耳目，他在巴黎停留了几天。亨利·德雷尼耶在林荫大道上遇见他，见他身边有两个年轻人。但出于默契，两人彼此没打招呼。[18]

在佛罗伦萨，王尔德经常和住在当地的伯纳德·贝伦森及其情妇（后来的妻子）玛丽·科斯特洛见面。玛丽带他去拜访老朋友维奥莱特·佩吉特（她现在用弗农·李的名字写作）和她的弟弟，残疾诗人尤金·李·汉密尔顿。“这次见面非常成功，”她告诉姐姐，“奥斯卡说起话来像个天使，大家都爱上了他——甚至包括弗农，李过去跟他是彼此反感的。就王尔德而

言，他也被李迷住了。”他发现，她不像在伦敦初识时那么 504
“坐立不安和倔强独断”。“奥斯卡，”科斯特洛解释说，“喜欢没有灵魂的人，或者是灵魂非常平静的人。”[19]

事实证明，波西——一如既往——是一个制造分裂的人。玛丽·科斯特洛感觉到，在王尔德的魅力和才华之下，这个年轻人正在对他产生腐蚀性的影响；道格拉斯的贪吃和放纵“不知怎么地”把他变成了“一头可恶的野兽”。贝伦森在伦敦时就已经向王尔德表达了他对道格拉斯的厌恶（“那个可怕的人”），当他发现他们还在一起时，他感到很痛苦。他试图从中干预，告诉王尔德他正在寻求毁灭，但他的努力被“优雅的傲慢”拒绝了。王尔德结束了他们的会见——如果不是完全结束了他们的友谊的话——说道：“伯纳德，你忘了，我无论如何都想模仿我的造物主，我和他一样，除了赞美之外别无他求。”[20]

王尔德要在5月底返回伦敦。他得到消息说，理查德·曼斯菲尔德认为《阿维尼翁的红衣主教》剧本“非常好”，可能有意不仅在美国，而且在伦敦上演这出戏。他预定于6月1日抵达英国，急于和他见面。[21]道格拉斯即将愁云惨淡地陪同王尔德返回伦敦。柯里勋爵对道格拉斯迟迟不到君士坦丁堡大为恼火，已经撤回了那份工作。在佛罗伦萨的最后一天，他们遇到了安德烈·纪德，将他们租住的俯瞰阿诺河的公寓转让给了他。租期原本是一个月，但他们只住了两周就要离开了。虽然王尔德一开始对这次邂逅感到很吃惊——因为他想保守这次佛罗伦萨之行的秘密——但他很快就在咖啡馆的桌子旁滔滔不绝地讲述了一连串“美味的故事”，而纪德则呷着苦艾酒，“傻乎乎地”沉默着。[22]

与曼斯菲尔德的会晤没有达成任何明确的承诺或进展。随即，更令人满意的是，王尔德的诗作《斯芬克斯》于6月11日出版。这是一部世纪末的杰作：它用精美的“牛皮纸和金色纸”装订而成，印刷成三种颜色（红、黑、绿），里基茨“从头到尾参与了装饰设计”，用来献给马塞尔·施沃布。这本薄薄的书，行距很宽，字体不大，排版优雅，大约有 40 页。王尔德喜欢说，自己最初的念头是“只印刷三本：一本给我自己，一本给大英博物馆，一本给上帝”——尽管他承认自己对“大英博物馆存有疑虑”。约翰·莱恩和美国出版商科普兰与戴出于商业考虑，印刷
505 了 250 本略有扩充的版本，外加 25 本定价 5 畿尼的大开本“珍藏版”。人们普遍认为，作为一种聪明的营销手段，它必须“立即获得彻底的成功”。至于这首诗本身，评论家们不以为然，他们认为诗歌借鉴了爱伦·坡的作品，“玩世不恭地”采用了《悼念》中的韵律，而且其中还包含了“大胆而古怪”的情色意象。[23]

为了获得无条件的认可，39 岁的王尔德十分依仗波西和他的其他年轻朋友。他如今经常坐在皇家咖啡馆楼上的包间里，周围环绕着崇拜他的年轻门徒，“刚刚走出大学校门的人”，他们简直视他如“上帝一般”。圈子里新添了两名年轻的成员，是道格拉斯在埃及短暂逗留期间结识并一同旅行的伙伴：滑稽的小精灵般的雷吉·特纳（马克斯·比尔博姆在牛津的好友）和罗伯特·希琴斯，后者是一位热爱音乐、有文学抱负的记者。这群人当中有不少真正的天才和智者，尽管威利·王尔德认为他们不过是“一帮寄生虫”，为了回报奥斯卡的慷慨，他们不断地大唱赞美诗。[24] *

社交界仍然向王尔德敞开着大门。的确，在一些人看来，

---

* 那年年初，威利又娶了性情温和但身无分文的爱尔兰女孩莉莉·李。她加入了奥克利街的这个家庭。王尔德夫人继续恳求两个关系疏远的儿子达成和解：“否则我将死于彻底的绝望。”但奥斯卡不想原谅他的敌人，打算忽略由此带来的“奇怪而病态的快乐”。

那时候的他似乎正处于“社会荣誉的巅峰时期”。维奥莱特·马克西和爱德华·塞西尔勋爵（索尔兹伯里侯爵的第三个儿子）在骑士桥举办时髦的婚礼时，他作为“六诗人”之一引人注目。他和康斯坦斯一起参加了斯宾塞伯爵夫人在海军部举行的盛大招待会。威尔弗里德·布朗特记录了他出席玛戈特·坦南特和她的新婚丈夫、内政大臣赫伯特·阿斯奎斯举办的“精美午宴”的情景。当年早些时候，阿斯奎斯在第一任妻子去世后与玛戈特结婚。所有的客人“都非常健谈，”布朗特回忆道，“简直就像法国的早餐会一样”。只有阿斯奎斯似乎“有点心不在焉”。当大家散去的时候，王尔德还在给玛戈特和布朗特“讲故事”，一直说到傍晚。[25]

但在这一切的背后，昆斯伯里却正在采取对他不利的行动。弗兰克·哈里斯回忆自己曾经听说，侯爵从他的一家俱乐部里走出来，夸口说要阻止王尔德带着他的儿子四处游荡。作为第一步，他切断了波西的资金来源，收到了一封接一封愤怒的电报。与此同时，昆斯伯里开始向王尔德的朋友和熟人们打听各种事情。上一年波西的弟弟舒尔托酗酒失踪时，他曾雇过一个名叫库 506
克的私家侦探追查，这个人也许能够提供一些有趣的信息。[26]

注　释

1. *CL*, 581.
2. *CL*, 585.
3. *CL*, 581.
4. *CL*, 625; Sturge Moore, ed., *Self-Portrait*, 124.
5. *CL*, 581-2; 目前尚不得知奥斯卡·王尔德计划中“三联剧”的最后一出戏是什么，但它可能是另一部关于法老和摩西的准圣经戏剧。里基茨回忆，（1895 年）他曾经与王尔德谈起《圣妓》，期间聊到了法老，也许至少在他看来，这两件事情是有联系的（Ricketts，40）。Guy & Small，121，其中提到，王尔德原本打算将《温德米尔夫人的扇子》作为“三联剧”的其中之一——以为三部戏会分别在不同的晚间演出，但这似乎是不可能的。短剧三联剧——所有剧目作为单场夜间演出的一部分——是维多利亚时代后期戏剧演出的一个普遍特点。其中最出名的一部由布兰登·托马斯在 1891 年推出，其中包括他自己的《兰开夏水手》，威登·格罗斯史密斯的《使命》和塞西尔·克莱的《哑剧排练》。

6. 有关该剧场景（Clark）见 Mason，383-5；*CL*，589。奥斯卡·王尔德已经与曼斯菲尔德建立了联系；参见 1888 年 8 月 10 日，理查德·曼斯菲尔德写给奥斯卡·王尔德的信（奥斯汀），信中感谢他“写信来”。

7. *CL*，588；威胁采取法律行动的债主中，包括 17 家林肯乡村客栈的 Rooper & Whately，它 1894 年 2 月 17 日写给奥斯卡·王尔德的信提到，王尔德逾期应付 Powell Turner & Co. 的金额是 14 英镑 4 先令 10 便士，要求在周三之前付款，否则就要开启诉讼程序（Clark）；一张标注日期为 1894 年 5 月 30 日的法院传票内容为彼得·罗宾逊（牛津街 216 号）起诉王尔德因购买窗帘、袜子、女帽等商品欠款 30 英镑 3 先令 7 便士（华盛顿）。王尔德在给“亲爱的先生”（1894 年 4 月 26 日）的一封信中（大英图书馆，RP 6688）提到有关戈林的内容：“我真的不知道自己欠您什么——我的账本丢失了……随信附上一张 13 英镑的支票，我觉得应该欠这么多。”‘Theatrical Mems’，*Bristol Mercury and Daily Post*，27 March 1894.

8. *Saturday Review*，24 March 1894，317 - 18；S. Weintraub，*Aubrey Beardsley*（1976），56；R. Ross，quoted in Sutton，ed.，*Letters of Roger Fry*，21：“（奥斯卡·王尔德）讨厌《莎乐美》的插图，但又不敢说出来”；*CL*，587.

9. Sturgis，*Aubrey Beardsley*，160；Ada Leverson，‘The Last First Night’，*Criterion*，January 1926，in Mikhail，270；LAD，*Oscar Wilde and Myself*，60；Harris，76.

10. A. Beardsley to the editor of the *Daily Chronicle*，1 March 1894，in H. Maas，J. L. Duncan and W. G. Good，*The Letters of Aubrey Beardsley*

(1970), 65; Harris, 75.

11. *CL*, 390; 577; F. C. Burnand to Ada Leverson, 2 April 1894 (Clark); Speedie, *Wonderful Sphinx*, 63.

12. *CL*, 695-6; Hyde, *LAD*, 51-2; *CL*, 621.

13. LAD to Charles Kains Jackson, 30 March 1894 (Clark), 信的末尾写道:"今年6月我就要动身去君士坦丁堡,待上好几个月"; *CL*, 696; MQ to LAD, 1 April 1894, in Ellmann, 394; Moyle, 236-7.

14. Croft-Cooke, *Bosie*, 97-8; James Wallis to H. M. Hyde, 10 August 1948; 这首歌曲的作者是奥斯卡·王尔德的朋友 Corney Grain。

15. Linda Stratmann, *The Marquess of Queensberry* (2013), 178: 体检于1894年4月10日进行。*CL*, 588-9; LAD to Charles Kains Jackson 9 April 1894 (Clark). LAD departed on Saturday (14 April).

16. *CL*, 588, 589; see also Ricketts, 52, 有关奥斯卡·王尔德的更多言论; *The Critic* (US), quoted in Karl Beckson, *Aesthetes and Decadents* (2005), i.

17. 大约一年之后,《时代》杂志刊登一篇文章,其中提到"黑尔先生读完剧本之后拒绝了《理想丈夫》这出戏,为此他向奥斯卡·王尔德先生支付了100英镑"('Theatrical Gossip', *Era*, 30 March 1895)。这也许就是人们经常提到的,黑尔因为不喜欢最后一幕而拒绝这出戏的出处(see *CL*, 578)。但是 Guy & Small, 123, 其中指出,从黑尔写给奥斯卡·王尔德的信来看,这种说法并不成立,信中提到唯一的问题是剧目的安排。而且,从奥斯卡·王尔德于阿尔比马尔酒店写给"哈里"(莫雷尔)的信来看,黑尔的保留意见是基于技术层面和偶然性,而不是出于审美和绝对的。信中写道,"你能不能给布赖顿的沃勒发个电报,就说黑尔的确切决定要到星期四中午12点才能拿到。所以他明天不必赶过来,因为我无能为力"(TCD)。1894年4月20日,奥斯卡·王尔德与沃勒、莫雷尔有关《理想丈夫》的"英国和澳大利亚独家演出权"的合同(Clark);它明确规定,将就演员阵容征求奥斯卡·王尔德的意见,奥斯卡·王尔德"将反对"在大道剧院上演该剧,但不反对特拉法加剧院、沙夫茨伯里剧院或宫廷剧院上演该剧。与黑尔相关的财务安排目前尚不清楚。奥斯卡·王尔德与黑尔曾经就撰写剧本有过一份"合同"(*CL*, 686),其中肯定包括去除版税后的预付款，也许——正如《时代》杂志所写——奥斯卡·王尔德至少能够保留部分资金。但还有一种可能是，他拿回手稿之后还需要付给黑尔一笔钱。1894 年 6 月 7 日，马修斯先生在一封印着加里克剧院记号，写给奥斯卡·王尔德的信（克拉克图书馆）中，对他寄去的“支票”表示感谢，并且希望他的戏“获得巨大成功”。奥斯卡·王尔德很可能在收到沃勒和莫雷尔的钱后，寄出这样一张支票。有关这部戏的新安排，虽然没有公开宣布，但当年 5 月戏剧界已经人尽皆知。See William Archer to OW，29 May 1894（Austin）. Elisabeth Marbury to OW，9 July 1894（Clark），提到，王尔德已经从弗罗曼那里获得 300 英镑作为美国演出权的费用，等他在“手稿上满意地完成修改和完善之后”，还将收到另外 300 英镑。

18. Niederauer and Broche，eds，*Henri de Régnier*，386.
19. Barbara Strachey and Jayne Samuels，eds，*Mary Berenson：A Self-Portrait from her Diaries and Letters*（1983），55-6.
20. Samuels，*Bernard Berenson*，218；Bernard Berenson，*Sunset & Twilight*（1964），320；此处修正了 Ugo Ojetti 在日记中错误地引用了奥斯卡·王尔德的话（“我是一个基督徒，和基督一样不会说任何人的坏话”）。贝伦森的朋友 Freya Stark 则给出了另一种说法，“我在各方面都像上帝，必须不断地得到赞美。”*Freya Stark：Selected Letters*（1988），283.
21. Felix Mansfield to OW，22 May 1894（Clark）.
22. André Gide to H. de Régnier，［30 May 1894］，in D. J. Niederauer and H. Franklyn，*Correspondance（1891-1911）André Gide，Henri de Régnier*（1997），139-141；LAD，*Autobiography*，87-9.
23. Mason，392-4；O'Sullivan，217；'Mr Oscar Wilde and Edgar Poe'，*Daily News*，11 June 1894；*PMB*，21 June 1894；*Athenaeum*，25 August 1894；*PMG*，9 July 1894；*Punch*，21 July 1894. *CL*，593.
24. John Boon，*Victorians，Edwardians and Georgians*（1929），1：200-1；Harris，108；Melville，243.
25. Hugh and Mirabel Cecil，*Imperial Marriage*（2002），74；*Morning Post*，26 July 1894；Blunt，*My Diaries-Part One*，177-9.
26. Stratmann，*Marquess of Queensberry*，182-4；*CL*，708，Harris，101；MQ to Lady Douglas［Minnie］，18 February［1895］（BL）.

5. 罪孽深重的侯爵

这实在可怕，如今的人到处在背后说人坏话，但那些话绝对真实。

——奥斯卡·王尔德

1894 年 6 月 30 日下午 4 点，王尔德返回家中，他一路上打 507
算着和几个怀有诗歌抱负的“年轻图密善”共度周末，却被告知昆斯伯里侯爵和一位绅士正在楼下图书室里等着他。昆斯伯里侯爵站在窗边；那位“绅士”是其好友爱德华·佩普。王尔德并没有被吓倒，一场激烈的冲突由此打响。王尔德——至少在他对这起事件的描述中——掌握了主动权，要求知道昆斯伯里此行是否打算为他在给波西的信中提出的诽谤作出道歉——关于康斯坦斯正计划以鸡奸罪为由与他离婚。昆斯伯里反驳道，这封信是写给他儿子的，所以是保密的。王尔德直截了当地发出挑战：“你真认为你儿子和我在搞鸡奸吗?”对方反驳道：“我没说你鸡奸，但你看起来就是，你这副姿态也像是，这也一样糟糕。”然而，侯爵对王尔德劈头盖脸的一通指责显示，王尔德最近的所作所为确实令人担忧；他暗示王尔德和道格拉
斯“因为他们的恶心行径而被逐出了萨沃伊酒店”，并得意地 508
称王尔德因为写了一封“令人恶心的鸡奸信”而遭到了“彻头彻尾的敲诈勒索”。王尔德后来回忆，整个见面过程中，昆斯伯里的怒气让人惊恐，他在“癫痫一般的狂怒中”挥舞着小

手，嘴里叫嚣着“他脑袋里所能想出来的一切污秽的词语”，接着他又大声尖叫“如果再让我抓到你和我儿子在任何一家公共餐厅，我就揍扁你！”这是一个令人厌恶的场面，而且令人恐惧。据说王尔德的回答是：“我不知道昆斯伯里的规矩是什么，但奥斯卡·王尔德的规矩是当场开枪。”然后他要求昆斯伯里离开他的房子，并指示仆人（他那位年轻的“管家”已经惊呆了），永远不让侯爵进这个门。不过，昆斯伯里估计，王尔德“显然已经露了怯”。[1]

道格拉斯得知这一消息后，勃然大怒，比以往任何时候都更加坚定地要继续与他父亲争斗下去。然而，他的家人们却不太愿意挑起这桩令人更加难堪的丑闻。昆斯伯里太太的父亲阿尔弗雷德·蒙哥马利试图平息侯爵的怒火，却遭到了粗暴拒绝：“是你的女儿在怂恿我的儿子反对我……我已经摆出了针对奥斯卡·王尔德的种种理由，我要当面指控他。如果我对这件事有了十分的把握，只要见到他就会一枪毙了他，但我现在只能指控他装腔作势。”[2]事实上，昆斯伯里太太正在竭力缓和情势，但这还不够。她派出远方亲戚——“貌似可信的乔治·温德姆”（王尔德这样称呼他）去见王尔德，劝说他“逐渐放弃”波西。然而，打破这种关系并非王尔德的能力所及。波西很享受这种与日俱增的紧张气氛。昆斯伯里太太——知道她的前夫天生爱打官司——写信请求王尔德不要让律师卷入这场纠纷。[3]

但王尔德已经别无他法。他写信给乔治·刘易斯征求他的意见。然而，刘易斯——这位躲避冲突，避免官司纠纷的大专家，几乎从一开始就指导王尔德职业生涯的朋友——却帮不了这个忙。昆斯伯里已经聘请他处理侯爵正在进行的离婚诉讼。他只能写来一封正式的回函：“在这种情况下，您马上就会明白，对于您打算对他提起的任何诉讼，我是不可能提供任何意见的。虽然我不能做不利于他的事情，但我也不会做对你不利的事情。请相信我，你忠实的乔治·刘易斯。”[4]

王尔德听从罗比·罗斯的建议，去找了 C.O. 汉弗莱斯、索恩和克肖的律师事务所。查尔斯·汉弗莱斯先生给昆斯伯里发去一封措辞严厉的信，声称可以给他一个机会——以书面的方式——收回侯爵之前在写给他儿子的信中所做的种种“断言和暗示”，那些话是针对王尔德和阿尔弗雷德勋爵的“最卑鄙肮脏、寡廉鲜耻的诽谤”。他要求侯爵给王尔德和道格拉斯写一封书面道歉信，并暗示，如果没收到这封信，就要将那些冒犯人的信件公之于众，因为信中除了诽谤之外，还提到了某几位“尊贵人物”（几乎肯定，他们是自由党里让昆斯伯里感到棘手的人物，格莱斯顿和罗斯贝里），他们可能会因为披露信件而遭受伤害。[5] 509

昆斯伯里的回信令人沮丧：“收到你的来信，我感到相当惊讶。我当然不会因为我给儿子写的信，而向奥斯卡·王尔德先生道歉。”侯爵否认自己提到过“上流人士”，并声称“王尔德先生名声不好，我敢于发表我写的任何私人信件”。他越发坚定地决意与王尔德挑起一场“公开争吵”。他开始在王尔德喜欢去的地方四处转悠——伯克利酒店、威利斯酒店和皇家咖啡馆——希望当场将一起进餐的王尔德和波西逮个正着。[6]

与此同时，道格拉斯则火上浇油。昆斯伯里将他的信原封不动地退回之后，波西给他寄了一张明信片，并告诉父亲，他“根本不在乎那些荒谬的威胁”，并炫耀他和王尔德经常在餐馆共进晚餐的事实，而且表示还会继续去这些地方。“我已经成年了，是我自己的主人。”他将另外两人置于枪口之上，声称王尔德完全可以起诉昆斯伯里“无耻的诽谤”，把他送进监狱。对于暴力威胁，他夸口说自己现在有一把上了膛的手枪——“如果我打死了你，或者他（王尔德）打死了你，我们也完全可以证明自己是正当的，因为这是针对一个凶暴而危险的莽汉所采取的自卫行动，我想如果你死了的话，没有多少人会怀念你的。”[7]

事实证明，那把左轮手枪是个错误。它在伯克利酒店不小心走火了。幸好没有人受伤，但这件事情绝不能张扬出去。昆斯伯里认为，机会来了。他亲自拜访了王尔德的律师，通知他们，除非波西不再携带枪支，否则他将向警方报案。随后那天下午他又写了一封信，信中称——尽管他现在“听说波西已经卸下了左轮手枪”——但如果王尔德和波西继续“在公共场所搞出丑闻”，他就要把枪支走火事件报告给警方。[8]

对昆斯伯里来说，王尔德和他儿子在一起的想法本身就是
510 一桩丑闻。这成了一件让他着魔的事情。他从一家餐厅到另一家餐厅“传播卑鄙的丑闻”，并且宣布，下次再看到王尔德和他的儿子在一起时，他“要用手杖打（他）的脸”。[9]在他所属的体育俱乐部圈子里，他发现许多人都支持他的做法，并且一遍遍地重复传播他所说的“卑鄙丑闻”。王尔德的夸张另类总是引起传统男性的反感。但是，随着他的名声和举止变得带有某种更险恶的色彩，这种敌意便增长起来。记者弗兰克·M. 博伊德在皇家咖啡馆时，一名王尔德的“年轻仰慕者”走近表示，王尔德想见见他，博伊德当场回答：“请告诉你的朋友，想见我，还是让他见鬼去吧……请你再加上一句，我是‘Q’（昆斯伯里）的朋友。”记者约翰·布恩也是昆斯伯里的朋友，他警告两个朋友的儿子不要与王尔德交往。据弗兰克·哈里斯

回忆，“为了与奥斯卡·王尔德见面，并听一个新故事”，他曾举办过一次午餐会（这一活动可能正值王尔德在哈里斯的7月号《双周评论》上发表了六首“散文诗”）。在发给男性客人的十几份请柬中，有七八个人拒绝了，其中三四个人明确告诉哈里斯，“他们不想见到奥斯卡·王尔德”。王尔德不可能完全忽略这种轻视。在几个俱乐部中也发生过类似的事情，当他步入房间时，有人在众目睽睽之下走了出去。[10]

昆斯伯里的所作所为引发了一种与日俱增的不安情绪。在王尔德眼里，伦敦没有一个地方是安全的，可以免受入侵之扰。“被一个疯子尾随纠缠”令人“无法忍受”。更有甚者，他愈发地意识到，自己虽然在眼前这出戏里处于中心地位，但只是个次要人物。他只是为老牌家庭的敌意和怨恨提供了一个焦点。[11]然而，他却将成为任何对抗的主要受害者。尽管昆斯伯里可能会怒斥他的忘恩负义的儿子——怀疑他的正当性，并且诅咒他——但家族意识毕竟仍在。他一心破坏波西和王尔德之间的友谊——这一动机从来不容易估量，或许从来也不会完全确定——下定决心要将王尔德“粉身碎骨”，而且针对的只是王尔德一个人。[12] *

王尔德找不到明显的逃脱之法。他后悔自己没有指示汉弗 511
莱斯，迫使昆斯伯里确保不再闹事。当哈里斯也加入众人，建议他为了避免任何冲突，应该“放弃”波西时，王尔德质问

* 乔治·刘易斯似乎在某种程度上，试图改变昆斯伯里对王尔德和他儿子之间关系的看法。当然，他将“牛津事件”告诉昆斯伯里，当时波西遭到勒索了，王尔德（虽然没有以任何方式参与其中）帮助了他。然而昆斯伯里虽然接受了刘易斯的说法，但他对王尔德的态度却没有做出丝毫改变。（1895年2月26日，昆斯伯里侯爵写给明妮·道格拉斯的信；1895年3月27日，昆斯伯里侯爵写给珀西·道格拉斯的信。）

道："我为什么要对这个疯子低三下四?""因为,"哈里斯回答道,"他是个疯子。"[13]然而，这样的断绝关系是难以想象的。道格拉斯不会同意。王尔德也不赞成。"没有你我活不下去,"道格拉斯离开伦敦几天后，他说道,"你是那么亲切，那么美好。我整天想着你，想着你的优雅风度，想着你少年般的美貌，想念你明快如剑的巧言善辩，你那天才的细腻幻想，忽而像燕子一样飞向北，飞向南，飞向太阳或月亮，但首先是你本人。"[14]

王尔德心存疑虑，但波西却将山雨欲来风满楼视为一桩乐事，他发现自己的情绪也被感染了。道格拉斯从来没有这么"兴高采烈"过，唯一令他失望的是，什么冲突也没有发生。他试图争取家人的支持，但是——如他对远在澳大利亚的哥哥珀西抱怨的那样——"当然，除了亲爱的妈妈"，他们全都"退出了：而且弗朗西斯（德拉姆兰里格）断然拒绝为我挺身而出，他不愿意在公共场合与我和王尔德共进晚餐，以此表明他不相信父亲的话，尽管我恳求他这么做"。[15]

事实上，全家人都在努力让波西远离伦敦。正好夏天到了，人们纷纷离开伦敦。8 月初，道格拉斯似乎在苏塞克斯参加了古德伍德节；威尔弗里德·布朗特（另一位"表亲"）带他去埃文河畔的斯特拉特福德骑马度假，他在莎士比亚的墓旁朗读剧作家的十四行诗"作为祈祷"。昆斯伯里本人则去了苏格兰。[16]

与波西分开的几个星期里，王尔德仿佛失去了亲人，其间他拜访了手相师罗宾逊太太，从中得到了些许安慰。这位"莫蒂默街的女预言家"预见了他的未来，让他"非常开心"。"在某种程度上，我认为你的生活会非常精彩，"她说，"然后我看到一堵墙。墙外我什么也看不见。”王尔德的乐观态度，使他更倾向于关注“墙”之前的辉煌生活。他也很乐意听到她预言称，明年1月初，他将和波西一起“远行”，未来两人的生活将“永远手牵手”在一起。[17]

当阴暗的思想涌入时，这是一个光明的前景。7月底，沃 512
尔特·佩特去世，年仅54岁。王尔德告诉波西，一天晚上，他和现已衰老的母亲坐了坐：“在我的生活中，死亡和爱似乎携手并进：它们是我唯一思考的事情，它们的翅膀遮住了我。”[18]王尔德夫人现在很少出门。她觉得走路很困难，明亮的阳光灼得人疼痛。除了偶尔来访的客人和极其偶尔举办的“沙龙”之外，她真正喜欢的是一盆旺旺的炉火和一本好书。她会问：“有谁能像拉尔夫·沃尔多·爱默生那样对你讲话？”除了她的小儿子，没有别的人了。她的经济状况仍然不稳定。威利第一次婚姻破裂后，便失去了莱斯利夫人每年给他的100英镑零花钱，这是一个“非常可怕的”损失。她经常向奥斯卡“提前支取”10英镑或20英镑。他总是乐意帮忙，即便有时候不得不依靠他妻子的钱来凑够数目。[19]他自己的钱仍然少得令人沮丧。《理想丈夫》挣来的一大笔钱似乎已经花光了。他在银行透支了41英镑，像往常一样“手头拮据”。《阿维尼翁的红衣主教》和“三联剧”的计划显然已经搁浅。他需要另寻他法。

注　释

1. Holland，56-9；同行的第二个“绅士”通常被指是一个“拳击手”或“莽汉”；在有关奥斯卡·王尔德案件的媒体报道中，这个人被指称为“皮普先生”——也许暗指狄更斯作品《远大前程》中的类似人物。但完整的庭审记录（Holland，57）中，王尔德说，“昆斯伯里侯爵向我介绍（那位绅士）是‘佩普先生’，我记得是这个名字。”爱德华·詹姆斯·佩普是波特兰广场的一名地产商（Stratmann，*Marquess of Queensberry*，162），是侯爵的密友之一。MQ to Alfred Montgomery，in Hyde，*Trials*，154–5.

2. *CL*，708；Hyde，*Trials*，154–5.
3. *CL*，763，McKenna，387–8.
4. George Lewis to OW，7 July 1894（Austin）.
5. C. O. Humphreys to MQ，11 July 1894，in Hyde，*Trials*，162.
6. MQ to H. O. Humphreys，13 July 1894，in Hyde，*Trials*，162–3；1895 年昆斯伯里侯爵的证词，见 McKenna，388。
7. Hyde，*Trials*，162.
8. MQ to H. O. Humphreys，18 July［1894］，in Hyde，*Trials*，163：*CL*，708.
9. LAD to Percy Douglas，19 August 1894，in Stratmann，*Marquess of Queensberry*，190.
10. Harris，101；事情并非发生在 Pelican 俱乐部，该俱乐部已于 1891 年关门，重新开张后名为国家体育俱乐部。Boyd，*A Pelican's Tale*，95；Boon，*Victorians*，*Edwardians and Georgians*，1：200–1；Harris，99.
11. *CL*，598，708.
12. Hyde，*Trials*，154.
13. *CL*，589；Harris，101–2.
14. *CL*，594.
15. *CL*，708；LAD to Percy Douglas，19 August 1894，in Stratmann，*Marquess of Queensberry*，190. *CL*，594–5；Longford，*A Pilgrimage of Passion*，307. 这趟行程发生在 8 月中旬。
16. The visit was in mid–August.
17. *CL*，594；O'Sullivan，35.
18. *CL*，594.
19. Melville，246–9；Moyle，212.

6. 逗乐的能力

那就记住我的警句吧，亲爱的孩子，明天再念给我听。

——阿马兰斯先生对雷吉勋爵说的话，《绿色康乃馨》

夏天来了，王尔德想写一个新剧本。他知道，乔治·亚历 513
山大对他的下一个作品很感兴趣。他正在考虑写点与众不同的东西：不是他以前写的那种滑稽“戏剧”，而是完完全全的喜剧，甚至闹剧。最近看《丑闻学校》这出戏之后，他考虑尝试一些“18世纪”的东西。但他很快就确定，要把谢里登的喜剧精神移植到一个现代环境中。[1]

他给亚历山大写了一份大概的情节设想：

第一幕。晚会，晚上10点。

阿尔弗雷德·拉福德勋爵位于梅菲尔区的住所。他的朋友伯特伦·阿什顿从乡下来。阿什顿25岁至30岁的年纪，是他的好朋友。拉福德打听阿什顿的生活状况，得知他有一个被监护人，非常年轻漂亮，等等。阿什顿在乡下必须表现得一本正经，于是便想到城里放松一下，他为此杜撰出一个名叫乔治的弟弟——身上背负着所有恶行。拉福德对阿什顿的被监护人深感兴趣。

客人来了：塞尔比公爵夫人和她的女儿莫德·拉福德小姐， 514
她是阿什顿的心上人——众多客人，聊天——阿什顿来到莫德小姐面前单膝跪下——公爵夫人上场——莫德小姐："妈妈，你在这里很多余。"

场景：公爵夫人寻找儿子阿尔弗雷德·拉福德勋爵；仆人拿着字条回答，阿尔弗雷德勋爵突然去乡下了。莫德小姐发誓永远忠实于乔治·阿什顿。［附：阿尔弗雷德勋爵偶然说起"上次你进城来的时候，落了一块手绢（或者一个烟盒）在这儿。"由此揭开了监护人伯特伦·阿什顿的双重生活。监护人拿走落下的东西——阿尔弗雷德勋爵问："但是，亲爱的乔治，这上面为什么写着伯特伦——谁是伯特伦·阿什顿？"——监护人道出了个中情由。］

第二幕。监护人阿什顿家中——漂亮的乡村别墅。

被监护人梅布尔·哈福德和她的家庭女教师普丽斯姆小姐。家庭教师当然是个举止得体的严厉女人。她们提到了挥霍无度
515 的乔治，女仆进来说"乔治·阿什顿先生"来了。家庭女教师拒绝让他进门。但梅布尔坚持请他进来。阿尔弗雷德勋爵登场。他一下子就爱上了被监护人梅布尔。他因糟糕的生活而受到责备，等等，于是作出深刻忏悔。人们去花园。

进入花园。梅布尔进来："我要给你一个大大的惊喜——你的兄弟来了。"监护人当然予以否认。梅布尔说："不管你弟弟做了什么事情，你都不能抛弃她。"——说着，领进阿尔弗雷德勋爵。场景：两个男人之间。最后，阿尔弗雷德勋爵因监护人欠下的债务被捕；监护人很开心；不过，梅布尔让他原谅他的兄弟，并付清欠款。监护人查看账单，斥责阿尔弗雷德勋爵挥霍无度。

普丽斯姆小姐支持监护人。监护人命令他的兄弟离开这所

房子。梅布尔出面说情，弟弟留了下来。普丽斯姆小姐设计想和监护人结婚——她起码已经40岁了——她相信他是在向她求婚，并接受了他——他仓皇失措。

第三幕。梅布尔和假弟弟。

他向她求婚，她接受了。梅布尔独自一人时，莫德小姐独自抵达，她只知道乔治这个名字。她告诉梅布尔，自己已经和“乔治”订婚——相当自然的场景。梅布尔退场；乔治上场，他自然而然地吻了他的妹妹。梅布尔上场看到这一幕。接下来当然就是解释。梅布尔解除了婚约，理由是乔治没有什么可以改过自新的：她之所以同意嫁给他，是因为觉得他品行不端，需要有人指引。他许诺要做一个坏丈夫——以便使她有机会将他改造成为一个更好的男人；她的心情缓和了一点。

监护人上场：莫德小姐指责他在乡下过着体面的生活；治安官、乡村议员、教会执事、慈善家，都是很好的榜样。他被伦敦的生活深深吸引：她恢复了平静，让他永远离开乡下：乡村让人失去了斗志；它让你变得体面。“你需要的是萨沃伊酒店的简单餐饮；皮卡迪利的宁静生活；梅菲尔区的孤独生活，等等。”

公爵夫人上场追赶女儿——反对两桩婚姻。普丽斯姆小姐过去曾经是公爵夫人的家庭教师，她无意之中解决了所有问题——结果皆大欢喜。

大结局

落幕

作者上场

递上香烟

经理上场

作者一年的版税

将创作剧本归功于经理。他会赚得盆满钵满。

精彩的演出。

这些“场景”当然只不过是第一稿；王尔德认为，“这个剧本的真正魅力”在于对话方面。然而，他希望这些想法具有足够的吸引力，能让亚历山大预付 150 镑——如果亚历山大对完成的剧本不满意，可以要求归还这笔钱。他觉得——如果能够“离开去写作”——10 月份就能完成。[2]

王尔德得以脱身，开始写作。继上一年在戈林的挥霍之后，康斯坦斯——将每周的预算定在 10 畿尼——在夏季的最后一个月租用了一处较小的房子。“避风港”是她一个朋友的联排房子，位于南海岸沃辛的滨海大道。她和两个孩子（现在一个 9 岁，一个 7 岁）——还有他们的家庭教师和两个泰特街的仆人——于 8 月的第二周初去了那里。王尔德在三天后抵达，将顶层带阳台的房间作为他的“写作室”。[3]这是一段充满海滨乐趣

516 和文学创作的日子，而且不仅仅是对王尔德而言。他将出版“奥斯卡语录”的想法告诉了康斯坦斯。她准备编写一部他的格言警句集，内容取自他的戏剧和其他作品；准备交给哈查德书店的年轻经理阿瑟·汉弗莱斯自费印刷。

康斯坦斯和 29 岁（已婚）的汉弗莱斯在合作期间，两人形成了一种特别的融洽关系。康斯坦斯最近几个月一直受到奥斯卡冷落，对别人的友善和关注很敏感。她在写给汉弗莱斯的一封信中，坦承她认为他是“一个理想的丈夫，的确……你离一个理想的男人不远了！”汉弗莱斯为出书的事情到沃辛一天，

她趁着他到外面抽烟的工夫，给“亲爱的阿瑟”（她现在这么叫他）写了一张纸条——“告诉你我有多爱你，你今天来这里是多么值得珍视，令人愉快”。我们不知道，这种浪漫的友谊是否发展成了婚外情，也许不太可能，但它确实让王尔德明白了，他的妻子在别人眼里是很有吸引力的，而且她对别人也怀有渴望。[4]

王尔德全身心地投入他的剧本中，8 月 14 日阿尔弗雷德·道格拉斯勋爵的到来只是部分地转移了他的注意力。尽管在来到沃辛之前，王尔德曾建议道格拉斯前去拜访，但接着他便试图用一些无聊的家庭生活故事来搪塞道格拉斯（孩子们的家庭女教师“讨厌、丑陋……简直令人无法忍受”，而且是个瑞士人；“而且，孩子吃饭时真累人”）。不过，波西是不容拒绝的。他不顾王尔德的警告，缩减了和威尔弗里德·布朗特的旅行，便来海边享受乐趣了。虽然他似乎一直住在酒店，但他经常出现在避风港，这让康斯坦斯很沮丧。他很快就意识到自己是“奥斯卡和奥斯卡太太争吵的焦点”，但以他特有的自私无视了他们的不适，开始享受生活。在他自己的记忆中，他对王尔德的戏剧创作做出了巨大贡献。他坐在王尔德身旁，赞许地听着剧作家给他读笑话，并且提出了许多他自己的想法。[5]

道格拉斯的到来并不能完全破坏全家人在海滨度假的气氛。事实上，王尔德的儿子维维安后来回忆说，那个夏天很迷人，奥斯卡“正处于他最好的状态”，“风不大的时候”他带着孩子们游泳、钓鱼和航海。他们搞了一个水族箱，用来存放当天在岩石池中发现的东西。王尔德热心建造沙堡，“那是他最擅长的艺术”，他设计了“长长的、漫游式的城堡……有护城河、 517
隧道、塔楼和城垛”。除此之外还有其他活动：沃辛年度赛舟会场面精彩（只是在王尔德看来，它被帆船上“一种专利药的巨大广告”破坏了）。在救生艇展览会上，王尔德一行人坐着一艘小游艇“疾驰来去”，引人注目。王尔德还带着西里尔去议会厅，聆听了至少一场完整的音乐会。[6]那年夏天，王尔德和大儿子之间的特殊关系得到了加强。他将“俊美、深情、可爱”的西里尔称为“所有朋友中的朋友，所有伙伴中的伙伴”。[7]

然而，至少在一段时间内，王尔德允许自己任由道格拉斯支配。他们一起出海，经常由三个在海滩上结识的当地小伙子作陪：16 岁的阿方斯·康威和他的朋友斯蒂芬和珀西。男孩子们会光着身子从船上跳进水里，潜水捕捉对虾和龙虾。王尔德描述阿方斯——他称其为“阿方索”——是一个“聪明快乐的男孩”，没有任何明显的嗜好，而他的聪明也为这个假期增添了魅力。他和他的朋友们成了那个夏天的一部分。一次外出后，王尔德和道格拉斯带着阿方斯和斯蒂芬去海洋酒店吃午饭。男孩们也会参加家庭活动，带着王尔德的儿子们上船“捕虾”。阿方斯甚至参加了在滨海广场为西里尔举办的儿童茶会。[8]

王尔德特别喜欢“阿方索”，后者与寡居的母亲住在离海边不远的地方。他鼓励阿方斯出海当水手，并以《金银岛》和《格罗夫纳号沉船》作为礼物激发他的想象力。王尔德给他买了一套蓝色的哔叽衣服和一顶饰有红蓝相间缎带的草帽，这样他在夏天的节日里就不用为自己的“破旧”衣服而感到羞愧了。尽管这一切中似乎包含着某种关爱，但其中也有明确的性因素。[9]据康威说，他们认识后不久，王尔德建议两人晚上 9 点左右在游行队伍上见面。他们一起走出小镇，沿着海滨小道，往兰斯的方向而去。走到僻静处，王尔德突然“抓住”“阿方索”，把手伸进他的裤子，为他手淫，直到他“精疲力竭”为止。他没有要求阿方斯“做任何事情”。这件事似乎并没有让男孩感到不安，几天后又发生了一次。道格拉斯是否也与阿方斯或他的任何一个朋友发生过性关系，尚不得而知，但这是完全有可能的。[10]

那年夏天，人们的性危险意识增强了。从伦敦传来的消息 518
说，警察突袭了菲茨罗伊街（离克利夫兰街不远）的一所房子，逮捕了18个人，其中两个人穿着“奇奇怪怪的女装”。被拘留的人员中包括王尔德的朋友查理·帕克和阿尔弗雷德·泰勒。尽管由于缺乏证据，最终没有人受到指控，但法庭报告显示，这所房子已经被监视了一段时间，许多被捕的人都是警察“认识的”。虽然没有迹象表明王尔德曾经去过那所房子，但令人担忧的是，警方对这些地方非常感兴趣。当然，王尔德听到这个消息很难过：他称之为“一桩可怕的厄运”，“可怜的阿尔弗雷德·泰勒”“真的遇到了麻烦”。但是，随着事情的发展，他的语气变得轻松了。“一定把阿尔弗雷德的事情全都告诉我，”他询问一个两人共同的朋友，“他是生气还是愉快？他要做什么？”（泰勒又干起了原先的勾当：没那么频繁了。而查理·帕克在受惊吓之后，加入了皇家炮兵部队。）[11]

9月初，波西离开沃辛定期去度假泡温泉，王尔德得以重新投身于他的剧本中。他没有收到乔治·亚历山大关于该剧的回复，怀疑之前的剧本方案对于其品味和剧院来说是不是“过于荒唐了”。然而，事实证明，亚历山大在信中表达了对该剧的兴趣，只不过那封信在邮寄过程中丢失了。从亚历山大之后写来的一封信中可以看出，他急切地想要了解有关这部剧的消息，并且正思量他是否能够得到该剧在美国——以及英国——的上演权，因为他正计划明年到美国进行第一次巡演。[12]

尽管王尔德自称手头拮据，无法赴伦敦讨论这个剧本，但亚历山大还是劝说他去了加里克餐厅吃午饭。这是一次令人满意的会面：王尔德从亚历山大那里得到一笔钱，作为交换，亚历山大对完稿的剧本享有“优先取舍权”。但他劝阻亚历山大不要把这部戏带到美国去，因为在美国，它不会有一个正式的首演，也不会在各大城市上演，它只是亚历山大巡回演出中偶尔的一个剧目而已。王尔德盘算将这部戏的美国版权单独出售给一个美国制作人，价格可能高达3000英镑。[13]

回到沃辛后，王尔德匆忙写了另一出戏的情节设计，他认为这部戏剧可能更适合亚历山大去美国巡演：一部戏剧成分多于喜剧成分的“喜剧”。剧情巧妙地扭转了《温德米尔夫人的扇子》中的剧情：一个不忠的丈夫被他“淳朴温柔”的妻子采
519 用聪明的做法从一个有伤风化的场合中拯救出来。但后来她抛弃了他，和丈夫的朋友私奔了，她对后者充满了激情。“你让我爱上你了，”她对他说，“所有这些自我牺牲都是错误的，我们注定要生活下去。这就是生命的意义。”与他滑稽可笑的闹剧相比，这是一部真正充满力量和激情的戏剧，而且——因此——更符合亚历山大的“浪漫”表演风格。“我看到了它的伟大之处，”王尔德对这位演员经纪人说，“如果你喜欢，写完之后，你可以把它带到美国去。”[14]

不过，与此同时，他又继续写起了他的滑稽喜剧。他对这个剧本“非常满意”。其中充满了他那令人愉快的、颠覆性的哲学思想：“我们应该以非常严肃的态度对待生活中的一切琐事，用真诚和举重若轻的态度对待生活中一切严肃的事物。”[15]最初的情节设计在这个夏天得到了充实：现在两个男性角色都过着“双重生活”。“监护人”（为纪念这个海滨度假胜地而被

改名为杰克·沃辛）虚构出一个他想象中堕落的兄弟（现在改名为欧内斯特），为自己进城提供借口；他的朋友（从阿尔弗雷德·拉福德勋爵变成了普普通通的阿尔杰农·蒙克利夫，也许是为了减轻其与阿尔弗雷德·道格拉斯勋爵的相似之处）也一样，他虚构了一个名叫邦伯里的生病朋友，以此作为借口逃避乏味的社交活动。随着剧情的进一步发展，剧本模仿浪漫小说中流行的复杂巧合，杰克还是婴儿的时候就被他的保姆（年轻的普丽斯姆小姐）抛弃，由一位不知道其真实身份的善良老绅士抚养长大，成了阿尔杰农失散已久的兄弟（实际上叫欧内斯特）。

毫无疑问，王尔德很享受故事情节给他带来的共鸣，他作为受人尊敬的丈夫和年轻男子的秘密情人，正日益陷入“双重生活”之中。事实上，整部作品都充满了对王尔德的性趣味和性关系的颠覆性暗示。杰克虚构的弟弟被重新命名为“欧内斯特”，① 此举是对维多利亚时代传统观念中所谓“认真”美德的讽刺评论，该剧因此得名《不可儿戏》。该剧还暗自指向了最近出版的一本名为《真挚的爱》（*Love in Earnest*）的“同性恋”诗集，其作者约翰·甘布里尔·尼科尔森之前明确表示他爱上了一个名叫欧内斯特的学生。此外，剧中描述“欧内斯特·沃辛”的住址是奥尔巴尼的E4——那是乔治·艾夫斯曾经住过的地方。[16]

然而，王尔德在剧中的偷偷暗示并非都与他的秘密性生活有关。他把杰克年轻漂亮的被监护人重新取名为“塞西莉·卡杜”，以纪念他在牛津的一位老朋友的小侄女。[17]为了纪念马克 520

---

① Ernest，意为‘认真’。——译者注

斯·比尔博姆，他在一份以“M”开头的英国将军名单中加入了一个不太可能的名字“马克斯博姆将军”。他给剧中两位管家取名为“莱恩”和“马修斯”，以发泄对出版商的不满（不过后来他发了善心，把“马修斯”改成了“梅里曼”）。想象中的病人“邦伯里”可能是对查尔斯·布鲁克菲尔德的轻蔑暗指，后者在最近的喜剧《教父》中扮演了一个叫邦伯里的角色。[18]

然而，作品中的一切都贯穿着王尔德的乐趣。他认为，剧中的对话——荒唐、轻松、矛盾——是他写过的最好的台词。尽管如此，这个剧本本身仍然需要修改。他告诉道格拉斯：“它就在房间里四处散落的‘西比尔的叶子’里。①”他们从泰特街带来的年轻“管家”阿瑟“要‘收拾’屋子，却再次将之搞得乱七八糟”——不过，王尔德说，他在这种随机的重新排序中发现了巨大的可能性：“我倾向于认为，‘混沌’是万能的造物主比宇宙的存在更站得住脚的一个证据。”[19]

康斯坦斯于9月12日离开沃辛，为孩子们上学做准备。西里尔即将被送往比达莱斯，那是哈里·莫里利尔在剑桥的朋友J. H. 巴德利最近创办的一所新派寄宿学校，而维维安则准备去布罗德斯泰斯的一所预科学校（亚历山大寄来的钱正好让王尔德付了学费）。[20]王尔德留在“避风港”工作。当然，也有一些让人分心的事情。王尔德居住的数周里，他已经成为当地的名人，受邀在小镇水上假期结束时的“威尼斯节”上颁奖。

他在演讲中详细叙述了沃辛的魅力，受到热烈欢迎。他赞

① 西比尔（Sibyl）传说是能占卜未来的女子，她们生活于幽深的山洞，喜欢将预言写在叶子上，然后置于洞口，让其随风四处飘散。——译者注

扬了小镇的便利设施——美丽的环境和众多“可爱的长距离步道，他推荐给其他人，但自己没有去过”。不知道与他相处颇为融洽的阿方斯·康威当时是否在场听到了这些半真半假的话。王尔德最后总结道：“他很高兴在沃辛观察到的最重要的事情之一……提供快乐的能力。”[21]

康斯坦斯的离开似乎是波西再次出现的信号。王尔德甚至和他穿过英吉利海峡到迪耶普做过短暂的访问（夏天“非常有趣和明亮”）。[22]然而，他们回来后发现，自己已经被置于一个令人憎恶的全新恶名之下。他们不在期间，有人匿名出版了一本名为《绿色康乃馨》的书。该书由海涅曼出版，几乎不加掩饰、非常滑稽地描绘了王尔德和阿尔弗雷德·道格拉斯勋爵， 521
引起了轰动——爱说警句的“阿马兰斯先生”和他的金发弟子“雷吉·黑斯廷斯勋爵”——讲述了一个年轻人“用他那不纯洁而微妙的青春中的全部激情，去崇拜不正常的人”。

那本书与其说是一幅漫画，不如说是一张照片。它显示出作者对王尔德和波西生活细节极为熟悉。雷吉勋爵收到满脸胡须的父亲寄来的一封怒气冲冲的信后，漫不经心地用电报回复道：“你是个多么可笑的矮子。”尽管书中的情节主要集中在雷吉勋爵追求“洛克夫人”失败这件事上，但其中大量暗示了两位男主角的真正性兴趣。两人都遵循阿马兰斯所阐述的“高等哲学”：“无所畏惧，敢于按照自己的意愿生活，而不是按照中产阶级的意愿生活；勇于面对自己的欲望，而不只是别人的懦弱。”而且，正如阿马兰斯所说，当中产阶级赞美“自然”的时候，他却偏爱生活中方方面面的“非自然”。王尔德对这一切与其说是惊慌，倒不如说是感到好笑。他认为这本书“非常聪明”，甚至在很多地方显得“才华横溢”。[23]

人们都在热烈讨论——在媒体上，以及在沃辛——这本书到底是谁写的。王尔德怀疑是艾达·莱弗森，她曾经在《笨拙》杂志上如此巧妙地恶搞过他，但艾达向他保证绝不是她写的。[24]此时他们已经发现，制造麻烦的人是罗伯特·希金斯。他吸收了道格拉斯在他们沿尼罗河而下的旅途中告诉他的一切，并补充了他回到英国后见到王尔德，以及听比尔博姆聊天时获取的内容。王尔德称他是“心存怀疑的信徒，写出了虚假的福音”；道格拉斯不满的是“书里所有最好的笑话都是真的（他的）”，而且“未经认可”就被窃取盗用了。他们都发去了诙谐的电报，王尔德告诉希金斯，秘密已经被发现了，波西建议他要避开未来的复仇。[25]

王尔德还给《帕尔摩报》发去一封语气幽默的信，驳斥了该报的暗示，即他本人就是《绿色康乃馨》的作者。“我发明了那朵美丽绝伦的花，”他称，稍微夸大了一点事实，“但是由于中产阶级和庸俗的书刊夺取了我拥有的美丽异常的名字，简直毋庸置疑，我还有什么事情可做。这朵花是艺术创作。那本书却不是。”他在剧本手稿中添加了一句话，其中布兰克斯特夫人提到曾收到过这本书，然后将其斥为“一桩病态的中产阶级事件”，似乎与“异族文化”有关。[26]

522 王尔德的轻率处置是不恰当的。这本书在当年年底前惹人注目地发行了三版，极大地增加了人们对他与道格拉斯的友谊的关注和偏见。“《绿色康乃馨》毁掉了奥斯卡·王尔德在公众心目中的形象，”弗兰克·哈里斯回忆说，“它从各方面证实了最糟糕的怀疑。”它理所当然地“激怒了”昆斯伯里侯爵。[27]

道格拉斯于9月22日回到伦敦，让王尔德在避风港不受干扰地工作了一周。或者说几乎不受打扰：他曾经两次，或许是三次邀请阿方斯·康威到家里吃饭。之后，据阿方斯回忆，王尔德"把我带到他的卧室，我们都脱了衣服，上了床"。[28]王尔德还兑现承诺，带阿方斯出去旅行了一晚，"回报他在夏天愉快地陪伴"了自己和孩子们。他们去了布赖顿，住在阿尔比恩旅馆。王尔德确保他们有相通的房间，那天晚上——在酒店餐厅吃完晚饭后——他带阿方斯上床睡觉。"他和以前一样"，阿方斯说，尽管这次他还"用了嘴"。也许就在第二天，王尔德送给阿方斯一张签名照片，一根别致的手杖和一个烟盒，上面写着："送给阿方斯，来自他的朋友奥斯卡·王尔德。"[29]

9月还没过完，道格拉斯又回到沃辛，又是一次短暂的逗留。他带了一个非常不合适的"同伴"，王尔德拒绝让他们住下来，而是让他们住进了酒店。直到第二天，当他的同伴（大概是伦敦的一个"租客"）"重返老本行"后，道格拉斯才搬到了"避风港"。然而，假期已经过去，小镇上的人越来越少。道格拉斯很快就厌倦了这种有限的家庭生活。他坚持两人搬到阳光更明媚的布赖顿去。[30]

这并不是一段愉快的插曲。他们住进都市酒店不久，道格拉斯就患了流行性感冒。王尔德悉心照料他，在房间里摆满鲜花，还派人从伦敦买来新奇的水果，因为波西不喜欢酒店里的葡萄。"我守在他身边，给他读了几段取自他本人生活的片段，"他写信对艾达·莱弗森说，"这些片段令他惊讶。"在昂贵的酒店度过四天之后，随着波西的康复，他们搬进了公寓。王尔德希望能在这个环境中完成他的剧本。但是，他自己却染

上了流感。道格拉斯不想照顾他，去伦敦待了几天，留下王尔
523 德“孤零零地一个人，没有人关心，没有人照顾，什么也没有”（王尔德痛苦地回忆道）。道格拉斯一回来，就在镇上寻欢作乐，一直玩到凌晨。在王尔德温和的规劝下，他勃然大怒，指责王尔德“自私”地难以置信，竟然要他放弃享乐坐在病人的房间里。第二天早上，他出现在王尔德的卧室里，不是为了道歉，而是为了变本加厉地吵闹。王尔德被这种近乎歇斯底里的狂怒吓坏了，感到了实实在在的危险，急忙从床上爬起来，逃到楼下的公共客厅。随后波西离开了，不过在此之前他“一声不响地”回到王尔德的卧室，把能找着的钱都拿走了。

即便在两人的相处关系中，王尔德时常被道格拉斯的脾气惹恼，这次的情况也属罕见。王尔德被深深地震撼到了。也许“最后了结的时候”真的到来了。王尔德回忆说，这个想法是“一种巨大的解脱……我知道，从今往后，我的艺术和生活不管在哪方面都将更加自由、更美、更好……虽然我病体虚弱，但内心舒畅。这次分手是义无反顾了，这使我觉得安宁平静”。当然，他以前也下过这样的决心。但这一次，他的决心在几天后变得更加坚定了。在他 40 岁生日那天，他收到了许许多多祝福信件，其中有一封道格拉斯的信，信中再一次淋漓尽致地重复了他的怒火：用“粗俗的嘲弄”取笑王尔德，吹嘘自己把都市酒店的账单算到了王尔德账上，恭喜他张皇失措地“逃离了”病榻，最后总结道：“你像尊偶像，没了底座就没意思了。下次你要是病了，我马上就走。”面对这种“令人作呕的……粗鲁和鄙俗”，王尔德决定在那个星期五（10 月 19 日）回到伦敦后立即与乔治·刘易斯见面；他要让他写信给昆斯伯里侯爵，

声明他将断绝与道格拉斯的一切联系。[31] *

然而星期五早上，他打开晨报，发现了一条令人震惊的消息：波西的大哥德拉姆兰里格勋爵（“真正的一家之主，爵位的继承人，家里的顶梁柱”）在萨默塞特郡匡托克的一场射击中死于“意外”。同行的其他人发现他躺在沟里，旁边放着枪，半张脸都被炸飞了。王尔德的决心瞬间化为乌有。他给波西发去电报，对他痛失亲人深表同情。几天后，他们在泰特街见面 524
了。他们没有提到波西在布赖顿的可怕行为，也没有提到他那封更可怕的信。一切都被德拉姆兰里格之死的悲剧洗刷得干干净净。“你那真切的悲哀，”王尔德后来提醒波西道，“似乎带着你前所未有地靠近我。你从我这儿带去供在你哥哥坟上的鲜花，不只要成为他（德拉姆兰里格）生命之美的象征，也要成为蕴藏于所有生命中并可能绽放的美的象征。”在这种新的亲密关系面前，所有想要一刀两断的想法都被抛在了一边。[32]

虽然10月20日在萨默塞特举行的调查中，这起事件已经被判定为意外死亡，但许多与此相关的人都怀疑是自杀。只有自杀动机仍然是个谜。德拉姆兰里格马上就要宣布订婚。也许是出了什么问题？昆斯伯里在写给阿尔弗雷德·蒙哥马利的信中，以他典型的毫无节制的风格，针对此事指责他和他的女儿，以及“自以为了不起的同性恋者罗斯伯里，还有基督教伪君子格拉德斯通”，导致他和长子在贵族身份问题上“不和”。否则事情可能就是另一番景象了：

---

* 道格拉斯去了牛津，与比尔博姆和雷吉·特纳一起住在克拉伦登。“波西还在酒店里，非常有趣，”比尔博姆给艾达·莱弗森写信说，“看起来他和奥斯卡大吵了一架。奥斯卡在布赖顿病倒了。波西晚上去音乐厅，凌晨两点回来，大声唱着歌。奥斯卡大发雷霆，责怪他不体贴。波西第二天早上就离开了——奥斯卡没有回波西的电报。”

> 我在所有这一切（德拉姆兰里格之死）的背后嗅出了悲剧的气息，而且已经听到风声，说还会有一个更惊人的悲剧。我根据某些事情，做出了自己的判断，如果事情的确如此，我是所有人中原本有能力，并且也会帮助他的那个人，倘若他怀着信任来找我，但那一切都被你们这些人阻止了——我们已经有一年半多没有见面或坦率地交谈了。我正在采取正确的方式调查所发生的一切。寻找那个女性目击者。我已经耳闻了某件事，它完全可以解释整个事情。[33]

遗憾的是，昆斯伯里的怀疑和发现没有留下更多的记录。悲剧背后的“女人”难道是德拉姆兰里格的未婚妻艾利克斯·艾丽丝吗？或许另有他人？她扮演了什么角色？昆斯伯里断定他是“所有人中”原本能够帮助他的儿子的人，这很有意思，但很难理解。难道这件事可能与他自己最近不幸的婚姻有关吗？那段婚姻已经在10月24日秘密举行的听证会上宣告终结——“因上述答辩人的性冷淡、阳痿和畸形”而宣告作废？[34]这已经无从知晓。当时（和现在一样），德拉姆兰里格死亡的神秘事
525 件引发了人们的猜测。当时一直有传言称，46岁的罗斯伯里（1890年妻子去世后成为鳏夫）对年轻男子有性兴趣。人们发现他喜欢雇佣长相俊美的私人秘书，导致有些人倾向于“相信最坏的结果”。他习惯于自己拆信，到那不勒斯度假，这些也对他很不利。昆斯伯里当然很喜爱这样的流言蜚语：他使用了大量词语侮辱罗斯伯里，从“该死的混蛋”一直骂到“自以为了不起的同性恋”。尽管昆斯伯里的最初反应并没有表明他将罗斯伯里的所谓癖好与德拉姆兰里格之死的“灾难”联系起来，但其他人肯定会把两者联系起来。也许，随着时间的推移，

他也会渐渐相信别人的怀疑。[35] *

当然，这场悲剧并没有改变侯爵对王尔德的纠缠。他把这件事——以及这件事给他带来的痛苦——告诉了从澳大利亚回来的儿子珀西。珀西建议把这件“悲惨的事情……推向尖锐化”。时间似乎很紧迫。对于任何像昆斯伯里一样怀疑英国社会上层正被一个秘密的鸡奸网络所腐化的人来说，最近出现了一些令人不安的迹象。“新文化”貌似正越发张狂地坚持自己的主张。当时新闻界正在辩论维多利亚时代婚姻的社会习俗，其间出现了几篇回应文章，提出完全的个人自由应该扩展到同性关系。4 月，《艺术家》杂志编辑查尔斯·凯恩·杰克逊在一篇他称之为“新骑士精神”的文章中直言不讳地阐述了这一点，随后便遭到解雇。10 月，乔治·艾夫斯在《慈善家》杂志上发表了一篇类似的文章。（他的文章被《评论述评》杂志猛烈抨击后，王尔德祝贺他：“当好色之徒和无能之辈攻击你时，你肯定是正确的。”）[36]

在牛津，尽管《灵灯》杂志在道格拉斯离去之后便停刊了，但学生们正计划创建一份新的期刊，继续在大学里宣传“新文化”。在艾夫斯位于奥尔巴尼的房间里，王尔德遇到了年 526

---

* 尽管关于罗斯伯里所谓的同性恋关系至今仍然没有确切证据，但当时已经存在关于他们的谣言。安德烈·纪德记录了 1902 年 8 月他与雷吉·特纳在迪耶普海滩上的一次对话，讨论由王尔德开始，还谈及了其他（有些出人意料）与王尔德有同样的性品味的人：

他（特纳）：贝尔福……基奇纳……罗斯伯里。

我（纪德）：吉普林。

他：没有。

我：我向你保证。

他：这是我第一次听说。

静默。

轻的编辑，“一个异常俊美的本科生”约翰·布洛克萨姆。他们讨论了杂志的名称，最终确定叫《变色龙》。为了支持创刊号，王尔德拿出了一篇“格言”。道格拉斯写了两首充满性爱色彩的十四行诗，其中一首是《两种爱》，最后一句令人难忘：“我是不敢说出自己名字的爱。”王尔德的投稿——《供年轻人使用的至理名言》——没有招来明显争议。其中的许多格言出自《理想丈夫》，它们勾勒出的是知识分子的视野，而不是性幻想，但其中的极少数确实捎带了一些危险的暗示。王尔德断言：“邪恶是善良的人们编造的荒诞说法，用来解释别人的奇特魅力。”[37]

王尔德可能想把这些格言连同其他曾经发表在《星期六评论》上的话，汇集成一篇《教育过度者的几条准则》，收录在《奥斯卡语录》中。他对康斯坦斯最初整理的文本感到失望：“这本书太糟了，”他对汉弗莱斯抱怨说，“在本应该摘录一句格言的地方，却引用了长长的段落。”他现在正忙着自己做修改和补充。他试图让汉弗莱斯重视这项工作，这本书必须是“一件真正的杰作”。[38]

然而，对王尔德来说，眼下最紧迫的是《不可儿戏》。10月底，他把完成的打字稿寄给乔治·亚历山大——假借了一个标题《兰辛夫人》。他之所以这么做，是为了有所保留。“当然，这出戏并不完全适合你，”王尔德告诉他，“你是个浪漫的演员。”这是一部闹剧色彩的喜剧，完全超出了圣詹姆斯剧院一贯遵循的“明确的艺术界限”。王尔德认为这部作品真正需要的是像查尔斯·温德姆或查尔斯·霍特里这样的喜剧演员。很有可能王尔德已经就这出戏试探过这两个人。因此，当亚历山大无法立刻排演这部作品时，王尔德立马将剧本给了温德姆，确保他承诺将在新年之际将该剧搬上标准剧院的舞台。有了这份协议，他似乎还预支了 300 英镑——他可能还用这笔钱偿还了从亚历山大那里预支的钱。[39]

最终结果是不错的。在一年多没有新作品的情况下，在接下来的一年里王尔德将有两个剧本要上演。《理想丈夫》于 12 月的第二周开始排演，定于来年 1 月 3 日在干草市场剧院首演。王尔德经常出现在剧院里。扮演奇尔顿太太的朱莉娅·尼尔森回忆，当时他总和三个年轻男子一起，他们站在 527
他旁边，身高从高到低“就像三只熊”（她没有提到身高 5 英尺 9 英寸的波西是否身在其中）。王尔德对这出戏的前景仍持怀疑态度。康斯坦斯说他“对此非常沮丧”。[40]经过了前一年与比尔博姆·特里公司的欢宴之后，他发现演员们没那么讨人喜欢了。他与沃勒的妻子弗洛伦丝发生了不幸的争执，她不顾王尔德的意见，坚持要求扮演谢弗里太太的角色。查尔斯·霍特里（曾在《诗人与木偶》中讽刺过他）扮演戈林勋爵；虽然王尔德钦佩霍特里的喜剧才华，但这位演员一直对他怀有一种无声的怨恨。当采访者——希望得到一个笼统的回答——问王尔德，“演员和剧作家之间的确切关系是什么？”王尔德笑着回答说：“通常有一点紧张。”之后的问题是，“但你肯定认为，这位演员是一位有创造力的艺术家，是吗？”王尔德用一种略带伤感的语气回答：“是的，非常有创造力——太有创造力了！”[41]

查尔斯·布鲁克菲尔德加剧了演员和剧作家之间的紧张关系。这位《诗人与木偶》的作者扮演了戈林勋爵的贴身男仆的次要角色——因为，正如他极不礼貌地解释的那样，他不想知道太多王尔德的台词。王尔德没有接受这样的挑衅，这当然进一步激怒了这位演员。他很会耍这种花招。布鲁克菲尔德对必须在圣诞节期间排练感到非常愤怒，问道："奥斯卡，你不过圣诞节吗?"王尔德回答："不过，布鲁克菲尔德，我唯一遵守的宗教节日是七旬斋。布鲁克菲尔德，你过七旬斋吗?""长大之后就再也没过了，"布鲁克菲尔德回答。"啊，"王尔德说，"那就再当一次孩子吧。"[42]

注　释

1. *CL*，598；LAD to James Agate，18 November 1940，quoted in James Agate，*The Selective Ego*（1976），54：道格拉斯将此事归功于自己，他说，"（奥斯卡·王尔德）原本计划写一部18世纪的戏剧……奥斯卡在动笔之前给我讲了两三次对于这个剧本的想法。我建议把它做得更现代一些，他说：'我相信你是完全正确的。'他采纳了我的建议。"有意思的是，查尔斯·弗罗曼在一封写给奥斯卡·王尔德的信中（1893年3月2日），曾经请他写一出"《丑闻学校》风格的现代剧"。
2. *CL*，595-7.
3. Moyle，243；Antony Edmonds，'Alphonse Conway-the "Bright Happy Boy" of 1894'，*Wildean*，38（2011），20-3；LAD to A. J. A. Symons，8 October 1935（Clark）.
4. CMW to Arthur Humphreys，1 June 1894（BL）；CMW to Arthur Humphreys，11 August 1894（BL）；CMW to Arthur Humphreys，22 October 1894（Clark）.
5. *CL*，598-9；Ellmann，241；Agate，*The Selective Ego*，54；R. Mangan，ed.，*Gielgud's Letters*（2004），53；Antony Edmonds，'Chronology of Oscar Wilde in Worthing in 1894'，*Wildean*，43（2013），108-9.
6. V. Holland，*Son of Oscar Wilde*，43；Moyle，246；quoted in Antony Edmonds，*Oscar Wilde's Scandalous Summer*（2014），13.
7. *CL*，715.

8. Edmonds, ‘Alphonse Conway’, 30-4. 康威生于1878年7月10日，遇到王尔德时刚满16岁，并非 McKenna, 402书中所言的“15岁”，也不是奥斯卡·王尔德在法庭上所说的“大约18岁”。CMW to Otho Lloyd, 31 August 1894, in Moyle, 247.
9. Edmonds, ‘Alphonse Conway’, 27.
10. 阿方斯·康威的证词，见 McKenna, 402;“证词”内容主要集中在奥斯卡·王尔德身上，并不包括与阿尔弗雷德·道格拉斯勋爵有关的内容。
11. *CL*, 603; McKenna 410.
12. *CL*, 610. 王尔德从沃辛写给乔治·亚历山大和道格拉斯的信（*CL*, 598-610），二者的时间顺序显然是错误的。我认为，正确的顺序应该是：（1）OW to G. Alexander, *CL*, 610;（2）OW to LAD [8 September], *CL*, 607-8;（3）OW to LAD [并非8月13日，而是9月10日，正如安东尼·埃德蒙兹在“Bosie's Visits to Worthing 1894”, Wildean, 39（2011）, 26ff, 中令人信服地指出的]；（4）OW to G. Alexander, *CL*, 599-600。我将以下段落的叙述建立在这种重新排序的基础上。
13. *CL*, 607, 王尔德第一次提到这些内容是在 *CL*, 610；随后在伦敦重申了这些话。
14. *CL*, 599-600.
15. *CL*, 602, ‘Mr Oscar Wilde on Mr Oscar Wilde’, *St James's Gazette*, 18 January 1895, in Mikhail, 250.
16. John Gambril Nicholson, *Love in Earnest*（1892）；其中的十四行诗《Of Boy's Names》中有一句“这样的真挚燃烧着我的心”。没有任何证据可以表明，“Earnest”这个词是否为当时指向同性恋的暗语，约翰·吉尔古德（John Gielgud）对此持强烈反对意见，他——如本人所说——“不会不知道”（*The Times*, 2 February 2001, 19）；剧本的印刷版本中，地址改为了“B. 4.”。
17. Geoff Dibb, ‘Oscar Wilde and the Cardew Family’, *Wildean*, 33（2008）, 2-12：亚瑟和赫伯特·卡杜都是王尔德在牛津莫德林学院的同学。他们的大哥菲利普有个女儿叫西西莉（并非 Cecily）·卡杜，出生于1893年5月2日。奥斯卡·王尔德非常喜欢她的名字发音。

18. 王尔德一家熟识爱尔兰的邦伯里家族（亨利·S. 邦伯里曾经写信给王尔德，祝贺他获得纽迪盖特奖）。但他们似乎与王尔德的剧中人物没什么关系。作家兼神秘学家亚历斯特·克劳利（Aleister Crowley）在1913年声称，邦伯里（Bunbury）这个名字是班伯里（Banbury）和桑伯里（Sunbury）的合成词，是奥斯卡·王尔德在坐火车前往班伯里时遇到一个英俊的学生后捏造出来的，然后在桑伯里安排了与他的约会。但是，克劳利虽然见过王尔德，但他一向善做伪证。T. d'Arch Smith, *Bunbury: Two Notes on Oscar Wilde*（1998）.
19. *CL*, 602, 610；作为创作的一个过程，奥斯卡·王尔德在当月中旬打印了剧本初稿。草稿上的邮戳是9月19日，很可能是工作剧本完成的日期，而不是提交手稿的日期。Edmonds, 'Chronology of Oscar Wilde in Worthing', 110.
20. *CL*, 607; Moyle, 239; J. H. Badley to OW, 15 September 1894 (Clark), 信中感谢他寄来支票，赞同王尔德所说"良好的英语读写能力远比获取信息更重要"，并且接受王尔德的建议，同意让西里尔将王尔德的"加拿大独木舟"带去学校。
21. "威尼斯节"于9月13日周四晚上举行。*Worthing Gazette*, 19 September 1894, in Antony Edmonds, 'Wilde and the Worthing "Festivals" ', *Wildean*, 40 (2012), 28-9.
22. *CL*, 607.
23. *CL*, 615.
24. *CL*, 615.
25. LAD to Hesketh Pearson, 13 Nov 1944 (Austin); *CL*, 615; John St John, *William Heinemann: A Century of Publishing*（1990）.
26. *CL*, 617; Beckson, 124.
27. Harris, 107; LAD to Hesketh Pearson, 13 Nov 1944 (Austin).
28. *CL*, 607. Edmonds, 'Chronology of Oscar Wilde in Worthing', 110-11; 阿方斯·康威的证词，in McKenna, 402。
29. Holland, 146-51; A. Conway witness statement, in McKenna, 403.
30. *CL*, 697.
31. *CL*, 618, 696-8.
32. *CL*, 710.

33. MQ to Alfred Montgomery, 1 November 1894, quoted (in slightly different transcriptions), in Stratmann, *Marquess of Queensberry*, 201 - 2, and Ellmann, 402.

34. National Archives J77/532/16267/1, quoted in Stratmann, *Marquess of Queensberry*, 184.

35. James Lees-Milne, *The Enigmatic Edwardian* (1986), 99; McKenna, 334-5, 426.

36. MQ to Lady Douglas (Percy's wife), 12 May 1895 (BL); Matt Cook, *London and the Culture of Homosexuality* (2003), 191; *CL*, 618; 这场辩论因为格兰特·埃伦（Grant Allen）发表在《双周评论》上的文章《新享乐主义》（The New Hedonism）偶然引发，文章呼吁在异性关系中也要有个人自由。

37. *CL*, 625; Jack Bloxam to Kains Jackson, 19 November 1894. 布洛克萨姆称赞艾夫斯提出了“非常好”的名称。这也许与《绿色康乃馨》中的一段话有关，雷吉勋爵在这段话中被描述为“当今最邪恶的年轻人之一……因为他就像变色龙一样，它的颜色会随着栖息或靠近的任何地方而改变。而他被放在了红色而不是白色的地方。”

38. *CL*, 623.

39. Guy & Small, 129-30.

40. Julia Neilson, *This For Remembrance* (1940), 139-40, in Mikhail, 243-4; CMW to Lady Mount Temple, 8 December 1894, in Moyle 252.

41. Florence Waller to OW, 11 December 1894 (Clark); Pearson, 246; Gilbert Burgess, '*An Ideal Husband* at the Haymarket Theatre: A Talk with Mr. Oscar Wilde', *Sketch*, 9 January 1895, in Mikhail, 242.

42. Pearson, 246-7.

第八部分
裁判所

1895 年

41 岁

1895 年 5 月，奥斯卡·王尔德在被告席上

1. 最后的狂欢夜

> 真相很少纯粹，也从不简单。
>
> ——奥斯卡·王尔德

危险人物谢弗里太太在《理想丈夫》第一幕中说道： 531

> 请记住你们英国的清教徒主义把你带到了什么地步了，在过去的岁月里，谁都不想装得比自己的邻居富裕。事实上，生活得比邻居富裕会被认为是极为庸俗的，是中产阶级。当今之日呢，我们有现代道德的狂热，大家都不得不争做廉洁奉公的完人，拒绝腐蚀的完人，七条美德的完人——可结果怎么样呢？你们都哗啦啦倒下了——一个接着一个。一年过不到头，英国总是有某个人销声匿迹了。丑闻过去常常让人具有吸引力，或者至少让人产生兴趣——现在却把他碾碎了。

剧本中充满了熠熠生辉的睿智独白，这段台词只是首演之夜熠熠发光的宝石之一。事实证明，王尔德对这出戏的担忧是毫无根据的。除了“剧院正厅后排观众”发出的几声咆哮之外，该剧受到了热烈的欢迎。对拥挤在剧院里的大多数观众而言，它似乎展示了“戏剧力量的显著进步”。现场充满笑声，
人们得到了真正的享受和实实在在的参与。王尔德“打扮得无 532

可挑剔”，穿着“最新的时尚”坐在包厢里非常引人瞩目，他的周围坐满了“最尊贵的人物”，他们的赞美之词让他获得了一种“半皇室的优雅”。他来到台前，果然作了一番漫不经心的自我肯定（或“刻意傲慢”），并宣称：“我玩得很开心。”[1]*

评论家们可能仍在吹毛求疵地挑剔所谓王尔德公式化的俏皮话和二手情节，但他们不怀好意的评论却在《星期六评论》上遭到萧伯纳一针见血的抨击：“就我所知，”他写道，“在伦敦，我是唯一没法坐下来，随意写一部奥斯卡·王尔德戏剧的人。他的剧本虽然明显可以赚大钱，但它仍是独一无二的，这一事实很大程度上说明了我们那些抄写者的自我克制。从某种意义上说，在我看来王尔德先生是我们唯一的彻头彻尾的剧作家。他玩弄一切：玩弄机智，玩弄哲学，玩弄戏剧，玩弄演员和观众，玩弄整个剧院。”[2]

王尔德取得了一项几乎前无古人的成就：他的前三部戏剧“都获得了成功”。[3]如果这是一个难得的成就，那么它同时也是一个巨大的安慰。他又能赚大钱了。然而，成功并没有使他谦卑；那样会让他难以忍受。当被问及他是否认为《理想丈夫》是他最好的戏剧时，他回答说：“只有平庸才会让人进步。”他

---

* 当晚亨利·詹姆斯也坐在观众席里。他神经非常紧张，之所以来这里是为了避免亲眼看见自己的戏剧《盖伊·多姆维尔》的首演之夜。这部戏剧当晚在圣詹姆斯剧院首演，由乔治·亚历山大导演。詹姆斯随后写信给他的弟弟威廉道：“我一直坐在那里观看（《理想丈夫》），看着它的每一个场面（拥挤的剧院也算是一个场景）都极为成功……在我眼里，一切是如此无助、如此粗暴、如此糟糕、如此笨拙、如此软弱和粗俗，以至于当我穿过圣詹姆斯广场去了解自己的命运时，我想，我刚才所见的一切繁华景象似乎预示着《盖伊·多姆维尔》将是一场灾难……”“我的作品怎么可能在公众面前取得成功呢？”事实证明，他的假设完全正确。他的剧本并不成功。而且，当戏剧落幕詹姆斯走上前台时，他遭到了一部分观众席里传来的连串嘘声。

认为，他的三部喜剧“形成了一个完美的循环，在这个微妙的领域中既成就了生活，也成就了艺术”。他向这位采访者解释道：“只有伪君子才会谦卑有礼，只有无能者才会虚心节制。自我肯定不但是艺术家的责任，也是他的特权。”[4]并不是每个人都认同这种态度。阿瑟·柯南·道尔认为，王尔德一定是“疯了”，他在催促自己去看他的新戏时，竟然神色庄重地说：“啊，你必须去。它棒极了，是天才的作品！”[5]

王尔德在针对新闻界的一系列声明中，重申了他目前对剧 533
作家、公众和评论家相对地位的看法。“我写作是为了取悦自己。”他如此解释道。评论家们“总是认为剧作家的职责是取悦公众，这是一种有辱人格的信条”，但“艺术家的目的既不是给人以快乐，也不是给人以痛苦。艺术的目的就是成为艺术。”这种“艺术”应该是艺术家个性的表达。“在英国，我们永远不会有真正的戏剧，除非人们认识到戏剧是一种个人的、个性化的自我表达形式，就像一首诗或一幅画一样。”“当公众意识到一部戏剧是件艺术品时，他们就获得了成功。”结果，是这位艺术家“慷慨地成就了公众”，而不是相反。“我非常热爱公众，”王尔德宣称，“就我个人而言，我很愿意帮助他们。”[6]

他指出，批评人士忽略了这出戏的“整体心理”：“男人爱女人的方式与女人爱男人的方式是有区别的。”他认为，奇尔顿夫人在塑造自己的“理想”丈夫时表现出了女性的“弱点”，而罗伯特爵士则表现出了男性的缺点，他不敢“在自己热爱的事物面前展示自己的不完美”。当被问及当代道德准则中所谓的“双重标准”时，王尔德坚称：“应该有一部针对男性的法律，另一部针对女性的法律，这实在是个奇耻大辱。”然后，他又补充说："我认为，不应该有针对任何人的法律。"[7]

首演当晚，康斯坦斯没有到场。她在圣诞节期间病了一场，可能因为有一次从楼梯上摔下来病情恶化了。她的病情一直是个谜，走路出现了困难。为了帮助自己康复，她去巴巴科姆和坦普尔太太住在一起。奥斯卡留在伦敦——住在阿尔比马尔酒店——和道格拉斯以及他的其他朋友一起享受成功。[8]事情不再那么令人焦虑，昆斯伯里侯爵不在伦敦，正张罗出售他在苏格兰的房产。

那一刻的愉悦中，还夹杂着一股新鲜饱满的专业激情。亨利·詹姆斯的戏剧《盖伊·多姆维尔》在圣詹姆斯剧院惨败，陷入困境的乔治·亚历山大出人意料地急需一出戏作为替补。由于手头没有任何现成的东西，他找到王尔德，询问有没有可能将《不可儿戏》搬上舞台。该剧（亚历山大最初拒绝了这个剧本）原计划由查尔斯·霍特里于当年晚些时候在标准剧院上演。不过，王尔德有心帮一把他的第一个制作人，而且也可能是期待看到作品尽早制作完成，于是便询问霍特里，是否可以
534 考虑把版权让给亚历山大。霍特里（王尔德答应给他下一部作品的"优先取舍权"，让他备受鼓舞）慷慨地同意了这一安排——既不要求亚历山支付额外费用，也不要求王尔德返还预付款。[9]

这出戏必须立刻投入排演。但就像《温德米尔夫人的扇子》一样，亚历山大并不认同王尔德的戏剧结构。它似乎太长，太散漫；几乎从来没有人演过四幕滑稽剧。亚历山大提出了一个激进的解决方案，合并第二幕和第三幕，并且完全删掉其中格里格斯比律师因为"欧内斯特·沃辛"在萨沃伊欠下的债务，而前往逮捕他的片段。[10]王尔德对此予以了默许。根据一

种说法，当亚历山大告诉他，格里格斯比那场戏使这部戏足足超长了20分钟时，他回答说："你可能是对的，我亲爱的亚历克。我只能告诉你，它只用了5分钟就写完了。"[11]

由于该剧的上演时间缩短，王尔德提议将《佛罗伦萨悲剧》作为开场小戏。亚历山大对这个想法持开放态度，但王尔德——远离泰特街和他的书房——却没能写出手稿。[12]他参加了几次《不可儿戏》的排演，然而他的出现有时会造成紧张气氛。据说亚历山大有一次甚至强令他退出排练，但他仍然渴望提供协助。[13]他会根据要求写一些额外的台词，例如当发现演员没有足够的时间"穿过舞台"或有人"想要更从容地退场"时。[14]

然而，道格拉斯一如既往地急于寻欢作乐。看手相的罗宾逊夫人曾预言他和王尔德将在1月时一起旅行，王尔德急于实现这个预言。道格拉斯坚持要去阿尔及利亚，两人于15日出发。[15]从英国的冬天逃离到北非的阳光、懒散和性享受中是一件惬意的事情。"这里太美了，"王尔德对罗斯说，"卡拜尔人的男孩子们非常可爱。"他注意到，即便是乞丐"也有个人资料，所以贫困问题很容易解决"。王尔德和道格拉斯开始抽起了大麻："它非常精致：三口烟，然后就是和平和爱。"[16]

第二周，在阿尔及尔以南30英里之外，城墙环绕的美丽城市卜利达，他们再次遇到了安德烈·纪德。当纪德问他在这个远离伦敦的地方做什么时，王尔德回答说："我在逃离艺术。我只想膜拜太阳。你注意到了吗？太阳鄙视一切思想，它逼迫思想退缩，躲进阴影中。一旦思想迁居埃及；太阳便征服了埃及。它长期生活在希腊；太阳就征服了希腊。然后是意大利，535
接着是法国。今天，所有的思想都被赶回到挪威和俄国，太阳永远不会去到那里。太阳妒忌艺术。”这次短暂的出游十分顺利，只是因为天气变坏而稍有逊色，天气预报说会下雨——如果不是下雪的话。

对于王尔德的友善，在纪德看来，他的举止中似乎平添了一种新的粗俗——“他的外表不再温柔……他的笑声有些沙哑，他的喜悦中有一种疯狂。与此同时，他似乎更确信自己会讨人喜欢，也不再像以前那样雄心勃勃地想要做到这一点。”他变得鲁莽、冷酷和自负了。不久，当他们在阿尔及尔再次相遇时，王尔德宣称：“我对自己的责任就是，要以极端的方式娱乐自己。”但那不是他寻求的快乐：“最重要的不是快乐。是愉悦！你必须总是以最具悲剧性的事物为目标。”王尔德说的是自己。他又和波西大吵了一架，后者兴冲冲地跑去追求一个“满嘴甜言蜜语”的14岁孩子，还打算和他“私奔”去比斯克拉。

纪德发现自己被王尔德所吸引，他们在一起度过了几天快乐的日子。纪德回忆，走在街上时，王尔德被一群年轻的“乞丐”尾随上了，他和其中的每一个人聊天，愉快地观察着他们，随意地把钱扔给他们。“我希望，”他说，“我已经让这座城市彻底堕落了。”[17]

毫无疑问，他成功地让纪德“堕落”了，或者更确切地说，是解放了他。王尔德发现他的年轻朋友处于一种饱受折磨的性困惑状态，无法承认或接受自己的同性恋渴望。一天晚上在老城区，王尔德安排这个烦躁而紧张的法国年轻人与一个俊美的黑眼睛长笛手共度了一个激情之夜，此人正是纪德在咖啡馆心仪已久的对象。它标志着纪德一生中的重大转折。纪德回忆起第二天清晨，他跑在阿尔及尔空荡荡的街道上，感到身心愉悦。然而，尽管发生了如此重要的事情，纪德仍然对王尔德感到不安；因为他对待自己的生活和艺术太鲁莽了。“王尔德！”他在给母亲的信中写道，“还有什么比他的生活更悲惨的呢！如果他再谨慎一点——如果他能够做到谨慎的话——他就会是一个天才，一个伟大的天才。”纪德从未读过王尔德的任何剧本，他准备接受作者对它们的自嘲：“哦，但（它们）一点都不好；我对它们不抱任何希望……不过你只要知道它们能带来乐子就好了！”[18]王尔德重申了他喜欢的一句台词，然后吐 536
露了他生命中的“巨大悲剧”：“我把我的天赋挥霍在生活中，只把才华用在写作上。”[19]

然而，王尔德的生活似乎正在接近悬崖。他炫耀自己的同性恋暧昧关系，使他成为一个越来越容易妥协的伴侣。纪德承认，即使他们在伦敦或巴黎见面，自己也没法跟他打招呼。“如果不是王尔德的戏剧在伦敦上演三百场，”纪德表示，“如果不是威尔士亲王去参加他的首演之夜，他就已经被关进牢里了，道格拉斯勋爵也一样。”[20]

尽管王尔德摆出“明目张胆的喜悦”姿态，但正如纪德所指，这背后隐藏着一股“暗暗的焦虑”。事实上，王尔德承认，的确对昆斯伯里与他作对的所作所为感到有些担忧。当被问及回伦敦的风险时，他回答说：“谁也不知道会发生什么……我的朋友们都劝我要谨慎些。谨慎！我怎么可能谨慎？那将意味着后退。我必须尽可能地前进……我没法更进一步了。肯定会有事情发生……别的什么事。”[21]

王尔德于 1 月 31 日离开阿尔及尔，独自回到伦敦。由于康斯坦斯还在巴巴科姆，他在皮卡迪利大街上豪华但“令人讨厌”的埃文代尔酒店订了房间。他无法回到他喜爱的阿尔比马尔酒店去，因为他的账还没有付清。《不可儿戏》将于 2 月 14 日上演。

如果说公众都在兴奋地期待这部戏，那么昆斯伯里侯爵也是如此。他已经回到伦敦，下了空前的决心要把事情闹大。王尔德的新剧似乎提供了一个绝佳的机会。幸运的是，昆斯伯里太太得知了他打算在首演当晚捣乱的计划，并把这个消息告诉了王尔德。道格拉斯全家一致谴责侯爵的骚扰行为；并非出于对王尔德的关切，而是因他们认为这么做会伤害到波西。就连珀西·道格拉斯也同意这个想法，他已经被弟弟说服了，认为侯爵的怀疑是毫无根据的。[22]

在王尔德的敦促之下，乔治·亚历山大写信给侯爵，取消了他获得的首演门票。[23]即便如此，王尔德仍然感到焦虑。他向警方报告了出事的可能性。首演当晚，剧院外面人越来越多。剧院里，时髦的人群挤满门厅，大家都在庆幸自己躲过了外面纷飞的暴风雪，王尔德一直无法确定侯爵到底想干什么，以及
537 他能否得逞。他竭力将自己的焦虑隐藏在这光彩夺目的场合之下。波西还在阿尔及利亚，但康斯坦斯（尽管健康状况仍不佳）已经从巴巴科姆回来参加首演。[24]

戏一开始就很吸引人。“什么风把你吹到城里来了？”“噢，找乐子，找乐子。一个人出门还能有别的原因吗？”据扮演格温德琳的年轻女演员艾琳·范布勒回忆，表演“自始至终都伴随着一阵阵愉快的笑声”。[25]艾达·莱弗森（和奥布里、梅布尔·比尔兹利同坐在一个包厢里）认为，随着“荒谬”的戏剧情节渐渐展开，观众席上弥漫着一种“奇怪的，近乎歇斯底里的喜悦”。亚历山大巧妙的改编确保了这部戏在演出过程中始终不会冷场。一位朋友曾建议，闹剧应该像拼花图案一样，王尔德反驳说：“不，它必须像手枪射击。”毫无疑问，王尔德这出“为严肃人士创作的轻喜剧”已经正中目标。当剧作家被叫

到幕布前鞠躬致意时，他受到了“热烈的欢呼”。不过，他拒绝发表讲话。[26]

媒体虽然尚未发出近乎一致的赞美之词，但很显然，在他获得戏剧成功的过程中，这标志着一个新的高度。① 人们认为，这出戏既“现代地”令人愉悦，又体现了典型的王尔德风格。他也许自诩（就像他后来所做的）采用了“戏剧这一艺术中最客观的形式，使之成为一种个人的表达方式，就像抒情诗或十四行诗一样”。[27]不过，在首演成功欣喜若狂的时候，他确实拐弯抹角地承认了亚历山大对这出戏的贡献，他说：“我亲爱的亚力克，这出戏很迷人，非常迷人。你知道吗，我时常想起我自己写的一个剧本，名叫《不可儿戏》。”[28]

成功让人喜悦，王尔德却并没有像预期的那样参加艾达·莱弗森在威利斯餐厅举办的晚宴。昆斯伯里做出了古怪的举动，这个消息让他心烦意乱。他发现，“罪孽深重的侯爵”和一位手持“一束奇形怪状的蔬菜”的职业拳击手一起来了。由于进不了剧院，他“逡巡了三个小时”，然后将送给王尔德的“花束”留在了售票处，“像一只可怕的猿猴一样喋喋不休地”离开了。[29]

如果说王尔德觉得昆斯伯里在纠缠他，那么他同时也感觉到侯爵最近的这出哑剧可能有点过火了。圣詹姆斯剧院的许多工作人员都目睹了他的威胁行为。那捆蔬菜仍在售票处。人们 538
还记得 13 年前侯爵为显示自己的能力，而打断了丁尼生的戏。王尔德已经开始后悔，之前没有诉诸法律来约束昆斯伯里的行为。而现在，似乎有了可以采取行动的把柄。第二天，他与珀西·道格拉斯商量之后，让汉弗莱斯研究一下，是否有可能起

① 在为数不多的负面评价中，有一篇来自《星期六评论》，作者是萧伯纳。萧伯纳称这部戏“冷酷无情”。

诉侯爵的“威胁和侮辱行为”。

很快，波西从阿尔及尔回来了，得知这个计划后很高兴。他（反反复复地）说，很想看到他的父亲“坐在被告席上”。[30]他和王尔德住在埃文代尔的酒店里，开开心心地大肆享受那里的奢侈。当王尔德因为他带了一个小男妓住进房间而提出反对时，他勃然大怒，和那个男孩子一起搬到了另一家旅馆；像往常一样，王尔德被迫为此买单。[31]

现在，王尔德有两部赚钱的戏在伦敦西区上演（《温德米尔夫人的扇子》刚刚在坎伯韦尔的大都会剧院成功复演），王尔德想要好好享受一下生活。然而，伦敦似乎充满了让人放不下的事情。昆斯伯里一直是一个威胁。波西的所作所为令人厌烦。债主们听闻他最近发了财，纷纷叫嚷着要他还钱；《不可儿戏》上演不到几天，他就收到了 400 英镑的传票。[32]他计划逃到巴黎，莎拉·伯恩哈特在那里干劲十足地重新捡起了排演《莎乐美》的计划。[33]但即便如此，王尔德还是遭到了挫败。他在埃文代尔的账单有 148 英镑；他手头还没有足够的钱付账，而且账目不结清，酒店就不让他拿走行李。[34]

烦恼接踵而至。2 月 28 日，汉弗莱斯写信说，律师事务所无法因为昆斯伯里在圣詹姆斯剧院的威胁行为而起诉他，因为乔治·亚历山大和剧院工作人员都不准备提供证词。他们都急于置身于这场冲突之外。汉弗莱斯能够提供的“唯一安慰”是，“像昆斯伯里勋爵这样顽固的迫害者，可能迟早会给你另一个寻求法律保护的机会”——届时，律师事务所将乐于提供协助将他绳之以法。[35]这似乎是一种相当惨淡的安慰。

注 释

1. 'London Correspondence', *Freeman's Journal*, 27 May 1895; G. B. Shaw to Golding Bright, 30 January 1895, in Laurence, ed., *Bernard Shaw Collected Letters*, Vol. 1, *1874-1897*, 480. 萧伯纳对奥斯卡·王尔德的话表示谅解，并表示这是"一个爱尔兰人把所有荣誉都归功于演员的方式，淡化了自己作为作者的主张"。
2. *Saturday Review*, 12 January 1895.
3. Ian [Forbes] Robertson to OW, 13 January 1895 (Clark).
4. 'Mr. Oscar Wilde on Mr. Oscar Wilde', *St James's Gazette*, 18 January 1895, in Mikhail, 246-50.
5. Conan Doyle, *Memories and Adventures*, 79. 据柯南·道尔描述，此事发生在 1889 年他初遇奥斯卡·王尔德的多年之后。
6. Burgess, '*An Ideal Husband* at the Hay-market Theatre', in Mikhail, 239-44; 'Mr. Oscar Wilde on Mr. Oscar Wilde', *St James's Gazette*, 18 January 1895, in Mikhail, 246-50.
7. Burgess, '*An Ideal Husband* at the Hay-market Theatre', in Mikhail, 241.
8. Moyle, 253. 康斯坦斯·玛丽·王尔德似乎于 1895 年 2 月的第一周前往巴巴科姆。
9. Guy & Small, 130.
10. Guy & Small, 256.
11. Val Gielgud, *Years in a Mirror* (1965), 178.
12. G. Alexander to C. O. Humphreys, Son & Kershaw, 12 September 1895.
13. Guy & Small, 255 *CL*, 629.
14. Donald Sinden, 'Diversions and Digressions', *Wildean*, 16 (2000), 13-14, 其中引用了圣詹姆斯剧院舞台经理的女儿 Joan Benham 的说法。
15. *CL*, 629.
16. *CL*, 629.
17. A. Gide, 'Oscar Wilde: In Memoriam', in Mikhail, 296.
18. Mikhail, 297 4n.
19. André Gide to his mother, in Jonathan Fryer, *André & Oscar*

(1997), 115.

20. André Gide to his mother, in Jonathan Fryer, *André & Oscar* (1997), 115.
21. Gide, 'Oscar Wilde: in Memoriam', in Mikhail, 296.
22. *CL*, 632; Francis Douglas, *Oscar Wilde and the Black Douglas* (1949), 41. 道格拉斯的“表兄”听说了侯爵的计划；珀西·道格拉斯将消息通知了王尔德。
23. *CL*, 631.
24. Leverson, 'The Last First Night', in Mikhail, 267, 其中提到王尔德“和他漂亮的妻子一起到达”；其他出席首演的有新近获得骑士爵位的乔治·刘易斯、Lord Hothfield、Bancroft 夫妇、Stuart Ogilvie、Inderwick QC、Judge Baon 以及 Bernard Beere 太太。*Leeds Mercury*, 15 February 1895.
25. Irene Vanbrugh, *To Tell My Story* (1948), 33-5, in Mikhail, 265.
26. Leverson, 'The Last First Night', in Mikhail, 267-70; 'The Drama', *Daily News*, 15 February 1895.
27. *CL*, 729.
28. A. E. W. Mason, *Sir George Alexander & the St James' Theatre* (1935), 79.
29. *CL*, 632.
30. *CL*, 709.
31. *CL*, 795-6.
32. *CL*, 633;《不可儿戏》上演一周的进账为 903 英镑 14 先令；王尔德可以得到每周总收入的 10%（之后超过 1000 英镑，可以得到 15%），因此可以获得 90 英镑 7 先令 6 便士。
33. Holland, 46: 4 月 3 日，奥斯卡·王尔德被问及这出戏是否“正在排演中”，他回答：“我不知道它是不是真的在彩排，莎拉·伯恩哈特夫人承诺在 5 月中旬之前制作出来。”虽然霍兰德（307 n94）对王尔德的说法存疑，但 1931 年 7 月 11 日 Enid Lambart 太太（娘家姓 Spencer-Brunton）写给 A. J. A. 西蒙兹的信（克拉克图书馆）证实了这一点，她在信中提到，自己手里有一封奥斯卡·王尔德寄自霍洛韦的信（1895 年 4 月 5 日至 5 月 7 日），其中提到伯恩哈特放弃了排演《莎乐美》。伯恩哈特此举可能是因为 3 月 4 日洛伊·富勒（Loie Fuller）在巴黎歌剧院成功上演了这个故事的舞剧版本。

34. *CL*，796.

35. C. O. Humphreys & Co. to OW，28 February 1895（Clark）.

2. 骇人听闻的话

我的整个人生似乎都被此人毁了。

——奥斯卡·王尔德

539 1895 年 2 月 28 日，那个冬天的傍晚，王尔德造访了里基茨和香农位于切尔西博福特街的新家。他发现里基茨独自一人在摆弄一个木块。他们谈论了有关“W. H. 先生”的计划，以及王尔德的象征主义戏剧。* 王尔德离开时，遇到了香农。两人站在街上聊了一会儿。王尔德望着面包店里陈列着香肠卷的橱窗透出的光，说道：“人们吃的东西真奇怪，我想他们一定是饿了。”然后他挥手叫了一辆出租马车，朝着阿尔比马尔俱乐部而去。[1]

540 他已经好几个星期没去那里了。进门时，看门人拦住他，递过来一个信封，说那是十天前留给他的。信封里是昆斯伯里侯爵的名片。上面潦草地写着五六个字；前三个词很好认，是“给奥斯卡·王尔德”，最后一个词也很明显是“somdomite（原

---

* 王尔德向里基茨咨询了《莎乐美》的布景设计——很可能与伯恩哈特计划在巴黎排演的作品有关。里基茨回忆道：“我提议采用黑色的地板，莎乐美的脚可以像白鸽一样在上面移动；据说作者就是这么想象的。天空应该是一片浓郁的青绿色，被垂直落下的镀金日式垫子分成数块，形成露台上方空中的色彩。”也许是王尔德建议把演员分成不同的颜色：“犹太人穿黄色，约翰穿白色，希律王和希罗狄亚穿血红色。关于莎乐美的讨论没完没了；她应该穿黑色的衣服——像黑夜一样，还是应该穿月亮一样的银色——或者，如王尔德建议的——穿绿色，像一只奇怪的有毒蜥蜴？”

文如此）”①。中间歪歪斜斜的可能是“男妓和”。尽管最后一个词拼错了，但意图是明白无误的：昆斯伯里指控王尔德是一个鸡奸者。这似乎就是昆斯伯里长期以来威胁要制造的公开丑闻。这张卡片被公开地留在俱乐部，任何人（俱乐部有男会员，也有女会员）都有可能读到它。只是由于看门人赖特先生的谨慎，它才一直被放在一个信封里。

但如果这是一个公开丑闻，那它也是一起公开诽谤。昆斯伯里可能急于“将事情闹大”，不过现在王尔德也要表达自己的想法。侯爵的做法所造成的压力已变得让人无法忍受。它破坏了这个本应属于他的收获季节。这似乎就是汉弗莱斯那天早上在信中提到的“机会”，王尔德急于抓住它。他回到埃文代尔，立即给罗比·罗斯写信，让信差捎给他：“自从我上次见到你以来，发生了一些事情。波西的父亲在俱乐部留了张卡片，上面写着骇人听闻的话。现在除了刑事起诉，我已无计可施。我的整个人生似乎都被此人毁了。象牙塔受到污秽之物攻击。我的人生如一盘散沙。我不知道该做些什么。如果你能在11点半来这里的话，请今晚就来吧。”[2]

他似乎也给泰特街的康斯坦斯写了信，声称一定要见到她。无论他决定采取什么措施，他都需要她的支持——如果不是理解的话。[3]据她哥哥说，尽管他们婚姻关系中的鸿沟不断扩大，她仍然对奥斯卡的各种同性恋关系浑然不知，无论是与波西还是与其他人。她或许在这个问题上表现出一丝焦虑的迹象；1893年，她在拜访一位灵媒之后宣布要“为我的儿子们祈祷，等他们长大了，教他们去祈祷和奋斗”。但是，她的这些疑虑

① sodomite 意为“鸡奸者”。——译者注

似乎并没有让她真正认清自己的处境。她准备接受奥斯卡告诉她的一切。[4]

那天深夜，当罗斯赶到埃文代尔酒店时，他发现道格拉斯已经在那里了。王尔德原本希望先和罗斯单独商量一下，但道格拉斯碰巧来了，他急于参与商议。[5]三个人都热衷于采取法律
541 行动。这是他们一直在等待的机会。在他们看来，昆斯伯里的指控似乎是在对王尔德与波西的友谊怀有敌意的背景下提出的。因此，他们想到了采取行动。事情看上去大有成功的希望。昆斯伯里如果想为自己的诽谤罪辩护，就需证明这一冒犯性的陈述（王尔德是“鸡奸者”）是真实的，还要证明此举是为了“吸引公众的主意”。昆斯伯里怎么可能做到呢？王尔德和道格拉斯非常乐意为他们的关系辩护，这是一种崇高的、柏拉图式的关系。当涉及他们之间的性关系时，他们可以直接否认。如果昆斯伯里打算指责王尔德腐化了他的儿子，可能还腐化了其他人，那么波西本人肯定可以驳斥这一指控。道格拉斯开始盼望他的父亲被关进监狱，或被送进疯人院。[6]

第二天，王尔德和罗斯、道格拉斯一道去拜访汉弗莱斯。他们觉得老律师的话很鼓舞人心。当他被问及昆斯伯里的指控是否属实时，场面有些尴尬。王尔德断然否认。“如果你是无辜的，”律师回答说，“你会成功。”[7]钱的问题仍然存在。不管结果如何，提起诉讼代价高昂。王尔德犹豫了。他期望从他的戏剧中赚到的钱还没有到账。然而，道格拉斯坚持说，无论“需要”什么，他的家人都会支付，因为他们急于让侯爵承担责任。在这一承诺的支持下，王尔德示意，无情的法律程序开始了。[8]

事情发展得很迅速。当天下午发出了搜查令，第二天早上，

昆斯伯里在卡特酒店（距离阿尔比马尔俱乐部只有几家店面）的房间里被逮捕了。他被带到马尔伯勒街治安法庭，被控犯有刑事诽谤罪。乔治·刘易斯在接到简短通知后被传唤代表昆斯伯里出庭，他立即要求将此案延期 7 天审理，并将他的当事人保释出来。地方法官同意了，但首先要让俱乐部看门人提供证据，证明昆斯伯里写了那张冒犯人的卡片。当赖特先生断定，卡片上的那句话写的是"给男妓和鸡奸者（ponce and somdomite）奥斯卡·王尔德"时，侯爵夫人插话说，那句话实际上写的是"摆出鸡奸者的样子"（posing as sodomite）。[9]这一纠正虽小，但很能说明问题：作为一项指控，它更加模糊，没那么严重，或许更 542
容易辩护。昆斯伯里并没有被诉讼吓倒，他坚称自己很高兴"成功地"将事情"闹大了"。[10]

然而，这丝毫没有影响王尔德阵营的情绪。那个星期，王尔德欢欣鼓舞地得知乔治·刘易斯以他与王尔德和康斯坦斯的友谊为由退出了这个案子，将他的业务转给了 32 岁的查尔斯·罗素。让他略感受挫的是，罗素——在他担任最高法院大法官的父亲建议下——聘请了王尔德在圣三一学院的校友爱德华·卡森担任首席律师。汉弗莱斯在雷吉·特纳的建议下，一直希望邀请卡森加入王尔德这方的律师团队。然而，王尔德并没有为此过分担心，他忽视了卡森日益增长的声誉，反而回忆起此人在圣三一学院时是个单调乏味的二流学生。[11]这次冒险行动成本巨大，这一点正在变得日益明显。汉弗莱斯要求预付 150 英镑才能提起诉讼。眼下昆斯伯里夫人和珀西都指不上。王尔德虽然从乔治·亚历山大和其他人那里预支了大约 800 英镑，但大部分钱都被那些不耐烦的债权人"吞掉"了。道格拉斯——根据他自己不太可靠的证词——也掏空了自己的银行账户，来支付眼前的法律费用。[12]

王尔德出席了3月9日星期六举行的听证会，场面十分壮观。他在波西和珀西·道格拉斯的陪同下，三人分别乘坐一辆普通马车和一辆双人马车到达。尽管早到了10分钟，他们还是发现狭窄的马尔伯勒街法庭里已经挤满了人。那里大约有30名记者。王尔德身着华丽的深蓝色天鹅绒镶边外套，纽扣上插着一朵白花，在他的律师席旁坐下。然而，当法官进入法庭时，波西和他的哥哥被命令离开了法庭。卡森代表侯爵到场。

听证会是确定是否有足够的证据对被告进行刑事审判的初步程序。尽管整个过程主要涉及法律细节，但期间仍有诸多意味深长的时刻。汉弗莱斯对王尔德作了简短的盘问，王尔德立刻显示出，他并不是一个理想的证人。“您是剧作家，还是作家？”他高傲地回答：“我相信我是著名剧作家兼作家。”治安官——“将这出奥斯卡主义戏剧扼杀在萌芽状态”（《帕尔摩报》的说法）——严厉地告诉他，只需回答问题本身。汉弗莱斯还提到了几封昆斯伯里写给波西和其他家庭成员的信件，被告似乎在这些信件中诽谤了王尔德。但他拒绝在法庭上宣读这
543 些信，理由是其中提到了一些“上流人士”，这引发了媒体的兴趣。卡森在表示昆斯伯里将为自己辩护的同时，也证实了侯爵攻击王尔德完全是出于“拯救”他的儿子。地方法官将在4月初的下次开庭审理中，如期把昆斯伯里交付中央刑事法院。王尔德被要求支付40英镑出席并提起诉讼。[13]

事情似乎在按计划进行。汉弗莱斯非常有把握。为加重昆斯伯里的罪行，提高案件的严重性，他将起诉书分成两个部分，声称侮辱王尔德“摆出鸡奸者的样子”，可能意味着王尔德不仅“摆了样子”，而且他还确实“犯下了，并且习惯于犯下令

人憎恶的鸡奸罪”。[14]星期一的听证会结束后，波西曾经见过律师，他告诉哥哥“一切都很好，我们会闯过去”。[15]其他人也持乐观态度。阿瑟·汉弗莱斯（刚刚修改完成《奥斯卡语录》）在同一天给王尔德的信中热情地写道：“我相信你会成功，每个人都这么认为。”[16]

虽然这似乎应该是一个听取建议、制订计划的时刻，但王尔德还是被道格拉斯——以及整体的乐观氛围——说服了，他又可以去度假了。他们典当了一些珠宝凑了点钱，去蒙特卡洛待了一个星期。当波西在赌场大把输钱的时候，王尔德正在努力地逃避即将开庭的案子所带来的焦虑。[17]

回到伦敦，王尔德发现等待他的是大量新到的法律账单（以及一些旧的家庭账单）。他不得不筹集 500 英镑，确保让爱德华·克拉克爵士担任他的首席律师，威利·马修斯和特拉弗斯·汉弗莱斯担任副律师。昆斯伯里太太还在佛罗伦萨，珀西也不在伦敦，他不得不向朋友们寻求帮助。在接到通知后很短的时间内，艾达·莱弗森的丈夫欧内斯特提供了所需的钱数，据说是将其作为一笔贷款，直到能够在“一周或最多十天之内”由道格拉斯家偿还。[18]王尔德一如既往地由波西陪同（后者现在称其为“我们的案子”），在爱德华爵士的房间里同他见了面。这位前副检察长是一个非常正直的人，他和汉弗莱斯一样，询问昆斯伯里的指控是否属实，并得到了郑重的保证，即那些指控纯属子虚乌有。见面之后，道格拉斯认为，克拉克爵 544
士可能会要求他和哥哥珀西作为证人来指证他们父亲的品行。他对前景感到乐观。[19]

昆斯伯里的申诉似乎主要基于王尔德出版的作品中所谓的“不道德”和“鸡奸”特征，其中最主要的是《道林·格雷的画像》。申诉材料有薄薄的一沓。王尔德作品刚一问世的时候，就有人提出反对意见，因此这些论点听起来耳熟能详，他觉得自己有充分的准备来反驳它们。听说昆斯伯里计划拿出一本《变色龙》作为证据，相信它会“证实我对这个奥斯卡·王尔德的评价”，王尔德认为这就更没什么值得担心的了。侯爵最初错误地认为，王尔德是一个匿名“鸡奸故事”的作者，故事讲述了一个年轻的牧师与他迷恋的少年助手签订了自杀协议。尽管后来他发现这个故事实际上出自该杂志编辑 J. F. 布洛克萨姆之手，但他觉得这“无关紧要”，因为王尔德的“名字就在这份杂志上，其中有他署名的许多肮脏的原则”。他指出，这份出版物中还包括他儿子写的两首“肮脏的”“所谓诗歌”，《赞美羞耻》和《两种爱》——后者的“结尾是这样的：‘我是不敢呼吸的爱（原文如此）’——意思是鸡奸”。[20]

除了文学，我们不清楚侯爵还能拿出些什么证据。他曾向珀西的妻子吹嘘说，库克侦探掌握了有关王尔德的确凿信息，但这种威胁含糊其词。[21]王尔德从昆斯伯里拜访泰特街的记忆中（以及昆斯伯里写给波西的各种信件中），了解到侯爵的一些怀疑。他似乎知道王尔德曾经因为那封“疯狂之吻”的信而遭到敲诈，也听说过关于他在萨沃伊庄园的一些传言。然而，这还不够。王尔德先发制人地向汉弗莱斯和克拉克讲述了敲诈事件的来龙去脉，他称这封信充满了艺术气息，几乎是一首“散文诗”，而且确实被翻译成了法语诗，并发表在一本杂志上。此外，他还指出，原来的那封信已经退回给他，没有支付任何勒索的费用。

然而，当王尔德找到弗兰克·哈里斯，问他是否可以提供证据证明《道林·格雷的画像》并非是一本不道德的书时，他的乐观情绪受到了打击。哈里斯欣然同意提供帮助，但他规劝王尔德，打官司是绝对愚蠢的做法——（不管他的律师们怎么说）其结果是不确定的，没有哪个英国陪审团会宣告一个“试图保护儿子”的父亲有罪。周末，哈里斯咨询了法律界的熟 545
人，发现所有“重要人物”都认同王尔德会输掉这场官司，这不仅是因为昆斯伯里摆出了一副关心孩子的父母模样；而且人们普遍认为王尔德确实有罪。哈里斯敦促王尔德停止这种行为，和妻子一起出国，让昆斯伯里和道格拉斯自己去解决他们的恩怨。这是第一个令人不安的危险信号。

第二天下午（3 月 25 日星期一），王尔德在皇家咖啡馆再次与哈里斯会面，进一步讨论此事。与哈里斯共进午餐的萧伯纳也建议王尔德放弃诉讼并离开英国。哈里斯建议王尔德可以给《泰晤士报》写一封貌似有理的信，解释他的决定。这个计划确实很有吸引力，至少在表面上是这样，王尔德似乎一度打算予以采纳。但这样做会带来经济上的后果：王尔德除了要为放弃起诉支付 40 英镑的保证金外，还要承担昆斯伯里迄今为止的法律费用。然而，不切实际的王尔德不太可能计算得出方程式的这一边。他还没来得及表态，道格拉斯便加入了进来。他立刻否定了这个计划。“提出这种建议，说明你不是奥斯卡的朋友。”他生气地对哈里斯说，然后便气冲冲地走了。王尔德顺从地跟在哈里斯后面，对哈里斯说：“弗兰克，你这么做不够友好。真不够友好。”显然，他要走的路已经定了，而且道格拉斯一定会让他继续走下去。[22]王尔德用其他的声音盖过了哈里斯和肖的建议。他对艾达·莱弗森说，“了不起的”罗宾逊夫人预言，他们将“大获全胜”。[23]

办案没有丝毫松懈。双方律师都急切地希望能“迅速处理”这个案子。尽管昆斯伯里的律师声称要到3月30日才能提交答辩理由，但王尔德一方决定不“采取要求休庭的惯常做法”以便调查其主张，审判日期定在4月3日星期三。[24]与此同时，他还需要更多的钱。王尔德向沃尔特·帕尔默借了400英镑，尽管他是否收到这笔钱似乎令人怀疑。[25]康斯坦斯从表姐伊丽莎·纳皮尔那里筹了50英镑，从伊丽莎的母亲那里筹了100英镑，还从自己的钱里拿出了50英镑。[26]

星期六上午，王尔德收到答辩理由时，他恢复的信心一下子荡然无存。虽然该文件称《道林·格雷的画像》和《变色龙》都是“蓄意颠覆道德，鼓励不自然的恶行”的作品，但在这些意料之中的文学指控之前，罗列了一长串令人意想不到的
546 人名。文中连篇累牍地断定，王尔德曾教唆并煽动年轻男子“进行鸡奸和其他严重的猥亵行为”，尽管其中声称他只是实施了“上述严重猥亵行为”，而不是鸡奸本身。这一措辞巧妙地将辩方从证明“鸡奸”确实发生的困难中解脱出来，而且（爱德华·克拉克爵士注意到）他们的证人也不必承认“自己犯下了最严重的罪行”。与此同时，它还有力地表明，王尔德所做的远远不止是“摆出一副”鸡奸者的样子。文件中给出了名字、日期和地点：阿尔比马尔酒店的爱德华·谢利和西德尼·马弗；巴黎的弗雷迪·阿特金斯和莫里斯·施瓦贝；泰特街的阿尔弗雷德·伍德；萨沃伊酒店的查尔斯·帕克；牛津和戈林的沃尔特·格兰杰；沃辛和布赖顿的阿方斯·康威。这份名单一直追溯到了三年前。雷吉·特纳回忆，那是“一个毁灭性的打击”。让人很难理解这些资料是如何搜集起来的。

尽管王尔德一直对事实一无所知，但对他的指控是一桩奇怪的偶然事件。在诉讼开始阶段，昆斯伯里除了传闻、王尔德

出版作品的大概和他手中一封措辞夸张的写给波西的信外，几乎没有什么确凿的证据可以用来支持他的辩护。事实上，卡森一开始并不愿意接受这个案子，部分原因是他不喜欢与他的老同学作对，主要是因为他认为这个案子证据实在不足。然而，昆斯伯里的律师罗素告诉他，他的调查人员（前伦敦警察厅警探利特柴尔德和基利）根据昆斯伯里的指示展开调查，正在追查几条有价值的线索。他的导师哈尔斯伯里勋爵，也进一步说服他接下了这个案子。

即便如此，卡森直到马尔伯勒街的听证会即将召开时，显然还是倾向于建议昆斯伯里认罪。就在那时，他得知，根据从萨沃伊酒店得到的线索，罗素的调查人员追踪查尔斯·帕克到了皇家炮兵兵营，并对他施加压力，要求他就自己与王尔德的性关系发表声明。这件事很棘手，因为罗素并非王室政府代理人，所以不能为帕克提供免于起诉的豁免权，因为证据必然会自证其罪。法律威胁和金钱诱惑都起了作用。

有了第一个发现之后，其他事件陆续曝光。查尔斯·布鲁 547
克菲尔德痴迷于对王尔德的敌意，开始自己调查王尔德的性习惯和秘密接触。他从伦敦一家剧院的一个毫无戒心的看门人那里打听到，阿尔弗雷德·泰勒是王尔德的同伙，于是便把这个名字给了利特柴尔德和基利。基利在泰勒以前住过的一个地方——教堂街 3 号——发现了泰勒留下的一个“装满文件的帽盒”。里面装着许多罪证。罗素从泰勒的信件和笔记中识别、追踪并得到了西德尼·马弗、阿尔弗雷德·伍德、弗雷迪·阿特金斯、罗伯特·克莱本和威廉·艾伦的陈述。他们追踪到王尔德过去的活动：在牛津、戈林和沃辛；在萨沃伊酒店和阿尔比马尔酒店。他们还面谈并收买了王尔德之前的仆人。沃尔特·格兰杰、阿方斯·康威和爱德华·谢利发现自己落入了罗素的圈套。[27]

王尔德在审视答辩理由的时候可能已经注意到，其中一些确切的细节是错误的。他可能已经意识到这些指控都不易在法律上得到证明，但他看出了它们的本质，在公开法庭上展开这样的讨论只能意味着彻底的社会性毁灭。如果这些证据能够得到证实，那么结果不但昆斯伯里会得到无罪释放，而且——很有可能——他自己也会被逮捕。他的脚下出现了一个令人眩晕的裂口。从那一刻起，正如特纳所说，他“心里想到了死亡”。[28]

现在看来，撤诉肯定更有利，但为时已晚。事实上，即便哈里斯和萧伯纳在这周开始时就提出这个建议，可能也已经太迟了。如果王尔德撤诉，昆斯伯里也不可能让这件事平息下去。他有权对王尔德诬告他诽谤提起诉讼。或者，就像现在看来的那样，他可以把一大堆关于王尔德性关系的有害信息递交给刑事检察长。如果王尔德去了国外（哈里斯敦促他这样做），就会被视为承认有罪。王尔德开始意识到他已经误入了一个“诱捕陷阱”。[29]除了继续推进，没有别的选择。王尔德——一如既往地在道格拉斯的陪伴下——回到了汉弗莱斯阴冷的办公室，在“可怕的怒目而视”之下，一字一句地仔细检查答辩理由，“一脸严肃地对一个秃顶男人说着可怕的谎言”，否认其真实性。[30]

星期一晚上，王尔德与康斯坦斯和波西一起观看了《不可儿戏》，以示公开反抗。虽然他假装很享受这个夜晚，但可以
548 理解的是，康斯坦斯自始至终“非常激动”。道格拉斯发现，晚上分手时，她“热泪盈眶”。亚历山大也很激动。当王尔德在幕间休息来回踱步时，这位演员兼经纪人也敦促他离开这个

国家。“每个人都想让我出国，”王尔德回答，“我刚从国外回来。现在我又回到了家。一个人是不能老是出国的，除非他是个传教士，或者和这个差不多，是个商业推销员。”[31]

王尔德还有一丝微弱的希望，那就是昆斯伯里的律师实际上并没有证人或确凿的证据来支持他们大胆的辩护主张（辩方没有义务披露此类事情）。为了弄清事情的真相，王尔德写信给阿尔弗雷德·泰勒。他还试图联系认罪书中最“受人尊敬”的年轻人西德尼·马弗。在审判开始的前一天，泰勒到泰特街去见他。他似乎和王尔德一样，对大量的爆料感到迷惑不解，并着手进行调查。他的发现令人不寒而栗。不久，他写信给王尔德，说有一个私家侦探（一个名叫“利特柴尔德”的前警探）正在监视他，这个人或者其他什么人闯入了教堂街他以前住过的房间——那里可能有许多罪证。[32]这是个不祥的消息。

注　释

1. Ricketts, 39-43.
2. *CL*, 634.
3. *CL*, 633. 奥斯卡·王尔德给康斯坦斯的信上没有标注日期，但——和写给罗斯的信一样——它是用铅笔写在埃文代尔酒店的信纸上。其内容很可能与这桩危机有关。信中提议“9 点”见面——虽然没有写清楚是晚上 9 点（人们通常这么认为），还是上午 9 点。
4. Moyle, 229. 莫伊尔认为，康斯坦斯关于为她的儿子祈祷的话，确实表明她了解王尔德与道格拉斯的关系。但尽管如此，她必须让她的亲戚借钱给王尔德，以支持他的诽谤诉讼——这应该是基于对他清白的信任。
5. *CL*, 634, 796.
6. *CL*, 634, 796; 罗斯——在 1914 年为科罗斯兰诽谤案准备的“证词”

（克拉克图书馆）中——急于指责道格拉斯怂恿了这一注定要失败的做法，并暗示他建议谨慎行事；但在当代的记录中，没有任何迹象可以表明这一点。

7. Hyde, *Oscar*, 253.

8. *CL*, 796, 635; LAD to Percy Douglas [25 March 1895]（BL）其中确认珀西支付可能产生费用的“一半”，估计“大约500镑”。

9. Holland, 4; 看起来，此处，昆斯伯里也可能错误地引用了自己的话。虽然他的笔迹难以辨认，但更可信的是，它可以被解读为“给奥斯卡·王尔德/貌似鸡奸者”，而不是“摆出鸡奸者的样子”。

10. Holland, 22; *New York Herald*, 3 March 1895, in McKenna, 343.

11. Marjoribanks, *Life of Lord Carson*, 202.

12. LAD to F. Harris, 30 April 1925（Austin）; *CL*, 633; LAD to Percy Douglas 25 [March 1895]（BL），其中提到王尔德“牺牲了价值3000英镑的财产”筹来800镑。

13. Holland, 9-22, xxiii; A. H. Robins, *Oscar Wilde: The Great Drama of His Life*（2011）, 17; *PMG*, 9 March 1895; MQ to Lady Douglas, 11 March [1895]（BL）. 3月25日，大陪审团发回一份针对昆斯伯里的正式起诉书，确认了地方法官的决定；see *PMG*, 25 March 1895.

14. Holland, 285.

15. LAD to Percy Douglas, 11 March 1895（BL）.

16. Arthur Humphreys to OW, 11 March [1895]（MSL/Delaware）.

17. Maguire, 65; 3月1日，奥斯卡·王尔德凑了10英镑2先令6便士；*CL*, 690-1.

18. *CL*, 635; LAD to Percy Douglas, 25 March 1895（BL）.

19. Hyde, *Trials*, 346-51.

20. MQ to Minnie Douglas, 11 March 1895（BL）；昆斯伯里侯爵对于珀西公然与王尔德和道格拉斯勋爵站在一起感到非常愤怒，开始不断批评他，接着是他的妻子，及至他们的律师，他不断写信罗列他的种种怀疑和发现，希望能够扭转珀西的立场。珀西似乎很可能将这些信息告诉了王尔德和道格拉斯。昆斯伯里侯爵很可能受杰罗姆·K. 杰罗姆的《今日》杂志上的一篇文章的影响，其注意力被吸引到《变色龙》杂志上，该文章要求停止发行《变色龙》。奥斯卡·王尔德（正如《绿色康乃馨》中所写）可能曾经说过杰罗姆的作品“粗俗而无趣”，因而得罪了他。Anon.，*Oscar Wilde: Three Times Tried*，175.

21. MQ to Minnie Douglas，26 February 1895（BL）.
22. Robins，*Oscar Wilde: The Great Drama of His Life*，17，其中提到了案件牵涉的费用；Harris，113-17；午餐的日期是猜测得出的。那一天是案件审理之前的星期一，显然不是4月1日，如哈里斯（199）在书中所指，见面之后过了几天，昆斯伯里提出了辩护请求。
23. *CL*，636.
24. *Northern Echo*，26 March 1895；*PMG*，28 March 1895.
25. Gladys Brooke（née Palmer），*Relations and Complications*（1929），3-4：她回忆说，自己当时还是个孩子，听到奥斯卡·王尔德用一种“充满痛苦”的声音问她的父亲，“哦，沃尔特，沃尔特！我以男人的身份，请求你借给我400英镑打这场官司。”他似乎不太可能这么做。尽管如此，格拉迪斯表示，她的父母在奥斯卡·王尔德受审期间在经济上和道德上都给予了帮助。
26. Moyle，262.
27. Hyde，*Trials*，33-4；Marjoribanks，*Life of Lord Carson*，201；奥斯卡·王尔德的信显然是通过一个名叫伯纳德·亚伯拉罕的勒索律师落入了昆斯伯里手中。I. Playfair，*Some Gentle Criticisms of British Justice*，（1895）；McKenna，468-70.
28. Reginald Turner to G. F. Renier，22 March 1933（Clark）.
29. Robins，18.
30. *CL*，759.
31. Pearson，288；那天下午康斯坦斯在泰特街的家中招待了客人。她只叫了为数不多的几位客人。人们发现她看上去“神情沮丧，心不在焉”，Moyle，261.
32. Holland，251；Hyde，*Trials*，61.

3. 公诉人

我们去了女算命师罗宾逊那里。她预言将大获全胜，真是妙不可言。

——奥斯卡·王尔德

549 “女王（王尔德）诉昆斯伯里侯爵”案于 1895 年 4 月 3 日
星期三上午 10 点半在老贝利中央刑事法院开庭。这是人们热切
期待的。昆斯伯里的辩护细节虽然没有公布，但已经部分地为
人所知。王尔德到达时，发现狭小的法庭里挤满了戴着假发的
律师，他们急于见证这出好戏。人们坐在座位上、长凳上，还
有“一大群喋喋不休、戴着灰色假发、身穿黑色长袍的人，站
在法庭的过道和走廊上”。为数不多的几处尚未被占领的地方
聚集着媒体；而在上方，狭窄的公众旁听席上挤满了旁听的观
众，这些人全部是男性。王尔德挤过人群去找他的律师团队，
其间不得不与站立着的昆斯伯里侯爵——瘦弱而憔悴，但仍然
十分好斗——擦身而过。侯爵扎着一条剑桥蓝色的硬领巾，而
不是衣领配领带。他的红胡子竖立着。王尔德本人刻意保持着
严肃，甚至是庄重，上身一件黑色晨礼服，黑色领带上别着一
枚钻石和蓝宝石的领带夹，人们注意到，他的纽扣孔是空的。[1]
法官亨·柯林斯在法庭上就座。昆斯伯里走上被告席，他双臂
550 交叉地站在那里，拒绝坐到椅子上。陪审团（由十几名伦敦北
部的店主组成）宣誓。案件开始审理。[2]

爱德华·克拉克爵士简短地提到了昆斯伯里辩护词中提出的“猥亵”指控，但他意在对这些指控做淡化处理：他直截了当地表示，辩方需要提供“可信的证人”和实际证据来支持如此严重的指控。接着他概述了王尔德的事业、家庭生活和文学成就；他与阿尔弗雷德·道格拉斯勋爵的友谊，以及他与日益放纵的昆斯伯里打交道的情况。爱德华爵士提到了《道林·格雷的画像》和《变色龙》。为了抢先筑起一道可能的防线，他提到了王尔德写给道格拉斯的那封“天花乱坠”疯狂亲吻的信，讲述了这封信如何落入阿尔弗雷德·伍德手中，王尔德如何拒绝了艾伦和克莱本的勒索，以及这封信是如何从一篇“散文诗”变成了一首法语十四行诗。然后，他将王尔德带入了同样的立场……

王尔德在证人席上摆出轻松的姿势，双臂倚在栏杆上，表现得十分自信。他对发生在泰特街的历次冲突——先是与艾伦和克莱本，然后是与昆斯伯里——做了精心的描述，大部分内容清晰而简洁，引发了阵阵笑声。听众们尤其喜欢其中那句“我不知道昆斯伯里规则是什么，但奥斯卡·王尔德的规则是当场射击”。昆斯伯里站在几英尺开外的被告席上，带着毫不掩饰的轻蔑看着，他的下嘴唇不停地翕动着。[3]

对证人的讯问持续了一个多小时。接着，卡森站起来开始质证。王尔德预见到了这场对峙，他曾对他的法律顾问说：“毫无疑问，他在执行任务时会捎带上一份老朋友的怨恨。”[4]他说的没错。王尔德微笑着面对他的对手。《每日纪事报》评论说：“一个男人到了这种时候，倒不如向着刑架微笑。”卡森可能患了重感冒，但他仍以一贯坚持不懈的热情投入工作。他的第一步就是证明，王尔德并不如他向爱德华·克拉克爵士宣称的那样是39岁，而是“40多岁”。这一论点够小（只不过相差6个月而已），但它揭示了王尔德对待真相漫不经心的态度，也凸显了他与24岁的阿尔弗雷德·道格拉斯勋爵之间的年龄差距。然而，卡森并没有立即强调这一点。相反，王尔德发现自己被引向了更有把握的文学领域：他为道格拉斯发表在《变色
551 龙》杂志上的两首诗进行了辩护，称其“写得极美”，拒绝对方将话题引向《牧师和助手》的故事。当被问及他是否认为这个故事“不道德”时，他回答说：“更糟糕的是，它写得很烂。”在谈到自己对杂志的贡献时，他开玩笑地说：

> 卡森：听着，先生。这是你的文章《供年轻人使用的至理名言》中的一句话：“邪恶是善良的人们编造的荒诞说法，用来解释别人的奇特魅力。”（笑声）……你认为这样说对吗？
>
> 王尔德：我很少认为自己写的任何东西都是对的。（笑声）……根据事实来说，它是不对的；它们只表达任意的矛盾情绪、快乐的情绪，无意义——但就生活中的实际事实来说，它们是不对的；想到这一点，我就觉得非常遗憾。

至于“宗教在被证明是正确的时候就消亡了”或“说真话的人迟早会被揭穿”这样的话是否适合“年轻人”，王尔德向他的大学老同学建议：“任何东西，只要能激发任何年龄的人们的思想，就都是好的。”

当卡森把他拉进有关《道林·格雷的画像》和于斯曼的《逆流》的讨论时，他继续坚持自己对艺术和道德绝对分离的

信念。他不得不承认，在将原来的杂志故事修改成书籍版本时，他修改了其中一段，以免无意中传达出“道林·格雷犯下了鸡奸罪的印象”。但他声称，如此做法不是为了平息大众媒体的道德呼声，而是听从了伟大的文学评论家沃尔特·佩特的建议。这是一种艺术判断。

卡森多次试图将《道林·格雷的画像》的故事与王尔德自己与阿尔弗雷德·道格拉斯勋爵的友谊联系起来，但王尔德都避开了。卡森——从他所谓“净化过”的段落中——引用了巴兹尔·霍尔沃德描述他如何“疯狂地、夸张地、荒谬地崇拜（道林）”的描述，并质问道：“你是否曾经疯狂地喜欢过一个年纪比你小很多的年轻人?”“除了我自己，我从来没有喜欢过任何人。”这句话又引起一阵哄堂大笑，同样招来笑声的还有他断定，有关这种迷恋的整个想法是从莎士比亚那里“借来”的。王尔德自豪地宣告了他对道格拉斯的“爱”，但将他描述 552
为自己伟大的“朋友”。他辩护称，自己那些措辞夸张的信件是“美丽的”艺术作品。[5] *

卡森依然固执己见。在法庭上许多在场的人看来，他们是在见证一场“巨人的较量”。王尔德保持着镇静，赢得了笑声，但卡森拒绝转移话题。他那“苍白、瘦削、聪明”的脸在假发之下显得格外突出。他施展出自己在言谈举止方面的武器——

---

* 在讨论王尔德的信件时，卡森很高兴地透露，在这封信被带上法庭并获得详细解释之前，他完全不知道这封“疯狂之吻”的信件。王尔德怀疑昆斯伯里一方已经拿到了他的一封信，这个猜测是正确的：这是一封不那么妥协的信，他从萨沃伊寄给“最亲爱的男孩”，信中对波西爱“大吵大闹”表达了遗憾：“它们会破坏生活的可爱之处。我不能见你，你像希腊人，优雅，被爱扭曲着。我不能听到你那曲线优美的嘴唇对我说出恶狠狠的话。别这么做。你伤透了我的心。我宁可被男妓敲诈一整天，也不愿让你痛苦、受到不公和恐惧。”

意味深长的停顿、好奇的表情、冷酷的微笑。据《每日纪事报》报道，他“非常沉着冷静”，“不管对方的论据多么充分，在质证的过程中，证人对于他就像板条对生铁一样”。[6]

整个漫长的下午，随着一个接一个的问题，他们从文学转向了生活，也转向了王尔德与一连串年轻人的友谊。阿尔弗雷德·伍德是谁？他的职业是什么？他多大了？怎么认识的？王尔德是不是带他去吃晚饭并给了他钱？他是怎么认识爱德华·谢利的？他在何时何地遇见阿方斯·康威？王尔德是不是给他买了一套新衣服，还是给了他一个烟盒？康威是不是管他叫奥斯卡？每到这个时候，卡森就会指出“奥斯卡”和这些“男孩子们”在年龄、阶级、智力水平上的差异：伍德是“24 岁”的无业“职员”；谢利是“18 岁”的博德利·黑德公司“办公室杂工”；和他们差不多年纪的康威是沃辛海滨的“游手好闲者”。[7]

不过，卡森的问题还触及了更阴暗的地方：“你是不是邀请伍德去了你在泰特街的家？”“那时候你妻子是不是在托基？”“你和伍德之间发生过不道德的行为吗？”“有没有把手放在他身上？”“（谢利）是不是（在阿尔比马尔酒店）住了一整夜，第二天早上 8 点钟离开的？”“你是不是在（兰辛）路上吻了
553 （康威）？”对于这一连串的问题，王尔德只能给出一连串坚决否认，但这些问题已经足够具有破坏性。它们第一次向王尔德透露了辩方设法获得的信息范围。很明显，他们从不同的证人那里得到了详细的第一手证词。[8]当法庭在 5 点差一刻休庭时，王尔德肯定已经精疲力竭。这是令人痛苦的一天，下午的爆料毁掉了上午的成果。

淫荡的媒体有很多猛料可以报道，淫荡的公众有许多话题可以议论。这个案子简直成了“伦敦西区野蛮男人享受了好几

天的极致‘美味’”。它集不正当的性关系和王尔德式智慧于一身，对于购买报纸的公众来说简直不可抗拒。[9]甚至当王尔德离开法庭的时候，报童们还在兜售晚报，上面报道的是上午的庭审过程。“丑闻”“轰动”“非同寻常的爆料”成了头条新闻。许多报纸刊登了逐字记录的报告，记录了大部分质证内容——只是用“不知名”的罪行模糊地提到了“鸡奸”，或者采用了一排省略号。在铺天盖地的新闻报道中，《圣詹姆斯公报》鹤立鸡群，该报完全拒绝提及此案——这个举动为它赢得了更多的关注，而非销量。

第二天早上，冷酷的庭审又开始了。王尔德相当克制，在卡森的要求之下被迫描述了他与阿尔弗雷德·泰勒的“亲密关系”，并讲述了在他位于利特尔学院街的“香味很浓”点着蜡烛的房间里举行的男性茶会。[10]卡森随后开始念一份名册，这些年轻人都是工人阶级，通常处于失业状态，他们都是王尔德——卡森认为——通过泰勒认识并款待过的，包括：弗雷德·阿特金斯、查尔斯·帕克和他的兄弟威廉、西德尼·马弗、欧内斯特·斯卡夫（“大约20岁时”，曾经当过贴身男仆）。王尔德和他们有过“亲密关系”吗？他否认了。他是不是送过他们烟盒？他承认，自己喜欢送别人烟盒。当被问及他和这些人有什么共同之处时，他答道：“好吧，我来告诉你，卡森先生。我喜欢和比我年轻得多的人交往。我喜欢那些被人称作闲散和无所事事的人。在我眼里没有任何社会地位之分，对我来说，年轻，只是年轻，就是极其奇妙的，我宁愿和一个年轻人谈上半个小时，也不愿在法庭上被人讯问。”

其间王尔德说过几次俏皮话。当被问及“加冰香槟”是否是他最喜欢的饮料时，王尔德回答说：“是的，严重违背了我

的医嘱。”“不必在意医嘱”，卡森插话道，并允许王尔德回击
554 说：“我不这么想。如果你放弃医生的忠告，你会尝到更多的滋味。”这样的玩笑也许可以博得一笑，但卡森知道，它们无法动摇陪审团的意见。他毫不客气地把话题转到沃尔特·格兰杰身上，他是道格拉斯在牛津寓所里的一个十几岁的仆人。“你和他一起吃过饭吗？”“从来没有过。”“你亲吻过他吗？”“哦，没有，从来没有。他是一个相貌极其普通的男孩子。”王尔德轻描淡写地透露了自己的条件，但卡森一下子抓住这一点，抛出了一个又一个问题：

卡森：他怎么了？

王尔德：我说了，我认为不幸的是——他的外貌很不幸——很丑——我的意思是——我因此而同情他。

卡森：极丑？

王尔德：是的。

卡森：这就是你没亲吻他的原因？

王尔德：不，不是，你这就如同问我为什么不亲吻门柱一样，太好笑了。

卡森：难道你告诉我他很丑，不就是为了解释你为什么没有亲吻他？

王尔德：不是，我没那么说。

卡森：那你为什么提到他的丑？

王尔德：不，因为你的问题在我看来好像是故意侮辱我，你整个上午的问题好像都是这样。先问是否与他一起吃过饭，再问是否亲吻过他，很是无聊。

卡森：因为他丑，所以你没有亲他？

王尔德：不是。

卡森：那你为什么提到他的丑？我必须问这些问题。

王尔德：我认为，想象一下，在任何情况下发生这些事都是很可笑的。

卡森：为什么提到他的丑？

王尔德：就为这个。如果你问我是否亲吻过一根门柱，我会说："不！太可笑了！我不想亲吻门柱！"这个问题太荒唐了。

卡森：你为什么要提到那个男孩子的丑？

王尔德：或许是因为你用侮辱性的问题侮辱了我。

卡森：因为我用侮辱性的问题侮辱了你？

王尔德：是的，你用侮辱性的问题侮辱了我；你让我生气。

卡森：你说是因为我用无礼的问题纠缠你，所以你才说那个男孩子丑？ 555

（说到这里，王尔德的几次回答都不清楚，也都没说完。他努力集中思想，但卡森先生只是厉声重复问："为什么？为什么？你为什么要提起这个？"最后王尔德回答道……）

王尔德：对不起，你纠缠我，侮辱我，想方设法激怒我。人一生气说话就会变得轻率，我承认这一点，我承认这一点——我克制不住。这就是你对我做的。

卡森：你说那是轻率？你轻率地说他丑；这就是你现在希望表达的意思？

王尔德：别说什么我希望表达什么意思。我已经回答了你的问题。

卡森：是不是说，那是个轻率的回答。

王尔德：哦，是个轻率的回答，是的；我要说，那当然是个轻率的回答。

卡森：你们之间发生过猥亵之事吗？

王尔德：不，先生，没有，从来没有。[11]

对于法庭上的许多人来说，这似乎是一个高潮时刻，王尔德惊慌失措地步步后退，因为他无意中间接承认，他会考虑亲吻一个没那么“不幸”的男孩。[12]

没过多久，卡森的质证结束了，爱德华·克拉克爵士试图通过重新审视王尔德来夺回主动权，让他在更好的状态之下来描述自己的各种关系：强调阿尔弗雷德·泰勒（一个有教养，会弹钢琴的马尔博罗学校毕业生）和刻意不具名的莫里斯·施瓦贝（“一位地位高、出身好、名声好的绅士”）都是有地位的体面人；他在与谢利和康威的交往中表现出真正的关切和慷慨。为了引起人们的注意，他把昆斯伯里写给阿尔弗雷德·道格拉斯勋爵和阿尔弗雷德·蒙哥马利的几封言辞激烈的信件拿出来作为证据。果然，当念到信中将王尔德称为“该死的坏蛋和罗斯伯里式的懦夫”时，法庭上短暂地骚动了一阵，但是信的其余部分清楚地表明，昆斯伯里对罗斯伯里的愤怒是因为罗斯伯里、格莱斯顿和女王在提拔德拉姆兰里格子爵为贵族时施加了政治上的轻视。也有人对侯爵表示同情，在无休无止的读信期间，侯爵一直站在被告席上，“交替凝视着”证人席上的
556 王尔德，以及坐在法庭对面的儿子。《太阳报》写道：“他不时地转向证人席上的那个人，咬紧牙关，向证人猛烈地摇头。然后，当读到信中的悲惨片段时（关于德拉姆兰里格之死），可

怜的老贵族竭力抑制住泪水，他不得不咬着嘴唇，不让眼泪流出来。”[13]这封信作为证据，它对王尔德的案子毫无帮助。然而，它确实提及了罗斯伯里的这位政敌兼私敌——或者还暗示了更多。*

新证据的出现为卡森提供了重新质证的机会。王尔德可不喜欢这样的前景。午餐休息时，他询问律师顾问，对方是否可以“选择任何方面”对他进行盘问。当他被追问到底为什么焦虑时，他坦白说：“不久前，我在午夜时被赶出了阿尔比马尔酒店，当时有一个男孩和我在一起。如果他们发现了这件事，可能会很尴尬。”爱德华·克拉克爵士得知此事后，必然很沮丧。[14]午餐后，王尔德没有继续出现在证人席上，法庭上有人低声说，他一定是逃走了，不愿意再次面对卡森。但事实证明谣言是假的。他在 2 点 15 分时出现了，为他吃午饭的那家餐馆的钟走得太慢而感到抱歉。

结果，卡森并没有针对新证据进行质证。克拉克爵士也没有像一些人预料的那样，在这个阶段传唤阿尔弗雷德·道格拉斯作为证人。他宁愿“暂时”了结案子。王尔德抓住这个机会离开了证人席和法庭。他错过了卡森那自信而令人震惊的结案陈词的开场部分，但他肯定及时赶回来了，而且听到阿尔弗雷德·伍德回来了——王尔德以为他在美国，但他却回到了伦

* 罗斯伯里那时候正忧心忡忡。2 月 19 日，他因为感觉自己缺少内阁同僚的支持，曾试图辞去首相一职。他被劝阻了。但随后他的健康就垮了。一种不明原因的神经疾病影响了他的消化，摧毁了他的睡眠，使他几乎丧失了行动能力。他的病持续了整个 3 月和 4 月（一直持续到 5 月）。鉴于有传言说罗斯伯里对年轻男子有性方面的兴趣，有些人已经准备好就此打击他。1895 年 4 月 21 日，达勒姆勋爵通知雷金纳德·埃舍：“赛马场的人说，罗斯伯里从来没有患过流感，他之所以失眠是因为害怕卷入王尔德的丑闻。宽容些吧。”

敦——并将出庭作证："（他）将向你们描述——我不打算向你们预测——奥斯卡·王尔德先生几乎从他们认识之初就开始，如何一次又一次地与他采取肮脏和不道德的行为。"听到这里，
557 整个法庭都惊呼了一声，但这只是众多证人中的一个。卡森已经表示，查尔斯·帕克也会到场，萨沃伊酒店的目击者会证明关于王尔德在酒店的"不道德行为"的指控是"完全正确的"。休庭时，卡森的发言尚未进行到一半。[15]

出于方便考虑，王尔德住到附近的霍尔本高架桥酒店。他和波西一起给艾达·莱弗森发了封电报，取消了当晚的晚餐约会。"我们有很多非常重要的事情要做，"他解释道，"事事都很令人满意。"[16]然而，它并不"令人满意"。虽然他们可能会说服自己，卡森威胁要提供的大多数证人都是共犯和自认的罪犯，他们的证词可能会受到怀疑，但在这样的基础上进行较量是极其危险和不确定的。

第二天早上，爱德华·克拉克爵士要求与王尔德会面。他整夜都在考虑这件事，并认为，根据他们已经得知的情况，陪审团一定会宣判昆斯伯里无罪，唯一明智的做法是王尔德撤回诉讼，并允许克拉克爵士以他的文学作品为由，同意对较轻的"摆出鸡奸者的样子"的指控作出"无罪"判决。否则，就会有这样的风险，如果案子到了最后，所有的证据都提供了，陪审团也做出了有利于被告的裁决，法官就会在公开法庭上下令逮捕王尔德。律师顾问威利·马修斯则提出了相反的观点。他认为，昆斯伯里的证人的可信度可能会受到质疑，案件仍有可能胜诉。不过，王尔德对这一点持怀疑态度。[17]显然，他被克拉克的意见所打动，他认为这个案子可能还会持续三四天；这笔费用将超出他的承受能力。似乎克拉克也认为他已经和卡森达

成了一项私下协议，即如果现在放弃这个案子，“就不会再听到关于这件事的任何消息了”。[18]无论如何，王尔德接受了克拉克的建议。

得知自己无须继续出庭时，他松了一口气。当他的律师进入法庭时，卡森已经继续开始了他无情的结案陈词，王尔德从侧门离开，坐车去了不远的霍尔本高架桥酒店。很快阿尔弗雷德·道格拉斯和他的兄弟珀西，还有罗比·罗斯和（最有可能的）雷吉·特纳也来了。[19]

他的案子失败了。巨大的震惊接踵而来。王尔德得知， 558
克拉克无法将昆斯伯里的胜诉仅仅局限于针对“摆出鸡奸者的样子”的指控上，侯爵被判支付了诉讼费，而且没有任何迹象表明“事情”现在会得到了结。《太阳报》的一名记者前来采访时，珀西出来回答问题，他声称波西很想去证人席，但王尔德不让他这样做。然而，他强调，他——“和我们家族的每一个成员，除了我的父亲”——拒绝相信辩方对王尔德的指控，并声称：“以王尔德先生的全权授权，他可以声明，王尔德先生没有立即离开伦敦的想法，将继续面对诉讼的任何结果。”王尔德给《伦敦晚报》写了一封同样内容的信。

注　释

1. Holland, xxvii; *PMG*, 3 May 1895. 19 世纪 90 年代，中央刑事法院有四个法庭（自那以后，这座旧建筑已被拆除并重建。）没有记录显示，王尔德案是在哪个法庭开庭。
2. *PMG*, 3 April 1895.

3. Holland, 52ff; *Western Mail*, 4 April, 1895.
4. Travers Humphreys, Foreword to Hyde, *Trials*, 8.
5. Holland, 104–5.
6. 'Silk and Stuff', *PMG*, 4 April 1895; *Daily Chronicle*, 4 April 1895, in Holland, xxviii.
7. Holland, 115; 134; 144.
8. Holland, 134, 138–9, 146, 116–18.
9. 'Our London Letter', *Dundee Courier & Argus*, 4 April 1895.
10. Hyde, *Trials*, 51; Holland 152–6.
11. Holland, 207–9, 321; Hyde, *Trials*, 150.
12. Sherard, *Life*, 115–16.
13. *Sun*, 4 April, 1895, quoted in Holland, 322.
14. Hyde, *Trials*, 53.
15. Holland, 271; Hyde, *Trials*, 55; 178, 269.
16. *CL*, 636，其中指电报的日期为“1895 年 4 月 3 日”，但电报原件——藏于哈佛大学霍顿图书馆——的邮戳不完整，可以看到上面还标有“4 月 4 日”和“下午 4 点 21 分”的字样；法庭于 4 月 4 日下午 4 点 20 分休庭，因此这封电报是由波西（或者别人）按照王尔德的指示发出的。
17. Hyde, *Trials*, 55–6.
18. C. H. Norman, quoted in Holland, xxxix; George Bernard Shaw to LAD, 12 August 1938, in Mary Hyde, ed., *Bernard Shaw and Alfred Douglas: A Correspondence* (1982), 87.
19. *Northern Echo*, 6 April 1895, describes (quoting the first-hand observation of the *Star* reporter),《北方回声报》报道（引用《星报》记者的一手观察），案子宣判后，王尔德离开了老贝利法院。“他的车正等着他，他飞快地走进车里，叫车夫把车开到霍尔本高架桥酒店。马车还没停到旅馆门口，他就把胳膊和一根金头拐杖伸出窗外，向显然站在那里等他的一个人示意，声音嘶哑地喊道，‘判决无罪！’他们一起走进了酒店，不久之后，阿尔弗雷德 · 道格拉斯勋爵也被看到走进了酒店。”王尔德走进酒店的“半个小时之内，几位绅士陆续匆匆到达，他们立即被带到王尔德先生自周四以来一直保留的房间”（'Arrest of Oscar

Wilde', *Western Mail*, 6 April 1895). The *Leeds Mercury*, 6 April 1895, "一行人在一个包间里热烈地讨论，直到1点钟才结束，然后他们共进午餐，喝了很多酒。"该报描述其中有一个人是"律师"：特纳是一名正式的执业律师。

4. 女王诉王尔德

人所受之审都是永世之审。

——奥斯卡·王尔德

559 那天下午，王尔德写了不止这一封信。他似乎给康斯坦斯写了一张便条，敦促她不要让任何人进入他的“卧室或起居室”。与此同时，昆斯伯里的律师查尔斯·罗素当即写信给政府检察官汉密尔顿·卡夫，随审判记录一起附上了“我们所有证人的证词副本”，以确保“正义”得以伸张。[1]卡夫除了要求立即面见罗素之外，还把详细情况送到下议院，提请内政大臣阿斯奎斯，以及司法官员罗伯特·里德爵士（首席检察官）和弗兰克·洛克伍德爵士（副检察长）予以关注。

这次高级别磋商无疑具有启发性：此案已经涉及政治层面。克拉克宣读昆斯伯里信件的决定产生了意想不到的后果。法庭上提及了罗斯伯里和格莱斯顿的名字（尽管是间接的），这使自由党处于尴尬的境地。在与王尔德打交道时，他们要表现得毫无畏惧或偏袒，以免有人声称他们参与了某种掩盖行为。王
560 尔德在八十俱乐部的三位前同事——阿斯奎斯、里德和洛克伍德——很快同意申请搜捕令，阿斯奎斯指示逮捕王尔德，“无论他身在何处”。[2]

至于侯爵，他已经走出老贝利法院，欢呼的旁观者和支持者把他当成了胜利的英雄。据报道，他曾给王尔德送去一封信，

信上称："如果这个国家允许你离开，那么对国家反而更好，但如果你带走我的儿子，我将跟随你到任何地方，并开枪打死你。"[3]然而，当天下午他对聚集在卡特酒店的记者们说，不能允许王尔德逃跑，他"应该被安置在一个再也无法糟蹋年轻人的地方"。[4]

尽管阿斯奎斯和昆斯伯里声明希望王尔德被捕，但如果他决定当天下午离开英国前往欧洲大陆，他很可能会被允许离开。[5]但是，正如珀西的声明和王尔德自己的信所表明的那样，他决定留下来。我们并不十分清楚其中的原因。罗斯劝他去法国。他的拒绝中或许含有几分反抗的意味，但其中多半是出于惰性。王尔德对自己的转变感到震惊；"这个跟头跌得多么惨！"他后来向艾达·莱弗森哀叹道。"为什么那个女算命师（罗宾逊夫人）只会说好听的？"[6]他对算命师失望至极，似乎已经屈服于自己的命运，几乎成了自己这场灾难的旁观者。[7]

为了应对危机，他做了最后一个小小的努力，到访伊利广场附近乔治·刘易斯的办公室。然而，他的老朋友乔治爵士无能为力。"现在来找我又有什么用，"律师喊道，"我什么也做不了。如果你一开始就明智地把昆斯伯里勋爵的卡片交给我，我会把它撕成碎片扔进火里，并告诉你不要出洋相。"[8]王尔德不仅仅是出了洋相。

他不知道下一步该做什么，于是便坐着马车去圣詹姆斯的银行，然后又去了卡多根旅馆，波西自上周起一直住在那里。一群记者和昆斯伯里雇的侦探一路追着他在伦敦的行踪。当王尔德乘坐的车经过圣詹姆斯剧院时，他可能注意到自己的名字已经从干草市场剧院和圣詹姆斯剧院外的节目单上删除了。在

庭审的三天里，两家剧院的上座率都出现了“下降”。[9] *

561 午后，王尔德和他的三个朋友待在酒店里波西的房间内。他毅然喝下了白兰地苏打水。晚报已经在预言他会被捕。罗斯被派去将昆斯伯里胜诉的消息带给康斯坦斯，当时她和姑妈一起住在下西摩街。她带着维维安；西里尔已经离开比德尔斯，被送到了爱尔兰的亲戚那里。她流着眼泪恳求罗比劝说王尔德“出国”。[10]然而，王尔德却丝毫不为所动，而且态度坚决。他断定“火车已经开走了……已经太迟了”——事实并非如此——并以此回避了所有关于逃跑的建议。事实上，定期从维多利亚出发的港口联运列车一直要营运到晚上10点差一刻。波西无法忍受等待的压力，就去下议院咨询他的亲戚乔治·温德姆，打听政府是否有意起诉。他离开之后，《星报》的一名记者来了，他告诉罗斯自己在新闻“记录”上看到了对王尔德的逮捕令。当局以几乎前所未有的速度采取了行动。当罗斯转达这个消息时，王尔德的脸变得“非常阴郁”。[11]

大约6点半的时候有人敲门。两个便衣警察走进来。“我想，是王尔德先生吧？”王尔德站起身。他是不会惹麻烦的。他停顿了一下，穿上大衣，戴上手套，拿起一本皮埃尔·路易斯的最新小说，被带到楼下等候着的“四轮出租马车”那里。他先被送往苏格兰场，有人在那里宣读了逮捕令，根据1885年《刑法修正案》第11条指控他“对其他男性犯下严重猥亵行为”。他接着又被带到弓街警察局，在那里做了登记后被带进

---

* 据（《格拉斯哥先驱报》）报道，在4月5日的演出中，虽然两家剧院都没有“遇到任何演出对手”，但圣詹姆斯剧院的观众“比往常少得多”。“有人发表了一些略微不当的评论”——主要来自顶层楼座——“特别是当提到沃辛镇的时候”——现在人们把这个地方与王尔德勾引阿方斯·康威联系在了一起。

一个牢房过夜。道格拉斯和罗斯都不可以见他。

第二天10点，交付诉讼程序开始，法官约翰·布里奇爵士在弓街警察局狭小而拥挤的“上层”审判室进行了聆讯。王尔德发现阿尔弗雷德·泰勒也在被告席上，他是当天早上在皮姆利科的寓所被捕的。他们互相鞠躬致意。查尔斯·吉尔——昆斯伯里案中卡森的律师顾问——担任王室检察官。他开始慢条斯理地陈述对王尔德和泰勒的指控。卡森提到的证人开始一个 562
个出庭：帕克兄弟、阿尔弗雷德·伍德、弗雷德·阿特金斯、西德尼·马弗，以及——适时出现的——爱德华·谢利。王尔德面临的危险和困难瞬时令人惊恐地近在眼前。这些证人已经准备好表明自己有罪，他们显然已经同意用证词换取免于起诉的豁免权。同样清楚的是，他们已经获得或正在接受昆斯伯里律师的经济支持。据说，爱德华·谢利在诽谤案审判期间出庭两天，得到了20畿尼，而他在博德利·黑德公司时的周薪只有15镑。查尔斯·帕克穿着由控方资助的新西装，看上去光彩照人。[12]

王尔德不得不听取他们详细描述各自与他的种种邂逅：在科特那饭店的晚餐，在萨沃伊酒店的夜晚，在泰勒房间里聚会，在租来的寓所里约会，在泰特街和圣詹姆斯广场的秘密约会——以及性行为。威廉·帕克声称，泰勒曾告诉他和他的兄弟，王尔德希望他们表现得“像女人一样”。查尔斯·帕克描述了他和王尔德在萨沃伊酒店脱光衣服，一丝不挂地躺在床上的情景。（之后吉尔插话说，“我不打算听到更多任何细节了”。）阿尔弗雷德·伍德对于他和王尔德在泰特街发生的事情描述得极为生动，以至于内容“无法报道”，即便低档小报《雷诺兹报》也无法将其诉诸文字。[13]在他们之后，是一批酒店员工、旅馆老板、侍者和仆人，他们或多或少见过王尔德有失体面的情形。萨沃伊旅馆的按摩师和客房女仆曾经发现，王尔德的床上躺着一个“普普通通的”男孩子；这个女仆还被王尔德的床单和睡衣上的“特别脏的”污渍震惊到了，那显然是被凡士林、精液和“粪便”弄脏的。[14]

替王尔德辩护的是之前帮他起诉昆斯伯里遭到失败的那个法律团队。爱德华·克拉克爵士——似乎很后悔自己之前曾经建议王尔德撤诉——坚持他和他的助手们将免费提供服务。[15]汉弗莱斯也不再给他寄账单（泰勒的律师是他自己请的专门律师 J. P. 格兰）。他们在弓街举行的第一次听证会上取得了一个小小的胜利。西德尼·马弗被传唤作证时，详细讲述了去阿尔比马尔酒店拜访王尔德的情形，但随后——令控方惊讶的是（控方掌握着完全相反的证词）——他断然否认期间发生了任何不当行为。这一意想不到的倒戈要归功于道格拉斯；他在法庭的
563 走廊上遇见了马弗，对他说：“看在上帝的分上，记住你是一个绅士，一个公学学生。不要和伍德和帕克那些人渣为伍。当律师问你问题的时候，否认整件事，你就说，你之前说的那些话，是因为你被警察吓坏了。他们不能拿你怎么样。”[16]马弗的大变脸使得控方失去了表面上最“受人尊敬”的证人，而他也是将王尔德和泰勒联系得最紧密的证人。

辩方仍面临许多障碍。控方认为，王尔德和泰勒应该一起受审，这种安排可能对王尔德很不利。由于一天的时间不足以召集所有证人；因此还需要在 4 月 11 日和 19 日再举行两次听证。与此同时，王尔德的保释申请遭到驳回，据说是出于“案件的严重性”。约翰·布里奇爵士大大超越了他的司法裁量权，认为“没有比这种罪行更恶劣的罪行了”——尽管事实是，“严重猥亵”从技术上来说根本算不上犯罪，只是行为不端而已。

这是典型的偏见。昆斯伯里的胜利和王尔德的被捕引发了来自媒体和公众的一场不同寻常的、自以为是的谩骂。昆斯伯里获胜后收到一大堆电报，其中有一封写道：“伦敦城的每一个人都和你在一起。杀了这个家伙！”[17]乔治·温德姆注意到，这样的敌意普遍存在于“所有阶层中”。[18]弗兰克·哈里斯认为，情绪最为激烈的是“清教徒中产阶级，这些人一直不相信王尔德是艺术家、知识分子，‘就是一个贵族寄生虫’”。[19]许多老朋友都弃他而去。* 人们普遍认为，王尔德的罪恶涉及各个方面。《回声报》果然名副其实地宣称“奥斯卡·王尔德先生受到了‘诅咒，这个人完蛋了’”。人们预计——也希望——会有更多的人被捕。喧闹的人群聚集在弓街警察局外，想亲眼看到王尔德出席接下来举行的听证会。证人们揭露出来的那些更淫乱的细节内容被迅速制作成小册子分发传播开来。[20]与此案有关的街头歌曲《即便不恶亦存疑》，“响彻大街小巷，尤其是在伦敦南部”。[21]

然而，谴责不仅针对个人，而且还牵连了艺术。吕西安· 564
毕沙罗在给他父亲的信中描述了针对王尔德的仇恨，与其说它攻击的对象是“鸡奸”，不如说它打击的是艺术家和人类精神。王尔德的陨落将标志着英国美学运动走向末路，而此时欧洲其他地方正刚刚开始向它投去欣赏的目光。毕沙罗说：“英国人讨厌艺术。”[22] “英国”媒体现在确实厌恶王尔德的艺术眼光。《全国观察家》——不再由亨利编辑——宣布：“在英语世界

---

* 艾蒂·格伦费尔回忆，在诽谤案审判的早期阶段，她的丈夫威利曾站在王尔德一边，抗议对他的指控是“不可能的”。但是，随着案件的审理，他的天真发生了动摇。他说，即便在王尔德被捕之前，“我们也不能让他再来塔普罗了”。

里，没有一个人不对昆斯伯里侯爵怀有深深的感激之情，因为他摧毁了颓废派的大祭司。”杂志自称期待着昆斯伯里获胜后的“法律和社会后续”：“老贝利肯定会迎来另一场审讯，或者验尸官的讯问——后者是一个选项；颓废派对艺术意义的看法是丑恶的，他们对艺术的看法比古希腊的厄琉息斯秘仪还要糟糕，这一切必须彻底结束。”[23]

如果说王尔德摧毁了艺术的殿堂并且使自己埋于其下，那么显然还有其他人也会在这场倒塌中受伤。所有现代艺术表现形式都受到谴责，被“混为一谈”地认为是“奥斯卡·王尔德”倾向的一部分。[24]六名颇具声望的博德利·黑德公司作者给远在美国的约翰·莱恩发电报，他们声明称，除非他立即将王尔德的名字从博德利·黑德的目录中删除，并禁止比尔兹利的作品出现在即将出版的《黄皮书》中，否则他们将撤回自己的作品。莱恩急忙照办。[25]*

王尔德申请保释遭拒后，从弓街的警察局牢房被转移到霍洛韦，等待接受接下来的羁押聆讯。虽然身处监狱，但作为候审犯人，他可以穿自己的衣服。他支付了一小笔额外费用，住进了一间面积宽敞、设备齐全的“特殊”牢房。他可以让当地餐馆送食物过来，可以读书、写信、接见访客。尽管有这些便利条件，但监禁毕竟是有代价的。那里不允许吸烟。在随后的
565 听证会上，媒体显然得意地发现，王尔德的健康每况愈下。据报道，两周后他的脸色变得“灰白”，两颊“凹陷”，头发“凌

---

* 让莱恩感到非常苦恼的是，在昆斯伯里案件庭审时提到他的出版社是王尔德与爱德华·谢利相遇的地方。更让他感到不安的是，媒体报道王尔德被捕后抱着《黄皮书》离开了卡多根酒店。而那本书实际上是皮埃尔·路易斯的《阿芙洛狄忒》，像所有的法国小说一样，是用黄色包装纸装订而成的。

乱”，他的神态“一直很忧郁，突然老了许多”。[26]

他身边几乎没有盟友。罗斯和雷吉·特纳都认为离开这个国家到法国去是明智之举。罗斯之所以逃跑，似乎并不是因为害怕被捕，而是因为政府传唤他提供不利于王尔德的证据。[27]莱弗森一家始终保持着极大的忠诚和关注。谢拉德从巴黎写了一封鼓舞人心的信，说王尔德得到了伯恩哈特、龚古尔、皮埃尔·路易斯、斯图尔特·梅里尔和其他“艺术家”的同情和支持。而威利的一封信则没有那么受欢迎，信中说他“在整个伦敦四处”为他“辩护”。“我可怜的兄弟，”王尔德说，“他可以为此放弃一台蒸汽机。”[28]

除了他的律师之外，王尔德在霍洛韦的唯一经常性访客就是波西。他一直待在伦敦。他每天都来，但两人的谈话——夹杂在其他监狱访客的嘈杂声中，中间还隔着巡逻的狱吏——令人痛苦。王尔德自从耳朵感染后，越来越难以听清别人讲话。尽管如此，光是见到波西就能带来安慰。王尔德在给莱弗森夫妇的信中写道：“一个小东西，金黄色的头发，像天使一样，经常在我身边。”“他的出现令我黯然失色。他像一朵在幽暗中摇曳的白花。”[29]王尔德戏剧化地将自己的困境描述为一场注定失败的浪漫激情戏的高潮部分。他宣称，自己之所以采取法律行动，完全是为了保护波西，不让他受到父亲的伤害。[30]而现在，他在痛苦中，是他和道格拉斯共同拥有的“美丽而崇高的爱”在支持着他：[31]

> 你对于我，就像智慧之于哲人，上帝之于他的信徒。把你留在我的灵魂深处，这就是这种痛苦的目的，而这种痛苦就是人们所说的生活。哦，我的爱人，我珍爱你胜过

其他一切，你是未曾收割过的田野里白色的水仙。想想落到你身上的重负，唯有爱能让它变轻一点。不过，不要为此而伤悲，应当高兴才是，因为是你用不朽的爱浇灌了一个人的灵魂，这个人此刻正在地狱里哭泣，可他心中却有个天堂。我爱你，我爱你，我的心是一朵玫瑰，是你的爱让这朵玫瑰怒放。我的生命是沙漠，却吹拂着你迷人的芬芳，你的双眼就是那清凉的春天。你纤小的足印为我打造幽谷，你发上的芬芳就像没药香脂，你所到之处都散发出桂树的芳香。永远爱我，永远爱我吧。你是我生命中至上完美的爱，不可能再有其他。[32]

566 道格拉斯欣然赞同这个观点。他声称，如果王尔德被判有罪，他要在监狱旁边买一所房子，一直住到他获释为止。许多人都在期待道格拉斯本人也被捕，并与王尔德和泰勒一起受到指控。但波西的亲戚很早就知道，不会有任何针对他的“案件”[33]；当局已经相信，不但没有足够的证据可以确保定罪，而且道格拉斯在这件事情上的“道德罪”（“假设他有罪”）“较轻”，因为他是“在牛津上学时”被王尔德施加了“巨大影响”，从而堕落并误入歧途的。[34]

康斯坦斯从泰特街取走她的私人物品，带着维维安又回到了巴巴科姆。现在，乔治·刘易斯和伯恩-琼斯的儿子菲利普都在为她提供建议和帮助。两人都建议她必须抛下丈夫，让他去处理自己的麻烦、债务和命运。泰特街也应该处理掉。“如果房东想要查封房子再出租，那就随他去吧，”刘易斯劝道，“别管了——如果房东愿意的话，他可以进去将它查封了。”[35]

王尔德被困在霍洛韦，费劲地挣扎着去照料他支离破碎的生活中的种种琐事。他因为不能亲自帮母亲支付日常的“生活费”而心烦意乱。[36]他几乎没有时间准备辩护词。尽管他的律师努力将案件审理往后拖延，但该案仍定于4月26日开庭。与此同时，他的许多债权人正急于收回他们的债务（昆斯伯里案件开审之前就已经开始了）。然而，王尔德手头没有钱；他的剧本可能还会继续上演，但观众越来越少。* 寄希望于美国也是不可能的了。《理想丈夫》于3月12日在纽约首演，好评如潮，但现在已被撤下；4月22日推出的《不可儿戏》仅仅上演了一周。[37]莎拉·伯恩哈特已经放弃了法语版《莎乐美》。王尔德原本希望她买下剧本演出权（400英镑），现在落空了。伯恩哈特写信表示同情，并保证为他提供帮助。但事实上，眼下不是时候。她什么忙也帮不上。[38]

三名商人成功地赢得了对王尔德未付账单的判决——总计 567
“大约400英镑”——“主要用于购买香烟和烟盒”。法警被派遣到泰特街。在4月24日乱作一团的“治安官拍卖会”上，有一场王尔德物品的大拍卖——他的书，他的画，他的文件，他的家具，他的衣服，甚至孩子们育儿室的玩具。** 王尔德的一些朋友参加了拍卖会，试图从废墟中抢出一些东西。随时准备出手相助的莱弗森夫妇买下的物品中包括哈珀·彭宁顿的全身肖像（他们花了14英镑买下它，和“卡莱尔的写字台”一样价钱）。尽管有几件物品拍出了“天价”——尤其是王尔德自

---

* 《理想丈夫》从干草剧院转到标准剧院上演（4月13日），节目单上实际恢复了王尔德的名字，直演到4月27日；尽管昆斯伯里案判决的第二天晚上，“票价降到了11镑”。《不可儿戏》继续在圣詹姆斯剧院演出，直到5月8日，共演出83场。

** 罗斯在前往法国之前，应王尔德的要求，从泰特街取走了几份未出版的手稿，包括《佛罗伦萨悲剧》和《圣妓》。他将这些委托给了艾达·莱弗森。

己的题字书——但很多物品，尤其是在拍卖快结束时，拍出了低得离谱的价格。威尔·罗森斯坦花 8 英镑买到了一幅蒙蒂切利的作品；约瑟夫·佩内尔以 1 先令的价格买了一幅惠斯勒的蚀刻画。拍卖总额差一点点不到 300 英镑。[39]

就在拍卖当天，道格拉斯在家人和王尔德律师团的恳求下，最终离开伦敦前往法国，与罗斯和特纳在加莱会合。前一天下午，他在纽盖特见到了王尔德，在大陪审团裁决审判可以进行后，囚犯就被带到了那里。王尔德隔着铁栅栏亲吻道格拉斯的手指，并请求他对他们的爱情保持忠贞。[40]他们至少还可以继续保持联系。在接下来的几天里，王尔德在写给艾达·莱弗森的信中说，他经常收到"长寿花"或"鸢尾花"的信，并讲述了这些信件给他带来的快乐。他在给波西的信中写道："你的爱有着宽阔而有力的羽翼，穿过牢笼给我带来安慰，你的爱是我生命中所有时光的光芒……我向你伸出双手。哦！愿我活着能触摸到你的头发和双手。我想你的爱会守护我的一生。"[41]

在《理想丈夫》中，罗伯特·奇尔顿爵士说："诸神要是打算惩罚我们，他们就会回应我们的祈祷。"学生时代的王尔德曾经希望自己能成为一桩轰动一时的大案的当事人——在"女王诉王尔德"这样的案子里充当被告。现在，这一刻终于来了。1895 年 4 月 26 日星期五一早，他和阿尔弗雷德·泰勒一起站在老贝利法庭的被告席上。讯问由阿瑟·查尔斯法官主持。两个人因一项指控而遭到起诉。共有 25 条罪状指控两人有严重猥亵行为，以及共谋促成此类行为。泰勒还被指控为王尔德拉
568 皮条。针对王尔德的指控涉及他与查尔斯·帕克、弗雷德·阿特金斯、西德尼·马弗、阿尔弗雷德·伍德、萨沃伊的不知名"男性"，以及爱德华·谢利的"不当行为"。

在押候审三周之后，王尔德看上去“憔悴而疲惫”，他的长发不再是一副精心梳理过的样子。在宣读一长串指控并听取法庭辩论时，泰勒在他身边显得衣冠楚楚。克拉克试图撤销对共谋罪的指控，但没有成功，因为它与严重猥亵罪是两码事。查尔斯·吉尔随后开始接受起诉，概述了——相当详细地——案件的情况，以及他提出的程序计划。这是一场乏味的照本宣科，听众们在拥挤的法庭里变得焦躁不安起来。王尔德似乎很无聊。不过，当开始传证人时，他的无聊很快便不复存在了。

第一个证人是查尔斯·帕克。治安法庭变得热闹起来。吉尔鼓励证人绘声绘色地描述他与王尔德的历次约会。然而，让他自己的律师感到惊讶的是，帕克——超出了起诉书中的指控——竟然称，他们在萨沃伊酒店的第一个晚上，王尔德便“与我发生了鸡奸行为”。他继续描述王尔德要求“我把自己想象成一个女人，他是我的情人。我不得不维持这种幻想。我过去常坐在他的膝盖上，他常玩弄我的私处，就像一个男人拿一个女人取乐一样”。尽管帕克欣然承认“甩掉了（王尔德）”，而且他自己也被王尔德抛弃了，但他声称自己曾多次拒绝王尔德“把‘那个东西’塞进我嘴里”。

这样的折磨整整持续了五天（星期日休息）：威廉·帕克叙述了在凯特纳餐厅吃晚饭时，他的兄弟如何反反复复地吃王尔德嘴里吐出来的樱桃；阿尔弗雷德·伍德讲述了在佛罗伦萨餐厅的一个包间里吃饭时，王尔德如何把手伸进他的裤子里，并说服伍德对他做同样的事；弗雷德·阿特金斯描述了他从红磨坊回来时，发现王尔德和莫里斯·施瓦贝躺在床上；爱德华·谢利不情愿地承认，王尔德晚餐后在阿尔比马尔酒店“亲吻”并“拥抱”了他；大多数人都讲述了他们曾经与泰勒一起在他那铺着地毯、

散发着香气的房子里，睡在矮脚双人床上。在此期间，一连串的女房东、酒店仆人和其他人都在证词中将王尔德与泰勒以及几个
569 关键证人联系在了一起。和萨沃伊酒店的女服务员一样，阿特金斯在奥斯纳堡街的房东玛丽·阿普尔盖特作证说，王尔德几次拜访她的房客之后，她都发现了脏得可怕的床单。

第三天，吉尔宣读了王尔德在昆斯伯里案审讯中的质证完整文本，并在记录中添加了其中披露的内容和论据。第四天刚开始，吉尔便宣布决定撤销对王尔德的合谋犯罪指控。克拉克指出，控方应该一开始就撤销这一指控，这样就可以请求对两人分别听证。但现在为时已晚。正如吉尔评价王尔德的胜诉机会道："只有奇迹才能拯救他。"[42]

克拉克尽其所能地诋毁了那些主要证人，他指出这些年轻人（除了马弗和谢利）都自认是敲诈者、小偷和骗子。事实上，阿特金斯一度被法官下令离开证人席，因为他被证明做了伪证，否认自己曾经因为试图勒索在阿尔罕布拉音乐厅遇到的一名绅士而被带到罗切斯特街警察局。克拉克能够证明，谢利除了精神状态不稳定之外，在所谓令人痛苦的阿尔比马尔酒店事件发生后的好几个月里，他一直以朋友的身份与王尔德见面并写信给他。至于王尔德在萨沃伊酒店和奥斯纳堡街那些"令人作呕的"床单，他表示，它们可能只是腹泻造成的结果。[43] *

克拉克在为王尔德辩护时表示，没有哪个自己有罪的人会

---

* 萨沃伊酒店按摩师和客房女服务员的证据——关于在王尔德的床上看到一个"男孩"——虽然很有说服力，却是不正确的。他们把王尔德的房间和隔壁与之相通的阿尔弗雷德·道格拉斯勋爵的房间搞混了。王尔德急于为波西辩护，因此他没有提到这一事实。道格拉斯远在法国，似乎给王尔德的律师发了电报，急于指出这个错误。但他被告知，他的干预是"极不恰当的"，任何进一步的干预企图"只会使爱德华·克拉克爵士的任务变得更加艰巨"。

去起诉昆斯伯里；更不可能的是，这个有罪的人在看到昆斯伯里的辩护后，还会留在英国，面对那些指控。“如果王尔德真的（在法庭陈述提到的事情中）被证明有罪，而他又坚持面对调查，这样的人岂止是神智混乱一词能够概括得了的。”[44]

随后，王尔德从被告席步入证人席。虽然他承认自己与各个证人有“联系”，并送出了各种各样的礼物，以及请客吃饭，但他否认和他们发生过任何“所谓的不当行为”。他作证时显 570
得从容不迫。尽管克拉克试图驳回所有关于王尔德作品的讨论——卡森曾经在诽谤案审讯期间涉及的问题——但吉尔坚持要说一说“案件中涉及的文学因素”。他虽然略过了《道林·格雷的画像》，但是把注意力转向了《变色龙》——而且他关注的并非王尔德的作品，而是道格拉斯的两首十四行诗《赞美羞耻》和《两种爱》。他将两首诗都念了一遍。第二首快要结束时，吉尔问道：“什么是‘不敢说出名字的爱’？”——这是“非自然的爱情”吗？

王尔德回答：

> “不敢说出名字的爱”在本世纪是一种伟大的爱，就是一位年长者对一位年幼者的那种伟大的爱，就是大卫和乔纳森之间的那种爱，就是柏拉图作为自己哲学基础的那种爱，就是你们能在米开朗琪罗和莎士比亚的十四行诗中发现的那种爱。这是那种深沉、热情的爱，它的纯洁与其完美一样。它弥漫于米开朗琪罗和莎士比亚那些伟大的艺术作品中，以及我的那两封信中，它们就是表达这种爱的作品。在这个世纪，这种爱被误解了，误解之深，它甚至被描述为“不敢说出名字的爱”，为了描述这种爱，我站

> 在了现在的位置。它是美的，是精致的，它是最高贵的一种感情，它没有丝毫违反自然之处。它是思想上的，它不断出现于年长者与年幼者之间，当年长者拥有才智时，年幼者的面前就会拥有所有的生活快乐，所有希望和生活的魅力。这个世界不理解这一点，而只是嘲讽它，有时还因为它而给人戴上镣铐。

王尔德的一席话在法庭上引起了轰动，公众旁听席爆发出掌声——夹杂着一些嘘声。他多年来一直在反复表达这些想法、说法：它们影响了《W. H. 先生的画像》；它们呼应了他在克拉布特俱乐部为自己的行为所做的辩护。但是，在毫无准备的情况下，站在法庭上将这些内容表述得如此流利和自信，着实非同凡响。作家罗伯特·布坎南认为那简直是“不可思议”。有人说，这是“自圣保罗在亚基帕面前发言以来，被告发表的最好的演说”。[45]

马克斯·比尔博姆（已经从美国回来，当天也在法庭上）写信告诉雷吉·特纳：

> 571 奥斯卡表现得相当出色。他那番关于不敢说出自己名字的爱（原文如此）的演讲简直太精彩了，立刻赢得了全场掌声。就是这个人，已经在监狱里待了一个月，背负着侮辱、碾压和殴打，却完全镇定自若，用他的翩翩风度和音乐般的嗓音征服了老贝利法庭。我敢肯定，他从来没有获得过如此巨大的胜利，当整个法庭爆发出热烈的掌声时——我敢肯定，他打动了整个法庭。[46]

然而，陪审团受到多大影响则另当别论了。虽然这番话可能反映了王尔德对阿尔弗雷德·道格拉斯勋爵的理想化的爱，但若论他与帕克、伍德等人的短暂邂逅，则几乎与之没什么关系。吉尔在质证中理所当然地提到了其中社会地位和知识水平的失衡：

吉尔：你为什么要和这些年轻人在一起？

王尔德：我喜欢年轻人！

吉尔：你赞美年轻人是神？

王尔德：我喜欢研究一切年轻的事物。青春本身有种让人着迷的东西。

吉尔：这么说，你喜欢狗崽胜于大狗，小猫胜于大猫了？

王尔德：我想是的。譬如，我会喜欢跟一个嘴上没毛，生意冷清的出庭律师交朋友，觉得他不亚于最出色的 QC①。

法庭上响起笑声，吉尔补充了一句：“我希望后者，我用大写字母表示的那个人，能够欣赏你的赞美之词。”在场的人又笑起来，他继续道：“这些年轻人的地位都比你低得多？”

“我从不问，也不在乎他们是什么地位。我发现他们大多数情况下是聪明而可爱的。我发现他们的谈话出现了变化，这就像一种精神的滋养。”[47] *

---

① 英国王室法律顾问。——译者注

* 王尔德也许可以表现得更好，他可以暗示，自己与这些年轻人交往是为了他们的利益，而不是为了自己。对堕落的工人阶级青年予以善意关注是维多利亚时代晚期慈善事业的一种公认形式。格拉德斯通曾经为“改过自新”的妓女举办茶会。这些可以被拿来为比较可疑的行为进行辩护。1895 年，王尔德的朋友雷·兰克斯特教授和乔治·亚历山大都洗脱了与妓女交往的罪名，他们声称自己是在寻求为她们提供帮助。

572 第四天庭审接近尾声，在王尔德和泰勒作证后，律师发表了结语。爱德华·克拉克爵士认为，王尔德的坦率——表现在他与各种证人、萨沃伊酒店工作人员的互动中，他出庭站在证人席上，他发起对昆斯伯里的诽谤诉讼中——是“他无罪的最好证明”。他的行为自始至终没有表现出丝毫“怯懦的负罪感”。“王尔德先生，”他承认，“并非普通人。”他的作品看来似乎“轻浮、夸张、荒谬”——但不应该为此谴责他。在他与年轻的阿特金斯、伍德和帕克的慷慨交往中，他悲哀地发现自己被一群肆无忌惮的敲诈勒索者“骗了”。“我不是在为王尔德先生辩护这一点，”他说道，“毫无疑问，他表现得很轻率，然而不能用一般人的标准来评判一个像他这样性情的人。”如果这些“污点证人”现在站出来“密谋毁掉”他的当事人，他们的证据就不应被采信。他敦促陪审团抛开所有因偏见性报道和讨论而引起的“偏见”，他相信“你们认真思考的结果将满足那些寄托于你们的决定之上的成千上万的希望，将会还我们如今这个时代一位最著名、最有成就的文学家以清白，裁定他无罪，我们的社会也就不会沾染上这个污点”。他最后的这几句话强劲有力，赢得了掌声。王尔德显然被这篇演说感动了，他草草写了一张纸条表示欣赏与感激。克拉克收到纸条，冲着被告席上的犯人点了下头表示感谢。[48]

格兰（代表泰勒）在讲话中重申了他的观点，即不能接受关于帕克兄弟等勒索者的未经证实的证据。然而，吉尔在当天的最后发言中问道：“这些证人为什么要寻求提供伪证呢？他们的目的是什么？他们能从中得到什么好处呢？”这些内容几乎纯属于私人性质，永远不可能得到确凿的证明。但王尔德赠送给“小伙子们”的许多礼物——总是出现在他与他们“在某些房间或其他地方”单独相处之后——自有其来龙去脉。“在这种情况下，即使是一个烟盒也能证明这一点。”虽然克拉克也许“反对将任何邪恶的解释”指向王尔德给这些“庸俗，没有教养的”的年轻人赠送礼物，请客吃饭，但“以常识论，除此之外还能怎么解释呢?”

尽管克拉克的发言让王尔德大受感动，但他对审判结果几乎不抱希望。那天晚上，他在霍洛韦的牢房里给波西写了一封长信，开头写道：“我最亲爱的孩子。写这封信给你，是向你保证我对你的爱是永恒的，永远不会变。明天一切就会结束。573
如果坐牢和受辱是我命中注定的，只要想到我对你的爱，以及更为圣洁的信仰，即你也爱我，我想我能在不幸中支撑下去，希望它能让我以最大限度的耐心忍受我的痛苦。”[49]

第二天上午（5 月 1 日星期三）审判开始，法官作总结。在三个小时的时间里，法庭格外拥挤，他仔细回顾了证据，大家在“令人窒息的沉默”中聆听着。[50]这是一场颇有分寸的表演，但凡存疑，法官都会倾向于被告。他同意从起诉书中删除共谋指控；他发现，涉及西德尼·马弗的罪状并没有什么需要回答的，因为马弗坚称没有任何不当行为发生；因而这些指控也被剔除了。至于案件所牵涉的文学方面，他认为，让王尔德为《变色龙》杂志上并非出自他手的内容负责是“荒谬的”。对于王尔德真正发表的文章《供年轻人使用的至理名言》，他评价道：“有些有趣，有些愤世嫉俗，还有一些——如果允许我批评的话——愚蠢；然而说到邪恶，它不是。”他质疑将王尔德写给阿尔弗雷德·道格拉斯勋爵的那些措辞华丽的信件视为“可怕和下流”是否正确，尤其是因为王尔德本人似乎对这些信件颇为自豪。他提到谢利在证人席上的“状态非常兴奋”，以及他反复无常的行为。他提请人们注意，阿特金斯的伪证不同寻常——“这个谎言如此恶劣，如果你认为合适的话，你完全有理由拒绝以他提供的证据为由采取行动”。他承认，如果萨沃伊酒店的仆人们所说的都是真的，即他们看见一个男孩在王尔德的床上，那么（被告）“似乎根本就没想隐瞒”，这在他看来似乎有点“离奇”。他还提到，王尔德“有权要求你记住，他是一个有很高智力天赋的人，人们料想他不会做出此种行为”——泰勒也是如此，“尽管人们对他的能力只字未提”，但他“受到了良好的教育”。

陪审团一点半刚过就出去了。一般预期，他们的审议将是简短的，囚犯的罪行将得到确认。但那些在法庭上目睹查尔斯大法官总结的人却没那么肯定。随着时间的推移，时间一小时一小时地过去，他们的怀疑似乎得到了证实。3 点钟过后，人们开始吃午饭。谣言开始流传开来，可能产生了意见分歧。直到 5 点 1 刻，陪审团成员才一个接一个回到法庭。[51]

王尔德和泰勒被重新押回被告席；比尔博姆写道，“奥斯卡站得笔直”，看起来“像狮子，又像狮身人面像”。与他相
574 比，旁边的泰勒显得无足轻重。[52]法庭上的怀疑得到了证实：陪审团一直无法达成一致，只是在与阿特金斯有关的“小问题”上，他们都认为被告“无罪”。合谋指控以及与马弗有关的指控也得到了正式的“无罪”判决。王尔德听到这个消息时，脸上“毫无表情”。[53]

吉尔当即宣布，此案“肯定会再次开庭审理”，很可能会“在下一次开庭期间”（三周后）。王尔德的保释申请再次遭到拒绝，他又回到了单调沉闷的霍洛韦。[54]

21.1891 年阿尔弗雷德·道格拉斯勋爵在牛津，大约此时他第一次见到奥斯卡。

22. 左：罗伯特·H. 谢拉德，1883 年奥斯卡在巴黎结识的朋友；他被认为“英俊得无与伦比”，见多识广而且“可爱”。

23. 右：卡洛斯·布莱克（左）与诺曼·福布斯·罗伯森，奥斯卡的两位老朋友。奥斯卡将《快乐王子》献给布莱克，后来两人在奥斯卡流落巴黎期间分道扬镳。

24. 罗比·罗斯，奥斯卡的第一个男性爱人，
也是他交往最久的朋友。

25. 左：诗人约翰·格雷，奥斯卡因其诗作和形象，对其倍加推崇。

26. 右：艾达·莱弗森，奥斯卡热爱的“斯芬克斯”，“伦敦最睿智的女人”。

27. 初版《温德米尔夫人的扇子》场景，这部剧是奥斯卡第一个成功的戏剧作品；画面最右为乔治·亚历山大。

28. 左：比埃尔·路易斯，奥斯卡将法语版《莎乐美》献给了他，但对于他的反应感到极度失望。

29. 右：安德烈·纪德，他对奥斯卡的谈话技巧、讲故事的能力以及性自由充满敬佩。

30.1892 年 9 月，沃尔特·帕尔默夫妇的家庭聚会。

前排从左至右：戴维·比斯法姆、乔治·梅瑞迪斯，“月光”让·帕尔默、H．B．欧文。后排：乔普林夫人、奥斯卡·王尔德、不知名者、玛丽·梅瑞迪斯、约翰斯顿·福布斯－罗伯森、沃尔特·帕尔默。

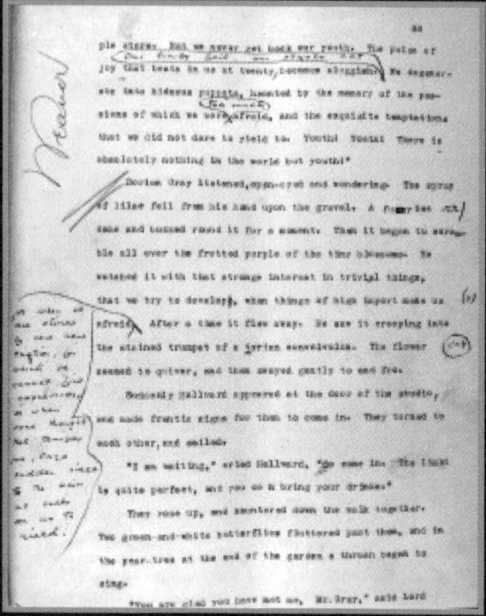

ple stares. But we never get back our youth. The pulse of joy that beats in us at twenty, becomes sluggish. We degenerate into hideous puppets, haunted by the memory of the passions of which we were afraid, and the exquisite temptations that we did not dare to yield to. Youth! Youth! There is absolutely nothing in the world but youth!"

Dorian Gray listened, open-eyed and wondering. The spray of lilac fell from his hand upon the gravel. A furry bee came and buzzed round it for a moment. Then it began to scramble all over the fretted purple of the tiny blossoms. He watched it with that strange interest in trivial things, that we try to develop, when things of high import make us afraid. After a time it flew away. He saw it creeping into the stained trumpet of a Tyrian convolvulus. The flower seemed to quiver, and then swayed gently to and fro.

Suddenly Hallward appeared at the door of the studio, and made frantic signs for them to come in. They turned to each other, and smiled.

"I am waiting," cried Hallward. "Do come in. The light is quite perfect, and you can bring your drinks."

They rose up, and sauntered down the walk together. Two green-and-white butterflies fluttered past them, and in the pear-tree at the end of the garden a thrush began to sing.

"You are glad you have met me, Mr. Gray," said Lord

31. 左：奥斯卡・王尔德创作的《道林・格雷的画像》手稿。作品于 1890 年刊登在《利平科特月刊》上，引起了英国媒体的轰动。

32. 右：约翰·舒尔托·道格拉斯，性格暴烈的第九代昆斯伯里侯爵，奥斯卡的宿敌。

33. 罗比・罗斯与雷吉・特纳（右），后者是奥斯卡学法律的朋友，奥斯卡戏称他是“克莱门特旅馆的男孩绑架者”。

34. 左：爱德华·卡森，大律师兼政客，斯派绘，1893 年《名利场》刊登。他在针对奥斯卡的质证中“捎带上了一份老朋友的怨恨”。

35. 右：1903 年《名利场》刊登的爱德华·克拉克爵士漫画，王尔德三次审讯的辩护律师。

36. 左：欧内斯特·道森，“永远那么奇妙”的诗人，在奥斯卡放逐初期，两人经常见面。

37. 右：莱奥纳德·史密瑟斯，这位一向慷慨但手头拮据的出版商在奥斯卡出狱后试图重振他的事业。

38. 左：左岸美术街廉价的尼斯旅馆，奥斯卡曾经住在这里，在此去世。

39. 右：由莫里斯·吉尔伯特拍摄的奥斯卡去世时的照片；从中可以清晰地看见旁边的墙纸，奥斯卡曾自称“我和我的墙纸正在进行一场殊死决斗”。

注　释

1. Hyde, *Trials*; 信件是当天下午两点发出的。
2. Anon., *Oscar Wilde: Three Times Tried*, 129.
3. 'A Society Scandal', *Northern Echo*, 6 April 1895; 昆斯伯里侯爵后来澄清，他的信是在庭审结束之前交给王尔德的，信中没有提到他“要射杀王尔德先生”，信上只是说，如果奥斯卡·王尔德“劝说他那误入迷途的儿子随之而去，他会觉得跟踪他（王尔德）并枪杀他，是完全合理的，问题是他是否愿意这样做，他这样做是否值得”。
4. *New York Herald*, 6 April, 1895, in McKenna, 507.
5. 尽管媒体报道说，在离开法庭后，“他看上去……受到侦探的严密跟踪，根本没有逃脱的机会”，然而跟踪他的大多数人似乎都是报社记者。（'London Letter,' *Western Mail*, 6 April 1895; Borland, *Wilde's Devoted Friend*, 45.）一名警方消息人士后来声称，他们一直不愿采取行动：“我们情不自禁。伦敦警察厅很早以前就知道昆斯伯里勋爵说的一切，但在这种情况下，除非迫不得已，我们是不会采取行动的。”“为什么？”“嗯，经验告诉我们，对某个人的起诉弊大于利。他们实际上是在暗示，而不是威慑。” *Evening News* (Sydney), 12 February 1896.
6. *CL*, 642.
7. Ransome, 18.
8. Hyde, *Trials*, 58.
9. *Northern Echo*, 6 April 1895; 'Our London Letter', *Belfast News-Letter*, 6 April 1895.
10. Moyle, 266; Hyde, *Trials*, 59-60; 海德提到了“白兰地苏打水”; *To-day* 中描述“桌上有一个盛酒的玻璃瓶”，王尔德自己倒了一些，还有一个空的“苏打水瓶”[quoted in the *Broadford Courier and Reedy Creek Times* (Broadford, Victoria), 7 June 1895]。
11. Hyde, *Trials*, 60; Holland, xxxi.
12. Anon., *Oscar Wilde: Three Times Tried*, 167; More Adey to [Unknown], June 1895, 书信手稿（克拉克图书馆）中提到付款给证人的做法;

Ellmann，447。

13. *Reynolds's Newspaper*，7 April 1895.

14. Hyde，*Trials*，63-4；简·考特（Jane Cotta，原文如此）的证词，参见 McKenna，295。在庭审记录上，女仆的名字为 Jane Cotter。

15. Holland，xxxix；LAD to George Bernard Shaw，22 August 1938（BL），其中提到克拉克因为曾经向王尔德提供的建议而"受到良心的谴责"；当时的新闻报道似乎也支持这个说法："从委托人的角度来看，没有哪位律师犯过比爱德华·克拉克爵士在昆斯伯里案中接受判决时更严重或更令人费解的判断错误。爱德华·克拉克爵士的做法——事实已经证明——导致全盘皆输，毫无胜算。昆斯伯里勋爵无论如何都会得到判决，王尔德做出了坚决的否认，如果判决是在他自己承认昆斯伯里勋爵指控的真实性的情况下获得的，那就是另一回事了。这一致命的承认是在爱德华·克拉克爵士令人震惊的建议下做出的，在随后的所有诉讼过程中一直困扰着他可怜的委托人，并将他逃跑的机会降到了最低程度。爱德华·克拉克爵士在他不幸的委托人的脖子上套了一块大磨盘。"'London Correspondence'，*Freeman's Journal*，27 May 1895.

16. LAD，*Autobiography*，119 - 20；Anon.，*Oscar Wilde：Three Times Tried*，156.

17. *New York Herald*，in Hyde，*Oscar*，292.

18. George Wyndham to Percy Wyndham，7 April 1895，in Hyde，*Oscar*，296.

19. Harris，218.

20. *Illustrated Police News*，20 April 1895.

21. 'The Oscar Wilde Case'，*Western Mail*（Cardiff），2 May 1895.

22. Lucien Pissarro to Camille Pissarro，16 April 1895，in Thorold，ed.，*The Letters of Lucien to Camille Pissarro*，421.

23. *National Observer*，6 April 1895；亨利已经不再担任该报编辑，1894 年詹姆斯·埃德蒙德·文森特替代了他。

24. John Stokes，*In the Nineties*（1989），14.

25. J. Lewis May，*John Lane and the Nineties*（1936），89.

26. Anon.，*Oscar Wilde：Three Times Tried*，178.

27. W. E. Henley to C. Whibley，19 April，1895："波比（罗斯）遭到传

唤：要求他前去澄清。但他很鲁莽——而且不切实际——任何事情都可能发生。” In John Connell, *W. E. Henley* (1949), 300. 罗斯在他1914年的“证词”（克拉克图书馆）中提到，他曾经因为昆斯伯里诽谤案遭到传唤，但亨利当时的信表明，他是因王尔德第一次刑事审判受到传唤。

28. W. B. Yeats, *Autobiographies* (*1938*), 226.

29. *CL*, 641.

30. *CL*, 642.

31. *CL*, 646.

32. *CL*, 651-2.

33. George Wyndham to Percy Wyndham, 7 April 1895, in Hyde, *Oscar*, 295-6：“我从掌握所有文件的律师那里得知，王尔德肯定会被定罪……没有针对波西的案子。”

34. Charles Gill to Hamilton Cuffe, 19 April 1895; Hamilton Cuffe to C. S. Murdoch, 20 April 1895, in Holland, 294-6.

35. Philip Burne-Jones to CMW, 11 April 1895, in Moyle, 271. 菲利普·伯恩-琼斯是在转达乔治·刘易斯的建议。康斯坦斯·玛丽·王尔德于4月19日到达巴巴科姆。

36. *CL*, 646.

37. Elisabeth Marbury to OW, 15 March 1895 (Clark), 'the outlook is encouraging' (for *AIH*); *Leeds Mercury*, 8 April 1895：“兰心大戏院（纽约）的董事会已经决定，本周后将不再上演奥斯卡·王尔德的作品《理想丈夫》; Beckson, *Oscar Wilde Encyclopedia*, 154.

38. *CL*, 643, Mrs Enid Lambart (née Spencer-Brunton) to A. J. A. Symons, 11 July 1931 (Clark).

39. Donald Mead, 'The Pillage of the House Beautiful', *Wildean*, 47 (2015), 38-55; 'Oscar Wilde's Goods', *Weekly Standard and Express* (Blackburn), 27 April 1895; *PMG*, 25 April 1895; 'Sale of Oscar Wilde's Effects', *Newcastle Morning Herald* (New South Wales), 4 June 1895. 关于卡莱尔写字台的价格，各家报纸给出的数据各不相同，有的认为是14英镑14畿尼，或者“14英镑半畿尼”。

40. Hyde, *LAD*, 85; LAD to More Adey, 27 September 1896 (Clark).

41. *CL*, 647.

42. Hyde, *Oscar*, 323.

43. Hyde, *Oscar*, 321–2, 339.

44. Hyde, *Oscar*, 325.

45. Anon., *Oscar Wilde: Three Times Tried*, 272.

46. Max Beerbohm to R. Turner, 3 May 1895, in Hart-Davis, ed., *Max Beerbohm's Letters to Reggie Turner*, 102.

47. Hyde, *Trials*, 239.

48. Anon., *Oscar Wilde: Three Times Tried*, 291; Hyde, *Oscar*, 336.

49. *CL*, 646.

50. 'The Oscar Wilde Case', *Hampshire Telegraph*, 4 May 1895.

51. William Archer to Charles Archer, 1 May 1895："这可怕的奥斯卡·王尔德事件，顺便说一句，今天就要结束了。恐怕奥斯卡没有丝毫的机会" [Charles Archer, *William Archer* (1931), 215]; *Freeman's Journal*, 2 May 1895："对于这个令人不快的案件，凡是聆听过法官发言的人，都做好了接到一个令人不满的判决结果的准备。" 'The Oscar Wilde Case', *Western Mail*, 2 May 1895.

52. Max Beerbohm to R. Turner, 3 May 1895, in Hart-Davis, ed., *Max Beerbohm's Letters to Reggie Turner*, 102–3.

53. *Belfast News-Letter*, 2 May 1895.

54. Hyde, *Trials*, 268–9; Hyde, *Oscar*, 343.

5. 偏见的洪流

打起精神来，我最亲爱的人。

——阿尔弗雷德·道格拉斯写给奥斯卡·王尔德的信

尽管吉尔如此断言，但随着所有“令人厌恶的细节”被 575
“又一次提起”，人们对再审案子的前景感到了些许不安。一些人希望，第二次审判——如果必须进行——“可以进行闭门听证”。但此举落实起来受到了巨大压力。爱尔兰民族主义政党议员 T. M. 希利请求洛克伍德不要再让王尔德受审，不要让“他的国家蒙羞”——以免他“受人尊敬的”母亲遭受“更多痛苦”，检察总长回答说：“啊，我也不想这么做，可是那些不利的（针对罗斯伯里）讨厌谣言，让人不得不这么做。”* 卡森似乎提出了类似的请求，也得到了类似的答复。罗斯伯里本人（乔治·艾夫斯听说）曾考虑做些什么来帮助王尔德，但被他的内政大臣阿斯奎斯告知：“如果你这么做，将会输掉选举。”[1]

这个案子成了阴谋论的众矢之的。有一种“普遍的印象” 576
是，法官受到了“欺骗，其目的是保护其他生活中地位更高的

---

* 洛克伍德在这件事情上的个人感受可能很矛盾——或者说是非常敏感的——因为他和阿斯奎斯一样，在社会和政治上都与王尔德保持着友好的关系。他是八十俱乐部的副经理。王尔德甚至拥有一幅洛克伍德画的皮戈特的素描。更为复杂的是，洛克伍德的侄子（妻子家族的）是莫里斯·施瓦贝，其名字——尽管没有出现在最初的诽谤审判中——在随后的诉讼中被提及，是他将王尔德介绍给泰勒认识的。

人”。一些人怀疑政府出于同样的原因“正在试图掩盖这件事情”。报纸上充斥着要求进一步起诉的信件，并暗示“警察在针对不道德行为的行动中被上级的命令所麻痹，无法采取任何行动”。据称，有“数百名议员、法官、艺术家、演员和其他人犯下了这种罪行”。另外，道格拉斯认为政府在昆斯伯里和“私人团体”的压力下正在无情地推动案件的进展，这些人威胁说，除非保证给王尔德定罪，否则他们将拿出针对“重要和高级人物”的证据。[2]

还有很多报道——以及众多争议——是关于陪审团内部分歧的。有些人将其归结到某一个“爱找碴的陪审员”身上；《巴黎回声报》认为，赞成定罪的票数是10∶2；比尔博姆认为“12名陪审员中有9人支持（奥斯卡）”。一家报纸刊登了一份被认为是针对各种指控的投票明细，显示出意见分歧从10∶2（支持指控王尔德与爱德华·谢利发生性关系）到2∶10（支持指控泰勒与帕克兄弟发生性关系）不等。但总的来说，“强烈怀疑”仍然存在，“毫无希望的分歧……并没有完全摆脱腐败的污点”。昆斯伯里坚信“有人”收受了贿赂。他甚至怀疑是他的儿子珀西——“伟大的狗屎霍伊克勋爵”——提供了这笔钱。在这种情况下，继续起诉成了不可避免的事情。[3]

王尔德最终于5月3日获准保释，但保释金高达5000英镑。他还需要几天时间来筹措这笔钱。王尔德可以自我担保其中的2500英镑；珀西·道格拉斯拿出1250英镑满足了弟弟的要求，同时也惹恼了他们的父亲。最后的1250英镑——经过一番疯狂的寻找——由斯图尔特·黑德勒姆牧师提供，他是一位自立富有、思想独立、支持社会主义的英国国教会牧师。尽管他几乎不认识王尔德，但他是罗斯的好朋友莫尔·阿迪的室友兼偶尔的文学合作者。有些人对他的做法表示惊讶——或者恐惧，黑德勒姆解释说，他之所以挺身而出是基于“公共的立场”，相信媒体对这个案件的报道是怀有偏见的。他指出，他并不是为王尔德的“品格”提供“保证”；而是为王尔德在法庭上的表现——在这一点上，他对作家的“荣誉和男子气概” 577
很有信心。[4]5 月 7 日，弓街警察局举行了正式的保释听证会，王尔德最终被释放。他已经在霍洛韦待了一个多月。

然而，自由也带来了问题。王尔德在珀西和黑德勒姆的陪同下来到圣潘克拉斯的米德兰旅馆。正当他和自己法律团队的几名成员商议事情的时候，昆斯伯里侯爵来了，一起来的还有他的朋友克劳德·德·克雷皮尼爵士。昆斯伯里确信波西回到了伦敦，他决心阻止波西和王尔德在一起。眼见侯爵来了，王尔德迅速穿过马路，来到国王十字路口的北方大饭店。但昆斯伯里一行人尾随到了那里。而且，整个晚上，这样的事情似乎反反复复发生在伦敦的其他几家旅馆里。“如果那个可怜人（波西）没有和他在一起，（王尔德）就没有理由像他那样逃跑，”昆斯伯里给珀西的律师写信道，“既然亮出了白羽毛，那么周围必定有美味。”[5]

最后，接近午夜的时候，王尔德——饱受折磨和绝望——来到他母亲在奥克利街的房子里寻求庇护。威利和他的新婚妻子莉莉也住在那里。据威利叙述，奥斯卡“像一头受伤的牡鹿”瘫倒在门槛上。“威利，让我住下来吧，”他恳求道，“不然我就要死在大街上了。”奥斯卡被安置在一间空荡荡的空余房间里，睡在一张行军床上。他立刻陷入了神经——和身体上的——“衰弱”。没有任何关于母亲接待他的记述。奥斯卡的困境让她“非常难受，非常痛苦”。* 根据一些说法，她当时已经躺在床上，正在自斟自饮杜松子酒。[6]

在奥克利街，酒当然都是现成的。威利是个酒鬼。当谢拉德从法国过来想帮点忙时，他发现奥斯卡脸色潮红，疲惫不堪地躺在一张狭窄的床上，身上散发着浓烈的酒味，但神志不清的状态已经过去。“噢，你怎么没从巴黎带点毒药来？”王尔德嘶哑着问道。人们普遍期待，甚至希望，王尔德自杀。乔治·艾夫斯认为那是最好的结果。罗伯特·坎宁安·格雷厄姆称，有一次他在海德公园邂逅王尔德，王尔德——在讲述了“他的悲惨故事”后——问道：“我该怎么办？”坎宁安·格雷厄姆不假思索地举起手臂，用食指指着自己的太阳穴，“用中指轻弹拇指，发出一种类似于手枪射击的声音”。他立刻意识到自己
578 做了什么，心里很难受。王尔德显然崩溃了，抽泣着说：“我知道这是唯一的出路，但我没有勇气。”亨利在写给查尔斯·惠布利的一封极其乏味的信中再次提到了王尔德在回避这个选择：“他们说，他已经失去了所有的勇气，所有的姿态，所有的一切；他现在简直像个普普通通的酒鬼，甚至连自杀的力气都没有。”[7]

奥克利街的气氛很沉闷。与威利的勉强和解并没有带来多少安慰。“威利给我住处真是太好了，”奥斯卡抱怨道，“我想他是好意，但这太可怕了。”在他的诸多评价中，有一句是这样说的：“感谢上帝，我犯的罪还算是体面的。”然而，谢拉

* 让她更加痛苦的是，康斯坦斯（在菲利普·伯恩-琼斯的建议下）正计划更改她和孩子们的名字。她提出，这会“给他们带来很多困惑”。她提请康斯坦斯“等到审判完全结束”：“另外我也不赞成，”她又说，“让（9岁的）维维安加入海军（作为未来的职业）。我认为这很不合适，因为他是一个天生的作家，只为文学而生。”

德指出，王尔德并没有把“任何犯罪的想法”与自己的行为联系在一起。他认为那些不喜欢给予男孩子“性爱抚”的男人是“不正常的”。作家亚历山大·特谢拉·德马托斯造访奥克利街时，王尔德曾经认真地问他，是否“可以真心实意地说，他从来没有喜欢过年轻男人，从来没有想过抚摸和爱抚他们”，当德马托斯“断然否定有这种想法时，他似乎怀疑起对方的诚意”。[8]

有一小部分人上门拜访表示支持。王尔德与诗人欧内斯特·道森愉快地交谈了一小时，从沮丧中振作了起来。一天晚上，一位戴着面纱的高个子女士（可能是埃伦·特丽）来到门口，送来一束紫罗兰U型花环，上面写着“祝你好运”。而莱弗森一家曾经请他去吃过饭。[9]

谢拉德来了，决心说服王尔德逃往国外。这个想法得到了很多人的支持。弗兰克·哈里斯带王尔德去吃午饭，也敦促他出国。他甚至声称有一艘蒸汽游艇正在泰晤士河上等着，准备载着他们横渡英吉利海峡。与此同时，道格拉斯每天都在法国等他。然而，王尔德决定留下来。正如威利不断向访客们重申的那样，“奥斯卡是一位爱尔兰绅士，他将面对现实”。他除了答应担保人以外，还答应过他的母亲。“如果你留下来，”她说，“即使你进了监狱，你也永远是我的儿子。我对你的爱不会有差别。但如果你就这么走了，那么我就再也不跟你说话了。”[10]

尽管哈里斯认为王尔德拒绝逃跑的做法是“软弱”的表现——或者“极其柔弱的本性”——再加上“某种宽宏大量”（不让他的担保人失望），但在他自己看来，王尔德认为这么做其实是大胆的挑战。他宁愿做烈士，也不愿做逃犯。他愿意为 579

了波西的爱而受苦。“一个假名，”他在写给道格拉斯的信中说，“乔装改扮，被追捕的生活，这一切都不适合我，你在那座高山上向我显现，美的事物在那里变得容光焕发。”[11]在他的决心中，除了爱情之外，还有一种戏剧性。哈里斯理所当然地认为，王尔德对耶稣的迷恋（和认同）起到了一定的作用：“他模糊地感到，如果没有最后的悲剧，天才的人生旅程将是不完整的，荒唐的：为了最高境界而活着的人必须被钉死在十字架上。”[12]

莱弗森一家把王尔德从奥克利街的不安和烦恼中解救出来，邀请他到考特菲尔德花园与他们同住。王尔德到达之前，他们询问了仆人们，如果有人想离开，完全可以。所有人都选择留下来，要帮助“可怜的王尔德先生”。他被安置在莱弗森的小女儿维奥莱特经常住的育儿室的两间相邻的房间里。这是一个舒适平静的避难所。他每天晚上 6 点下楼，穿着精致，与“斯芬克斯”和其他朋友们畅谈一晚上。尽管他刚来的时候可能沉默寡言，情绪低落，但机智和友爱的气氛——以及上好的香烟——很快就让他振作起来。他讲述了苦艾酒的乐趣和鸦片的作用。他讲故事，谈书籍。在谈到《老古玩店》时，他对艾达说：“在读到小耐尔死的时候，只有铁石心肠的人才会笑得出来。”他只字未提审判的事情。

白天，王尔德就待在育儿室，他还在那里——“在一匹摇摇马、几个小怪物，以及画着兔子和其他动物的蓝白相间护墙板之间”——就即将到来的审判咨询他的律师。根据特别安排，他和泰勒的案件将在审讯期开始那天审理。而且，非同寻常的是，此案的审理将由副检察长弗兰克·洛克伍德牵头，查尔斯·吉尔和霍勒斯·埃弗里作为助手。政府要定罪的决心是显而易见的。

康斯坦斯也来看望王尔德。她从巴巴科姆赶来，“带着律师（可能是乔治·刘易斯）的一封急件，恳求他离开”。即使这样也无济于事。她哭着走了。她的悲痛促使艾达给育儿室送去一张纸条，请求王尔德按照妻子的请求去做。她没有得到回答。但那天晚上，王尔德下楼时，他把纸条还给了她并说：“这可不像你，斯芬克斯。”[13]

在他下决心的时候，支持和同情的信件令他备受鼓舞。他 580
离开之后，叶芝带着一捆从“都柏林文人”那里收集来的信件，来到奥克利街。[14]弗雷德里克·约克·鲍威尔甚至转述了一个出人意料的消息，惠斯勒被他的困境所感动，并在这个问题上“非常友好而温和地表达了自己的意见”。[15]

王尔德一直住在考特菲尔德花园，直到5月20日（星期一），他不得不在这一天交保期满后去老贝利法院出庭。此案将由66岁的威尔斯法官审理，他是一位著名的登山家，碰巧也是王尔德一家在泰特街的邻居。[16]然而，诉讼推迟了，因为爱德华·克拉克爵士成功地申请将王尔德和泰勒的案件分开审理。然而，令他沮丧的是，尽管他表示抗议，控方还是决定先接泰勒的案子。这是另一个反转：如果泰勒被判有罪，王尔德本已渺茫的机会将进一步变小。

泰勒的案子很快就开庭了。从5月20日星期一中午开始，第二天下午陪审团宣布他对帕克两兄弟犯有严重猥亵罪。他们无法决定泰勒是否为帕克兄弟拉皮条结识了王尔德，但法官认为对主要指控作出裁决就足够了。他们决定推迟对该案的判决，直到王尔德的案件审理之后。

5月21日，王尔德来到老贝利法院，为传唤做准备。前巡警基利在大楼里找到他，递给他一份昆斯伯里侯爵的正式索款书，要求他支付 677 英镑 3 先令 8 便士的诉讼费。如果 7 天内未能付款，将构成法定的"破产行为"。[17]这无疑是新一层的雪上加霜，他需要支付自己的法律费用，还有未支付的经济债务、向朋友和亲戚的借款，以及戏剧制作人的预付款需要支付。

然而，就在这个危急时刻，他收到了朋友阿德拉 · 舒斯特的来信。她希望提供 1000 英镑供他支配使用。在这份礼物的附信中，她写道："我希望按照您的意愿，将这笔钱用于您自己和您孩子的私用。"王尔德把这笔钱称为"信托基金"或"存款基金"。他打算根据案件的判决结果，用这笔钱支付紧急开支和各种必需品，而不是用来偿还眼前的债务。他把这笔钱交给欧内斯特 · 莱弗森管理：120 英镑立即兑换成钞票，交由王尔德支配；150 英镑付给了汉弗莱斯。[18]

581 遇到基利的第二天早上，王尔德的审判开始了——换了一个新的陪审团。审讯持续了四天，其间他又住到奥克利街他母亲的家里，每天由黑德勒姆接他回家，有时和珀西 · 道格拉斯在一起。王尔德现在只面临八项严重猥亵指控：涉及查尔斯 · 帕克、阿尔弗雷德 · 伍德、爱德华 · 谢利和萨沃伊的无名男孩。但这就足够了。

前几次审讯及法庭聆讯陈述过的证据和论点又被重提了一遍。但公众——甚至报界——的胃口似乎已经得到了满足。他们对这个案件的报道开始松懈下来。王尔德似乎看起来明显衰弱而疲惫。即使作证时，他也得到允许可以坐着。他称，自己觉得很难听清楚。[19]"大多数时候，他似乎在发呆，有时候，当他重新意识到自己的处境时，他就前后摇晃着，仿佛精神上受到了过度的折磨。他似乎对法庭提供的证据不为所动。"许多时候，他在被告席边缘的一张大页纸上涂鸦，慢慢地用墨水把它涂黑。[20]

只有两位主要的法律顾问和昆斯伯里侯爵表现得精力十足。从诉讼一开始，昆斯伯里就引人瞩目地出现在拥挤的法庭上。在得知泰勒被定罪的消息后，他给珀西的妻子发去一封洋洋得意的电报，结尾是“明天就轮到王尔德了”。那天晚上，他在皮卡迪利大街和珀西大打出手，打青了儿子的一只眼睛（厮打被制止了，两个人双双被捕，被迫于第二天言和）。[21]

法庭上“最引人注目的”是控辩双方的“固执态度”，洛克伍德和克拉克之间的“私人过招”——据说——将长期“作为法庭上最激烈的场景而被人铭记”。[22]克拉克（作为一个长期任职的前副检察总长）提醒洛克伍德，他是一个人人知晓的“司法大臣”，“无论如何都不是来这里争取有罪判决的”。[23]他把王尔德描绘成“伦敦所有勒索者”的阴谋受害者，他的名声被某些人玷污了，这些人在“代表政府作证时……已经为过去的欺诈和猥亵行为获得了豁免权”。[24]

威尔斯法官当然对许多不利于王尔德的证据的可采性持怀疑态度。令洛克伍德愤怒的是，他同意克拉克的意见，认为爱德华·谢利（唯一没有背负勒索指控的证人）必须被裁定为同 582
谋者，而他的证据在未经证实的情况下是不能被采纳的。由于没有这样的确证，他下令从陪审团的考虑范围中剔除这一罪名，并记录下正式的“无罪”裁定。星期四会议结束时的这项裁决引发了极大的骚动。那天晚上，洛克伍德在伦敦各俱乐部对法官大发雷霆，称威尔斯是“一个无能的老傻瓜”。[25]克拉克则找到了另一条论据，他指出，萨沃伊酒店的女服务员简·科特声称曾在王尔德的床上看到过一个男孩，而此人严重近视，但在工作时从未戴过“眼镜”。[26]

尽管，在公众的心目中，王尔德的罪行（显然）“不存在丝毫疑问”，“然而不知何故，人们普遍感觉，考虑到所有的情况”，陪审团几乎“肯定会拿出另一种不同意见”，甚至可能是无罪释放。[27]不过，王尔德也许不敢抱有如此大的希望。

5 月 24 日星期五下午，他离开法院，由欧内斯特·莱弗森陪同坐着马车回到奥克利街。他们还有些财务问题需要讨论。莱弗森保证，如果王尔德被判有罪，可以用阿德拉·舒斯特的“信托基金”赡养他的母亲。不过，莱弗森问道，他是否也可以用这笔钱偿还从自己手里借走的 500 英镑紧急借款，这笔钱目前还剩下的 250 英镑没有还清。王尔德似乎欣然同意了。[28]

那天晚上，王尔德告别了他的朋友。明天一切就都结束了。洛克伍德将发表他的结案陈词，法官将向陪审团提出他的指控。王尔德从“剩下的一点可怜的东西”中，给聚集在奥克利街的每一个人“准备了一件小礼物”——万一他第二天回不来了，那就是他留下的纪念品。在经历了一阵阵的沮丧和冷漠之后，他似乎获得了极大的宁静。临走时，他“庄严而有礼貌地”吻了威利妻子的手。他被她的善良和同情所感动。* 然后他和他深爱的母亲度过了“很长的一小时”。[29]毫无疑问，他又给波西写了一封信。

“凡伟大的爱都有其悲剧发生，”王尔德写道，“现在我们的爱也是这样。但是如此忠诚地了解你，如此深沉地爱着你，
583 把你当作生命的一部分，我现在认为唯一美好的一部分，对我来说，这已经足矣……我们的灵魂为彼此而生，由爱而知你的

---

* 莉莉·王尔德当时即将临产。1895 年 7 月 11 日，她生下了一个女儿，取名为多萝西·艾琳·王尔德——大家都叫她多莉。

灵魂，我的灵魂就超越了许多邪恶，理解了完美的真谛，谙通了事物的圣洁本质。”[30]

第二天早上在法庭上，洛克伍德继续发表他的结案陈词。他似乎下定决心要用激烈的言辞来弥补证据中的任何不足。王尔德后来回忆起坐在被告席上听着这些“骇人听闻的谴责”时那种怪异的感觉，耳中所听让他感到恶心。然后他突然想到，“如果说出这番评价我的话语的那个人是我，那该有多好啊！”他发现，“人们对一个人的评价无关紧要。关键在于，话是谁说的”。而眼下，不幸的是，这话是由副检察总长说的。[31]

威尔斯法官的结语，虽然比较温和，但——与查尔斯法官的结语相比——明显没那么倾向于被告。他只字未提报纸上的偏见性报道。他也不打算接受对王尔德写给阿尔弗雷德·道格拉斯勋爵的充满激情的信件所做的艺术性解读。他提到，“有格言说，物以类聚，人以群分，我们可以根据一个人交往的圈子去判断这个人”——他又说：“先生们，你们已经看到了帕克兄弟，就如你们已经看到伍德一样……他们是不是你们不介意与其坐下一起吃饭的年轻人？”

陪审团3点半休息，王尔德被带到牢房等他们回来。尽管洛克伍德表现强势，威尔斯法官也发表了结语，但法庭上仍然存在一种怀疑，即陪审团可能会再次出现悬而未决的情况。如果发生这种情况，政府方面很有可能会放弃起诉，王尔德将获得释放——毫无疑问那是希望他自我放逐。随着时间的推移，第一个小时过去了，这样的结果出现的可能性似乎越来越大。“明天你就会在巴黎和你的当事人吃饭”，据说洛克伍德曾经对克拉克这样说。然而，王尔德的律师团却没有那么乐观。5点半过后不久，陪审团又出现了。不过，他们只是想要打听一件证据，听取法官的解释之后，他们又退了回去。几分钟后，陪审团回来了。很明显他们已经做出了决定。

王尔德被带回被告席。他面色苍白地站着听取判决。第一条罪状的审判结果是：有罪。人们看到王尔德向前一扑，紧紧抓住栏杆。有罪。有罪、有罪、有罪、有罪、有罪。只有在与谢利有关的指控上，他才被正式认定无罪。

584 泰勒被带到被告席上听宣判。威尔斯法官对他的评论措辞严厉。他“毫不怀疑”陪审团已经作出了正确的决定。他对囚犯们说：

> 我与你们说什么都是没用的，做出这些事情的人可以说完全没有羞耻之心，人们也别指望会对他们产生什么影响。这是我审判过的最坏的案子。你，泰勒，开着一家男妓院，这是无可置疑的。而你，王尔德，则是由最邪恶的年轻人构成的腐化团体的中心，这同样无可置疑。

他通过了法律允许的最严厉的判决：两年监禁，外加苦役。“在我看来”，他补充道，“对这样一个案子来说，这种判决还是远远不够的。”[32]

严厉的判决在法庭上引起了“相当大的轰动”。有人喊出了“哦！哦！”和“羞耻！”。泰勒听到判决显得满不在乎的样子。王尔德似乎惊呆了。他做了个动作，好像想对法官说点什么。他挣扎着说出几个词（也许是，“那我呢？我什么也不能说了吗，法官大人？”）可是，后面的话已经说不出来了。狱卒急急忙忙把他带了出去。[33]

注　释

1. *Freeman's Journal*, 2 May 1895; *Hampshire Advertiser*, 4 May 1895; T. M. Healy, *Letters and Leaders of My Day* (1928), 2: 416–17; H. M. Hyde, *The Life of Sir Edward Carson* (1953), 143; Schroeder, 169.
2. Sir Edward Hamilton (assistant financial secretary) diary, 21 May 1895, and 25 May 1895, in Michael S. Foldy, *The Trials of Oscar Wilde* (1997), 27; 'London Letter', *Western Mail*, 3 May 1895; *Reynolds's Newspaper*, 5 May 1895; More Adey to [unknown], draft letter, from Rouen, June 1895 (Clark).
3. Sir Edward Hamilton (assistant financial secretary) diary, 21 May 1895, in Foldy, *The Trials of Oscar Wilde*, 27; Ellmann, 437; Max Beerbohm to R. Turner, 3 May 1895, in Hart-Davis, ed., *Max Beerbohm's Letters to Reggie Turner*, 102; McKenna, 529; *Freeman's Journal*, 27 May 1895; MQ to Minnie Douglas, 14 May 1895 (BL).
4. F. G. Bettany, *Stewart Headlam: A Biography* (1926), 130. 黑德勒姆告诉贝坦尼，“他之所以同意这样做，是因为‘有第三方找到塞尔温·伊马热（Selwyn Image），然而他无法承担这个责任，于是我便同意了。’塞尔温·伊马热证实了这一点——并且说，所谓的第三方是伦敦一家商业公司的人（欧内斯特·莱弗森），他的公司条款禁止他为任何人提供保释。”伊马热没有钱，于是请黑德勒姆帮忙，后者答应了。不过，莱弗森保证，如果发生违约，任何债务都将由他自己和其他商人承担。
5. MQ to Stoneham, 9 May 1895; a telegram from MQ to Stoneham, 8 May 1895:“除非我能确认阿尔弗雷德已经走了，并且不打算和这个家伙（奥斯卡·王尔德）在一起，否则我会像昨晚一样继续追着他，去每一家旅馆找他。”斯托纳姆在 1895 年 5 月 8 日写给昆斯伯里侯爵的信中提到，“要避免昨晚发生的情形重演”（大英图书馆）。我们不清楚其中指的到底是什么样的“情形”。但是谢拉德在《王尔德的一生》中绘声绘色地描述了王尔德在伦敦街头被昆斯伯里雇佣的一群暴徒追赶的情形，他们威胁要摧毁任何为诗人提供庇护的机构——不过当时的报道中都没有提到这些内容。See Stratmann, *Marquess of Queensberry*, 243.

6. Sherard, *Life*, 358; *CL*, 649; *Goncourt Journal*, vol. 3, 1136. 有关简·弗朗西斯卡·王尔德的消息出自谢拉德，是里昂·都德（Léon Daudet）提供的。
7. George Ives Diary, 1895 (Austin)：在很多年以后标注的一条附言中，他回忆道“我当时希望，他在两次庭审之间有机会的时候自杀”；A. F. Tschiffely, *Don Roberto* (1937), 349; Connell, *W. E. Henley*, 301-2.
8. Harris, 168; Yeats, *Autobiographies*, 227; 叶芝称，有“谣言”说，威利·王尔德不愿意和他弟弟“在同一张桌子上”用餐，于是便到附近的饭店吃饭——花王尔德的钱——然而，这种说法并没有得到谢拉德和弗兰克·哈里斯的一手叙述证实。R. H. Sherard to A. J. A. Symons, 8 June 1937 (Clark).
9. Sherard, *SUF*, 168-9; *CL*, 649-50.
10. Harris, 168; Yeats, *Autobiographies*, 227; LAD to OW, 15 May 1895, Hôtel des Deux Mondes, Paris：“我希望你能下周过来”（Clark）。Sherard, *Life*, 366; Ada Leverson, *Letters to the Sphinx.*, 41, Bettany, *Stewart Headlam*, 130：“（奥斯卡·王尔德）曾经不止一次地告诉我，‘我已经向你和我母亲保证过了，这就够了。’”
11. *CL*, 652
12. Harris, 168; *CL*, 652; Harris, 81.
13. Leverson, *Letters to the Sphinx*, 41; 乔治·刘易斯充当了康斯坦斯的法律顾问，而她原来的家庭律师是哈格洛夫先生。
14. W. B. Yeats to Professor Dowden, 19 May [1895] (Austin).
15. Frederick York Powell to More Adey, 29 April 1895 (Clark). Elizabeth Pennell to A. J. A. Symons, 26 August 1935 (Clark)：惠斯勒“对王尔德的那一面（同性恋方面）并不抱有任何同情——事实上，我曾经认为他身上有一种清教徒的特质……是从他母亲那里传承来的。尽管他对我们说话坦率，但我从来没有听到他在这个问题上对任何人说过一句不客气的话。”
16. Hyde, *Oscar*, 348, 其中提到他的年龄为 77 岁（而且经常被提及）；但阿尔弗雷德·威尔斯生于 1828 年 12 月 1 日。

17. Maguire, 52.
18. *CL*, 827; *CL*, 814; 珀西·道格拉斯答应还给王尔德150英镑中的一半。
19. Anon., *Oscar Wilde: Three Times Tried*, 415.
20. 'London Correspondence', *Freeman's Journal*, 27 May 1895.
21. Anon., *Oscar Wilde: Three Times Tried*, 373-7.
22. *Westminster Gazette*, quoted in *Yorkshire Herald*, 28 May 1895.
23. Anon., *Oscar Wilde: Three Times Tried*, 413.
24. Anon., *Oscar Wilde: Three Times Tried*, 433.
25. More Adey, to [unknown], draft letter, June 1895, Hôtel de la Poste, Rouen (Clark).
26. Anon., *Oscar Wilde: Three Times Tried*, 398.
27. 'London Correspondence', *Freeman's Journal*, 27 May 1895.
28. *CL*, 872-8; 虽然奥斯卡·王尔德（*CL*, 814）否认存在这种安排，但莱弗森的叙述似乎更加可靠。
29. Sherard, *Life*, 367-8.
30. *CL*, 650; McKenna, 532, 这封信很可能写于王尔德第二次审判判决的前一天晚上。
31. *CL*, 769.
32. 第一轮审讯的查尔斯法官，曾经私下说，如果他的陪审团裁决王尔德有罪，他会只判王尔德两个月监禁。Ricketts, 22.
33. Anon., *Oscar Wilde: Three Times Tried*, 463-4; Hyde, *Trials*, 339.

第九部分
狱中戴锁书

1895~1897 年

41~42 岁

《狱中的奥斯卡·王尔德》，美国《旗帜周刊》刊登的插图，1895 年

1. 美杜莎的头颅

请别让我说这件事情。

——奥斯卡·王尔德

噩梦随即便真地开始了。王尔德现在成了政府的犯人，未经改革的维多利亚时代刑罚制度像一副重担压在他身上，简直要把人压垮。他一下子就失去了活动和行为的所有选择权。核定羁押令状时，他被短暂地带到毗邻老贝利法院的纽盖特监狱的一间牢房里，然后被送上一辆封闭的警车（也被称为“黑玛丽亚”）——与阿尔弗雷德·泰勒和两名狱卒一起——穿过伦敦北部转移到本顿维尔监狱。[1] 587

他在简陋的接待室里登记了年龄、宗教信仰和教育程度，随后接受了体检。他的体重记录为 190 磅；他在霍洛韦还押候审期间瘦了半英石多①，身体没有在第二次审判期间得到恢复。虽然他被判劳役，但本顿维尔监狱的医官认为这名 40 岁的囚犯身体已经脱形，无法承受严酷的劳作。王尔德被认为只适合做“轻省活儿”——缝制邮袋和捡麻絮。[2]然而，他并没有意识到自己的好运气。

接着，他被要求在监狱工作人员面前脱去衣服，将自己浸 588
泡在一盆“脏水”中。他用一块潮湿的棕色破布擦干身子，

① 1 英石 = 14 磅。——译者注

然后穿上囚服：土褐色的粗布裤子，宽松的夹克衫和背心，蓝色的精纺长袜，笨重的靴子，灰红相间的苏格兰帽，上面都印着臭名昭著的“鱼尾纹”箭头。他的头发剪短了。他服下了第一剂每日一顿的溴化钾——也叫“监狱药”，这是一种抑制性欲的镇静剂。他被分配到一间牢房，牢房号成了他的新“名字”。[3]

他听到铁门哐啷一声，他的新家被关上了——这是一个13英尺×7英尺的盒子，四面光秃秃的白墙，装着栅栏的不透明玻璃窗透进暗淡的光。他摸了摸，发现狭窄的木板床很硬，毛毯很薄。第一顿牢饭送来了（外观和气味都让他反胃；他吃不下去）。时间过得很慢，简直就像蜗牛在爬。

本顿维尔监狱建于19世纪40年代，容纳着数千名囚犯，但王尔德感觉十分孤独。监狱采用了“独立系统”，目的是让囚犯们相互之间完全隔离，每天除了区区几个小时，其他所有时间犯人都被关在牢房里。虽然他们可以聚集在运动场和礼拜堂，但不允许交谈，甚至不能彼此看一眼。直到19世纪60年代，囚犯离开牢房时才不再需要戴头套——或“尖顶”帽。[4]有一些囚犯可能会得到允许与其他囚犯“协作”劳动，但在这种情况下，也必须保持沉默。与狱友交谈会受到严厉惩罚，比如失去食物，丢掉工作，剥夺特权，甚至被单独监禁。当局最关心的是防止顽固不化的罪犯污染初犯，防止监狱成为“罪恶学校”。监狱是一片“寂静无边”的荒原，只有间或传来金属门框的撞击声、铁链的叮当声、脚步的回响声、命令和训斥的喊叫声，以及隐隐传来的痛苦、悲伤和绝望的哭喊声。王尔德活着是为了交谈，为了社交，为了智力刺激，为了美丽，为了舒适，为了美食和安逸，但他一下子失去了所有这些东西。这令他毛骨悚然。

第一天的新生活很糟糕，但更糟糕的是每隔一天——每一夜——的千篇一律。王尔德发现自己被“英国监狱法律授权的三种永久性惩罚：饥饿、失眠、疾病”折磨着。食物遭到了蓄意克扣。伴随着频繁的腹泻，王尔德的体重掉得越来越快。这是监狱生活的苦痛之一，而完全不当的卫生设施使情况变得更为糟糕。从下午 5 点到第二天早上 8 点，囚犯们被关在通风不 589
良的牢房里，只能靠一个极小的罐子解决“自然之需”，简直臭气熏天。[5]

王尔德的精神状态和他的身体一样每况愈下。每日服用的溴化物容易使新囚犯产生神经衰弱和忧郁的感觉，[6]但最让他感到压抑的是“无边的寂静”和“永恒的孤独”。[7]一连几个小时独自在牢房里，他的思想都转向了内心：悔恨啃噬着他的灵魂；他不断地经受着“自责”的折磨。[8]每天分配给他的捡麻絮工作是在他的牢房里独自进行的。这项工作虽然被称为“轻省活儿”，但要解开缠绕在一起的焦油绳子，无论对人的手指还是精神都是有挑战的。*

单调乏味的背后，对惩罚的恐惧挥之不去。王尔德一直认为自己生而例外，不为规则所生，如今却在努力搞懂他的新规则世界，去理解它的不人道之处。在操场上，走在他前

---

* 在最初的几周里，公众对王尔德的监狱生活极为感兴趣。在众多完全虚假但充满想象力的报道中，有一篇报道描述了他一进监狱就被直接放到踩踏机上，但经历了四天的惩罚性劳动（大约相当于每天爬两趟本尼维斯山）后，他晕倒了，不得不被送往医务室（《监狱里的奥斯卡·王尔德》，《西部邮报》1895 年 6 月 7 日）。同样离奇的其他几篇报道称，王尔德“和以前一样满嘴奇谈怪论和警句”，他告诉前往牢房的一位访客说，“我一直以为我生来就是一名僧侣。现在，自从我被囚禁在这里，我就确信了这一点”（《悉尼晚报》，1895 年 11 月 15 日星期五）。

面的那个人低声对他说，自己多么为他感到难过，多么希望他能“振作起来”。王尔德听到这番话——忘记了禁止交谈的法令——竟然伸出双手喊道：“哦，谢谢你，谢谢你。”他当然为此受到了惩罚。王尔德一直处于劣势：根据一名狱吏的记载，他身高6英尺——“比大多数人要高很多”，一直是操场上引人注目的身影。事实上，他常常被狱警们当作“标尺”来计算跑圈的囚犯人数。此外，他的“步伐非常大”，总是紧跟在前面犯人的脚后跟，从而招来“保持距离”喊声。他对每天例行的牢房检查产生出一种恐惧。他的那一点点物品中，每一件东西都有固定的位置，一旦稍有疏忽，就要受到惩罚。“这种惩罚太可怕了，”他回忆道，“我经常在睡梦中惊醒，要去摸一摸每一样东西是否都放在规定的地方，左右不偏一寸。”[9]

590 没有得救的希望。王尔德拒绝与监狱牧师接触。他无法从《圣经》中寻求慰藉，更无法在唯一可以接触的非礼拜式文本《天路历程》中找到安慰。[10]与外界联系是不可能的。根据规定，只有在三个月后，他才能够被允许收发各一封信，并接待两名来访者。自那之后，在他余下的刑期中，每季度都可以同样的频率保持交流。但与此同时，他独自一人，饥肠辘辘，辗转难眠，痛苦不堪。

他对外面的世界一无所知，这至少让他躲过了一些事情。新闻界——在王尔德三次漫长的审判过程中，为了满足好色之徒，抒发义愤填膺，几乎使出了浑身解数——精神抖擞地展开了最后一轮冷嘲热讽，之后他们便将王尔德置于卑微可耻的默默无闻之中，人们希望这种无名一直持续下去，远远超过他“应得的”却可惜“不充分”的两年刑期。“奥斯卡·王尔德再也不会成为什么人物，他只是一个回忆，”《西部邮报》的首席作家称，“这盏明灯是为了警告年轻人，安逸享乐的生活中潜藏着危险。他的魅力个性已经从人们的魂牵梦绕中消失了，他的名字已经成了笑柄和耻辱。”[11]

私下里，人们可能有一丝同情之意：王尔德的堕落如此令人惊骇，他受到的判决如此严厉。作家霍尔·凯恩告诉库尔森·克纳汉，他认为这是“整个文学史上最可怕的悲剧”。但这类言论很少见报。《雷诺兹报》刊登了一封未署名的信，信的作者是王尔德作品书目编制者 C. S. 米勒德，信中质疑法律是否有权对个人情感问题做出宣告表态。荷兰无政府主义者亚历山大·科恩在一本名为《火炬》的小型杂志上应和了这种观点。该杂志由但丁·加布里埃尔·罗塞蒂的两个侄女制作。然而，公众的不满无处不在：波托拉学校删除了“荣誉评审委员会”中王尔德的名字；牛津大学丘吉尔共济会的“金册”将他除名；W. P. 弗里斯甚至提出要从他的 1881 年皇家艺术院预展画作中抹掉王尔德的形象。[12]

然而，一道光亮出人意料地出现在王尔德所处的黑暗之中。6 月 12 日，他被宣判入狱仅两周后，开明的自由党议员罗伯特·霍尔丹突然造访了他。霍尔丹（比王尔德小两岁）是八十俱乐部的成员之一。他的这次访问之所以能够成行，是因为他刚刚到负责调查监狱系统缺陷的部门委员会任职。这次会面在一间专门的会客室举行。起初，王尔德拒绝开口。“我把手放在他穿着囚服的肩膀上，”霍尔丹回忆，“说我以前认识他，我来是为了谈一谈关于他的事情。”霍尔丹——才智相当出众，将叔本华的作品翻译成英文——认为王尔德还没有充分利用自己伟大的文学天赋，原因是他过着一种享乐的生活，自己没有 591

创作出任何伟大的作品。然而，他眼下的不幸也许会提供给他一个伟大的题材，将他的作品推向一个新的高度。虽然根据规定，囚犯服刑不满三个月不可以看书——除了祈祷文——之后也只能一星期一次，但霍尔丹提出，他会立刻设法争取弄到一些书籍、钢笔和墨水等。然后，当他的刑期结束时，王尔德就可能拿出真正伟大的作品了。王尔德听到这里，突然泪流满面。无论如何，他答应试一试。

他当然渴望读书。他开始谈及可能获得的书籍。霍尔丹不得不拒绝可能包括福楼拜的小说在内的一些书籍，他指出，福楼拜这样的作家曾经因猥亵而遭到起诉，其作品是不太可能得到监狱当局许可的。王尔德认识到这一事实后笑了起来，几乎变得开心起来。他们开始讨论文学，最后选定了 15 本非小说类书籍，包括圣奥古斯丁的《忏悔录》、蒙森的五卷本《罗马史》、红衣主教纽曼的《自我辩护》和沃尔特·佩特的《文艺复兴》。尽管本顿维尔的典狱长提出反对，但这些书——而不是写作材料——还是得到了内政大臣的批准，并在适当的时候被送到了监狱图书馆。[13]

霍尔丹的造访中含有个人关怀和共同人性的因素。但他的介入也表明，当局对王尔德的案子很感兴趣。6 月初，一些异想天开的媒体报道称王尔德“疯了”，被“关在精神病院里”。尽管典狱长迅速采取行动否认了类似说法，但阿斯奎斯（内政大臣，王尔德 11 个月前曾与他同桌用餐）还是要求监狱管理人员调查这些说法的真相。[14]

本顿维尔监狱的医务官向监狱管理人员（以及政府）保证，尽管王尔德的身体有点小问题，但他既没有疯，也没有奄奄一息：事实上，除了“有一丁点咽炎”，他“没有让监狱里

的任何官员感到焦虑”。霍尔丹的访问紧随其后，他的调查结果似乎交到了罗斯伯里勋爵手里。随后，霍尔丹密切关注着王 592
尔德的情况。在他的关注之下，新任命的监狱委员会主席伊夫林·拉格尔斯-布赖斯也加入了他的行列。拉格尔斯-布赖斯是一个充满想象力的心肠慈悲的人，他既钦佩王尔德，也理解他的监狱经历“比普通罪犯要严酷得多”。虽然他和霍尔丹优先考虑的事情并不相同，但他们是王尔德事业的两个强有力的盟友。不过，他们必须谨慎行事。正如霍尔丹向王尔德的一个朋友解释的那样，“他们不能被人认为，给予了（王尔德）超出他本身状况所需的更多的差别待遇”。[15]

王尔德本人似乎已经被新环境压垮了，甚至没有流露出一丝担忧。他感觉自己被抛弃在地狱般的监狱生活中。7 月 2 日，前警官基利来访，带来了一份昆斯伯里申请破产接管令的副本，这进一步加深了王尔德的痛苦。诉讼程序已于 6 月 21 日启动，侯爵要求归还他的法律费用，现在将继续通过破产法庭沿着既定路径执行。如今，除了对监狱制度的极度恐惧之外，他又平添了一份对财务状况的焦虑——一种让他束手无策的焦虑。由于罗斯、特纳和道格拉斯都在国外，王尔德的事务就交给了罗斯的朋友莫尔·阿迪来打理。尽管他从来都不是王尔德的密友，但此时他发现自己已被卷入事情的核心；必须有人去联系汉弗莱斯，而这个人就是他。[16]

基利到访两天后，王尔德被从本顿维尔监狱转移到伦敦另一头的旺兹沃斯。尽管霍尔丹可能参与了选择拘押地的事情，但更换监狱本身是因为“怀疑本顿维尔监狱的警官们受到了王尔德朋友的干扰”。本顿维尔监狱的典狱长曼宁乐于见到王尔德离开。公众对这名囚犯的强烈兴趣，以及泄露他的健康状况，都是令人讨厌和尴尬的事情。[17]*

593 旺兹沃斯监狱的设计和运作方式与本顿维尔相同，但王尔德似乎对这一安排感到不安。监狱牧师 W. D. 莫里森注意到，他来的时候“情绪激动而慌乱”。然而，这场风波很快就过去了，随之而来的还有“毫不畏惧地面对惩罚”的决心。王尔德的“坚韧”在监狱的管理制度下退缩了。本顿维尔的食物让人难以下咽，旺兹沃斯的更难吃。有些狱卒简直如同“禽兽”。他的书，理应和他一起转移，却直到 8 月 17 日才送达。饥饿和睡眠不足折磨着他；他开始产生“疯狂的妄想”，认为自己可能疯了。他想要自杀。霍尔丹去新监狱探望时，王尔德那种“绝望的”状态“痛苦地打击”着他。莫里森认为这名囚犯“完全被压垮了”。医生担心他的身体每况愈下；自从进入本顿维尔监狱以来，他已经掉了 22 磅——超过他体重的 10%。对于他是否“能够熬过两年”，一些比较有经验的狱警公开表示怀疑。[18]

监狱外传来了新的烦恼。7 月 29 日，破产法庭的一名官员来面见王尔德。经昆斯伯里和其他债权人开会决定，威尔迪先生被指定为王尔德个人财产的官方接管人。一次在旺兹沃斯见面时，他带领王尔德“一步一步地……回顾他生活中的每一件事情”，列举他的资产，详细说明他的挥霍用度，并确认了他

---

* 王尔德离开本顿维尔监狱几周后，曼宁收到“几个美国朋友”发来的一封非同寻常的密文，询问他是否愿意合作，以 10 万英镑的价格将王尔德从监狱里救出来：“你所要做的就是付钱给监狱里的一些人，让他们对此视而不见。”他们要求他冒这个险，是出于对王尔德“可敬的父母和（他）因其令人发指的非自然罪行而失去的地位的尊重，我们不想否认这一点”。他们此举的动机是为了防止他“沾染上令人憎恶的监狱生活的污点”。他们期待通过《纽约先驱报》的个人专栏收到他的答复。

的债务。王尔德回忆说："这太可怕了。"尽管从 1893 年年中开始的两年时间里，王尔德已经赚了 4000 英镑，但他欠下了 3591 英镑 9 先令 9 便士的债务。除了昆斯伯里应得的 677 英镑 3 先令 8 便士之外，他的欠款还包括：欠康斯坦斯·王尔德婚姻财产协议受托人 1557 英镑 16 先令 1 便士（他们结婚前夕从信托基金借了 1000 英镑，既没有偿还本金也没有偿还任何利息）；因 1885 年的一笔贷款，欠奥索·劳埃德 500 英镑；欠乔治·亚历山大的《不可儿戏》预付版税 414 英镑 19 先令 11 便士；从 1893 年到 1894 年 3 月，欠萨沃伊酒店的膳宿费用为 70 英镑 16 先令 11 便士；还有价值超过 230 英镑的"烟酒、珠宝和鲜花"。[19]

王尔德的资产很少。莫尔·阿迪列了一张财产清单。在泰特街不光彩的治安官拍卖会上，他的财产已经被贱卖殆尽。他保留了各种各样的版权，以及他未发表（实际上是未完成）的手稿《佛罗伦萨悲剧》《圣妓》和《阿维尼翁的红衣主教》。至于那篇加长版的《W. H. 先生的画像》，则一直下落不明。莱恩声称他已经把手稿归还到泰特街，然而王尔德对此一无所知。594
但是，正如阿迪指出，"他的作品现在很难出版，我不指望从中得到什么"。他的另一项资产是他和康斯坦斯婚姻协议中的"终身权益"——然而考虑到康斯坦斯比他年轻，而且作为女性，预期寿命更长，这笔财产的实际价值非常小。[20] *

当他将思绪深深地拉回到那些使他走向毁灭、监禁、耻辱和羞辱的桩桩件件事件时，王尔德开始意识到，所有的一切都

---

* 如果康斯坦斯比王尔德早死，"终身权益"可以使王尔德有权从康斯坦斯的婚姻财产中获得收入（大约每年 800 英镑）。在他死后，它将归还给康斯坦斯的继承人。

源于道格拉斯。是他一心要和昆斯伯里作对；是他推动了这场致命的法律诉讼；是他（和他的家人）承诺支付王尔德的法律费用，却没有兑现。在不断思考这些问题的过程中，几个月来支撑着他的大爱凝结成了恨。这种变化既突然又彻底。在王尔德看来，从现在起，道格拉斯所做的（和已经做过的）每一件事似乎都证实了他的浅薄且毫无价值。他忘记了最近几封情书中那些充满激情的词句。一名律师助手来取他的破产证词时，从桌子对面俯下身来，低声说："百合王子托我转达对你的问候。"王尔德茫然地盯着这个人。直到对方重复了这句话，又补充说"这位绅士目前身处国外"，王尔德才意识到消息一定是道格拉斯传来的。"百合花"这个名字是从道格拉斯的一首歌谣中借用来的，仅仅在几周前，它还是两人之间的一个神圣的称呼。如今，在可怕的旺兹沃斯监狱，这个名字让他感到恐惧。他苦笑了一声。他后来回忆道："全世界的鄙夷都在那一声笑中。"[21]

在否定道格拉斯的同时，他渐渐体会到了康斯坦斯对他深深的爱，以及他自己对她和孩子们的爱——对道格拉斯的"疯狂"迷恋，导致他滥用并破坏了这些爱。正在此时，8 月 26 日星期一王尔德迎来了他的第一次规定探视，访客是罗伯特·谢拉德。王尔德的许多亲密伙伴都在欧洲大陆，谢拉德却反其道而行之，想到朋友在英国受苦，他觉得自己无法继续待在巴黎。

595 探视地点是一间用两排铁栏杆隔开的空荡荡的拱形房间，20 分钟的时间里，墙上的钟一直在大声地滴答走着。狱吏在两排铁栏杆之间的过道里巡逻，一旦谈话涉及禁忌的话题，他会随时干预。他们面对面地站着——每个人都紧靠在栏杆上"支撑着"——谢拉德震惊地看到了朋友的惨状：他的手变得非常丑陋，指甲在捡麻絮时弄断了，还在流血。他的脸上因为有胡茬而显得“不太整洁”。即便王尔德热泪盈眶，也能看出来他一开始显然非常沮丧。谢拉德竭力装出一种无中生有的愉悦，他为在 20 分钟会面结束前博得王尔德一笑而兴奋不已。[22]

他也许能告诉王尔德一些法国人对他入狱的反应。一连串的作家纷纷愤然而起，以不同的方式谴责英国“司法”对待王尔德的野蛮、愚蠢和虚伪。他们纷纷发表充满激情，表达支持的文章，亨利·鲍尔发表在《巴黎回声报》上，奥克塔夫·米尔博发表在巴黎的《日报》上，保罗·亚当发表在《白色评论》上，路易·洛梅尔、洛朗·德·塔哈德和亨利·德雷尼耶也发表了文章。事实上，有些人断言，如果王尔德到巴黎，“他会在大街上受到欢呼”。[23]

得知王尔德对道格拉斯和康斯坦斯态度的转变之后，谢拉德深受鼓舞。他决心尽其所能促成这对夫妻之间的和解。他相信，这是拯救王尔德的最大希望。康斯坦斯为了隐姓埋名，已经离开伦敦，带着孩子们去了瑞士，和她的哥哥一样，用了“霍兰德”这个姓。在她的家庭律师哈格罗夫先生和乔治·刘易斯的建议下，她打算和她“误入歧途的可怜丈夫”离婚。这倒不是说她不再关心他了——事实上，他的堕落似乎增加了她对他的爱和关心——而是一种实际的需要。如果她去世了，拥有婚姻财产中终身权益的奥斯卡将得到这笔基金的所有收入，严格来说，孩子们将身无分文。虽然他也许很想供养他的儿子们，但他的债务，尤其是“他在金钱事务上的行为方式”使得所有相关的人都相信，这是不可能的。而为了保护孩子们，最简单的方法就是离婚。[24]

谢拉德写信给她，劝她重新考虑；他可能也鼓励王尔德这

样做。因此，当 8 月底，王尔德获准写信给康斯坦斯时，他的
596 信中充满了谦卑和悔悟。她的律师——出于她的利益考虑，已经读过这封信——认为这是“他所见过的最感人、最悲哀的信件之一”。[25]

可以肯定，他的这封信起到了作用，因为信件发出几天后，王尔德收到了第一封信。信是身在瑞士的奥索 · 霍兰德寄来的。虽然这封信明显与他的意见相左，但其中表示康斯坦斯准备重新考虑离婚的决定。然后，仅仅过了一周，9 月 21 日王尔德得到特别许可，康斯坦斯来探视了。她收到信之后，从瑞士赶来，说出了“愿意原谅他”并且希望未来共同生活——在另一个国家，用假名，和他们的孩子在一起。她说，西里尔“从未忘记他”。从她的说法来看，她似乎是隔着一道屏障和丈夫交谈的。她告诉谢拉德，整个经历比她想象的还要可怕：“我看不见他，也碰不到他，我几乎没怎么说话。”不过，对王尔德来说，康斯坦斯的到访给他提供了一丝解脱。他告诉她“过去三年他简直是疯了”，如果见到阿尔弗雷德 · 道格拉斯勋爵，“他会杀了他”。康斯坦斯真心希望他再也不要见到道格拉斯。[26]

两天后，谢拉德获得特许探望了王尔德，发现他“开心了许多”。谢拉德称，他即将动身前往马达加斯加，并有紧急事务要与囚犯讨论。而且，由于这是一次名义上的商业性采访，因此会面没有固定的时间限制，也不在围着栅栏的探视室里，而是在监狱办公室进行的。会面结束时，谢拉德抓住机会拥抱了他的老朋友。谢拉德在康斯坦斯探视后不久见过她，他向王尔德保证，他妻子的“心仍然和他在一起”，“一旦他的刑罚结束”，确实有可能一起生活。[27]

他还带来了巴黎的消息。他通过那里的熟人了解到，道格

拉斯——一心要为朋友而战——为《法兰西信使》写了一篇长文，详细叙述了王尔德几次受审的背景，宣告“希腊之爱”的美德，其中大量引用了王尔德从霍洛韦写给他的几封充满激情的信件。王尔德改换了心境之后，对此感到非常震惊。发表如此“愚蠢”的言论，“向一个本性冷酷无情、贪婪粗俗、贪得无厌的人表达不得其所、不得善报的感情”，只会令他进一步蒙羞。“如今，令我名垂千古的绞刑架已经架得够高了，”他称，“人们（道格拉斯）没有必要为了自己的虚荣心而让事情变得更可怕。”他敦促谢拉德阻止这篇文章发表。而谢拉德——从来就不喜欢道格拉斯——很乐意帮忙。[28] * 597

这一周的激动兴奋还没有结束。第二天，王尔德被带出监狱，来到破产法庭。他穿着自己的旧衣服，显得拖拖拉拉的。人们预计当天他将在法庭上接受“公开讯问”，但他没有被传唤。他的律师成功地请求了休庭。哈格罗夫先生考虑到康斯坦斯不愿意离婚，于是想出了一个巧妙的计划，那样或许可以撤销破产，因此也就根本不需要审查王尔德，同时也解决了他在婚姻协议中的“终身权益”问题。根据该方案，康斯坦斯的婚姻财产受托人将收回557英镑的16先令1便士利息和1000英镑的贷款，作为交换，王尔德以象征性的5英镑放弃他的“终身权益”，并允许从他所有现有的文学和戏剧版权中提成。他余下的2033英镑13先令11便士债务可能会通过他的朋友和同

* 道格拉斯精力充沛但考虑事情不周，作为抗议活动的一部分，他还写信给亨利·拉布歇雷（仍是《真相》杂志的编辑）和W. T. 斯特德（现任《评论述评》编辑），赞扬同性恋爱情的优点。他还给维多利亚女王发了一封信（1895年6月25日），请求她为王尔德行使赦免权。他没有收到女王的回复。拉布歇雷摘录发表了这封信，并评论道：“很遗憾，他没有机会在本顿维尔与世隔绝的地方思考（他的观点）。”

情者的捐款来偿还。阿迪已经得到了1500英镑的承诺，他相信剩下的金额可以在11月12日法庭重新开庭之前筹齐。[29]

法庭上进行上述陈述时，王尔德和两个狱吏等候在隔壁的一间办公室里。阿瑟·克利夫顿作为婚姻财产的受托人之一，出人意料地获得许可在那里见他。克利夫顿见到朋友的样子以及他痛苦的状态“非常震惊”。“（他）哭泣了许久，”克利夫顿写道，“他似乎伤心欲绝，一直在讲述对他的惩罚是野蛮行径。”克利夫顿试图用朋友的消息和读书的话题让王尔德高兴起来：王尔德获准以每星期一本的速度读书，他一直在看佩特和纽曼的书。但这是一项艰巨的任务。王尔德仍然“极度沮丧，好几次提到，他觉得自己撑不到刑期结束”。当克利夫顿试图解释哈格罗夫提出的方案时，王尔德并没有表达什么特别的意见，只是建议“如果可能的话，应该在方案之外留下一些东西给他”。作为一名合格的律师，克利夫顿理应向他解释清楚，这实际上是不可能的——作为一项资产，他的终身权益需
598 要全部出售。然而，他却随口接受了这个想法，并告诉王尔德，他认为“这是一个非常好的计划……他应该保留大约三分之一的终身权益”。过了没多久，他向康斯坦斯提起了这件事，康斯坦斯因对法律一无所知，也觉得这很有道理。然而，这个想法会导致无尽的麻烦和冲突。[30]

与克利夫顿、谢拉德和康斯坦斯的会面给王尔德带来了些许安慰，却不足以提起王尔德的精神，他的身体和精神状况依然不稳定。监狱牧师（刑法改革的热情支持者）确信——由于犯人“性格变态”——王尔德已经有“反常性行为”，发生了强迫性手淫。“这在他这种阶层的囚犯中是很常见的，”莫里森牧师在给霍尔丹的信中写道，“当然，持续的单独关押更助长

了这种情况。现在（王尔德）牢房的气味太难闻了，负责看押他的警官不得不每天在牢房里使用石炭酸。”这一点并非无关紧要：许多维多利亚时代的权威人士认为，自慰即便不是精神错乱的原因，也是其一种症状。经常有囚犯因沉溺于“手淫”而被认定为精神失常。王尔德幸运地躲过了这种命运。[31]

拉格尔斯-布赖斯发起了调查；结论是，没有证据可以支持牧师过于激烈的怀疑。监狱医务视察员 R. M. 戈弗医生将莫里森“异乎寻常的指控”斥为“卑鄙和恶意的歪曲”。甚至连拉格尔斯-布赖斯（写信给内政部）也遗憾地表示，这名牧师可能是“一个危险人物，他试图让王尔德成为一条证据，用来说明监狱系统的残暴”。至于王尔德牢房里的怪味，则是因为他在清洗餐具时使用了“杰耶斯”洗涤液。[32]

戈弗医生（与牧师完全相反）报告说，王尔德实际上非常好——“胃口极佳”，“身心都很健康”。他确实承认——为了减少囚犯明显的孤立感——也许可以让他开始参与“协作”劳动，比如霍尔丹曾经提出过，可以从事重新装订监狱赞美诗。但是，为了达到这个目的，就必须做一些“特殊的安排”，以防囚犯与“伦敦的小偷和其他低级罪犯为伍，他们是旺兹沃斯监狱里的大多数”。为了防止王尔德与“伦敦盗贼”交往，相应的计划应 599
运而生“建议国务大臣将王尔德转移到乡村监狱去”。[33]

就在这些讨论的过程中——尽管戈弗医生做出了乐观的评估——王尔德的身体健康彻底崩溃了。危机发生在接近 10 月中旬的时候。星期日做礼拜时，他因患痢疾而虚弱不堪，倒在监狱礼拜堂的地上，随后被送往监狱医务室。他后来告诉弗兰克·哈里斯，他以为自己已经死了，在“天堂”获得了重生。“我的手搁在一块干净的白床单上……它是那么光滑、凉爽、干净。”护士给了他几块薄薄的白面包和黄油——“太好吃了”，他突然大哭起来。[34]谢拉德和威利的妻子莉莉获得准许去医务室看望他。然而，两人中无论是谁，都没有即刻感觉到他的重生。他们发现病人虚弱得可怜，而且仍然“很不快乐”。谢拉德说他已经“成了十足的废人”。[35]

谢拉德为了让他高兴起来，提出建议说，《每日纪事报》致力于监狱改革，不妨在这张报纸上下点功夫想办法改善他的生活安排。然而，谢拉德的这句话却被狱吏以“破坏监狱制度”为由汇报给上级（前几次探监之后，谢拉德已经向《每日纪事报》透露了王尔德在狱中的日常生活细节）。和本顿维尔监狱的典狱长一样，旺兹沃斯的典狱长渐渐发现，王尔德是个相当沉重的负担，因为他的朋友和支持者们实在过于活跃了。他连忙建议将王尔德转移到“一个乡村监狱去，在那里他不太容易受到这样的影响”。[36]

这个想法获得普遍支持，霍尔丹认为这对王尔德的精神健康是有必要的。虽然他认为莫里森牧师的说法可能有些言过其实，但他对戈弗医生乐观的报告并不信服。他的诸多存疑促使内政部批准对王尔德的精神状况进行一次更全面的评估。[37]无论大众对王尔德的敌意如何持续，在官方圈子里有一个明确的认识，那就是，如果监狱系统完全摧毁了他，那将是一件糟糕的事情（甚至是“英国文学的一大损失”）。莫里森写道：“如果王尔德在监狱的管制之下发疯，几乎肯定会在公众心中引起极大愤慨，当局无疑会因允许这样的事情发生而受到指责。”[38]

10 月 22 日，两名精神病犯罪专家（其中一名是布罗德莫精神病院院长）在旺兹沃斯的医务室给王尔德做了检查。当他们发现他“以一种愉快的方式”和其他同狱囚犯“微笑着交

谈”时，很受鼓舞。这种积极的印象（以及他的精神状态）在 600
他们随后的会见中得到了很大程度上的证实：

> 他畅所欲言地谈了他过去的情况，特别是他强烈地意识到那些都与他现在的处境相关，说到此他情绪激动，抑制了一下情绪，不时流下眼泪。毫无疑问，正如他自己告诉我们的，这种情感的流露表明，想到过去可憎的行为毁掉了他的未来，他感到悔恨和痛苦，我们认为这是自然的，不能据此说明他神经错乱。[39]

在了解到王尔德的转移计划后，他们认为“在谨慎的处置下，在短时间内将王尔德转移到乡下的监狱，通过不同的劳动和更广泛的阅读，没有任何迹象表明监狱会对他产生有害影响”。他们还认识到，如果允许他更多地“与其他囚犯交往”，将是有益的——尽管他们对负面影响的担忧与此相反。考虑到王尔德的“癖好”和“对男性社会的公开热爱”，他们明确要求，这种交往只能在“狱吏的持续监督下”展开。[40]尼科尔森医生和布赖恩医生的报告完成不久，事情就定下来了，要将王尔德尽快转移到伯克郡的雷丁监狱。[41]

然而此事还得短暂地耽搁一下，因为王尔德需要留在伦敦，直到破产法庭走完程序。9 月的第一次法庭听证会带来的乐观情绪并没有得到维持。珀西·道格拉斯——曾经承诺向阿迪的基金支付 500 英镑——没有兑现承诺，并且未必可靠地声称，自己不打算拿出这笔钱来支付他讨厌的父亲的诉讼费，宁可将这笔钱留给王尔德，待他出狱后再给他。第二次听证会前夜，阿迪筹集的基金还差大约 400 英镑。[42]哈格罗夫的计划被迫放弃，破产不得不继续执行下去。

11 月 12 日早上，王尔德从医务室被带到了位于林肯客栈广场的破产法庭。他裹着一件“蓝色长大衣”，看上去“身体很不舒服，简直要垮了”。他头上的那顶丝质帽子曾在老贝利出庭时戴过，但已经失去了光泽。令王尔德苦恼的是，一群“游手好闲看热闹的人”已经聚集在那里，希望能一睹他的模601 样。当他在两名身穿制服的狱警护送下，沿着长长的走廊走向法庭时，看到了站在一边的罗比・罗斯（现在已经回到英国），这让他感到很振奋。王尔德经过时，罗斯“严肃地”挥帽致意。王尔德认为这是圣人的行为，他永远不会忘记。讯问本身很简短（不到半个小时），王尔德把身体靠在证人席上，只回答了“是”或“不是”。[43]

讯问结束后，克利夫顿和罗斯都被允许在一个单独的房间里各自和他单独待半个小时。自从王尔德被捕之后，罗斯就再没见过他，他感到很震惊。“事实上，我真的根本就不该认识他，”他给奥斯卡・布朗宁写信说，“我知道这是一种常用的比喻，但它确切地描述了我的体验。他的衣服松松垮垮地挂在身上，他的双手像骷髅一样。他的脸色彻底变了，但这并不完全是由于他那一点点胡髭。后者只是掩盖了他那让人感到可怖的凹陷的双颊。”罗斯认为王尔德的精神状况“比我想象的要好”，但也承认他的大脑“严重受损”。王尔德仍在医务室，但他告诉罗斯他想离开，“因为他希望赶快死掉。事实上，他只有在谈论死亡时才能够保持平静，其他任何话题都会使他崩溃”。[44]

接下来的一周，王尔德被带回到林肯客栈广场签署了他的声明稿。手续已经办妥。第二天，11 月 20 日，他被转移到雷丁。这一举动本应标志着他的境况得到了改善，但它是以一种痛苦的方式开始的。他并非乘坐囚车，而是要在中午时分，戴着手铐，穿着囚服乘火车前往。他被带到克拉珀姆枢纽车站，被迫夹在看守之间，在中央站台上站了半个小时（从两点到两点半），引起了公众的关注和蔑视。一群人笑着聚拢过来。有人认出了他，一个男人向他吐口水。王尔德后来写道："在那次遭遇后的一年里，每天到了那个钟点，我都要哭，哭上同样长的一段时间。"[45]

注　释

1. *Reynolds's Newspaper*, 26 May 1895; *Belfast News-Letter*, 27 May 1895. Anon., *Oscar Wilde: Three Times Tried*, 466，其中提到王尔德直到星期一才被转移到本顿维尔监狱，但当时的媒体报道都证实了转运是于周六晚间进行的。
2. Hyde, *Oscar*, 378；海德描述说，他在本顿维尔监狱的登记簿上看到了这些条目。该登记册目前下落不明。它既不在国家档案馆，也不在伦敦大都会档案馆。
3. Harris, 194, *Reynolds's Newspaper*, 26 May 1895; 'Oscar Wilde in Prison', *Western Mail*, 7 June 1895.
4. Michelle Higgs, *Prison Life in Victorian England* (2007), 45: at Pentonville 'masks were abandoned in 1853'.
5. George Ives Diary, 12 March 1898, quoted in McKenna, 538.
6. 'Oscar Wilde in Prison', *Western Mail*, 7 June 1895，其中提到王尔德已经屈从于这样的"狱长"。
7. *CL*, 1080.
8. Harris, 196.
9. *CL*, 1045, 1080; Harris, 194; Anon warder, 'Wilde's Prison Life' (Clark); Hyde, *Oscar*, 380.
10. R. B. Haldane, in Mikhail, 323.

11. ‘Editorial Comments’, *Western Mail*, 27 May 1895.

12. Coulson Kernahan, ‘*Oscar Wilde As I Knew Him*’, ts 37-8 (Clark)；还有其他人撰写了表达同情和遗憾的文章，例如，John Davidson (Sloan, *John Davidson: First of the Moderns*, 139)；the social reformer Josephine Butler [Jane Jordan, *Josephine Butler* (2001), 277-8]；Mary Berenson (Samuels, *Bernard Berenson*, 218)；Burne-Jones (Ellmann, 450)；‘C. S. M’, *Reynolds's Newspaper*, 29 May 1895 [*Wildean*, 22 (2003), 5-6]. See also Mark Samuels Lasner, ‘In Defence of Oscar Wilde’, *Wildean*, 40 (2012), 2-5; Yasha Bereisner, ‘Oscar Wilde: A University Mason’, at www.freemasons-freemasonry.com; Anne Anderson, ‘Private View’, *Wildean*, 52 (2018), 10.

13. R. B. Haldane, *An Autobiography* (1929), 177-9; *CL*, 653n. 霍尔丹曾是由赫伯特·阿斯奎斯于1894年7月成立的格莱斯顿委员会的成员。尽管该委员会在1895年4月提交了报告，霍尔丹仍然对监狱改革怀有兴趣。Ellmann, 456.

14. Haldane to his mother, in McKenna, 540; CMW to Arthur Clifton, in Moyle, 277; *PMG*, 4 June 1895; *Daily Chronicle*, 5 June 1895; Asquith to Prison Commissioners, 5 June 1895, in Robins, *Oscar Wilde: The Great Drama of His Life*, 25.

15. Hyde, *Aftermath*, 7. 霍尔丹在与王尔德“家人”见面的那天上午见到了罗斯伯里；see McKenna, 540; Harris, 192; Haldane to More Adey, 8 January 1896 (Clark).

16. Maguire, 53-5; RR to LAD, 23 June 1897 (Clark)：“在昆斯伯里的麻烦之前，莫尔根本不是奥斯卡的朋友。我认为他从来没有特别喜欢过奥斯卡。他对奥斯卡当然不是十分赞赏，我想他没有读过奥斯卡的任何一部作品。然而，他非常喜欢你，非常钦佩你。奥斯卡陷入困境之后，我相信，他就变得和奥斯卡的任何朋友一样喜欢奥斯卡，因为这是莫尔的天性。部分是因为这个原因，还有其他一些我不想说的原因，他付给汉弗莱斯200英镑作为奥斯卡的辩护费用。”

17. Sir Matthew Ridley to Evelyn Ruggles-Brise, 30 September 1895 (PRO). See LAD to Percy Douglas, 11 July 1895 (BL)：“老伙计，请务必看看你能不能做点什么，去贿赂一下本顿维尔的狱卒。我听说，在获得食物

等东西进去方面可以做很多事情。”

18. Harris，194，198：Ellmann，456；Harris 194，214；Haldane to Ruggles-Brise，10 October 1895 ［PCOM 8/432 （13629） PRO］；Wandsworth Prison，‘Nominal Register’（London Metropolitan Archives）OW’s entry can be viewed online at https：//search. lma. gov. uk. 其中没有列出他的体重，只列出了他的年龄（40 岁）、身高（6. 0 英尺）和发色（“深棕色”）。他的职业是“作者”，他的教育是“高级”，他的宗教是“英国国教”，他的信仰是“杂项”。同一页上列出的其他囚犯几乎都是“劳工”，而且服刑都比他短。W. D. Morrison to Haldane，11 September 1895（PCOM 8/432，PRO）；Dr Quinton report to Prison Commissioners，18 September 1895；Captain Helby to Prison Commissioners（PCOM 8/432，PRO）. 赫尔比指出，奥斯卡·王尔德在 7 月 4 日抵达旺兹沃斯时的体重是 175 磅，到 1895 年 9 月 18 日，他只又掉了 8 磅。
19. Maguire，54；*PMG*，22 August 1895.
20. More Adey，‘Notes on OW’s ms’（Clark）：“1895 年 9 月 6 日，王尔德的回复”。
21. *CL*，716.
22. Sherard，*SUF*，197-8；谢拉德引用的报纸文章似乎把这次访问和他 1895 年 9 月 23 日的访问混为一谈了。
23. 8 月份，年轻的诗人于格·勒贝尔在《法兰西信使》上发表文章《为奥斯卡·王尔德辩护》，Richard Hibbitt，‘The Artist as Aesthete’ in Evangelista，ed.，*The Reception of Oscar Wilde in Europe*，77；LAD to Percy Douglas from Hôtel de la Poste，Rouen，20 June 1895（BL）.
24. Ellmann，462；Moyle，278.
25. Sherard，*SUF*，200；Otho Holland Lloyd to Mary Lloyd，9 September 1895，in R. Hart-Davis，ed.，*Letters of Oscar Wilde*（1962），872.
26. *CL*，715；Otho Holland Lloyd to Mary Lloyd，9 September 1895，in R. Hart- Davis，ed.，*Letters of Oscar Wilde*，871- 2；不知道奥斯卡·王尔德是否真正收到了奥索引用的那封康斯坦斯寄给他的信，因为他已经收到了奥索的信，而他三个月只能收一封信；see Otho Lloyd to Mary Lloyd，12 September 1895，in Moyle 279-80；quoted in Sherard，*SUF*，201-2.

27. Sherard, *SUF*, 202-4.

28. *CL*, 666; Sherard, *SUF*, 204-6.

29. Maguire, 57; *PMG*, 24 September 1895; 阿德拉·舒斯特承诺出 250 英镑，但其他的 500 英镑实质性承诺则来自一位年轻的作曲家 Trelawney Backhouse，珀西·道格拉斯承诺出同样的数目，但他自己没有钱。斯图尔特·海德拉姆“准备写信给一些人”。Ada Leverson to More Adey, 19 September [1895] (Clark).

30. A. Clifton to Carlos Blacker, 8 October 1895, in Maguire, 58-9.

31. W. D. Morrison to Haldane, 11 September 1895 (PRO); McKenna, 545-6.

32. McKenna, 547 - 8; Sir Matthew Ridley to Haldane, 7 October 1895 (PRO).

33. Dr Gover to Ruggles-Brise, 28 September 1895; 戈弗继而称，据观察奥斯卡·王尔德并没有与“伦敦的小偷”来往，“关于他的事情，我建议稍后再去探望这名囚犯，并提交一份建议供您参考。”拉格尔斯-布赖斯要求戈弗 9 月 28 日再写一份报告（信），取代其写于 9 月 23 日的那份报告（信）。See Robins, 31. 霍尔丹在 1895 年 9 月 30 日写给拉格尔斯-布赖斯的信中建议让王尔德“装订书本”，这也许是“适合王尔德的一份好工作”[PCOM 8/432 (13629) PRO]；（英国内政部一佚名官员）1895 年 10 月 1 日，参见 Robins, 34。

34. Harris, 196.

35. R. H. Sherard to More Adey, 18 October 1895 (Clark); Lily Wilde to More Adey, 18 October 1895 (Clark).

36. 1894 年，《每日纪事报》刊登一系列关于监狱条件的匿名文章名为“我们的黑暗之地”，由此开启了宣传监狱改革的活动。有些人怀疑其作者是莫里森牧师。正是这些文章促成建立了霍尔丹任职的所谓“格莱斯顿委员会”（由前首相的儿子、议员赫伯特·格莱斯顿担任主席）。PCOM 8/433 (PRO), quoted in Maguire, 60-1.

37. Robins, 36-8.

38. Harris, 192; W. D. Morrison（旺兹沃斯监狱牧师）to Haldane, 11 September 1895 (PRO).

39. David Nicolson and Richard Bryan, report, quoted in full in Robins,

41-5.

40. Report of Drs D. Nicholson and R. Bryan, 29 October 1895, HO 45/24514 (PRO).

41. Robins, 47; 转移到雷丁监狱的提议是由监狱管理层提出的。

42. Ellmann, 461; RR to Oscar Browning, 13 November 1895, in Maguire, 62.

43. *CL*, 722: 王尔德描述自己在破产法庭上“戴着手铐”和“夹在两个警察之间”——但当时的媒体报道中没有提到手铐，并且描述他旁边的两个人是“监狱看守”，一个走在前面，一个在后面；*Daily News* (London), 13 November 1895; *Freeman's Journal*, 13 November 1895; *Star* (Saint Peter Port), 12 November 1895; *Reynolds's Newspaper*, 17 November 1895.

44. RR to Oscar Browning, 12 November 1895, in Ellmann, 461n.

45. *CL*, 757 其中误将转移的时间写成了 11 月 21 日；吐口水事件可参见 Sherard, *SUF*, 212。

2. 秩序

对那些监狱中人，眼泪是每天必备的经历。

——奥斯卡·王尔德

602 雷丁监狱是拉格尔斯-布赖斯特意挑选的。典狱长 H. B. 艾萨克森中校（前海军）感到很荣幸，他对监狱工作人员说，“某个囚犯”即将被移送过来，“监狱委员会选择了雷丁监狱，认为这里是最适合这个人服完剩余刑期的地方，你们应该为此感到骄傲”。他虽然没有提及囚犯的名字，但王尔德一到，人们就猜到了他的身份。在负责理发的狱吏看来，为了剪头发而焦虑不安，就是王尔德的典型特征。“‘一定要剪掉吗？’他可怜巴巴地对我喊道，‘你不知道这对我意味着什么。’泪水从他的脸颊滚落下来。”对王尔德来说，“监狱生活的恐怖之处”，其部分在于“一个人外表的怪诞和他灵魂的不幸之间的对比”。[1]

王尔德要在雷丁服完剩余的 18 个月刑期。虽然这个监狱比本顿维尔和旺兹沃斯要小得多（大约有 150 名流动的在押囚犯），但它同样是按照维多利亚时代的标准设计建造的，由一块中央核心区域和放射状的四翼组成。王尔德——作为囚犯 C. 3. 3——被分配在三层 C 通道的 3 号牢房。他是这个新世界
603 里的特殊人物：在几十个年轻的劳工和新兵当中，他是唯一一个受过教育的中产阶级罪犯，其他人大多数都是因为酗酒或小偷小摸而进来短期服刑的。[2]

他生活的某些方面立刻得到了改善。空气更清新了。他的饮食得到了改善。他被指派在牢房里缝煤袋，而不是捡麻絮。但这都是些微小的改进。这里的制度和旺兹沃斯一样严格。王尔德经常违反些小小的规定。他悲叹道："最糟糕的是，我永远无缘无故地受到惩罚。"他称，艾萨克森中校"热爱惩罚"。当然，这位具有军事背景的典狱长是一个严格遵守纪律的人。王尔德叫他"桑葚脸的独裁者"——一个拥有"雪貂的眼睛、猿猴的身体和老鼠的灵魂"的人；但他也意识到艾萨克森之所以如此严厉，是因为"他完全缺乏想象力"。艾萨克森自吹自擂地说，他正在"打掉王尔德的胡言乱语"。在他施加的所有惩罚中，王尔德最害怕的是不让他看书（他的私人图书室从旺兹沃斯搬到了这里）；只要有书，生活就还能忍受。没有书，心灵就只能"无休止地在遗憾和懊悔的上下磨石之间磨灭自己"。[3]

王尔德没有从监狱医生身上得到一丝安慰。作为一个阶级，他认为这些官员都是"禽兽，过于残忍"。但奥利弗·莫里斯医生似乎超越了常规。罗斯说他长着"油腻的白胡子"，很像"恃强凌弱的公司主管"，他一直对王尔德"很刻薄"，并且对他漠不关心。[4]

然而，在11月底访问雷丁时，莫尔·阿迪欣喜地发现，在经历了旺兹沃斯的恐怖之后，王尔德的精神状况有了一些小小的改善。"我想他意识到，他必须努力防止自己的思想更加痛苦，"阿迪写道，"因为他非常渴望得到一些相当枯燥的脑力劳动，以便占据并在某种程度上约束自己的思想。"到了新年，王尔德准备重新装订监狱赞美诗，同时还在监狱花园里干活。[5]

阿迪一直在为王尔德忙碌着，但收效甚微。他曾试图向内政大臣提出请愿，要求早日释放王尔德，但除了萧伯纳和斯图尔特·黑德勒姆这两个自封的“怪人”之外，他几乎找不到人在请愿书上签名。牛津大学历史学钦定讲座教授约克·鲍威尔是一个值得尊敬的例外。文学和艺术机构则对他们置之不理。*
604 然而，阿迪为王尔德收集了更多的书，并且——通过霍尔丹和拉格尔斯-布赖斯的干预——将它们直接送到了雷丁监狱藏书不足的图书室，其中有但丁以及希腊和拉丁诗人的作品。[6]

在起草那份注定失败的请愿书时，阿迪列出了王尔德精神状态每况愈下的几个迹象，其中之一的事实是，他过去“总是对母亲表现出最温柔的关怀，自己承担了她的大部分抚养费，并且在他经历两次审讯的那些最痛苦的日子里，还特别将她托付给朋友照料，然而他现在似乎对她很冷漠”。事实上，他经常想起她。2月3日晚上，她出现在他的幻觉中，穿着外出的衣服。当他让她脱下帽子和斗篷坐下时，她悲伤地摇摇头，消失了。这似乎是死亡的预兆。[7]

大约两个星期后，他接到通知，来了一位特别的访客。是康斯坦斯来了。尽管她身体虚弱（圣诞节前刚做了手术），但

---

* 尽管王尔德在巴黎获得明显的支持，但斯图尔特·梅里尔在1895年12月法国作家提出的另一份请愿书上的遭遇也好不到哪里去。王尔德的文学老朋友们并没有蜂拥而至。布尔热、保尔和莫里斯·巴雷斯同意签名，但左拉拒绝了。阿尔封斯·都德和萨杜请求谅解。让·洛兰——虽然与王尔德有着相同的同性恋品味——声称，他在《法国信使报》的雇主威胁说，如果他签名就要解雇他。剧作家弗朗索瓦·科佩在《日报》上撰文称，王尔德是“不能容忍的装腔作势者”，但表示愿意以“防止虐待动物协会成员”的身份在请愿书上签名。龚古尔假惺惺地声称，保尔在《巴黎回声报》上发表文章严厉批评莫里斯·多奈和吕西安·德卡夫不签名的这种“形式主义”之后，他现在不可能这样做了，因为这样会让他看起来是因为害怕才签名的。就连马塞尔·施沃布（在创作《莎乐美》期间对王尔德非常有帮助）也开了个卑鄙的玩笑，他同意在请愿书上签名，但条件是（王尔德）“永远不能再……写东西”。面对这样的回应，请愿书的事情被放弃了。

她还是从意大利的居住地赶来，把他母亲于2月3日去世的消息告诉了他。一直以来，康斯坦斯一想到要以“粗暴的方式”将“如此可怕的消息”告诉他，就觉得如坐针毡。这个消息——即便证实了他的预感——仍然使他感到极度震惊。“她的去世，对我来说是个如此可怕的噩耗，”他后来写道，“即便我曾经出口成章，也无法用语言表达我内心的哀伤和愧怍。”她——和威廉爵士一起——给他留下了“一个崇高和荣耀的姓氏，不仅在文学、艺术、考古和科学领域，而且在我们祖国的历史中，在我们民族演进的历史中留名”。而他却“让这个姓氏永远地蒙羞……使它成为下贱人流传的下流笑柄……将它拖 605
进了泥潭”。[8]

康斯坦斯安慰了他一阵子。鉴于情况特殊，他们在“一个不同于普通探访室的房间”会面。她待他“温和又友善”。即使他身处痛苦中，也能意识到她对他的痛苦是感同身受的。“我的灵魂和我妻子的灵魂在死亡的阴影之谷相遇，”他后来告诉罗斯，“她亲吻了我，安慰了我：她的所作所为也许是除了我自己的母亲之外，史上绝无仅有的。”他们谈到了未来，私下里“安排好了一切”。康斯坦斯希望他“不要在公共法庭上做任何事情”。她的计划（经哈格罗夫认可）是，王尔德获释后，每年能从她那里得到200英镑的津贴——如果她在他之前去世的话——将婚姻财产协议中的三分之一作为他的终身权益。王尔德被释放后立即达成完全和解的想法似乎被搁置了；这是一个值得努力的目标。与此同时，康斯坦斯将承担孩子们的监护权。王尔德默许了，同时恳求她不要宠坏西里尔。他建议，如果她对独自抚养两个孩子感到负担沉重，她应该“指定一个监护人帮忙”。[9]

康斯坦斯还提到了莫尔·阿迪在终身权益问题上制造的麻烦。他坚持认为，他和王尔德的“朋友”应该以王尔德的名义购买三分之一婚姻财产协议股份，而非在这件事上依赖康斯坦斯的善意。然而，王尔德“完全信任”妻子，并立即承诺在下一封写给罗斯的信中告诉他，让康斯坦斯顺利承担终身权益。[10]

除了母亲去世的消息，有一个让人稍感快慰的消息是，他的戏剧《莎乐美》已在巴黎首演。将它搬上舞台的不是莎拉·伯恩哈特，而是年轻的演员兼经理人奥雷利安·吕涅波，他的浮雕剧院继承了艺术剧院的象征主义火炬。这是一个梦想的实现；王尔德只是希望他能从中获得更多的乐趣。但他觉得“除了痛苦和绝望之外，他对所有的情感都麻木了”。眼下就连文学，似乎也对他失去了吸引力。他尝试阅读希腊和罗马诗人作品，却只觉得头疼。[11]

康斯坦斯对王尔德的状况深感忧虑。“他们说他很好，”她告诉奥索，“但和以前相比，他已经完全崩溃了。”母亲去世的
606 消息进一步摧毁了他。罗斯每个季度都来探监，5月底，他和谢拉德前往探视，证实了康斯坦斯对王尔德健康状况的悲观评估。他给阿迪写了一封生动的长信，其中列举了王尔德每况愈下的种种迹象：他不仅更瘦了，而且“掉了很多头发（当他转过身站在光亮处的时候）。他一直头发浓密，然而现在头顶后部却秃了一块。而且其中还夹杂着白色和灰色”。[12]

然而，更令人痛苦的是他眼中的茫然。他几乎不说话，大部分时间都在哭。文学和艺术方面的新闻无法引起他的兴趣。他抱怨无法集中精力阅读，而且仍然不可以写作。他眼下最迫切的恐惧是，自己可能正在失去理智。罗斯也有同样的焦虑。他给阿迪写信说，监禁似乎让王尔德“暂时变得愚蠢”。他说，

如果王尔德在未来几个月内死去，自己不会感到惊讶，他不是死于任何特定的疾病，而是因为“他日渐消瘦、憔悴……怀着一颗破碎的心不断下坠”。谢拉德的判断也同样可怕。“我认为奥斯卡的情况确实很糟糕，”他告诉阿迪，“他似乎失去了一切灵活性和抵抗力，在这种情况下，他的处境确实令人担忧。这太可怕了。”[13]

王尔德情况的恶化是在雷丁监狱所谓“获得改善”的条件下发生的，这或许更令人震惊。1896 年 5 月是王尔德入狱一周年。他的刑期才过了一半。如果一年的监禁对他的健康和福祉带来了如此可怕的变化，那么再想想第二年会发生什么事就令人胆战心惊了。罗斯对王尔德生命的担忧似乎并不夸张。5 月的那次访问促使王尔德的朋友们下定决心，必须采取措施，要么进一步改善他的处境，要么确保他早日获释。

但是如何操作呢？罗斯和阿迪向《星期六评论》编辑弗兰克・哈里斯寻求帮助，他们认为哈里斯能够对当局施加影响。哈里斯（最近刚从南非回来）立即采取了行动。他获得拉格尔斯-布赖斯的许可，“对囚犯奥斯卡・王尔德进行了一个小时的特别采访，采访在狱吏的视线范围内进行，但他听不到谈话内容”。[14]

在 6 月 16 日举行的会议上，哈里斯证实了王尔德外貌和举止方面令人忧虑的变化。虽然体重减轻让他看起来更修长了，但这并不能掩盖他疲惫和沮丧的状态。哈里斯面对的是王尔德的悲伤：他没有写作的工具；当局是那么残酷无情；特别是， 607
他的右耳持续疼痛，偶尔还会出血。王尔德认为这是因他在旺兹沃斯小教堂摔倒引起的，但那似乎更有可能是他的慢性中耳疾病复发，即由鼓膜穿孔引起的出血。[15]

尽管如此，哈里斯的出现让他确信，监狱委员会成员们对他的案子很感兴趣。由于狱吏听不见他们的谈话内容，哈里斯提出了如何利用这种兴趣的计划。他向王尔德解释，囚犯提前获释的唯一理由是出于医疗原因——无论是身体上的还是精神上的。毫无疑问，哈里斯离开后不久，在王尔德写给内政部的长篇“请愿书”中，自我戏剧化的行文基调和细节背后处处体现了对这种兴趣的认识。

他在信的开头坦率地承认了“可怕的罪行”，他是“罪有应得”——他将这些罪行描述为“性癫狂”。事实上，他认为，在许多欧洲国家，人们认为他身陷的这种“可怕的”和“令人恶心的”“情色癖”应该是由内科医生治疗的疾病，而不是由法官来惩罚的罪行。他认为，继续监禁只会进一步加剧他在精神状态方面的问题：长期饱受孤独，没有书本，使他成为病态感情和猥亵幻想的受害者，并不时“担心这种精神错乱……现在已经在他的本性中全面发作”。与此同时，他的“身体健康”正在不断崩溃：“因为化脓引起耳鼓穿孔，右耳几乎完全失聪”，他的视力——对“从事文字工作的人”如此重要——因为“被强制生活在石灰粉刷的单人牢房中，晚上点的是煤气灯”已经变得模糊不清。[16]

虽然艾萨克森在提交请愿书的时候，附上了一份莫里斯医生出具的简短报告，后者指出，事实上，“囚犯 Wylde”（原文如此）自从到达雷丁监狱之后，已经长了“肉”。然而，王尔德信中恳切的语气“清楚表明，他目前神智尚属正常”，内政部决定做进一步调查。拉格尔斯-布赖斯在听取了弗兰克·哈里斯的汇报后，安排监狱的五人“查访委员会”面见王尔德。谢拉德和罗斯在探监时（为了避免被警卫发现，他们用法语交谈）曾试图告诉王尔德，如果他被当局约见，必须尽量表现出生病的样子。他们和王尔德所有的朋友一样，料到王尔德天生的“虚荣心”可能会导致他“向医生隐瞒任何虚弱的迹象，无论是精神上的还是身体上的”。事情似乎果然如此。委员会的 608
成员们没有发现这个囚犯有什么明显的问题。

然而，他们并不十分相信自己的判断，建议对王尔德的身体和精神状况进行“专家医学调查”。作为一项次要措施，王尔德这份“不同寻常的请愿书”被寄给了尼科尔森医生，他是曾经在旺兹沃斯为王尔德做检查的两名布罗德莫精神病院医生之一。尼克尔森现在是内政部下属的“精神错乱督导员”，他虽然没有在文件中看到“精神错乱或接近精神错乱的迹象”，但他认为“在书籍和写作材料方面，最好给（王尔德）提供更多及特殊的条件”。7 月底，拉格尔斯-布赖斯发布了一系列这方面的指示。[17]

就在取得这些进展的同时，雷丁监狱发生了两桩重大事件。7 月 7 日，王尔德的一个狱友——年轻的士兵查尔斯·托马斯·伍尔德里奇——在竖立于监狱操场棚子里的绞刑架上被吊死。这件事非同寻常，是 18 年来雷丁监狱第二次执行死刑。根据当地报纸描述，骑兵伍尔德里奇被判有罪，因“以一种非常果决的方式割断了妻子的喉咙，起因是她引起了他的嫉妒（就目前的证据来看），令他非常恼火”。现在这个年轻人已经感到懊悔，他在行刑前的日子里经常锻炼的样子，以及那段时间里笼罩着整个监狱的可怕不祥气氛，对王尔德产生了深远的影响。那天早上，当监狱的钟声响起，宣布伍尔德里奇即将死亡的消息时，王尔德的脑海中出现了“一幅可怕的景象”，因为他的想象力“召唤”出了这可怕的一幕。王尔德断言，在他入狱两年中发生的所有令人憎恶的事件中，这件事情对他的冲击最大：

“太可怕了，太可怕了！”[18]

监督行刑似乎是艾萨克森中校在雷丁监狱所做的最后一件事；此后不久，他被提升到苏塞克斯的刘易斯监狱的新岗位工作。他的位置由37岁的詹姆斯·O. 纳尔逊少校取代。这对王尔德来说是一桩好运：很可能救了他的命，当然也使他的精神得到了恢复。[19]

注　释

1. ‘In the Depths: Account of Oscar Wilde's Life at Reading. Told by his Gaoler’, *Evening News and Evening Mail* (London), 1 March 1905, in Mikhail, 328-9; *CL*, 1002.
2. Peter Stoneley, ‘ “Looking at the Others”: Oscar Wilde and the Reading Gaol Archive’, *Journal of Victorian Culture*, 19 June 2014, 457-80, 提供了王尔德被监禁期间雷丁监狱人口的有趣细分。在整个服刑期间，他是唯一一名因与另一名男性发生性行为而服刑的囚犯。
3. *CL*, 983; Harris, 197; Gide, *Oscar Wilde*, 65; F. Harris, *Oscar Wilde, His Life and Confessions* (1918 edition), 2: 606; Harris, 193-4.
4. *CL*, 983; Ross, ed., *Robbie Ross - Friend of Friends*, 39.
5. More Adey to LAD; LAD, *Oscar Wilde and Myself*, 163-4; R. Haldane to M. Adey, 23 January 1896 (Clark).
6. R. Haldane to M. Adey, 23 January 1896 (Clark); *CL*, 653n.
7. More Adey, draft petition (Clark); O'Sullivan, 63.
8. *CL*, 721.
9. PCOM 8/433 (PRO); *CL*, 816-18, 766.
10. *CL*, 652.
11. OET V, 474-81. 该剧于1896年2月11日与罗曼·科鲁斯（Romain Collus）的《拉斐尔》在租用的巴黎喜剧剧院联合推出，Lina Munte 担任主角；*CL*, 653-4.

12. *CL*, 652n; RR to More Adey, in Ross, ed., *Robbie Ross - Friend of Friends*, 39- 43.
13. Ross, ed., *Robbie Ross - Friend of Friends*, 39 - 43; Robins, *Oscar Wilde: The Great Drama of His Life*, 53.
14. PCOM 8/433, National Archives (Kew); Frank Harris to More Adey, 4 January 1896 (Clark): 哈里斯要去南非“待几个月”。
15. Harris, 197; Robins, 101; 罗宾斯极有信服力地反对接受有关王尔德耳朵感染的所有细节。
16. OW to home secretary, 2 July 1896, *CL*, 656-60.
17. Robins, *Oscar Wilde: The Great Drama of His Life*, 57 - 60; Dr Maurice medical report, National Archives (Kew), HO 45/24514; RR to More Adey, [May 1896], in Ross, ed., *Robbie Ross - Friend of Friends*, 39-43; More Adey, draft petition, November 1895 (Clark); also RR to O. Browning [November 1895] (King's College, Cambridge); Visiting Committee Book of Reading Prison (Berkshire Record Office); National Archives (Kew) PCOM 8/433; HO 45/24514.
18. *Reading Mercury*, 16 July 1896, in Hyde, *Oscar*, 395; 'In the Depths: Account of Oscar Wilde's Life at Reading. Told by his Gaoler', *Evening News and Evening Mail*, 1 March 1905, in Mikhail, 331; 'Oscar Wilde's Prison Life' ms (Clark).
19. 有人认为，艾萨克森被撤职的原因是内政部担心他对于奥斯卡·王尔德的精神失常负有责任，此事甚至也有可能是因弗兰克·哈里斯的影响力促成的（see Robins, *Oscar Wilde: The Great Drama of His Life*, 63）。但是 R. H. Sherard, *Bernard Shaw, Frank Harris & Oscar Wilde* (1937), 212 提到，他被转刘易斯监狱任职，是在内政部到雷丁监狱调查王尔德的状况之前就安排好的，那是他职业生涯中的一次重大晋升，从雷丁到刘易斯，再到布里克斯顿，最后是曼彻斯特斯特兰韦斯监狱的“监狱服务荣誉”。

3. 来自深渊

自我谴责也是一种享受。当我们谴责自己的时候，就觉得别人没有权利再谴责我们。

——奥斯卡·王尔德

609 纳尔逊少校与他的前任截然不同。他富有想象力，待人温和，颇有人情味儿，王尔德说他是“我见过的最像基督的人”。尽管他无法更改监狱系统的规则，但他可以改变执行这些规则的氛围。在纳尔逊的带领下，整个监狱生活的“基调”完全变了，一切都得到了改善。他与狱吏和囚犯都相处得很融洽。他意识到狱中存在一个非同寻常的人物，于是便特意帮助王尔德，怀着同情之心执行关于囚犯待遇的新指示。他给王尔德配了一副眼镜，让他的耳朵每天都能得到治疗（莫里斯医生或许是出于无能，或许是因为冷漠，之前曾经宣称王尔德的耳部感染无法治愈，如今被迫改口）。王尔德的日常饮食有所增加并获得了改善。他获准享受“奢侈”的白面包，有了更多的锻炼时间，有时候一天可以离开牢房四次。尽管他还在从事园艺工作，但除了保持牢房清洁之外，他不需要再从事其他任何“体力劳动”。[1]

610 如今，他有更多的机会读书。纳尔逊鼓励他开列出一张清单，他有可能将其中的书添加进监狱图书室。这二十多本书中包括一本《希腊圣经》、济慈的诗歌、乔叟的作品和勒南的

《耶稣传》，牧师对此并不反对，只要是法文原版就行。更重要的是，纳尔逊为王尔德提出申请，不仅每天给他一张大页纸，而且还提供了一本“结实、装订粗糙的草稿本供他使用”。王尔德很激动能定期得到写作工具：“仅仅是用笔用墨就能帮到我，”他告诉阿迪，“我紧紧握住我的笔记本。”他感觉头脑和精神正在恢复活力。能再次被当成一个人来对待真是太好了。监狱规定，囚犯可以每天和典狱长进行简短的交谈，纳尔逊确保王尔德每天都能利用这个权利，给他提供一个交流谈话，获得欣赏的机会。纳尔逊后来回忆道：“我很期待那些早上的谈话。我总是让王尔德待上整整一刻钟，这是一个囚犯可以得到的谈话时间——或者，更确切地说，我让他用足这段时间。因为对我而言，这是一桩乐事。王尔德无疑是我见过的最有趣、最聪明的演说家。”[2] *

王尔德的健康状况几乎立刻开始好转。莫尔·阿迪继 7 月底探监之后，于 9 月 4 日再次见到了王尔德，说他似乎“在外表和精神上都好了许多”。这种改善得到了持续。他在第三次探监（1897 年 1 月 28 日）之后对阿德拉·舒斯特说，王尔德不仅“精神很好”，而且实际上“很幽默”。即便要求提前释放的申请遭到了正式拒绝（年底前），王尔德也能继续保持向上的面貌。他借助读但丁的书来安慰自己。他提出要着手学习德语，并且告诉罗斯：“这真是适合于学习它的好地方。”他从其他工作中解脱出来，可以把大部分时间花在阅读和写作上。他

* 据报道，在其中一次谈话中，纳尔逊向王尔德透露了外界的消息，提到他的一位亲戚最近去世了，并告诉他爱德华·波因特当选为皇家艺术院院长。王尔德郑重地感谢纳尔逊向他通报关于他可怜的姑姑的事情，而且暗示他可以用一种更加温和的方式透露波因特的消息。

被允许在牢房里拥有“一个相当规模的图书室”，而不是按规定每周只能借两本书。[3]

纳尔逊用良性制度鼓励狱卒们发挥更大的人性对待他们的囚犯。王尔德开始交朋友。一名狱吏发现，“我想，任何人只
611 要每天与奥斯卡·王尔德交往，都会渐渐喜欢上他。他在许多事情上像孩子一样天真，但他总是彬彬有礼”。虽然监狱禁止狱吏与囚犯进行长时间的交谈，但日常生活中还是可以抓住机会聊两句。让狱吏们时常犯难的是，如何控制王尔德的热情。一名看守他的狱卒回忆道：“我常常费好大劲才能阻止他提高嗓门。他有时候会忘记自己身在牢房……而且会……开始对一些话题大谈特谈，如果我有胆量的话，我愿意付出一切去听。但这太冒险了，所以我不得不举手警告。”这名狱卒是一个自学成才的人，总是渴望向王尔德请教在研究中遇到的“棘手问题”。他对文学抱有浓厚的兴趣，王尔德非常珍惜他们之间的交流。[4]

“打扰一下，先生，但是查尔斯·狄更斯，先生，”这名狱卒有一次问道，“他现在还被人看作伟大的作家吗，先生？”

“是，是的，的确是一位伟大的作家。你看，他已经死了。”

“哦，我明白了，先生。他因为死了，所以是一位伟大的作家，先生。”

还有一次，他们提到了专门描写军队生活的畅销小说作家约翰·斯特兰奇·温特。

“你能不能告诉我，你对他有什么看法，先生？”

“是个迷人的家伙，”王尔德回答，“但他是个女人，你要知道。他不是个男人。他也许不是一个伟大的追求文体风格的

作家，却是一个相当好的，简简单单讲故事的人。”

“谢谢你，先生。我不知道他是个女人，先生。”

狱卒后来又谈起了玛丽·科雷利。

“打扰一下，先生，可是玛丽·科雷利会被看成是伟大的作家吗，先生？”

王尔德后来回忆，这个问题超出了他的承受能力。他把手搭在狱卒的肩膀上，严肃地回答道：“我对她的品德不存在什么非议，但根据她的写作风格，她应该待在这里。”[5]

当两人无法交谈时，王尔德会每天早上将详细的手写答案从他的牢房门底下递给他的学生。[6]

其他狱卒则喜欢在玩报纸有奖竞猜的时候同王尔德商量，请他帮忙想出个机智或巧妙的答案。王尔德告诉罗斯，他在雷丁监狱期间，“赢得了一套银质茶具和一架三角钢琴”，以及几个畿尼的奖金。[7]这套茶具是为一名新婚狱卒准备的，上面列有一系列双关语“理由”，说明这名男子和他的新婚妻子为什么需要这样一套茶具（tea-service）：“（1）因为一对调羹显然是必需的，我和我的妻子，我们是两个人。（2）因为它对于我们 612
再合适不过了。（3）因为我们有充足的“理由”（grounds）想要一个咖啡壶。（4）因为婚姻是一场游戏，应该从一份爱情套装开始。（5）因为没有正规的婚礼仪式（service），就不能合法结婚。”[8]

在这种新的氛围中，王尔德渐渐扭转了对监禁的整体态度。他对监狱“及监狱里每一名狱卒”的极度“憎恨”开始减退。痛苦和仇恨不再主宰——也不再毒害——他的灵魂。[9]他意识到，监禁实际上可能有一种变革性的力量。他一直认为监禁会“将一个人的心变成石头”，如今他渐渐发现，事实上，监禁能教人产生怜悯——“世界上最伟大、最美丽的东西”。他称，判刑之前，他只想到自己；现在他开始同情他人的痛苦。在运动场上，有个人小声对他说：“我同情你，因为你比我受了更多的苦。”对此，他只回答道：“不对，我的朋友，我们都受着同样的苦。”[10]

一旦醒来，王尔德的怜悯之心肯定占据了绝大部分。他把自己微薄的资源用于行善。有一次，他请一位富有同情心的狱卒把“他的一半面包”分给隔壁牢房的囚犯，因为他“非常饿，他得到的食物没有我多”。正如狱卒所说：“在监狱里给人半个面包，比在外面给别人半个金镑，需要更大的勇气。”王尔德通过这样的行为，以他的人格魅力，在其他囚犯中赢得了真正的人气。他在雷丁监狱的最后那段日子里，大家常常为了“谁该在操场上、监狱礼拜堂里挨着他的位置”而“争抢一番”。[11]

王尔德喜欢跨越社会阶层交朋友，他在写给雷吉·特纳的信中提到监狱里“有许多不错的小伙子”，其中还有几个特别的“朋友”。虽然受到隔离制度的限制，但他称自己有“七八个朋友”：“他们是极好的小伙子：当然除了活动时的只言片语，我们不能相互说话，但我们是很要好的朋友。”虽然他们都是二十多岁的年轻人——其中的哈里·埃尔文被称赞为“非常英俊”——王尔德对这些年轻人的兴趣似乎与性无关。他甚至还没得到释放，就已经开始谋划如何用少量的钱来帮助他们。[12]

对王尔德来说，在监狱生活众多显而易见的不公正中，最令人痛苦的是对儿童的例行监禁和对“智力有缺陷者”的残酷对待。后者经常因为无意中违反了一些小规则，而被斥为“装
613 模作样”或者装病，不断受到惩罚。有个不幸的年轻“疯

子”——他的“一脸憨笑和愚蠢的笑声”，以及他突如其来的沉默、眼泪和他那些“怪异的手势”清清楚楚地表明了他的状况——“因查访的法官根据医生报告而下达的命令”遭到了残酷的鞭打。这件“恐怖”的事情发生后，王尔德哭了整整一夜，无法从脑海中抹去那个男人的尖叫声：“起初我以为是公牛或母牛之类的动物被人笨拙地宰杀了。”[13]他决心在获释后尝试改变这些恐怖的事情。

他也受到了来自监狱外的关怀。当罗斯（在5月探监时）告诉他，阿尔弗雷德·道格拉斯勋爵打算在巴黎出版一本诗集献给他时，他感到很沮丧。王尔德随后写信给罗斯，敦促他阻止这件事：“这种提议令人恶心，也很可笑。”他请罗斯找回王尔德写给道格拉斯的所有信件，将它们销毁。他甚至想要回他送的所有礼物——书和珠宝。“一想到他戴着或拥有我给他的任何东西，我就特别不舒服。当然，我无法从记忆中抹去这让人恶心的两年，让他和我在一起，我真是倒霉透了。我也无法忘记，他为了发泄对他父亲的仇恨和满足其他邪恶的感情，把我推入毁灭和耻辱的深渊。但我不会让我的信或者礼物落到他手里。”[14]

道格拉斯仍然流亡在外——被王尔德“可怕的”背叛搞得心烦意乱，十分困惑——他打消了出书的想法，但拒绝交出那些信件。他告诉罗斯：“拥有这些信件和它们留给我的回忆，即便不能给我希望，也会避免我结束如今已经丧失目标的生命。如果奥斯卡要我自杀，我会遵从嘱咐的，他可以在我死后拿回那些信件。”[15]对于未来，道格拉斯决定把王尔德在监狱里说的任何话都视为“不存在”。[16]与此同时，作为记录他的“永恒之爱”，他在《白色评论》上发表了一篇杂乱无章、内容轻率的文章，为他与王尔德的关系进行辩护。他估摸，王尔德之所以在监狱里遭受“折磨”只因为他是“同性恋”，然而有四分之一的男性持有同样的品味。这篇文章——在法国作家中引发了相当多批评——进一步加剧了王尔德对这个旧爱的敌意。[17]罗斯、阿迪和雷吉·特纳都极力为道格拉斯辩护，但王尔德内心“深深的痛苦”并没有得到缓解。[18]

614 11月初，王尔德收到哈格罗夫“一封粗暴和侮辱的信”，信中称康斯坦斯被王尔德的朋友们不断试图购买婚姻协议中的终身权益所激怒，现在想要得到孩子们的完全监护权。她还威胁要停止提供任何之前提到过的津贴。[19]这个消息对他犹如晴天霹雳。在他的印象中，所有的事情都解决了，康斯坦斯可以获得终身权益，令他震惊的是，事实并非如此，阿迪和罗斯无视他在这一问题上的明确指示，继续从官方的破产接管人手里购买这份终身权益。[20]他们的想法是，一旦康斯坦斯先他而去，这笔终身权益可以保护王尔德，使他不必依赖于康斯坦斯不太友好的“顾问”及其家人的善意，但这个计划被误导了。它打破了王尔德和妻子之间日益增长的默契：她无法相信王尔德没有参与这个计划，因此也写了一封“粗暴”而尖刻的信。然而，这么做完全是徒劳。[21]

两人一旦离婚，现有的婚姻财产协议以及随附的终身权益将完全失效。面对阿迪的坚决态度，康斯坦斯和她的律师决定打官司。这将使王尔德陷入新的险境。他会面临一场新的审判。虽然法律允许丈夫单独因为通奸而与妻子离婚，但妻子只有在丈夫同时犯有乱伦、重婚罪、兽奸罪、强奸罪、虐待罪、遗弃罪（两年）或鸡奸罪时才可以与丈夫离婚。康斯坦斯的律师——王尔德惊讶地得知——似乎从道格拉斯年轻的牛津仆人沃尔特·格兰杰那里得到了一份声明，承认在各种亲密关系中，王尔德曾经鸡奸过他。如果在离婚法庭上提及此事，王尔德可能——极有可能——再次被捕，并在刑事法庭上再次受到指控。鸡奸罪的刑期可能比仅仅因为“严重猥亵”行为而被判处的两年刑期要长得多。这是一种全新的恐怖，需要好好斟酌。[22]

王尔德一旦意识到自己处境岌岌可危，便努力绝境逃生。他放弃了无能的汉弗莱斯先生，聘请了一位新律师，即阿瑟·D. 汉塞尔，试图在不离婚的情况下解决这场灾难。作为第一步（怀着巨大的悲伤），他同意将孩子们的监护权交给康斯坦斯和她的亲戚阿德里安·霍普。[23]

王尔德正试图将生活的碎片重新拼凑起来。1897 年的头三个月里，他每天都在写一封给阿尔弗雷德·道格拉斯勋爵的长信。他用大约 5 万个单词向他的旧情人——也向他自己——解 615
释到底是什么将他置于目前的处境，并从中吸取一些精神上的教训。[24]* 他毫无保留地详细记录了他与波西的过往关系，涉及了所有最糟糕的阶段：“不计后果”的奢侈；粗豪放荡；“讨厌”而琐碎的争吵。所有一切都被记到了道格拉斯的账上。王尔德断言，他们恋情的基调是由他“浅薄”的性格决定的；这是一种被虚荣和“粗俗”的性迷恋所支配的性格。这些东西本不该使他成为像王尔德那样有声望、有影响力的艺术家的伴侣，“一个艺术家，也就是说，其作品的质量取决于个性强度……思想的默契……安静、平和与孤独”。当然，王尔德对朋友的

* 根据监狱的规定，王尔德每天只能得到一张纸，这张纸必须在写完时上交。尽管手稿（目前收藏于大英图书馆）的内在证据表明，这一规定并不总是得到执行，但作为一个整体，这封信是在王尔德无法参考他之前写过的东西的情况下撰写的。

放纵导致了他的艺术遭到了“完全毁灭”。他设法创造的一切都是不顾他们的友谊得来的，而不是因为他们的友谊。

信中几乎丝毫看不出王尔德对波西的爱有多深。尽管王尔德承认道格拉斯，在某种程度上爱过他，但他认为，这种爱，已经被道格拉斯对其父亲的仇恨“完全超越了”。道格拉斯坚持要把王尔德卷入他自己充满仇恨的家庭冲突中，导致他被关进了狭窄逼仄的C.3.3牢房。王尔德宣称：“我之所以来这里，是因为我曾经想把你父亲送进监狱。”王尔德坚持认为（带着一些真相），要不是因为那桩倒霉的诽谤案，不管是“政府”还是“社会”都不会对他的性过失产生任何兴趣。

尽管如此，王尔德还是以惊人的宽宏大量“原谅”了道格拉斯。他承认，他的堕落责任在己，哪怕这是因他——出于和蔼可亲的天性——屈从于道格拉斯的下流欲望和卑鄙计划而造成的。“这是小的胜过大的，”他宣称，“弱者的暴政压过了强者”。王尔德为此自责不已。不过，他刚进监狱时所感到的那种彻底的绝望现在已经过去了，他解释说，他已经开始认识到
616 困境的积极方面。他夸耀自己新近发现了一种叫“谦卑”的东西。“否认自己的经历，”他说，“就是遏制自己的发展。”监狱生活唤醒了他，他进入了一个充满怜悯和悲怆的“新世界”，他想去探索它。“我现在明白了，悲怆，这是人类所能达到的最高情感，既是一切伟大艺术的典型，也是一切伟大艺术的考验。艺术家一直在寻找的，就是这种灵肉合一而不可分的存在方式：外在为内在的表达。”虽然这种存在的方式为数不少——“青春和专注于青春的艺术”“现代的风景画艺术”“音乐”“一朵花或一个孩子”——“悲怆是生活与艺术的终极类型”。虽然快乐可能产生“美丽的躯体”，但“痛苦”才能造就

“美丽的灵魂”。王尔德怀着这样的认识，与基督结盟了。

王尔德对监狱生活的新看法——加上他每天阅读希腊福音书——把他拉回到对耶稣的沉思。他对正规宗教仍然不感兴趣。每天例行礼拜时，他“无精打采地坐在那里，手肘搁在椅背上，跷着二郎腿”，带着一种夸张的厌倦神情“梦幻般地”审视着自己。[25]尽管如此，他认为 M.T. 弗兰德牧师是个十足的“好人”。[26]不幸的是有一次，王尔德抱怨牢房窗户看不到天空，牧师虔诚地说：“让你的思想（不要）再惦记那些云彩，还是想想云彩之上的主吧。”王尔德听了勃然大怒，把他推向门口，大声喊道：“滚出去，你这个该死的傻瓜。”[27]但大多数情况下，他们相处得还不错。王尔德性格中的“精神方面”令弗兰德印象深刻，他回忆，在两人定期见面时，王尔德说着说着便会双眼发亮，“他挺直身体，振作起来，看起来像是……几乎在努力将自己的身体投射回他过去的精神生活”。[28]

王尔德似乎在与弗兰德的讨论中阐述了他有关耶稣的观点，他认为耶稣是“至高无上的艺术家”。他承认，自己“当然”不相信“普遍意义上为人所接受的基督的神性”，但他“完全相信（耶稣）远在他周围的人之上，就像一个坐在云端上的天使”。在王尔德的个人信条中，基督是按照他自己的形象塑造的：“一个至高无上的个人主义者”，“一个文字艺术家”；“他通过声音找到了表达方式——这就是声音的作用，但很少有人会通过这种媒介表达，更没有人能以基督的方式来表达。”他讲述动听的故事，是一个悖论大师，一个能与莎士比亚相媲美 617
的、富于想象力和同情心的天才，一个把自己的生活写成最美妙诗歌的诗人。[29]

一开始，王尔德不太愿意改变他“独特的信条”——坚持

“一旦我发现其他人和我有同样的想法，我就会逃离它”。不过，他已经想到，也许在他获释以后，可以写写这个话题。[30]给道格拉斯写信这件事情给了他一个更直接的机会，他中断了历数道格拉斯的种种弱点，用了几页的篇幅，极富想象力地赞颂基督通过“个性与完美的结合”，成为“生活中浪漫运动的先驱”。

这封信是一种情绪的宣泄，给王尔德提供了一个发泄的机会，用以表达对道格拉斯的不满，以及对自己的失望。这封信为他提供了一条途径，去理解自己遭到监禁的缘由，并找到一条摆脱它的出路。此举也让他再次感受到文学创作的乐趣。信中流畅的语言和思想可以证实，他虽然在木板床上待了两年，但他的精神和心智都没有受到损害。其行文的修辞效果，明显挥洒的“声音和音节”，似乎压倒了他渴望的真诚情感，但王尔德向来是戴着面具表达真理的。

这封信（写给“亲爱的波西”，署名“你的挚友奥斯卡·王尔德”）开头充满了苦涩，但它既期待着在王尔德获释之后得到回复，也假定了某种和解。“在月底，当6月的玫瑰如痴如狂绽放时，要是我觉得可以，会通过罗比的安排，在国外找个宁静的小城同你见面，比如像布鲁日这样的地方，那里青灰色的房子和碧绿的运河，以及凉爽寂静的小街，都令我心动，那是几年前的事情了。”如果说这封信的基调在写作过程中发生了变化，那么王尔德的创作愿景也是如此。他把这封信看作一篇文学作品，在他的作品中占有一席之地。［尽管根据他自己的想法，这篇文章该被称为“监狱书简”（Epistola：in Carcere e Vinculis），但后人称其为“自深深处”（*De Profundis*）。］[31]

他没有将手稿直接寄给道格拉斯，而是打算寄给他的“遗稿保管人”罗斯，以便制作两份副本，一份给罗斯，一份给他自己，以便最终出版——“不一定在我的有生之年，也不一定在道格拉斯的有生之年”。他还希望能够多抄上一些涉及他灵魂轨迹的相关段落，将它们寄给“温布尔登夫人”（阿德拉·舒斯特）和弗兰基·福布斯-罗伯逊等特殊的朋友。但这些计 618
划被迫搁置了，4 月初，监狱管理委员会成员们拒绝了纳尔逊少校的请求，不允许发出这封信。根据规定，这封信会在下个月王尔德获释时交还给他。[32]

王尔德结尾的这句话似乎不再遥不可及。从这一年开始，监狱方面就不再给他剪头发，为释放他做准备；令他高兴的是，他感觉到头发又长回到耳朵上方的位置。[33]（他坚持说自己的头发——有点灰白——现在已经“彻底白了”，让狱卒觉得很逗趣。）[34]此时，让他的心情感到更为轻松的是，新来了一个极富同情心的狱卒，名叫托马斯·马丁。马丁出生于贝尔法斯特，非常崇拜王尔德，冒着极大的风险大大地改善了他的处境，为他偷偷带来报纸和额外的食物。王尔德尝到了“苏格兰司康饼、肉馅饼和香肠卷”——这些他只是两年前在国王路见过的不可思议的美味。[35]“我亲爱的朋友，”王尔德偷偷写了一张便条给他，“我写这个短笺只是想告诉你，如果一年前你就在雷丁监狱工作的话，我的生活可能会愉快很多。每个人都告诉我，说我看起来好多了——也更快乐了。那是因为我有了一个好朋友，他会给我送来《每日纪事报》，还答应带给我姜汁饼干。”狱卒马丁在上面回复了一句：“你这个忘恩负义的人，我做的事情比许诺的还多。”

王尔德的心思越来越多地转向获释后他可以做什么。这种前景使他既兴奋又忧虑。他意识到自己即将离开一个监狱，进入另一个监狱，“作为一个不受欢迎的访客，回到那个不需要我的世界……死人从坟墓中复活固然可怕，但从坟墓中走出来的活人更可怕”。[36]英格兰和社交界都没有他的位置。他打算用一个假名悄悄出国。他披上“马图林叔叔”的小说中，那个被诅咒的流浪英雄的外衣，决定自称“梅尔莫斯先生”。[37]接着他又在这个名字之前，加上了教名“塞巴斯蒂安”，多年前他在热那亚时，曾因圭多·雷尼而崇拜过这位美丽的殉道者。他打算在布鲁塞尔租一间小公寓。[38]或者他可能会去偏远的布列塔尼海岸，在那里享受“清新的空气”和“摆脱英国人的自由”的双重好处。[39]他开玩笑地向阿迪保证，自己无意接受里基茨的“好意邀请”，和他一起前往特拉比斯特派修道院。[40]

他认为，如果能有“至少 18 个月的自由生活来恢复自
619 己”，他或许还能重新工作。[41]他知道，牢狱之灾并没有完全抹杀他在艺术上的名声，这使他很受鼓舞。在英国，和法国一样，人们仍在阅读他的书，演出他的戏剧。① 他愿意相信，其境遇的改善应始自巴黎上演《莎乐美》，它使得“政府”不得不承认他是一位久负盛名、享誉国际的艺术家。[42]这是之后一切的基础。弗兰克·哈里斯向他保证，他可以在《星期六评论》上开辟一个固定的栏目刊登他的散文。[43]他想尝试一些项目。他也许不得不放弃喜剧了。“我已经庄重地发过誓，要把自己的生命奉献给悲剧，”他告诉狱吏马丁，“如果我写出更多的书，它们

① 艾达·莱弗森写信告诉莫尔·阿迪，《理想丈夫》在上一年的巡演中“舞台效果棒极了”，其中“柯西”戈登·伦诺克斯饰演戈林勋爵。该剧在布莱顿（她就是在那里观看的）受到了“热烈欢迎”。她见到了柯西，据他讲述，在纽卡斯尔发生了一件“非常奇怪的事情”，当时有一个男人到剧院拜访他：“（他）就像奥斯卡的影子，简直一模一样，非常像。他崇拜奥斯卡，总是把他的照片放在一个银相框里，上面放着一大捧勿忘我。他亲吻了柯西，一次是为了奥斯卡，一次是为了戈林勋爵，一次是为了他自己。”

将汇聚成一个悲哀的文库。"[44]他希望回到"基督是浪漫主义运动的先驱"这个主题，并以魏尔伦和俄国无政府主义者克鲁泡特金王子为榜样，探讨"与行为相关的艺术生活"。[45]他从《莎乐美》的圣经象征主义方式中看到了创作更多"美丽而有色彩的音乐作品"的可能性。[46]尽管他认为监狱"太可怕、太丑陋，不可能成为一件艺术作品"，但他还是想把它写下来，"试图为了他人而改变它"。[47]

但首先，他必须恢复，为此他需要争取时间。虽然他还不确定妻子会给他多少零花钱，但罗斯和阿迪向他保证，他们已经从他的朋友们和支持者手里筹集了足够的钱，让他有"十八个月或两年的喘息时间"。[48]具体的细节还不清楚，但王尔德知道这笔钱数目"并不小"，他希望能够偿还朋友和亲戚的一些"信用债务"。[49]还有1000英镑，那是阿德拉·舒斯特在他受审期间给他的，一直由欧内斯特·勒莱弗森保管。即使有一些支出，如他母亲的租金，她的葬礼费用，莉莉·王尔德分娩的费用，王尔德料想剩余的钱应该还相当多。[50]除此之外，珀西·道格拉斯还许诺给王尔德500或600英镑——这笔钱原本打算用 620
来支付王尔德的诉讼费，据说在王尔德破产时被"搁置"起来，要等他获释之后再给他。[51]

4月7日，王尔德又一次接到了弗兰克·哈里斯的"特别来访"，他的财务预期变得更加明朗。哈里斯在南非进行了一次成功的投机活动（他声称自己赚了2.3万英镑），坚持要用一张500英镑的支票让王尔德从所有的"金钱焦虑"中解脱出来。他还提出，王尔德一旦获释就带他去比利牛斯山开车度假一个月。王尔德激动地接受了这两个提议。[52]

当他思考自己在"外面"生活的各种实际情形时，朋友们的关怀深深地打动了他。他让罗斯为他收集一些书籍：向他的文学同僚们索取礼物，他们自己的近期作品或者经久不衰的经典作品："你知道我都想要什么样的书：福楼拜、斯蒂文森、波德莱尔、梅特林克、大仲马、济慈、马洛、查特顿、柯勒律治、法朗士、戈蒂耶和但丁的全部文学著作，还有歌德的全部文学作品，诸如此类。"[53]他高兴地得知有几样东西——照片、手稿和小饰品——都是朋友们在泰特街拍卖时抢救出来的，准备还给他。[54]他还想到了一个新的衣柜。罗比曾经替他从多雷买过一套藏青哔叽服装，但这还不够。王尔德喜欢事无巨细地说明手帕花边、领带设计和衣领形状的细节。他要了"两三套"珍珠母饰钮，宣称"我想把'nacred'（珍珠母饰钮）作英文单词用"。[55]

阿迪收到了一长串需要购买的化妆品清单："一些不错的法国香皂"（"波·德帕涅"牌或者"萬苣"牌都可以）；"坎特伯雷·伍德紫罗兰"香水和洗手间用的"鲁宾液"（要一大瓶）；普里查德商店卖的牙粉；还有一种为他的灰白头发准备的滋补剂，叫"科克·马里科帕斯的好东西，在摄政王大街233号可以买到……光是那个名字似乎就值这个钱"。王尔德解释说，这些东西"尽管听起来琐碎"，但"对我真的非常重要"，因为"出于心理上的原因"，他需要"完全洗净狱中生活的污垢和尘土"。[56]他很高兴地得知，雷吉·特纳送给他一个漂亮的"手包"，里面装着他的东西（袋子上有他的新名字首字母缩写"S. M."）。[57]在所有这些准备工作中，唯一令人烦恼的是他那件精美的毛皮大衣不见了，他将那件衣服留在奥克利街，被贫穷的威利夫妇当掉了。[58]除此之外，一切似乎都很顺利。然而在他获释的前一周，事情开始起了变化。在5月11日星期二与罗斯和阿迪会面之前，王尔德就一直追问自己财务状况的确切细节：他们最终承认，并不存在什么一大笔基金。1895 年，621
阿迪从他的支持者那里筹集到 150 英镑，接着便将这笔钱用在确保终身权益上，现在只剩下 50 英镑了。王尔德惊呆了。更糟糕的事情还在后头。阿迪和罗斯到雷丁探监时，转达了弗兰克·哈里斯的口信，说他“非常抱歉”，目前无法拿出任何资金。珀西·道格拉斯也帮不上忙。[59]

除了这些打击，最糟糕的是，王尔德得知阿德拉·舒斯特给他的钱已经只剩下不到 100 英镑。300 多英镑用来支付给他以前的律师汉弗莱斯。但真正让王尔德震惊的是，他“发现”欧内斯特·莱弗森早在 1895 年就从基金中取出 250 英镑，用来支付他的还未偿债务。当然，这曾经是王尔德坚持要他做的事情。但他自己已经忘得一干二净。眼下，在脆弱和焦虑的状态下，他认为这是一种背叛。他坚持认为莱弗森的做法是一种“令人发指的”金融欺骗，类似于“欺诈”。[60]

王尔德突然意识到自己出狱后可能一文不名，甚至连逃到欧洲大陆的钱都不够。一想到这里，他觉得很可怕。于是他简明扼要地给莱弗森写了一封信，要求提供一份完整的账目，并立即移交所有款项，[61]他给罗斯和阿迪接连发了几封毫无节制的信，指责他们在一切商业事务上的严重无能和愚蠢。可怜的阿迪被斥为“一头严肃的驴子”，“花一个下午都处理不了树篱里一只山雀的家务事”。[62]不管犯了什么“错误”，做了这么多无私的工作后，得到的却是一份如此差劲的回报。雷吉·特纳觉得有必要写信告诉王尔德，他这么做对两个“亲爱的、忠诚的朋友”是不公平的；至于罗斯，“我担心，亲爱的奥斯卡，你已接近令他心碎的地步了”。不过，雷吉很有信心，“做得不妥当的事情将会在一两天内得到纠正”。[63]

在所有这些令人沮丧的事态发展中，有一件事让人大大松了一口气：困扰他的婚姻问题终于解决了。[64]汉塞尔告诉他，如果双方同意自愿“分居”，就可以避免离婚以及随之而来的法庭诉讼丑闻。这种安排虽然具有法律约束力，但其额外的好处是，它可以撤销。双方存在未来和解的可能性。不管康斯坦斯提出什么条件，王尔德都欣然默许了这个计划。哈格罗夫和汉塞尔在征得阿迪的律师霍尔曼先生同意之后，正式起草了一份
622 “分居协议”。根据协议条款，阿迪和罗斯必须将“终身权益”转让给康斯坦斯（那是他们花费 75 英镑购买得到的）；作为回报，王尔德将从妻子那里得到每年 150 英镑的津贴。双方都保证，如果她先他而去，将继续维持这样的安排。然而，按季度支付的津贴取决于王尔德是否能保持良好的行为：他不可以在没有得到康斯坦斯允许的情况下，接近她或孩子们，不能“犯任何道德不端的罪，也不能臭名昭著地与邪恶或声名狼藉的同伴交往”。

面对这样的条件，王尔德有些畏缩。他说，既然“那些奇怪的所谓好人不会认识我，而我也不能允许自己去认识恶人，因而现在我就能预见到，将来我会极为孤独地了却余生”。[65]至于什么样的行为构成“违反协议”，则将由汉塞尔先生自行判断决定——阿迪认为这是一种极为不可取的安排，但，它获得允许保留了下来。5 月 17 日律师带着“分居协议”到雷丁监狱让王尔德签字，他解释说其中的“道德不端”当然包括王尔德与“声名狼藉”的阿尔弗雷德·道格拉斯勋爵恢复关系。王尔德认为这不是个问题。[66]

王尔德并不知道，康斯坦斯陪同汉塞尔一起到了雷丁监狱。

当他“坐在桌旁，双手抱着头”和律师一起仔细研究协议的条款细节时，她就在“咨询室”外面。她询问门口的看守，能否“看一眼”她的丈夫。狱卒默默地走到一边，这样她就能久久地——而且不被发现地——看一看这悲伤的场面。然后，“显然是在深深的情感下苦苦挣扎了一番之后”，她抽身回来不再看了。这名狱卒觉得，这可能是王尔德监狱生活中“最悲惨的”事件。[67]康斯坦斯考虑得很周到，她要确保王尔德的第一笔季度津贴——37 英镑 10 先令——会在他出狱时到他手里。[68]在所有其他经济希望都破灭的情况下，这是一个真正的安慰，尽管他确实有些惊讶地说，现在将不得不“用我过去一周花的钱生活一年”。[69]

事情并没有糟糕到如此地步。第二天，他从欧内斯特·莱弗森那里得到消息，莱弗森——在维护自己收回 250 英镑借款权利的同时——很愿意再借给他一笔相同数目的“新贷款”，但不是一次全部付清。作为第一笔“分期付款”，他给了阿迪 80 英镑现钞，以及一张 111 英镑 11 先令 6 便士的支票（这是阿德拉·舒斯特基金的剩余金额）。[70]舒斯特小姐也再一次给阿迪寄了一张 25 英镑的支票，急切地希望王尔德“出狱时，口袋 623
里能实实在在”有点东西。[71]

即便预期到手的钱如此微薄，王尔德还是立刻想到了别人。就在签署分居协议的当天下午，他看到三个很小的孩子因为偷兔子而被关进了监狱，令他非常难过。第二天，王尔德设法给狱卒马丁递了一张纸条，托他打听孩子们的案情细节。他想替他们交罚款，“把他们弄出去”。“亲爱的朋友，请帮我这个忙。我必须帮他们出去。想想看，能帮助三个小孩子对我来说是件多么美好的一件事情啊！它带给我的快乐无以言表。如果我可以通过交罚款帮他们出去，请告诉这些孩子们，明天一个朋友会放他们出去，让他们幸福地生活，并且不要把这件事告诉任何人。”（王尔德确实让他们及时被释放。）[72]

随着王尔德在狱中的日子接近尾声，他的朋友们越发担心新闻界或公众会对此给予不必要的关注。尽管他们数次请求缩短刑期，哪怕只缩短几天，这样王尔德就可以悄悄出国，但当局坚决要求他必须服满两年刑期。不过，他们也承认，如果5月19日他能够在不引起公众注意的情况下获释，那将是一件好事。众所周知，雷丁监狱挤满了记者。纳尔逊少校已经收到了至少一封来自一位美国记者的信，信中表示，“愿意出任何价钱”换取在王尔德获释当天早餐时采访他的机会。[73]因此，几乎就在最后一刻（5月17日），王尔德被告知，第二天他将从雷丁被带到本顿维尔，并在后一天早上被释放。这次他不会再经历先前转移时遭受的屈辱，将在“符合人道主义原则的条件下，着装整齐，不戴手铐”上路。[74]他本来想避开伦敦，然而这样一来，却只能被送到市中心。尽管如此，他还是希望阿迪或特纳能将他秘密带往法国。在弗兰克·哈里斯许诺的500英镑落空之后，他再也不愿意提起和哈里斯一起旅行的念头，甚至不想看见他。

就在得知自己重获自由的具体安排那天，他见到了来访的詹姆斯·阿德利牧师。詹姆斯·阿德利是一位高级教会牧师，也是一位舞台剧爱好者。他是王尔德的熟人，也是斯图尔特·黑德勒姆的亲密伙伴，他可能一直在做安排，让王尔德获释后立即暂住到黑德勒姆在伦敦的家中。王尔德在动身前往欧洲大
624 陆之前需要一个洗漱、换衣服和吃早餐的地方。阿德利回忆，当他承认自己以前从未见过囚犯时——尽管耶稣在这个问题上

有所训诫——王尔德说：“那么，尽管我很坏，我还是做了一件好事。我让你服从了你的主。”阿德利被逗乐了。王尔德说，他在狱中学会了“一种叫作‘谦卑’的奇妙东西”，随后便将自己的散文描述为“英语中最好的散文——除了佩特的”。[75]

5月18日晚，王尔德避开等候在监狱门口的记者们，在副典狱长和狱吏哈里森的陪同下，乘坐一辆封闭的马车离开了雷丁监狱。[76]尽管最后的几天压力重重，纳尔逊少校回忆说，但他“满怀希望地走了出去”，甚至“对自己收到的可怕惩罚心怀感激”。[77]他随身带着给阿尔弗雷德·道格拉斯勋爵的长信。王尔德在纳尔逊的照顾下度过了10个月，他的身体状况和脑力似乎都有所改善，健壮的体态有所恢复。一位朋友甚至称他，明显“容光焕发，身体健康”。[78]

王尔德和同行者一起前往特怀福德车站，一辆特快列车将特地在那里停下来接上他们。在站台上候车时，他看到了一棵正在发芽的树，差点暴露了自己的身份，他向那棵树张开双臂惊叹道：“哦，美丽的世界！哦，美丽的世界。”“哎，王尔德先生，”哈里森狱卒连忙插话，“你可不能这样暴露自己。你是全英格兰唯一一个会在火车站这么说话的人。”[79]在去伦敦的旅途中，王尔德虽然还没有得到官方允许可以读报纸，但获准眯着眼睛看一份颠倒的《晨报》。（“我从来没这么享受过，”他说，“这真的是阅读报纸的唯一方式。”）[80]他们避开终点站帕丁顿，在韦斯特伯恩公园站下车，乘出租马车去了本顿维尔——王尔德曾经在这里度过了最初几周不愉快的监禁生活。

注　释

1. Wilfrid Hugh Chesson, 'A Reminiscence of 1898', in Mikhail, 376; *CL*, 854, 667; 'Oscar Wilde's Prison Life' ms (Clark); Robins, *Oscar Wilde: The Great Drama of His Life*, 103-4.
2. *CL*, 660n, 743; Robins, 63; *CL*, 666; *Manchester Guardian*, 13 October 1914.
3. M. Adey to CMW, 22 September 1896 (Clark); M. Adey to Adela Schuster, 16 March 1897 (Clark); *CL*, 669; 'Wilde's Prison Life' [anonymous holograph by 'A Prison Warder'] (Clark).
4. 'Wilde's Prison Life'.
5. Rothenstein, *Men and Memories I*, 311.
6. 'Wilde's Prison Life'. 作者哀叹，他保存下来的50张左右的纸，上面是奥斯卡·王尔德对几乎所有可以想到的话题的看法，上面都是他漂亮的手写笔迹，"战争后期在南非遗失了"。
7. Sturge Moore, ed., *Self-Portrait*, 112.
8. 'In the Depths: Account of Oscar Wilde's Life at Reading. Told by his Gaoler', *Evening News and Evening Mail*, 1 March 1905, in Mikhail, 331.
9. *CL*, 754.
10. *CL*, 1048, 174; A. Gide, *Recollections of Oscar Wilde* (1906), 54-6; in *CL*, 762, 王尔德表示，这次邂逅可能发生在他还在旺兹沃斯监狱的时候。
11. 'Wilde's Prison Life'.
12. *CL*, 887, 830, 976.
13. 'Oscar Wilde's Prison Life'; *CL*, 852-3.
14. *CL*, 654-5.
15. LAD to RR, 4 June 1896, in Ellmann, 470.
16. LAD to More Adey, 20 September 1896, in Ellmann, 480.
17. LAD, 'Une introduction à mes poèmes, avec quelques considérations sur l'affaire Oscar Wilde', *La Revue Blanche*, 10, no. 72 (1 June 1896),

484-90.

18. *CL*, 669.

19. *CL*, 786, 671-2.

20. *CL*, 819.

21. *CL*, 728; 阿尔弗雷德·道格拉斯勋爵急切地想为这个计划出力，当他得知此事后，一心希望可以借此修复与奥斯卡·王尔德的关系。他从卡普里给哥哥珀西写了一封信，“我希望你和莫尔·阿迪见一面，谈一谈可怜的奥斯卡的终身权益，它是这个世界留给他的唯一一件东西，是他可以掌控可恶的妻子的唯一手段，她是个行为不端的人。她的律师（原文如此）想买下它，但它需要用 100 英镑担保。如果你买得起的话，因为你为破产提供的钱已经不需要了，你能买下它，并把它给我，那就太好了。当然，我会把它还给奥斯卡，但如果能把它作为礼物送给他，我会非常高兴，特别是我担心这个可怜的家伙已经在王尔德夫人一伙人，以及乔治·刘易斯的公司等人的蛊惑下，与我对立起来。我想，如果在经历了这一切之后，当奥斯卡出狱时，我们还是形同陌路，那我会痛苦地死去。在我做了这么多事，受了那么多煎熬之后，这简直太不公平了，这看起来令人难以置信，但真正的事实是，他（暂时）疯了，阿迪和罗斯现在都对此深信不疑。”(BL)

22. *CL*, 704; 有关离婚的法律条文, see Matrimonial Causes Act 1857, section 27 (20 & 21 Vict., c. 85).

23. Robins, 93-4. 此案于 1897 年 3 月 1 日在衡平法院的内庭开庭审理；奥斯卡·王尔德没有到场。

24. *CL*, 678.

25. Martin, in Mikhail, 333.

26. RR to Adey, in Ross, ed., *Robbie Ross - Friend of Friends*, 40.

27. Henry Salt to Edward Carpenter, 7 July 1897, in George Hendrick, *Henry Salt, Humanitarian, Reformer, and Man of Letters* (1977), 79; Henry Salt, *Seventy Years Among Savages* (1921), 181-2.

28. *Daily News and Leader* (London), 11 December 1913, in Mikhail, 325.

29. Sherard, *Life*, 377-83: 谢拉德没有说出与王尔德对话的人的名字，但存在可能的人范围很小，最有可能的人是牧师；*CL*, 741-53.

30. Sherard, *Life*; *CL*, 750.

31. 全文可参见 *CL*，683-781；手稿存于大英图书馆。

32. *CL*，781-2；道格拉斯根据阿迪和罗斯的说法，一直在等奥斯卡·王尔德的信。1897 年 2 月 8 日，他（从罗马的卢库卢斯别墅）写信给阿迪："我满怀激动地期待着奥斯卡的来信。的确，我想知道他写的是什么。他究竟要对我说些什么，除非有一件事我不能理解；如果他要羞辱我，那我宁可不看。他从来没有给我写过一封不友善或至少毫无爱意的信，如果看到他直接写给我的信中有任何可怕的东西，那会几乎要了我的命。然而他必须随心所欲，我只会重写我认为他会喜欢的东西。如果可能的话，请让我知道——我到底什么时候可以收到他的信？奥斯卡到底什么时候会被释放？我料想，你会将必要信息告诉我，以便我写信给他。我想，在信的开头写得比'我亲爱的奥斯卡'更亲热，那是不可取的，或者我应该称他'最亲爱的'？请原谅我在这封信中写了这些看似苛刻或令人不快的话。这件事让我心烦意乱，而且你知道我真的很喜欢你，亲爱的莫尔，我更要感谢你的好意，虽然你的方式同我的不一样，我无法用你的眼睛去看这封信。你永远的波西。"（Clark）

33. *Daily News and Leader* (London), 11 December 1913, in Mikhail, 329.

34. RR to M. Adey, *CL*, 1212.

35. Ricketts, 49.

36. *CL*, 669.

37. *CL*，812；1892 年罗伯特·罗斯和阿迪曾经合作为理查德·班特利（Richard Bentley）出版了一本新版《流浪者梅尔莫斯》。他们在一篇联手撰写的介绍文章（日期为 1892 年 2 月）中提到，"对奥斯卡·王尔德先生和王尔德夫人（斯佩兰萨）提供有关马图林生平的几个细节表示最衷心的感谢"。Michael Seeney, *More Adey* (2017), 31.

38. *CL*, 812.

39. *CL*, 800.

40. *CL*, 802.

41. *CL*, 677.

42. *CL*, 812.

43. Harris, *Oscar Wilde, His Life and Confessions* (1918 edition), 2: 577.

44. Martin, in Mikhail, 335.

45. *CL*，754.
46. *CL*，759；Ricketts，48-9，其中提到了他计划撰写关于“法老”的剧本；O'Sullivan，220，提到王尔德在狱中阅读圣经的经历中产生了剧情想法。.
47. *CL*，798.
48. *CL*，680，811.
49. *CL*，677-8.
50. *CL*，827.
51. *CL*，806.
52. *CL*，800，813；哈里斯有关这次见面的回忆，可参见 Harris，*Oscar Wilde：His Life and Confessions*（1918 edition），577 中的“附录”，他表示，自己只是提出愿以高于萧伯纳的稿费标准，向王尔德支付他给《星期六评论》撰写的任何稿件。
53. *CL*，791，811.
54. *CL*，828.
55. *CL*，809.
56. *CL*，809.
57. *CL*，829，831.
58. *CL*，807.
59. *CL*，813.
60. *CL*，814.
61. *CL*，827-8.
62. *CL*，823.
63. *CL*，837.
64. *CL*，789.
65. *CL*，808.
66. 1897 年 3 月汉塞尔到雷丁监狱向奥斯卡·王尔德提出了这个计划。1897 年 4 月 10 日，他寄去由他和哈格罗夫共同拟定的协议条款。王尔德接受了协议，于 1897 年 5 月 17 日在雷丁监狱签署“分居协议”；Robins，*Oscar Wilde：The Great Drama of His Life*，95-7.
67. ‘In the Depths’，in Mikhail，330.
68. Arthur Hansell to More Adey，11 May 1897（Clark）：“我今天得知，王尔

德夫人将从 2 月 20 日开始计算 150 镑的津贴。这样到 20 号就正好收到钱。”

69. J. G. Adderley, *In Slums and Society* (1916), 178–9.

70. *CL*, 828. Ernest Leverson to More Adey, 11 May 1897 (Clark)，信中提到的账户结余为 168 镑 11 先令 6 便士。其中被减去的数目可能是因为支付了汉弗莱的律师费。

71. A. Schuster to More Adey, 30 April 1897 (Clark).

72. *CL*, 831 + n.

73. *CL*, 829.

74. *CL*, 831.

75. Adderley, *In Slums and Society*, 178– 9; see Robins, 68–9，有关阿德利向监狱委员会提出申请的具体内容。阿德利（1861–1942）在牛津的时候，是大学戏剧协会的创始会员，奥斯卡·王尔德曾称赞过他在协会制作的《第十二夜》（OET VI, 64）中的表演。他也是王尔德的堂兄巴兹尔·马图林神父的朋友。

76. ‘News of the World’, *Evening News* (Sydney), 3 July 1897.

77. Lena Ashwell, *Myself A Player* (1936), 80.

78. Ricketts, 46.

79. Shane Leslie, ‘Oscariana’, *National Review*, 15 January 1963, in Ellmann, 492.

80. Leverson, *Letters to the Sphinx*, 46.

第十部分
渔人和他的灵魂

1897~1898 年

42~44 岁

奥斯卡·王尔德与阿尔弗雷德·道格拉斯勋爵，
那不勒斯，1897 年

1. 避难所

“我觉得（奥斯卡）的命运和矮胖子极其相似，十分可悲，而且无法纠正。”

——康斯坦斯·王尔德写给奥索·劳埃德的信

新闻界已被成功地拖住了。第二天早上六点一刻，王尔德 627
获释，他在春寒料峭中步入明媚的阳光里。莫尔·阿迪和斯图尔特·黑德勒姆赶来迎接他，他们特别获准可以驾驶垂着窗帘的四轮马车进入监狱的院子。两人将王尔德带回黑德勒姆位于布鲁姆斯伯里的家中。走在尤斯顿路上时，他们看见一张报纸上赫然印着“释放奥斯卡·王尔德”的字样。王尔德来到上贝德福德广场，在装饰着雅致的拉斐尔前派画作和莫里斯壁纸的房间里，洗了澡，换了新衣服。在监狱里待了两年之后，他品尝到第一杯咖啡。[1]

艾达和欧内斯特·莱弗森，以及包括阿瑟·克利夫顿夫妇在内其他几个朋友也来了。艾达回忆，王尔德瞬间打消了当时的尴尬气氛。“他高贵的姿态就像是一位刚刚流放归来的国王。他走进来，说说笑笑，叼着一支雪茄，一头的卷发，扣眼上插着一枝鲜花。”她觉得，他看上去不仅比入狱前“好得多，瘦得多，年轻得多”，而且还“变了，更精神了”。他
开口的第一句话便是：“斯芬克斯，你真是妙不可言，居然知 628
道早晨七点跟一位坐过牢的朋友见面时该戴什么帽子！你不

可能是从床上爬起来的，你肯定坐了一夜，通宵未眠。”[2]每个人都放心了。王尔德对莫尔·阿迪的恼怒以及之前撒在欧内斯特·莱弗森身上的怒气已经被抛到了脑后。他渴望谈论书籍和思想。他谈论但丁，坚持要为黑德勒姆列出有关这位诗人的最佳权威读物。[3]

大家讨论了一些迫在眉睫的安排。虽然一切都已准备就绪，他可以去迪耶普，罗斯和特纳都在那里等着他，但他似乎受到了质疑（他在迪耶普太出名；他的钱太少了）。根据艾达·莱弗森的说法，他的想法继而转向了是否有可能参加宗教静修——如果不是真正进入特拉普斯特派修道院。他不停地谈论宗教，告诉黑德勒姆说，他把世界上所有不同的宗教都看作“一所宏伟的大学里的各个学院”，而罗马天主教是其中“最伟大，也是最浪漫的”。也许是受了这个想法的启发，他突然停下来，写了一封简短的信，委托信使送到农场街或布朗普顿礼拜堂的牧师手中，询问他们是否可以给他提供一个避难所。[4]

等待答复的同时，王尔德继续兴高采烈地说着，在客厅里踱来踱去。他的奇想之一是雷丁的“那个亲爱的总监”——“一个如此讨人喜欢的人，他的妻子也很迷人”——注意到他在花园里干活，就以为他是园丁，于是邀请他一起过夏天。“不同寻常吗，我的感受？但是我觉得我做不到，”他说，“我想要换换环境。”信使回来了，打断了他滔滔不绝的幽默谈话。王尔德读着他捎来的信，脸上突然变得严肃起来。他开始痛哭，悲伤地啜泣着。牧师们的答复是，他们不能因为他的一时冲动而接受他参与静修的要求；对于此事，至少需要考虑一年。这是他在新生活中遭遇的第一次拒绝。[5]

他们打算让阿迪和王尔德去纽黑文，搭早船去法国迪耶普。

但王尔德突然对天主教静修大感兴趣，以及再次见到这么多老朋友，他的兴奋之情溢于言表，导致错过了火车。他们不得不修改安排，王尔德和阿迪只好改乘夜船渡海。[6]王尔德提前发电报给罗斯，请他“一定不要介意所有愚蠢的、不友好的信件”。[7]

第二天早上四点半轮船靠岸时，罗斯和特纳已经在码头上了。王尔德一见到他们立刻容光焕发。“他的脸，”罗斯回忆，“已经不再那么粗糙，他看上去肯定就像他早年在牛津时的样子。”在一如既往“恼人的拖拖拉拉”之后，王尔德大步走下了船，他那“奇怪的大象一样的步态”以及伟岸的身高，令他的身影格外引人注目。他手里拿着一个密封的大信封，里面装着他写给道格拉斯的长信。“亲爱的博比，这就是你知道的那份重要的手稿，”他继续道，“莫尔对我的行李很不客气，他急于从我手里抢走雷吉送给我的这个宝贵的手包。”说到这里，他发出一阵“拉伯雷式”粗俗幽默的大笑。这句话为接下来的几个小时里更多兴高采烈的戏谑定下了基调。接着，罗斯和特纳领着他完成海关手续，回到哈利街上不起眼的桑威奇酒店，他们在那里准备了三明治，以及一瓶红葡萄酒和一瓶白葡萄酒。也许正是这种适度而精心的安排中弥漫着一种感伤，导致王尔德极度愉快的心情开始褪去：他掩面流泪“哭了起来”。[8] 629

然而，眼泪是短暂的。王尔德的灵魂随着每一个新的自由时刻而不断挥洒展现出来。他享受着美丽的春天、海风、诺曼底果园里的苹果花，以及生活中的所见所闻。同伴们的关心让他深受感动。他发现旅馆的小房间里摆满鲜花。壁炉架上排列着罗斯和特纳搜集来的所有书籍；靠近中心位置“吸引他眼球”的是马克斯·比尔博姆的两卷作品：他的散文集和《快乐的伪君子》。[9]还有“伯尼”比尔和其他朋友的来信。他还发现了弗兰克・哈里斯寄来的两套西装，以及一张 50 英镑的支票。虽然不是之前承诺的 500 英镑，但这仍然是一个慷慨的姿态，王尔德立即写信向他表示感谢。他急切地要在“获得真正自由的第一天”写信给艾达・莱弗森，感谢她的美好与善良，因为她是“第一个迎接他的人”。接下来的几天里，王尔德又写了好几封信，迫不及待地感谢朋友们的善意和支持。[10]

阿迪立刻回到了伦敦，罗斯和特纳在那里待了一个星期。大家已经竭尽全力：他们都面临着家人的反对，如果被人知道他们和王尔德交往，还有可能失去津贴。然而，三个朋友在一起的时候组成了一个快乐的三人组。他们围绕着雷吉的礼物——绣有字母的手包，以及罗斯始终如一的善意（王尔德坚持要以他母亲在肯辛顿的新住址命名，封他为“菲利莫尔的圣
630 罗伯特”），开了无数的玩笑。王尔德恢复了对罗斯全部的热爱与钦佩之情：“在如今这个美丽的世界上，我再也没有其他的朋友，”他说，“我不需要其他的。”[11]回到谈话的世界里，真是令人陶醉。罗斯回忆道，在刚刚获得自由的那些日子里，雷丁是王尔德永恒的主题。在他更富于幻想的心境中，监狱变成了“某种被施了魔法的城堡，纳尔逊少校是主宰这个城堡的仙女。那些丑陋的、修筑了堞口的炮塔已经变成了尖塔，甚至连狱吏也变成了仁慈的马穆鲁克”。[12]

然而，监狱的现实并没有被遗忘。王尔德从《每日纪事报》的一篇文章中得知，狱吏马丁因为给了一个被带进监狱的小孩几块饼干而被开除了，于是他写了一封充满激情的长信给报纸，为马丁的行为辩护，论述把孩子和“低能者”都关起来，无视他们的需求是一种不公正待遇。王尔德写道：

> 现在的人们并不懂得残暴意味着什么，它整个是缺乏想象力。它是我们这个时代里一成不变的僵化规则体系，以及愚蠢共同造成的结果。在现代生活中，反人道的就是官僚作风。权威无论对于加害者，还是被加害者，都具有破坏作用。监狱委员会及它所执行的制度，正是残暴的主要来源……支撑这个体系的人抱有良好的目的。执行它的人也是怀着人道的意图。责任被转化为纪律规章。之所以做这样的推测，是因为一件事情总有它的道理。

他敦促改变规则，去了解幼童和智障人士的具体需求和状况。[13]

罗斯和特纳曾经试图劝阻他不要就此事发表公开声明，担心他不该将公众的注意力招惹到自己身上。但王尔德坚持己见，令他大为高兴的是，这封信（用他自己的名字发表）得到了广泛评论，并在议会引发了质疑。[14]它作为一篇有说服力、有人情味、事实充足、语言丰富的作品，也让公众注意到，他的文学力量仍然完好无损。王尔德觉得自己已经做好了重返文坛的准备。他与路过迪耶普的奥雷里昂·吕涅波一起享受了一顿令人兴奋的午餐。“我被他深深地吸引了，”王尔德告诉阿迪，“我从未想到他是这么年轻，这么英俊。”[15]这位演员兼导演促成了《莎乐美》的首演，非常渴望再制作一出王尔德创作的新剧，王尔德欣然接受了这个想法。他热切地盼望自己出狱后的“艺术回归再现”应该在巴黎，而不是在伦敦。他觉得自己对这座“伟大的艺术之城”怀有“一种敬意和亏欠”，即便在他入狱的黑暗日子里，这座城市依然保留着他的声望。[16] 631

然而，工作需要平和与安静。迪耶普有许多让人分心的事物，并非合适之地。他在这个游客众多的小镇上过于显眼，无法逃脱人们的关注。除此之外，还有经济方面的问题。罗斯对王尔德的消费能力越来越警觉。他一贯慷慨大方，坚持要给他在雷丁的众多“朋友”以及狱吏马丁和格罗夫寄去 1 英镑到 3 英镑 10 先令不等的小钱。迪耶普的市场也是一个诱惑。王尔德对特纳开玩笑说，“罗比”找到他时，他正在“香料销售市场上花光所有的钱去买菖蒲根、水仙花露和红玫瑰花粉”，把它们装进那个传说中的手包，“他态度十分强硬，并带我离开了那里。我已经花光了两年来的全部收入”。[17]

一周后，王尔德沿着海岸行进了 5 英里，来到小镇贝尔讷瓦尔。那里没有认识他的英国游客，连法国游客也几乎没有。罗斯把他安顿在一家朴素而又舒适的海滩旅馆之后便离开了，他感到了一阵短暂的痛苦，他开始意识到自己“孤独的可怕处境”，但这种情绪很快就过去了。这个地方独具魅力，光是自由这一点就足够让人心旷神怡。[18]搬来几天之后，他写信给远在伦敦的罗斯：

> 明天我要去朝圣。我一直想做一个朝圣者，我已经决定明天一早出发去拜访喜悦圣母的神殿。你知道 Liesse 是什么意思吗？它的意思是“喜悦”，是个古老的词……我只是刚刚听说这座神殿，或者说教堂，那是今天晚上“偶尔得来”，就如你常说的，是这个旅店里一个甜美可亲的女人告诉我的。她真是可爱至极，她想让我永远住在贝尔讷瓦尔！她说，喜悦圣母的神殿很奇妙，能帮助每一个人了解快乐的真谛。我不知道去这个教堂需要多少时间，因为我得步行过去。但是，她告诉我说，至少需要六七分钟

> 才能到那里，而从那里回来也需要相同的时间。事实上，喜悦圣母的神殿离这个旅店只有50码！这是否有点离奇？我打算喝一杯咖啡就出发，然后再游泳。还需要我告诉你，这是一个奇迹吗？我想去朝圣，结果发现这个“喜悦圣 632
> 母”灰色石砌小教堂已经近在眼前。

信中字里行间明显透露出他昔日的那种愉悦、欢乐和创造力。弗兰克·哈里斯从罗斯手里看到这封信时，他认为这是王尔德写过的“最有特色的东西”：“比《不可儿戏》还要有特色。”如果王尔德想念罗斯和特纳，他会继续和他们——以及其他的英国老朋友——“聊天”——不停地发送几乎同样不乏特色的信件。他的身边并不缺少真正的伙伴。贝尔讷瓦尔有朴素而迷人的居民，他将大仲马的小说借给了当地的海关官员，与本地天主教牧师讨论宗教和彩色玻璃。他还在迪耶普找到了朋友。当然，许多在国外度假的人对于他的出现感到尴尬，对他唯恐避之不及，但也不乏大胆之人。镇定自若的挪威画家弗里茨·索罗（Frits Thaulow，“一个具有柯洛气质的巨人”）和他迷人的妻子向王尔德敞开了大门，甚至在他们幸福的家中为他举办了一场招待会，还乐观地邀请了迪耶普的市长和商会会长。[19]斯坦纳德夫人（王尔德曾经和雷丁监狱的狱吏谈论过这个“约翰·斯特兰奇·温特”）也同样慷慨大方；她和丈夫定期邀请王尔德去他们的公寓吃饭。[20]大家为他提供的这些丝丝缕缕的善意，以及家庭生活小情趣，令他深受感动。来到这里之后，他特别看重女性的陪伴，这既是为了陪伴本身，也是为了此举给他带来的“体面”。他也很开心自己又回到了孩子们中间，会用一连串的即兴故事和笑话逗乐斯坦纳德家的三个女儿和一个儿子。[21]

小镇周围还有更多不受世俗陈规束缚的人。欧内斯特·道森当时正在附近的阿尔克拉巴塔耶避暑，他和查尔斯·康德以及一位名叫达尔豪西·扬的年轻作曲家一起来到贝尔讷瓦尔进行了一次非常愉快的拜访。尽管扬和王尔德从前并不认识，但他不仅出版了一本辩论小册子为王尔德辩解，而且还向阿迪为王尔德设立的基金捐助了50英镑。[22]大家一直聊到凌晨3点，继这个迷人的夜晚之后，其他人也陆续光顾。当王尔德获悉，“达尔”扬和他极富同情心的妻子提出要为他在贝尔讷瓦尔建造一座小别墅时，尽管他无法接受如此慷慨的盛情，但心里无
633 比感动。[23]他很高兴再次见到康德，品味着他那微妙含糊的艺术与他微妙含糊的个性是如何相得益彰的。他觉得康德缺乏商业头脑这一点也很有趣：“亲爱的康德，”他说，“他以优雅的精明态度劝人花100法郎买一把他（彩绘的）扇子，而那人本来已经准备出300法郎。”[24]

他与酷爱喝酒、患有结核病的道森建立了最紧密的联系。王尔德钦佩道森的工作，在他的陪伴下深受鼓舞。正如他所说，“有一个诗人可以彼此谈心”是很有必要的。他喜欢道森“那风信子一样的深色头发”，以及他的绿色西装和蓝色领带。“你为什么永远那么奇妙？”在一次见面喝了苦艾酒之后，他问道，“你我在一起会带来灾祸，那会令人惊骇——毋宁说，很可能如此。”[25]

还有一个去贝尔讷瓦尔“朝圣罪犯”的人是威廉·罗森斯坦。爱德华·斯特兰曼与他同行，让王尔德颇为开心的是，这个“可爱的家伙”已经准备将《温德米尔夫人的扇子》翻译成法语。安德烈·纪德是王尔德入狱前最后一个见到他的法国朋

友，他特意从巴黎赶来，为的是在王尔德获释后第一个迎接他。他们聊着监狱生活和文学直至深夜。“俄国作家是非凡的，”王尔德称，“他们的书之所以如此伟大，是因为他们在书中投入了怜悯之情。你知道我以前是多么喜欢《包法利夫人》，但是福楼拜是不会在他的作品中倾注同情的，这就是为什么他的作品中有一种小气和拘谨的特点。”王尔德还邀请了刚从雷丁监狱获释的“狱友”阿瑟·克鲁特登前去做客。克鲁特登曾经当过兵，后来因为喝醉酒在团队的马厩里“睡着了”而被关进监狱。王尔德说：“这种事情，在牛津就是‘禁足’而已。”[26]

尽管王尔德声称他既不梦想，也不想要“恢复社会地位”，但他新生活中朴素的线条清清楚楚地表明他到底失去了多少东西。那个由时髦的晚宴和贵族招待会，由首夜演出和非公开展览组成的，那个既让他享受其中，又任他点缀其间的盛大的社交世界，已经永远地离他而去了。他不得不面对一个新的现实。作为出狱后个人形象的一部分，王尔德戴了两枚引人注目的戒指：他声称一个带来好运，另一个带来厄运，他坚持称自己目前正处于“邪恶戒指”的影响之下；这么多年来，他一直是最幸福的人，现在却（理所当然地）成了最不幸的人。[27]

然而，他的朋友们普遍认为他身体非常好，精神甚至更好。 634
纪德觉得他就像19世纪90年代初的那个“甜蜜的王尔德”，而不是近几年那个傲慢的感官主义者。[28]道森写信给亨利·达夫雷说，王尔德与“过去”的自我之间最显著的变化是“他（现在）从乡村和简单的事物中获得了极大的快乐”。[29]在写给罗森斯坦的信中，王尔德把“美丽世界的阳光和大海”列为他拥有的几大幸事之一。[30]他很享受每天早上的游泳，在贝尔讷瓦尔海滨租了一间浴场小屋。[31]他甚至开始引用华兹华斯的话。[32]正如他谨慎地向一名记者承认的那样，“我想我又高兴起来了。我希望如此”。[33]

他以自己特有的夸张方式进行忏悔。“我畅饮了蜜汁，又畅饮了苦水，”他说，“我发现甜中有苦，苦中有甜。”[34]他声称，监狱教会了他“怜悯”和“感激”。他一直定期去村里的教堂做礼拜。“我竟坐在唱诗班里！”他对罗斯说，“我想罪人应该在耶稣的祭坛前有高位。”[35]老牧师对他的转变满怀希望，王尔德尽管受到了吸引，但他说自己仍然不配。[36]不过，他还是选择了将圣方济各作为自己新的人生榜样。[37]这成了他时常挂在嘴边的话，无论他的堕落是多么可怕的悲剧，他心中“没有怨恨”任何人：“我接受一切，”他对朋友说，“我实际上并不以蹲过监狱为耻。我最引以为耻的，是自己过着一种完全不配当艺术家的生活……肉欲的享乐会破坏灵魂。而我所有的放荡、奢侈、时髦且无聊安逸的世俗生活，都不适合做一个艺术家。如果我身体健康，有好朋友，并能重新唤醒我的创作灵感，我或许还能在艺术上有更大的作为。”[38]

但是，在新生活表面的平静与满足之下，紧张的气氛依然存在。王尔德一到法国就给康斯坦斯写信，希望能迅速和解。他在一封“非常漂亮”的信中，“满心忏悔”并带着一种“几乎深入灵魂的热情”，提议见个面。心地善良的康斯坦斯——在丈夫获释前几天还说她“不可能”再回到奥斯卡身边了——倾向于让步。然而，哥哥奥索提醒她谨慎行事。他认为王尔德信中表达的情绪“有点过头了，调门扯得太高反而难以持久”。[39]当然，这件事还得搁置起来经受些考验。康斯坦斯继续敷衍着。她回复了奥斯卡的信，附上了孩子们的照片（在王尔德看来，他们“身着硬领的伊顿公学校服，是多么可爱的小家伙啊”），并承诺至少会在适当的时候和他见面。随后她又写了几封信（以每星期一封的频率），但没有提及马上来看他。王尔德很失望：“她说她会每年来看我两次，”他告诉罗斯，635
“但没有承诺让我见到（孩子们）。”这对他是一个打击。“我想要我的孩子们，”他悲叹道，“这真是一种残酷的惩罚，亲爱的罗比，并且哦！这是我罪有应得。”[40]

与此同时，其他人则非常渴望见到他。就在王尔德收到康斯坦斯来信的同时，他也收到了道格拉斯（当时在巴黎）的一封信。他听说了王尔德对他心怀怨恨，但仍然表达了自己坚定不移的爱，并希望与他见一面。这封信让王尔德颇感不安。他尚未腾出时间把狱中写的那封长信抄送给道格拉斯，因此还有很多观点立场没有表达出来。王尔德写了一封措辞慎重的回信，他向道格拉斯保证自己并不“恨”他，但列举了对他过去行为的一些批评，并坚持任何会面都必须无限期推迟。这绝不是道格拉斯想听到的话。他对自己的忠诚把握十足，并对王尔德信中“如果不是吹毛求疵的话，也有点自命不凡”的语气感到厌烦，他在回信中“有力地”指出，王尔德对他的态度是“不公平的，而且忘恩负义”，似乎只是“以某种方式反映了监禁造成的心理后果，当他重新充分利用自己的大脑和智力时，他可能很快就会走出这种状态”。王尔德收到这封信后，度过了一个不眠之夜。他向罗斯解释道：“波西那封令人作呕的信就在我的房间里，我愚蠢地又读了一遍，并把它放在了床边。”

接着，与之类似的“无耻”信件接踵而至，其中还有一首在王尔德看来十分“荒谬的”“爱情诗”。王尔德写信规劝他，但这些信未经拆阅就被退了回来。[41]很明显，道格拉斯不甘心就这样被轻易地抛在一边。王尔德开始感到他“至为可怕”。实际上，就像他对阿迪承认的那样，“波西”“几乎毁掉”他。[42]王尔德要想从康斯坦斯那里获得收入，就不能与“声名狼藉”的道格拉斯有任何公开接触。更有甚者，阿迪的律师发来消息称，昆斯伯里侯爵“已经做好安排，如果他的儿子和王尔德在一起，他会立刻得知，并打算射杀其中一人或两人”。如霍尔曼先生所言：“大多数人发出的这种威胁可能或多或少会被忽视，但毫无疑问，昆斯伯里勋爵，正如他以前所展示的那样，将尽其所能实施任何威胁。”[43]

但是，王尔德对道格拉斯的恐惧也许掩盖了他对自己的恐惧。自私而冷漠的波西或许是一种“邪恶的影响”，然而他还是一个危险且有魅力的人。他那毫不掩饰的崇拜宣言有一种力
636 量，王尔德很快就发现自己被这团火焰吸引住了。当道格拉斯在信中——“精细地为他”——写到自己和王尔德的艺术计划时，他深受鼓舞。“在帕纳塞斯的双峰上见面”似乎更安全些。[44]他“怀着极大的喜悦和兴趣”读了道格拉斯 1896 年出版的诗集，里面并没有给王尔德的献辞。[45]他们很快就几乎每天都有联系，王尔德写道：“我亲爱的孩子……不要觉得我不爱你。我爱你胜过爱任何人……我无日不在想念你，我知道你是诗人，这让你加倍可爱且美妙。”[46]

就连他们不能会面的承诺也很快动摇了。王尔德试图争取昆斯伯里夫人对和解想法的支持——尽管她拒绝卷入此事。[47]尽管如此，6 月中旬，他还是安排了让道格拉斯到贝尔讷瓦尔来，使用的是一个引人注目的化名“琼奎尔·都瓦伦”①。但是，就在道格拉斯到来前夕，王尔德收到了他的律师的一封信，信中

---

① 意为“山谷水仙”。——译者注

警告他，这个计划已经被人知道了（可能是通过昆斯伯里的线人），一旦实施，将会对王尔德的收入，甚至他的安全造成严重的后果。虽然道格拉斯很乐意（再一次）向他的父亲发起反抗，但王尔德更谨慎，更容易动摇。他禁止道格拉斯到来，至少目前如此。[48]

道格拉斯对这一耽搁非常不满，毫无理由地指责罗斯，竟然会同意那些有关王尔德和他见面的法律限制。尽管王尔德在道格拉斯肆无忌惮的攻击下为罗斯辩护，但两位年轻朋友之间的裂痕给他的生活增添了新的紧张感。他将忠诚和爱意分裂的感觉编成一副优雅的对句："我拥有两份爱：一个是安慰；另一个是绝望。一个是黑色的；另一个满头金发。"[49]

注　释

1. Hyde, *Aftermath*, 140; Bettany, *Stewart Headlam*, 131; *CL*, 832-3. 有关王尔德洗澡的内容只是一种猜测，其根据是，他声称自己想清除监狱的一切痕迹，而且（当他认为自己要去的是旅馆，而不是黑德勒姆家）时，他告诉特纳，"尽量找一家旅馆，要有舒适的洗澡间，而且位置靠近卧室：这是最重要的"（*CL*, 833）。
2. Leverson, *Letters to the Sphinx*, 44-7; Maude M. Ffoulk, *My Own Past* (1915), 213. 艾达·莱弗森说，王尔德"让大多数其他人看起来像罪犯"。
3. Bettany, *Stewart Headlam*, 131.
4. 有关这一事件，有四种略微冲突的说法。Bettany, *Stewart Headlam*, 131，其中引用黑德勒姆的说法是，"最后，他要我派人去请农场街的一个神父来，我已经派人捎了信过去，但是他们在那儿与他毫无瓜葛。"艾达·莱弗森在她的《回忆录》（参见《给斯芬克斯的信》，45）中描述了"王尔德写了一封信，派一辆马车将它送到一处罗马天主教静修会，询问自己是否可以在那里盘桓六个月”。LAD，*Autobiography*，141，其中提到奥斯卡·王尔德在获释当天，“去了布朗普顿礼拜堂，要求见一名神父”（也许是 Fr Bowden）。雷吉·特纳在 1937 年 2 月 27 日写给约翰·H. 哈钦森（克拉克图书馆）的信中纠正了这个版本，他说：“奥斯卡从监狱出来后，并没有前往布朗普顿礼拜堂，而是派人去请了一位神父过来。神父也许不在——或者据有人告诉我（或者是阿迪，或者是艾达·莱弗森），他拒绝过来。”鉴于奥斯卡·王尔德现存的与天主教的关系都与布朗普顿礼拜堂有关，那里似乎最有可能是他派人去请神父的地方。Schroeder，191，其中暗示王尔德要求静修六个月的内容是“艾达·莱弗森杜撰出来的一段内容”，霍兰德和 Hart-Davis（*CL*，842 n1）也认为这件事情“难以置信”。但在我看来，王尔德当时正因为钱，因为迪耶普的事情而焦虑（*CL*，135-6），他总体状态紧张不安，这些很可能促使他在一时冲动下，想到了这样一个计划。

5. Leverson，*Letters to the Sphinx*，45-7.
6. Hyde，*Aftermath*，146.
7. *CL*，844.
8. 罗斯为王尔德书信集所撰写的未完成序言手稿，*CL*，842；R. Turner to Christopher Millard，29 October [1920]（Clark）.
9. Hart-Davis，ed.，*Max Beerbohm's Letters to Reggie Turner*，118.
10. *CL*，845；Douglas，*Autobiography*，145，其中提到当王尔德离开英国时，“朋友们为他筹集了 800 英镑”，这件事情被传记作家们反复引用（例如，Ellmann，496）。但没有证据支持这件事情。尽管有媒体报道，“几位最受人尊敬的绅士”筹集到 500 英镑，让王尔德“开始一段新生活”（*Western Mail*，3 June 1897），但这篇文章和其他王尔德获释之初刊登的文章一样，纯属杜撰。克拉克图书馆收藏了一个小账本，上面写着“梅尔莫斯”的名字——也许是罗伯特·罗斯送给王尔德，用以鼓励他养成节约的习惯。账本第一页的“收入”一栏中列有：“支票——莱弗森（阿德拉·舒斯特基金的剩余款）——111 镑 11 先令 6 便士；现钞——莱弗森——80 镑；莫尔（·阿迪）筹款——50 镑；匿名（阿德拉·舒斯特）25 镑；支票——哈里斯——50 镑；王尔德夫人的支票——37 镑 10 先令”。这些款项总计为 354 镑 1 先令 6 便士。里基茨为王尔德筹集了 100 镑，但罗伯特·罗斯——得知他自己处境艰苦——归还了这笔钱。罗伯特·罗斯意识到王尔德有过度花费的倾向，似乎因此缘故扣下了一些钱，避免一下子花光这笔钱（6 月 2 日，王尔德让他再送去 40 镑）。账簿第三页上列出了更多的小额、未注明日期的收入，显然是 7 月底之前收到的钱。这些钱总共 90 镑 16 先令，分别来自文森特·奥沙利文、罗森斯坦、昆斯伯里夫人、史密瑟斯、波西和一位“马丁小姐”（？）。

11. *CL*，858.
12. *CL*，844n.
13. *CL*，848.
14. *CL*，870.
15. *CL*，847.
16. *CL*，873.
17. *CL*，855.
18. *CL*，858.
19. Harris，226； John Rothenstein，*The Life and Death of Conder* (1938)，118.
20. Simona Pakenham，*Sixty Miles from England: The English at Dieppe, 1814- 1914* (1967)，168.
21. CL，922；Blanche，*Portraits of a Lifetime*，99-100；Sherard，*Life*，406；Pakenham，*Sixty Miles from England*，168.
22. *CL*，881n.
23. *CL*，882，1089.
24. Rothenstein，*Men and Memories I*，90.
25. *CL*，883，908，901，906.
26. *CL*，891，892-3，885；Gide，*Oscar Wilde*，55-63.
27. Stuart Merrill，in *La Plume* (15 Decem- ber 1900)，in Mikhail，466.
28. A. Gide，*Oscar Wilde*，57.
29. Ernest Dowson to H. Davray，11 June 1897，in Flower and Mass，eds，*The Letters of Ernest Dowson*，386.
30. *CL*，892.
31. Alin Caillas，*Oscar Wilde*，*tel que je l'ai connu* (1971)，translated in Padraig Rooney，‘Feasting with Cubs: Wilde at Berneval’，*Harp*，vol.

11, 1996

32. John Fothergill, ms memoirs, quoted in David Sox, *Bachelors of Art* (1991), 140.

33. *CL*, 861–2.

34. Georgette Leblanc, *Souvenirs*, *My Life with Maeterlinck* (1932), 127–8.

35. *CL*, 886.

36. *CL*, 894.

37. A. Gide, *Oscar* Wilde 65.

38. *CL*, 879; Harris, 214; *CL*, 880.

39. *CL*, 865n; Maguire, 85–6.

40. *CL*, 865, 909.

41. *CL*, 872, 861.

42. *CL*, 865.

43. H. Martin Holman to More Adey, 10 May 1897 Clark).

44. *CL*, 876.

45. *CL*, 873.

46. *CL*, 880.

47. Lady Queensberry to More Adey, 9 June 1897 (Clark).

48. *CL*, 901–2; LAD, *Autobiography*, 151.

49. 索克斯暗示，这副对句指的是福瑟吉尔（Fothergill）和道格拉斯，但这似乎不太可能。其中让王尔德倍感欣慰的黑发“爱情”或许就是康斯坦斯。他甚至可能将它塑造成既像康斯坦斯，又像罗斯的样子。

2. 艺术作品

我希望能找回意志力集中的状态，它为艺术创造条件并统治着它，以便再次创作出一些好的东西。

——奥斯卡·王尔德

王尔德能够从工作中找到一些安慰。他有满脑子的计划，在雷丁监狱的最后几个月里，他一直在努力维持自己的创作势头。写给《每日纪事报》的信获得成功后，他曾考虑从“心理学和内省”的角度，为该报写关于他“监狱生活”的三篇文章。他可以将写给道格拉斯的长信中提到的，“基督是浪漫主义运动先驱”这一“可爱的主题”作为其中的一部分。当然，王尔德觉得有必要用文学的形式来写一部分他的监狱经历。但是——也许回想起霍尔丹子爵和狱吏马丁在这方面的希望——他开始怀疑，他的这种做法到底是艺术，还是仅仅想挑起论战。这篇文章还没有动笔，他就转到一个新的方向。6 月 1 日，他告诉罗斯：“就像你一样，岁月的诗篇已经飘散，（我）被迫写诗。我已经开始动笔写一些自以为会很好的东西。”[1] 637

这是一首“叙事民谣”，以一种高度强化但几乎毫不虚构的形式，讲述了骑兵伍尔德里奇因谋杀妻子而被处决的故事。王尔德的写作手法，在诗的开头，很个人化。他用含蓄的自画像——每天与死刑犯一同在运动场上走步，渴望地看着“被囚犯们称之为天的那一小片蔚蓝”。这个人“杀死了他心爱的人/ 638

所以他难逃一死”。但是，正如叙述者所指出的那样，真正不同寻常的是惩罚，而不是犯罪。他自己——以及所有其他囚犯——都和骑兵一样犯有同样的罪行：“人人都杀死心爱的人”，要么用刀剑，要么用亲吻。

有人干这事泪眼汪汪，
或连气也不叹一声：
因为人人都杀心爱的人，
但并不都为此丧生。

639 从文学的角度来看，王尔德喜欢这种叙事歌谣的形式。他把它推荐给道格拉斯。它集戏剧性、浪漫色彩和通俗性于一身。王尔德夫人曾经用这种形式创作了她最成功的一部作品，而且这种形式在英国文学中有丰富的传统：王尔德同时采用了柯勒律治的《古舟子咏》和托马斯·胡德的《尤金·阿拉姆的梦想》作为范例，而且它还在节奏和韵律上与 A. E. 豪斯曼最近出版的《什罗普郡的少年》相呼应，王尔德当时正在津津有味地阅读这本书。豪斯曼在诗歌的第九部分甚至提到了一个人在施鲁斯伯里监狱被处决的事情。[2] *

事情进展得不错，事实上 6 月底，王尔德从日益拥挤嘈杂的海滩旅店搬到了附近的布尔雅别墅。然而，他着实为这种明

---

* 王尔德童年听过的民谣中，不仅有他母亲的作品《兄弟》（*The Brothers*），还有丹尼斯·弗洛伦斯·麦卡锡的《新年歌》中振奋人心的词句：

在我们的土地上没有一个人/我们的国家现在会置之不理，
强壮的人用他那结实的手，/虚弱的人用他那祈祷的手！
没有遗憾的哀怨语气，/可以送给年轻的吟游诗人；
但请你用歌教会爱尔兰/爱尔兰人应该做的事。

显的个人化题材感到不安。他告诉劳伦斯·豪斯曼（A. E. 豪斯曼的弟弟），这首诗“对我来说非常现实，取材于实实在在的经历，在很多方面否定了我自己的艺术哲学。我希望它是件好事，但我每天晚上都听到贝尔讷瓦尔的公鸡叫，我担心也许背叛了自己，会痛苦地哭泣，如果我还没有哭尽所有眼泪的话”。[3]然而，现实主义也许自有其长处。王尔德认为，这首诗的话题性将确保其畅销市场。他自称，一家美国报纸付了 1000 英镑，请他写一篇监狱经历。虽然他不愿意接受这样一个追逐轰动效应的新闻界的建议，但他认为，对同一主题进行艺术处理之后，应该也不会削弱人们对它的兴趣。他设想把诗歌发表在《每日纪事报》和纽约的一家报纸上，稿费在 100 到 300 英镑之间都可以接受。[4]

在创作“民谣”的同时，王尔德也一直在关注剧本创作的可能性。他心里盘算着好几个计划。虽然他对奥雷里昂·吕涅波无法为新剧本预付任何费用感到失望，但仍然渴望继《莎乐美》取得成功之后，在巴黎再次举行首演，哪怕是换一个制作人进行合作。关于接下来的圣经象征主义作品，他有两个想法，（显然）要用法语写：第一个是关于法老和摩西的故事，第二个是关于亚哈和耶洗别的故事的奇幻变体，他想象伯恩哈特可能会担任女主角。这两部作品中的任何一个都可以助他重返巴黎文坛。[5]为了帮助他开展研究，王尔德请罗斯给他找一本阿道夫·埃尔曼的权威著作《古埃及生活》，这样他就可以知道“法老是如何对他的总管说，‘把黄瓜递过来’的”。[6]此时有媒体报道称，如果新成立的龚古尔学院（于埃德蒙·德·龚古尔去世后不久）要吸纳外国作家，备选的名单中很可能包括托尔斯泰、易卜生和“奥斯卡·王尔德先生”。王尔德得知后，投身法国以及法国文化的想法变得更加强烈。[7]

虽然英国方面没有提供这样的荣誉，但他并没有被遗忘。王尔德很清楚自己在经济上和道德上都对乔治·亚历山大和查尔斯·温德姆有所亏欠，他急于尽快为这两人撰写剧本作为偿还。[8]伦敦舞台上的任何作品都必须匿名出现——至少在最初的情况下是这样。王尔德怀疑英国公众还没有准备好欢迎他回归，[9]但匿名不一定会妨碍成功。一部受欢迎的英语戏剧会给王尔德带来赚钱的机会。他需要开始赚钱，而且要快。他算了一下，目前手头的钱只够维持到夏天。除非珀西·道格拉斯兑现承诺已久的 500 英镑“信用借款”，否则他必须依靠自己的努力。[10]

640 作为第一步，他计划完成《佛罗伦萨悲剧》。尽管王尔德幻想这部独幕无韵历史剧可能换来 500 英镑的预付款，但他似乎已经意识到，该剧可能还需要一些更具明显商业吸引力的东西。[11]他的想法似乎转向了 1894 年夏天他为乔治·亚历山大描绘的不忠的丈夫和加倍不忠的妻子的剧情（当时作为《不可儿戏》备选）。虽然他很犹豫要不要动笔——暂时命名为《爱即法律》——但他的确已经开始搜集可能会给对话添彩的格言警句。除了他自己那句现在每个人都“嫉妒别人，当然除了丈夫和妻子”之外，他还打算借用雷吉·特纳对“含着银汤匙出生”这句话的反驳：“是的！但是上面有别人的徽章。”[12]

然而，查尔斯·温德姆却有自己的想法。7 月 23 日，这位经纪人来到贝尔讷瓦尔，他建议王尔德改编斯克里布的戏剧《一杯水》（*Le Verre d'eau*），这是发生在安妮女王宫廷的喜剧阴谋。这个计划对王尔德很有吸引力，他不仅可以省去杜撰剧情的麻烦，而且还可以请罗斯帮忙完成这个任务。他催促罗比赶紧过来，给他带上一把安妮女王式的椅子，“就是那种样式”。“你努力的话，”他开玩笑说，“我会取得很大的成功。”[13]

温德姆虽然来去匆匆，但王尔德的摩拳擦掌、想入非非必然令他深受鼓舞。显然，喜剧意识并没有弃他而去。事实上，它渗透到了他整个夏天的大部分信件和许多行动中。王尔德一直是维多利亚女王的崇拜者，准备满怀热情地迎接女王登基 60 周年。他把威廉·尼科尔森一幅“极棒的”女王木刻版画复制品挂在最重要的位置。（他说：“每个诗人都应该整天盯着他的女王肖像。”）他自豪地告诉来访者，他最崇拜的三个女人是维多利亚女王、莎拉·伯恩哈特和莉莉·兰特里，并补充道：“我很乐意娶她们当中的任何一个。”[14] * 女王登基 60 周年当天（6 月 641
22 日），他在自己别墅的花园里举办了一场盛大的茶会，邀请邻里的十几个小男孩和他们的学级主任参加，这让贝尔讷瓦尔的居民们大为惊讶。宾客们享用了草莓、奶油、杏子、巧克力、石榴汁和一个巨大的冰冻蛋糕，上面用粉红色的糖汁写着“维多利亚女王纪念日”，再用绿色糖汁围成玫瑰花形，外面还有一圈红玫瑰做的大花环。每个孩子都收到一件乐器（通过抽签选择）作为礼物。“他们唱《马赛曲》和其他一些歌曲，”王尔德对道格拉斯说，“还跳了回旋舞，演奏了《天佑女王》。他们说这首歌是《天佑女王》。我不想和他们唱反调。他们每个人都拿到了我给的小旗。每个人都是那么欢快、可爱。我祝女王身体健康，他们就高呼：‘英国女王万岁!!!!’然后，我又说，‘法国，所有艺术家的诞生地！’最后，我又向‘共和国总统’祝福，我想我最好还是这么做。他们异口同声地高呼：‘共和

---

* 他对法国诗人让·约瑟夫·雷诺说：“19 世纪出现了三个伟人：拿破仑一世、维克多·雨果和维多利亚女王。”

国总统和梅尔莫斯先生万岁！！！’”[15]

王尔德虽然可以凭借机智风趣让一封信变得生龙活虎，但他发现，光是凭借这一点很难支撑起任何更多，需要竭尽全力去完成的文学任务。他一次只能工作一小时。[16]但如果说这种状态给写剧本带来了困难，那么创作《雷丁监狱之歌》（罗斯给这首诗起了个标题）倒正合适。整个夏天，王尔德都在以一种近乎零敲碎打的方式不断为这首作品添加诗节。他还承担了其他短期任务。他为罗森斯坦的精妙肖像画新书撰写了一段关于W.E.亨利的既讽刺又精彩的文字，他在结尾写道："他打了一场漂亮的仗，但除了人气之外，他不得不面对一切困难。"[17]唉，这段话太尖刻了——或者说太精彩了——年轻谨慎的出版商经过反复考虑后决定不予采用。[18]

随着夏季临近，迪耶普挤满了游客，让人分心的事情更多了。一群吵吵嚷嚷的法国青年作家聚集在迪耶普的法庭咖啡馆，王尔德也身在其中，此举引起了地方行政次官的注意。[19]道森把他介绍给桀骜不驯的出版商、书商时而兼色情作家的伦纳德・史密瑟斯，王尔德被囚禁的那些年里，他已经成为伦敦文坛边缘的重要人物。[20]当约翰・莱恩参与反对任何与颓废、艺术实验和"奥斯卡・王尔德倾向"有丝毫联系的大潮流时，史密瑟斯却走了相反的方向。他为更大胆的年轻一代作家和艺术家提供了避风港。他夸口称，要"出版任何别人害怕的东西"。王尔德被捕后不久，奥布里・比尔兹利遭解雇，《黄皮书》"一夜之
642 间灰飞烟灭"，史密瑟斯迅速创刊竞争刊物《萨沃伊》，任命比尔兹利为艺术编辑。他还着手出版欧内斯特・道森、阿瑟・西蒙兹和西奥多・弗拉蒂斯劳的自觉颓废诗作，以及由比尔兹利精心绘制插图的波普作品《夺锁记》。

史密瑟斯很高兴见到王尔德。早在1888年，他就给《快乐王子》的作者写过一封“充满魅力”的感谢信，并收到了一封亲切的回复。[21]王尔德则被这个35岁的约克郡人大大地逗乐了，很快就和他在迪耶普的咖啡馆里度过了许多时光。他问特纳：

> 我不知道你是否认识史密瑟斯，他经常戴着一顶大草帽，一条蓝色的领带很精致地夹在一个纯净的水钻——也许是酒钻领带夹中，因为他从不碰水：那会马上让他上头。他的脸，刮得很干净，很适合做一个文学之神的祭坛祈祷者，显得有些颓废而苍白——不是因为诗，而是因为诗人，他说，这些人总缠着他出书，破坏了他的生活。他热爱一切初版，特别是女人：小姑娘是他最喜欢的。他是欧洲好色之徒中的佼佼者。同时，他也是一个令人快乐的同伴，一个亲切的家伙，对我非常好。[22]

欧内斯特·道森并不是那年夏天史密瑟斯手中唯一一位身在迪耶普的作者。王尔德还结识并（最终）喜欢上了年轻的美国短篇小说作家文森特·奥沙利文。[23]比尔兹利也来到镇上，想为他的肺病寻找一种有益于健康的气候。王尔德与他和史密瑟斯共进了一顿愉快的午餐，发现他“精神很好”，看上去出奇的健康。[24]他们并排坐在赌场的露台上，谈论着迪耶普“不可思议的历史”——比尔兹利形容这段历史是“从布伦努斯到奥斯卡·王尔德”。[25]还有一次，王尔德让“奥布里买了一顶比银色还银色的帽子”，他告诉特纳“他戴着这顶帽子非常棒”。[26]然而，对于比尔兹利而言，这样的会面很难处理，因为他现在正受到王尔德的冤家对头安德烈·拉夫洛维奇的资助。他与王尔德来往，便要冒着触怒赞助人并失去津贴的风险。

虽然王尔德一直想让罗斯或特纳回到贝尔讷瓦尔，但在漫长的7月和8月初，他们都没法成行。往往是做好了安排，然后又推迟了。不过，他们的年轻朋友约翰·福瑟吉尔倒是
643 来拜访了他。这位21岁的业余艺术爱好者（他在伦敦建筑学院学习了一门课程，被称为“月亮的建筑师”）随身带了一本埃尔曼的《古埃及生活》。在聊天、喝酒之间，“太阳六重奏”结成。王尔德坚持说，在离开一家法国乡村旅馆的时候亲吻招待员是一件理所当然的事情，此举让福瑟吉尔有点吃惊。[27]福瑟吉尔感觉到，王尔德滔滔不绝的谈话背后有一种悲伤和孤独，但他同时也被王尔德的仁慈大为感动。一天晚上，他们去村里的学校观看了一场“三便士演出”。当“可怜的小演员”大声喊着、尖叫着、挥汗如雨地表演时，福瑟吉尔注意到，王尔德“专心致志、全神贯注”地沉浸其中，脸上充满了“怜悯、悲伤、关切、耐心和理解”，“泪水从他的脸颊上流淌下来”。[28]

福瑟吉尔到访期间，史密瑟斯是王尔德的常客。一贫如洗的道森被安置在布尔雅小屋，他在“阿尔克斯的一家客栈陷入了极为尴尬的境地”，王尔德将他“拯救”了出来。[29]这两个人的出现促使王尔德喝起了苦艾酒；福瑟吉尔描述史密瑟斯几杯烈酒下肚，整个人变成了“绿色”。一次，在索罗家的晚宴上，王尔德为缺席的道森辩护说——有其他客人提出疑问——那是因为道森喝多了。王尔德回答说：“如果他不喝酒，那就不是他自己了。Il faut accepter la personalité comme elle est. Il ne faut jamais regretter qu'un poète est soûl, il faut regretter que les soûls ne soient pas toujours poètes."* 王尔德接着（开玩笑地）说，他正在写一篇题为《为醉酒辩护》的文章，声称“灵魂永远不会得到解放，除非以某种酗酒的方式”。在迪耶普，在海边，人们可以陶醉于大自然：灵魂可以“倾听文字和悦耳的音调，观赏‘伟大寂静’的色彩”。但在其他地方，你可能需要借助苦艾酒：“端着盘子的侍者总能为你找到它（伟大寂静）。敲门，门就总会敞开，那是人造乐园的大门。”

在饮酒作乐和夏日狂欢的同时，他也并非没有遭受过怠慢。在迪耶普的一家餐厅，王尔德曾经不止一次因为其他顾客的反对而被谨慎地要求当场离开。[30]还有一天下午，斯坦纳德太太出手救了他。当时她看见，王尔德正受到一群英国游客的刻意刁难，于是便英勇地穿过马路，挽起他的胳膊，大声道：“奥斯卡，带我去喝茶吧。”[31]即便在贝尔讷瓦尔，当镇上越来越多的 644
人了解“梅尔莫斯先生”的真实身份后，人们的情绪也发生了变化。他们即便没有表现出公开的敌意，也新蒙上了一层警惕的怀疑。[32]在迪耶普，他意识到像雅克-埃米尔·布兰奇和沃尔特·西克特这样的老朋友都在回避他。[33]一次，比尔兹利没去参加事先约定的晚餐时，令他很受伤。“奥布里是个胆小鬼，”他事后说，“如果是我自己的阶级这么做，我也许还可以理解……开始一个那样的孩子，我一手培养起来的！不，奥布里太胆小了。”[34]嘲笑比尔兹利的“阶级”就如同声称“培养”了这位艺术家一样不恰当。然而，这两种说法都揭示了类似的拒绝对王尔德造成的真正伤害。每一次社会交往都带有一丝不确定性：王尔德无法确定他的出现会受到怎样的欢迎，或者是否

---

* “人必须接受个性的本来面目。不要为诗人酒醉而感到遗憾，该遗憾的是，醉酒的不一定都是诗人。”

会受到欢迎。虽然“断交”会让人不舒服，但任何居高临下的同情暗示同样令人厌烦。罗斯表示，让王尔德感到颇为“受辱”的是，他必须“对那些自己从前（在智力上或社交上都）不认可的人，表现出心怀感激的样子”。[35]

他一直希望能说服康斯坦斯和孩子们到迪耶普来。要是有他们在场，他在镇上的地位肯定会有所改善。然而，7月底，他收到了卡洛斯·布莱克的来信，并且“非常痛苦地”获悉，康斯坦斯的健康状况又出现了问题。脊椎麻痹使她几乎不能行走。这个消息令人心碎。① 王尔德宣称：“报应似乎没完没了。”他提出要前往瑞士看望妻子。[36]然而，布莱克请他推迟这个计划，建议他等到康斯坦斯回到热那亚的内尔维安顿下来再说。[37]这又是一次令人沮丧的拖延。随着8月的临近，王尔德的决心逐渐消退，他的焦虑却与日俱增。

从监狱出来之后，他决心逃离过去的性“疯狂”。据道森说，有一天晚上两人见面之后，为了让王尔德在性方面获得“更健康的品味”，他们去了迪耶普的一家妓院。据说王尔德事后表示，“这是十年以来的第一次，也应该是最后一次。就像在咀嚼冷羊肉！”，接着他又补充道，“但是把这件事在英国讲出去，我的名誉会得到彻底平反”。[38]然而，这次越轨行为（如
645 果真的发生了的话）似乎是在转移人们的注意力。王尔德得出的结论是，他需要摒弃的并不是“同性之爱”本身，而是与伦敦男妓的恣意滥交。他宣称，喜欢男人，而非女人，仅仅是“一种性格气质问题”。在这方面，他的性情并没有改变。[39]

① 康斯坦斯的病情在当时引起了医生们的争论，后来也引起了学者们的争论。2015年，她的孙子梅林·霍兰德从家书中推断，她很可能患有多发性硬化症。

尽管他觉得有必要向特纳确认，他的监狱“朋友”阿瑟·克鲁特登不是个“漂亮的孩子”，而是个相当不起眼的家伙，他29岁，过早地白了头发，蓄着“少许，却是实实在在的胡子”，但这样的断言正好暴露了他的想法。[40]8月中旬，罗比·罗斯终于来到贝尔讷瓦尔，他和王尔德睡在了一起。谢拉德当时也在镇上，他称，据他的“绝对了解”，这一次是罗斯“把奥斯卡拉回了同性恋的欢乐之中”。[41]这一事件标志着王尔德狱后生活的可能性和种种预期再一次发生了改变。当然，他对方济会的禁欲承诺也发生了动摇。

王尔德希望能够再次创作艺术作品的愿望得到了些许鼓励。民谣诗歌还在继续往下写。它采用了一种辩论语气，由此与个人的语气相匹配，王尔德不仅试图指出监狱生活的残酷，而且还试图指出社会强加于监狱生活的罪恶。

> 人们盖起的每一座监狱
> 用耻辱的砖瓦建造，
> 还围上铁栅，免得让基督
> 把兄弟相残全看到。

随着诗歌写作不断取得进展，王尔德对它抱有的希望也越来越大。他开始想，这首诗也许内容足够充实，可以成书出版。出版商显然首选史密瑟斯。两人第一次见面后，王尔德就写信给他，表示希望“有朝一日我能够有一些在你看来足够好，以便出版的东西”。[42]这一天来得比预期的早。他们在法院咖啡馆共进晚餐时讨论了这件事。史密瑟斯不切实际地建议，王尔德应该拥有这本书的全部利润。然而，王尔德对此表示异议，他提出，更商业化的安排应该是对半分享利润。[43]作为实际行动的第一步，他把自己的初稿交给出版商打印出来。“它还没有完成，”他解释说，“但是我想见到它的打印件。我对自己的手稿很头疼。”史密瑟斯把这首诗拿给比尔兹利看，后者“似乎被它深深打动了”。虽然比尔兹利“立刻答应为这本书画一幅卷
646 首插图”，但史密瑟斯发现，这位艺术家最近频频出现计划改变，许诺落空的情况，因此不相信他会完成这幅画。[44]不过，出版的准备工作还是在向前推进。

然而，除了这首民谣诗歌，王尔德的文学计划几乎没有任何进展。他的各种戏剧始终没有动笔。用他的话来说，“失去自由的震撼”仍然作用在他的身上。[45]他希望在适当的时候，他能“找回意志力集中的状态，它为艺术创造条件并统治着它”。[46]他搞来一条红领带，相信可能会给他带来灵感——但没有效果。[47]他渐渐承认，自己无法为温德姆改编《一杯水》。即便有罗斯的帮助，还有康格里夫的榜样，他还是做不到。正如他对卡洛斯·布莱克哀叹的那样，“我根本没心思写一部诙谐的喜剧”。[48]他仍然希望能在《佛罗伦萨悲剧》或其他戏剧作品上有所作为。但即便如此，他还是迟迟不愿下笔。

天气的变化令他沮丧，而他真正想念的是日常交往的刺激和来自家庭的支持。道森和史密瑟斯已经回到了英国，王尔德此时意识到，罗斯和特纳也只能偶尔来做个短暂的停留。到迪耶普度夏的人潮开始退去。里基茨和香农原本计划到访，但未能实现。[49]福瑟吉尔写来一封一本正经的信说，觉得继续和他保持友谊是“不明智的”。[50]康斯坦斯和孩子们似乎还是那么疏远。夏日逝去之际，秋雨潇潇的孤寂远景开始浮现。

在这种日渐倦怠的情绪中，王尔德想到了波西。后者一

直待在近在咫尺的马恩河畔诺让，在悲伤和持续的流放中忍受着煎熬。夏季的时候，两人一直在磕磕绊绊地推进着秘密会面的计划，但双方的承诺都很有限。7 月底，道格拉斯写信建议王尔德到巴黎与他同住。然而，王尔德觉得他“还不能面对巴黎”。道格拉斯曾经提议在鲁昂见面，但他自己又回信称，他掏不出旅行所需的 40 法郎。自那之后，见面的事情就搁置下来。直到现在。秋冬季节近在眼前，他们决定采取行动。[51]

用道格拉斯的话来说，两人在鲁昂的那次见面（几乎可以肯定是在 8 月 28 日），“简直棒极了”。他们在一起待了一天一夜。在车站见面时，王尔德哭了。自从他们最后一次透过纽盖 647
特监狱的铁栅栏见面以来，已经过去了两年零四个月。记忆中的爱、共同的经历和共同的需求抹去了他们的痛苦和争执。谁也没有指责对方。① 如果说他们是两个被社会抛弃的人，金钱上捉襟见肘，遭到社会的排斥，成为朋友的负担，那么他们还有彼此。王尔德写道，波西“举止得体，非常可爱”。[52]他们整整走了一天，“肩并肩，手挽手，高兴极了”。[53]往事似乎还能重获新生，他们旧情的灰烬中还有什么东西会显现。波西送给王尔德一个银烟盒，上面刻着多恩的诗句：

> 我们使凤凰之谜更增奇妙，
> 我俩合一，就是它的写照，

---

① 王尔德认为，道格拉斯已经收到了他在监狱里写的那封长信的副本。他很高兴，道格拉斯似乎能够抛开其中的内容。而道格拉斯之所以能够如此镇定自若，是因为他并没有读过那封冗长的书信。他似乎只看了一眼前几段让人不快的文字，就把收到的信件毁掉了。

两性结合，构成这中性的鸟。
我们死而复生，又照旧起来，
神秘之力全来自爱。[54]

两人在共度良辰的那一天，制订了一个逃往那不勒斯过冬的计划。他们可以在那里——沐浴在南部的“阳光和生活乐趣”中——团聚和工作。道格拉斯希望能从家人那里筹集到钱用于这次冒险行动。[55]他说，想给王尔德一个“家”——一个远离忧虑的避难所，一个让他“别无他求”的地方，一个让他能够再次写作的地方。[56]王尔德愿意相信，这一切是有可能实现的。“假如在意大利都无法写作，”他反问道，“我又能在哪里写呢？”[57]分手后不久，他对波西说：“我亲爱的人儿……我觉得再次创作美丽的艺术作品的唯一希望在你身上。过去并不是这样，但是现在情况不同了，你真的可以在我身上重新创造出艺术所倚赖的那种能量和快乐的力量感。”[58]

在鲁昂的会面本应是秘密的，尽管令王尔德大为失望的是，由于道格拉斯在他们下榻的酒店很出名，所以他根本没有机会使用那个浪漫的假名。[59]然而，罗斯从特纳嘴里得知了这次邂
648 逅，身在鲁昂的特纳偶然遇到了“塞巴斯蒂安和因方特·塞缪尔”。[60]他和特纳都没有对这次和解感到乐观，而是意识到了此举随即可能带来的实际麻烦。然而，王尔德却摆出一副挑衅的姿态，他对罗斯说：“是的，我见到了波西，当然我一如既往地爱着他，带有一种悲剧和毁灭的感觉。”[61]他刻意回避了两人计划逃往那不勒斯的事情。

王尔德回到贝尔讷瓦尔便开始一门心思筹集旅行所需的资金。“去那不勒斯要花 10 英镑，”他悲叹道，“太骇人了。”[62]历

经三个月的挥霍，再加上接二连三的慷慨之后，他已经“身无分文”，账单缠身。康德和道森离开的时候欠着他的钱。他写信对史密瑟斯说，自己“刚刚借给一位法国诗人 40 法郎，让他回转巴黎去”，而且，“他非常感激，说三天之内会给我寄来一首十四行诗！”[63]王尔德希望这位出版商能“立刻”为民谣诗歌预付他 20 英镑，但这一愿望没有实现，但他在其他方面找到了慰藉：9 月初，康斯坦斯给他的第二笔零用钱到了（迟了几天）；他还收到了罗森斯坦寄来的一张 15 英镑的支票。罗森斯坦成功卖掉了他从泰特街拍卖会上买到的蒙蒂切利画作；达尔豪西·扬慷慨地提出，要委托他为歌剧《达芙妮和克罗埃》创作一个脚本（“预付 100 英镑，50 英镑用于创作”）。[64]尽管如此，王尔德还是向他在贝尔讷瓦尔的一个邻居“借”了 100 法郎用于前往巴黎。在那里，他还向文森特·奥沙利文要了一张去那不勒斯的票。[65]王尔德临行前拜访了一个巴黎的算命师。“我很困惑，”她对他说，“根据你的出身，你两年前就死了。我无法解释这一事实，除非假定从那时起你就一直生活在你的想象中。”[66]

王尔德还极其不真诚地写信给卡洛斯·布莱克，声称前往南部的决定对他的工作和理智健全很有必要，只是补充说，他“失望至极”，因为康斯坦斯仍然没有让他“去看看孩子们”。[67]他理所当然地没有提到将与道格拉斯同行。事实上，到了最后一刻，人们的确对波西的计划有些怀疑。他在鲁昂急急忙忙地制订了计划之后，便与母亲、妹妹一起去温泉小镇艾克斯莱班度假，似乎并不急于离开。他甚至在考虑从那里前往威尼斯。王尔德知道，最好不要责怪他，“你想怎么做就怎么做吧”，他写道，“但你越早来那不勒斯，我就会越高兴”。[68]装出来的若无其事果然起了作用。当火车经过艾克斯时，道格拉斯见到了他，两人一起前往那不勒斯。王尔德希望，到了那里，在波西的帮助下，他可以“重塑”自己“被毁掉的生活”。[69]

注 释

1. *CL*，865，869.
2. *CL*，874，923；Harris，227.
3. *CL*，928.
4. *CL*，952，926，937.
5. *CL*，873；Gide，*Oscar Wilde*，72；O'Sullivan，220.
6. John Fothergill's ms memoirs，quoted in Sox，*Bachelors of Art*，139.
7. *PMG*，9 August 1897；LAD to More Adey，24 October 1896（BL）；据说将奥斯卡·王尔德包括在内，背后是奥克塔夫·米尔博（Octave Mirbeau）在推动。
8. *CL*，928-9；当美国制片人奥古斯丁·戴利找到他，提出要为一部新作品预付款时，奥斯卡·王尔德被迫推掉了这个任务，直到他兑现这些现有的承诺。
9. *NYT*，12 December 1897，该报报道称，《圣詹姆斯公报》上载文提到，一位“著名的剧院经理”（也许是温德姆）“正在准备制作一位匿名作者（奥斯卡·王尔德）的新剧”：“这位经理没有意识到，这位剧作家在伦敦体面剧场的职业生涯必须被认为已经结束。”
10. *CL*，873.
11. *CL*，876，912.
12. *CL*，867 and n. 虽然奥斯卡·王尔德没有提及他在贝尔讷瓦尔策划“剧本”的具体情节，但他对这部作品的各种提及可以看出，这是一部商业上可行的英语现代喜剧，讲述的是婚姻关系。而且，根据他随后试图向亚历山大推销这部剧的情况来看，似乎可以肯定，这就是他设想的故事。拟定剧名“爱即法律”首次出现在 1900 年 6 月 20 日奥斯卡・王尔德写给哈里斯的信中，书中在此提及是为了方便读者理解。

13. *CL*, 915; 918–19.
14. *CL*, 897; A. Gide, *Oscar Wilde*, 62; O'Sullivan, 25.
15. OW to LAD, 23 June 1897, CL, 906–7；奥斯卡・王尔德在信中写道，孩子们“选择”了自己的乐器（“六个人拉手风琴，五个人吹小号，四个人吹管风琴”），但阿林・凯拉斯（Alin Caillas）在他的回忆录中写道：“在一个大箱子里放着一堆乐器：手风琴、小号、号角、鼓和壶鼓。我们抽签，无论结果如何，每个人都非常满意。费利西安・贝尔得到了一架手风琴——他不知道怎么弹——而我得到了一个更容易演奏的华丽的壶鼓！”
16. *CL*, 916.
17. *CL*, 925.
18. *CL*, 930–1; the publisher was Grant Richards.
19. Pakenham, *Sixty Miles from England*, 166. 帕克南认为这件事情发生在奥斯卡・王尔德流亡生活的头几天，这似乎不太可能。当时王尔德正处于罗斯和特纳的照顾之下，急于不让别人注意到自己。此外，纪德于 6 月 19 日拜访了奥斯卡・王尔德，他声称自己是王尔德获释后第一个与他见面的法国作家。
20. Flower and Mass, eds, *The Letters of Ernest Dowson*, 390.
21. *CL*, 355.
22. *CL*, 924.
23. *CL*, 926.
24. *CL*, 919.
25. J–E. Blanche, *Dieppe* (Paris, 1927), 1–2.
26. *CL*, 921.
27. Sox, *Bachelors of Art*, 140; John Fothergill, *Confessions of An Innkeeper* (1938), 134.
28. Sox, *Bachelors of Art*, 141; John Fothergill to A. J. A. Symons, [1933?] (Clark).
29. Sox, *Bachelors of Art*, 141; Sherard, *Life*, 405.
30. O'Sullivan, 72.

31. Pakenham, *Sixty Miles from England*, 168.
32. Caillas, *Oscar Wilde, tel que je l'ai connu.*
33. Blanche, *Portraits of a Lifetime*, 98.
34. O'Sullivan, 87.
35. *CL*, 1229.
36. *CL*, 920.
37. *CL*, 921, CMW to Otho Lloyd, 5 August 1897, at *CL*, 865n.
38. Yeats, *Autobiographies*, 404.
39. *CL*, 880；王尔德在这一封，以及其他几封给朋友的信中写道，"我不能接受英国人的观点，认为梅萨利纳（异性恋恶习的代名词）比斯伯鲁斯（尼禄臭名昭著的娈童行为）要更胜一筹；那只是性情而已"——然而他也承认，作为纯粹的"感官享受"，它们缺乏高尚。
40. *CL*, 887.
41. R. H. Sherard to A. J. A. Symons, 3 June [1937] (Clark). 谢拉德认为此事发生在"1897年6月"，但那个月他和罗伯特·罗斯都不在贝尔讷瓦尔，两人同时在那里的时间是8月中旬，因此日期应为后者。
42. *CL*, 922.
43. *CL*, 953.
44. Smithers to OW, 2 September 1897, in *CL*, 931n.
45. *CL*, 922.
46. *CL*, 929.
47. *CL*, 861; 893.
48. *CL*, 936.
49. *CL*, 923.
50. Sox, *Bachelors of Art*, 142.
51. LAD, *Autobiography*, 151; Hyde, *LAD*, 109-10, 其中提到王尔德邀请道格拉斯在鲁昂见面是在7月底或8月初的时候提出的；*CL*, 930.
52. *CL*, 934.
53. LAD, *Autobiography*, 152.
54. Douglas Murray, *Bosie* (2000), 104；这些诗句出自约翰·多恩的《封圣》(Canonisation)。
55. 阿尔弗雷德·道格拉斯勋爵写信给母亲索要75英镑，声称要用这笔钱还他和珀西的一笔“信用”债。她通过阿迪，第一次给他寄了 10 镑。Sybil Queensberry to More Adey，1 August 1897（Clark）.

56. *CL*，935；1029.

57. *CL*，936.

58. *CL*，932-3.

59. LAD，*Autobiography*，152.

60. Max Beerbohm to Reggie Turner，5 September 1897，in Hart-Davis，ed.，*Max Beerbohm's Letters to Reggie Turner*，122.

61. *CL*，934.

62. *CL*，935.

63. *CL*，937.

64. *CL*，937；Arthur Hansell to OW，31 August 1897（Clark）；*CL*，936.

65. Caillas，*Oscar Wilde*，*tel que je l'ai connu*；O'Sullivan，194-7.

66. W. H. Chesson，in Mikhail，376.

67. *CL*，935，936.

68. *CL*，935.

69. *CL*，932-3.

3. 被遗弃的人

我的存在就是一桩丑闻。

——奥斯卡·王尔德

649 9月中旬的那不勒斯依然宁静。时尚的冬季尚未开始，一家家大酒店才刚刚开始恢复生机。王尔德和道格拉斯把自己安置在当地最大的皇家外宾饭店，它坐落在海滨，靠近蛋堡，远眺海湾对面，左边是维苏威火山，右边是卡普里岛。[1]对王尔德来说，逃离孤独而阴郁的北方，与波西在一起来到那不勒斯——一个“充满爱奥尼亚人和多利安人气息”的地方，是一件激动人心的事。[2]王尔德觉得“快乐无处不在”[3]，在这个新环境中他又可以写作了。他们可能会一起住在一栋小别墅或一套公寓里过冬，甚至可能住更久。[4]

最初的几天里，他们怀着度假的心情，开始了一场铺张浪费的运动。道格拉斯从家里筹钱的计划没有实现，甚至根本就没有付诸实施。然而，他的头衔在赊账的时候很好使。对于19世纪末的意大利旅馆老板来说，任何英国“老爷”都必须是百万富翁。刚刚过一周，道格拉斯和王尔德就已经欠账68英镑。[5]即使在一家价格“离谱”的酒店，如此挥霍也令人咂舌，他们也许是在重演萨沃伊酒店的奢华往日。[6]

650 然而，一时的欢欣鼓舞并不能隔断外界的担忧。在从巴黎转寄给王尔德的信件中，有一封来自康斯坦斯，向他提供了一次梦寐以求的会面，敦促他去埃尔维拉别墅见她。她承认孩子们马上要上学了，还附上了他们的照片和问候。但是，一切都已经无可挽回。王尔德后来告诉史密瑟斯，他已经“徒劳地等了四个月”，只等来了这样一封信。现在，当他把希望和自己本人托付给道格拉斯和那不勒斯之后，这封信却姗姗来迟地到了：“对感情及其浪漫本性来说，不守时是致命的。”[7]

康斯坦斯似乎是故意等到孩子们回学校后，才来请他的，由此他也为自己态度的转变找到了更多的理由。他所想要得到的是孩子们的爱，至少他是这么说的。而现在他担心这一切“都已无法挽回”。[8]他告诉布莱克（他的来信也被转到了那不勒斯），“假如以前康斯坦斯允许我探视孩子们”，事情就“完全会是另一番样子”——随后他又不太真诚地添加了一句：“我丝毫没有指责她的所作所为的意思，但是，凡因必有其果。”[9]

尽管如此，他还是给康斯坦斯写了回信，提议要去看她，不过要等到下个月。之前整个夏天一直充斥在他信中的那种急迫和渴望的语气已经消失殆尽。康斯坦斯以为王尔德马上会来，满心欢喜地为之做着准备，但这封简短而含糊的回复却让她“辗转反侧”。[10]维维安总是回忆起，在他回学校的前一天晚上，当康斯坦斯得知奥斯卡“有其他事情要做”时，她原本期待的快乐瞬间变成了痛苦。[11]她立即写信给布莱克发泄自己的不满。尽管王尔德小心翼翼地避免提及有哪些人在那不勒斯和他在一起，尤其是阿尔弗雷德·道格拉斯勋爵，但她还是产生了怀疑。“让他回答：他是否在卡普里见过那个可怕的人（道格拉斯）？没有人会在这个季节去那不勒斯，所以我看不出他去那里会有什么别的原因，我很不高兴。”[12]

她立刻给王尔德回信（她后来这样解释）：“我问他是否去

过卡普里岛，要他立即回答是否在什么地方见过那个可怕的人。我还告诉他，由于他对无论是我寄给他的照片，还是孩子们送上的问候从来不言不谢，他显然不在乎孩子们。”[13]打击还不止
651 于此：罗斯和特纳确实已经知道王尔德和道格拉斯在一起，两人都写信表达了他们对重逢的担忧，认为此举一定会损害到王尔德的身心康复——而且很可能影响他获得收入的权利。

王尔德用一种既冠冕堂皇又自怨自艾的口吻予以反驳："我回到波西身边，"他对罗斯说，"在心理上是绝对必需的：且不说为自我实现，人要过充满激情的内心生活，整个世界逼迫我这样做。我无法在没有爱的氛围下生活，无论付出什么代价，我都必须爱和被爱……当然，我仍时常抑郁不乐，但我仍然爱他，他毁了我的生活，仅此事实便令我爱他。"[14]而他对特纳则说，回到波西身边——他"本人就是一位诗人"——会给他的工作带来好处，"毕竟，不管我过去的生活在道德规范上表现如何，它一直都是浪漫的，波西就是我的浪漫。我的浪漫当然是一出悲剧，但它仍然是一段浪漫的故事，他珍爱我甚于任何人，他给予我的爱多于他可能施爱的每一个人，没有他，我的生活将沉郁不堪"。[15]

他敦促特纳"站在我们一边"。[16]他会一直忙个不停。王尔德私奔的消息在他的朋友圈子里传开后，引起了一阵恐慌：W. R. 佩顿（他的牛津同学）得知这件事后，"甚至真的生起病来"；[17]布莱克觉得王尔德现在"无可救药"了。[18]某天下午，在作家俱乐部"喝酒"的谢拉德浮躁地宣称，这是一个"不幸的错误"，王尔德的"行为到处被人误解；全世界都认为他的诽谤者和敌人是正当的，许多人将不再同情他"。[19]还有人写了"冗长乏味的信件"告诉王尔德，他"又一次毁了自己的生

活”。[20]甚至连罗斯也在不断用告诫性的书信“轰炸”他——“这不公平，”王尔德抱怨道，“在文明战争中，未设防的地方通常会受到尊重。”[21]

他默默忍受着罗斯的谴责。[22]但是，当谢拉德冒冒失失突发指责的话语传到那不勒斯时，王尔德当即写了一封言辞激烈的谴责信，指责这位老朋友扮演了道德说教的伪君子“答尔丢夫”——这是他个人词汇中最强烈的轻蔑用语之一。[23]这标志着他们亲密关系就这样悲哀地结束了，然而两人的友谊还没有完全走到尽头。道格拉斯的家人和王尔德的朋友一样，也对这种安排很不满意。昆斯伯里夫人曾希望儿子对王尔德的依恋能在历经多年的被迫分离之后逐渐消失。但此时，她忍住了，没有向他提出质疑——也许是考虑到，他一旦被触怒，会变得多么顽固。[24]

康斯坦斯当然很快就从布莱克那里得知王尔德和道格拉斯在一起。她立刻发出一封王尔德称之为“可怕至极”的信，里面充满各种禁忌：“我禁止你见阿尔弗雷德·道格拉斯勋爵。我禁止你回到你那污秽、疯狂的生活中去。我禁止你在那不勒斯生活。我不会允许你到热那亚来。”[25]王尔德则将这种种要求视为“愚蠢”。[26]他拒绝道歉、拒绝解释，也拒绝对她的要求做出让步。“我曾写信告诉她，”他对莫尔·阿迪说，“我从来也没有梦想过违背她的意愿去看望她，导致我去看望她的唯一原因，是期盼在我遭遇不幸时能得到同情的问候，以及对她的喜爱和怜悯。至于其他，我只求平和，尽量过好我自己的日子。我不能住在伦敦，或者，到目前为止也无法在巴黎生活，而且我当然希望在那不勒斯过冬。”[27]他沉浸在自己的情绪中，拒绝承认别人的感受。[28] 652

对康斯坦斯来说，他的回信可谓最后一击。“如果我一年前收到这封信，”她对布莱克说，“我会介意的，但现在我认为这封信是个疯子写的，他无法想象琐事会对孩子们产生何种影响，也没有足够的无私去关爱妻子的幸福。它唤醒了我所有最痛苦的感觉，当我的感觉被唤醒时，我会持续不断地感到痛苦。我想这封信最好还是不要回复了，我们各自独立生活吧。最近（上帝原谅我）我对他有一种绝对的反感。”[29]她的痛苦很快就会找到一种实实在在的表达方式。

王尔德意识到她的沉默是一种不祥的预兆，她的律师可能会给他一个“晴天霹雳”。他在给罗斯的信中尖刻地写道：“我猜她现在正试图剥夺我每周可怜的 3 英镑。女人如此小肚鸡肠，康斯坦斯没有一点想象力。”[30]钱当然是他的心事。这是为了完成自我实现的梦想，眼下更紧迫的是为了让他和道格拉斯能够逃离昂贵的旅馆，住进租来的别墅里。道格拉斯每周从他母亲那里得到“大约 8 英镑”，但王尔德说，“当然……一如既往地身无分文”。[31]重担落到了王尔德的肩上。达尔豪西·扬承诺为《达芙妮和克罗埃》的脚本支付 100 英镑，王尔德现在认为他可以和道格拉斯合作完成这部作品。在各种恼人的小耽搁之后，钱终于到了。[32]王尔德有几笔借给朋友的钱——主要是借给欧内斯特·道森的 18 或 20 英镑——但愿他还记得这笔钱。[33]王尔德坚持认为伦纳德·史密瑟斯应该为《雷丁监狱之歌》向他预支
653 20 英镑，而且他还努力让史密瑟斯接受这一事实。[34]除此之外，王尔德还梦想着他的诗能在美国用连载版权换来一大笔钱：“我确实认为应该开价 500 英镑，并能到手 300 英镑。”[35]

他和道格拉斯凭着这些实际的和有希望得到的钱，在小镇北部边缘的波西利波的一座迷人的别墅里租了一个“优雅的公

寓”，并在10月初预付了四个月的租金。[36]房子周围是绿树成荫的小巷和精心照料的花坛，从这里可以看到海湾，还有露台和通向大海的大理石台阶。[37]房间里甚至还有一架钢琴（道格拉斯会弹琴）。[38]这里似乎是一个避风港，可以躲开阿尔卑斯山另一边的反对声浪。有些房间里装饰着不祥的孔雀羽毛，但是这些东西可以（或被）移走。[39]家里有四个仆人，其开销稍高于两人的生活费：一个厨子卡米、一个女仆，还有两个男孩——庇皮诺和米歇尔。道格拉斯估计，每天的直接支出应该不到10先令。[40]

然而刚刚搬进去的时候，田园生活并不尽如人意，他们发现别墅里老鼠成灾。道格拉斯在床上坐了两个晚上，“吓呆了”[41]，坚持要搬到附近的旅馆睡觉。[42]别墅的主人自告奋勇要给老鼠下毒，但是——正如道格拉斯所说——“显然它们是靠毒药为生的。它们越吃越有精神。它们似乎把它当作了一种壮阳药。”[43]王尔德觉得一个更可靠的办法是，请一个当地的女巫——她只需“用两支笛子”就能把老鼠赶走。[44]米歇尔领来了一个外表极其丑陋的老女巫，弯着腰，留着明显的胡子，据说她“绝对可靠”。当然，王尔德情愿相信，最终赶走老鼠的是她身上那股“烧焦的气味”和喃喃的咒语，而不是传统的砒霜。[45]女巫还预测了他们的命运，但她的预言没有被记录下来。[46]

朱迪切别墅的生活是在和谐的气氛中开始的。道格拉斯对阿迪说：“奥斯卡和我相处得很好。”[47]王尔德竭力相信，如今他在南方生活得很幸福，“他过去的力量”又回来了。他感觉自己灵魂里“那片伤痕累累的叶子”开始在那不勒斯温暖的阳光里和道格拉斯的爱意中慢慢展开。“我想，我仍然会和过去写得一样好。”他告诉史密瑟斯，“能写得有过去一半好，我就心满意足了。”[48]他各种各样的戏剧计划都在竞相引人注意。他在读《特里斯坦》的剧本，为创作《达芙妮和克罗埃》做准备。[49]与此同时，道格拉斯树立了一个好榜样，为歌剧创作了一首“可爱的”歌词，[50]还有三首王尔德认为“相当精彩”的十四行诗：他称之为“月亮三唱”。它们被寄到了《新评论》杂志的
654 亨利那里——很难知道此举用意，究竟是为了挑衅、玩笑还是作为严肃的提议。它们没有获得发表。道格拉斯又写了一首关于莫扎特的十四行诗，寄给《音乐家》的编辑罗宾・格雷，但同样没有成功。[51]

对王尔德来说，最紧迫的任务是完成《雷丁监狱之歌》，并安排诸多出版细节。他一直在史密瑟斯寄回来的打印稿上修改，10 月初他写出一个大幅修改过的版本寄了出去。然而没过几天，他又另外寄去一叠诗句“又寄给你四节……充满力量和浪漫现实色彩”。[52]那个月里，每隔一段时间就会有一些诗句陆续寄出。他要把这首诗扩展到一本书的长度，同时也要平衡它的各种艺术目的。[53]他努力创作。[54]这项任务很不容易：“我发现很难，”他承认，“找回（这首诗）初创时的心境和状态。现在它对我来说似乎是陌生的——真正的激情迅即变得虚幻了——人生的真相显出种种形态，并被重铸得奇形怪状。”[55]他后来自称，那几周里增加的材料反映的是他在那不勒斯的生活，而不是他在雷丁的生活。[56]

和以前一样，他在文字上向罗斯寻求文学和批评方面的建议，从他那里得到了“很多建议”，并接受了“其中的一半”。然而，对于监狱生活中常见的事件和对象，他仍然保留使用备受指责的“可怖的”“可怕的”等形容词，认为其在“心理上”是恰当的：它们描述的不是这件事情本身，而是“它对灵魂的

影响”。[57]而道格拉斯——他的诗歌深受王尔德的赞赏，也一直在以民谣的形式进行创作——就在他身边，既可以当参谋，又可以充当与罗斯的编辑思想略有竞争的一种平衡。王尔德甚至借用了他的一副对句用在诗句中，以此表达诗人的敬意：“那天夜里，空荡荡的走廊里/充满了可怕的形象，/在镣铐区里/我们听不到来回的脚步声轻响。”[58]

总的来说，王尔德对自己的努力感到欣慰：[59]他已经在好几处——如他所谓——“比亨利更具有吉卜林的风格”。[60]当然也有保留意见，他对特纳说：“我觉得，我喜欢刺耳的乐音更胜于舒缓的长笛。”[61]但他承认，这也许难以避免：“这首诗苦于互异风格整合之难。有些部分是现实主义的，有些部分是浪漫主义的：有些是诗，有些是口号。我真切地感受到这一点，但总体上我觉得这是一部有趣的作品：与艺术上的些许瑕疵相比，655 它从许多方面来看都十分有趣。”[62]

尽管王尔德化名为塞巴斯蒂安·梅尔莫斯，但有关他和道格拉斯在那不勒斯出现的谣言很快就开始流传起来。然而，首家宣布这一事实的意大利报纸却把阿尔弗雷德·道格拉斯勋爵和年轻作家诺曼·道格拉斯搞混了。诺曼·道格拉斯 30 岁时结束了短暂的外交生涯，最近也搬到了波西利波的一栋别墅里。和诺曼·道格拉斯住在一起的是一位年老体弱的西班牙伯爵（人们误以为他是王尔德），因此报道称王尔德在那不勒斯身体非常虚弱。英国驻那不勒斯领事尤斯塔斯·内维尔-罗尔夫（他知道王尔德就在当地）写信给《那不勒斯邮报》，指出他们的说法有误，并及时作出了简短的更正。[63]然而，关于王尔德身体虚弱的虚假报道已经被许多英国和外国报纸采用，并且被反复引用——不过其中既没有“诺曼”，也没有“阿尔弗雷德勋爵”，一丁点儿没有提及与他同行的道格拉斯。[64]

随后，那不勒斯的报纸上又刊登了其他文章。[65]一些报纸轻蔑地提到了这位“英国颓废派”以及对他的审判。[66]其他报纸感觉这其中有故事。于是记者们开始“紧紧跟着他”。[67]当地一家晚报的记者混进别墅，希望采访他。王尔德被这种闯入行为激怒，把他打发走了。这次短暂的未遇也及时地出现在报纸上。[68]王尔德曾经很喜欢在媒体面前卖弄，但现在已经对此毫无兴趣。他为那些不必要的关注和某些文章的苛刻评价感到恼火。《晨报》称他为“当代令耐心的公众最难以忍受的讨厌人”。[69]“我不想被人写成报道，”他抱怨说“我只想安安静静——仅此而已。”[70]当他听说卡普里没有报纸时，半开玩笑地提议说不妨搬到那个岛上去。[71]

随着秋天的临近，时尚的外籍游客越来越多，他们完全不在意他。“真奇怪，”他装出一副天真的样子对罗斯说，“这里的英国侨民还没有一个来拜访过我们。”[72]然而，危险就在于，这种冷漠可能逐渐蜕变成敌意。10月中旬，王尔德和道格拉斯（用史密瑟斯给的10英镑）穿过海湾到卡普里岛短途旅行时，两人不安地意识到了这一点。他们计划逗留三天：“我想，”奥斯卡解释说，“在提比略的墓前献一束简朴的花。由于坟墓实际上是另外一个什么人的，因此我将更为深情地去做这件事
656 情。”[73]这次旅行的具体细节尚不清楚，但他们似乎打算住在基西萨纳酒店，刚刚安顿下来要吃晚饭，酒店老板出现了，他“极其客气地”询问他们是否可以离开。一些英国客人认出了王尔德，他们不愿意见到他。他们又去了另一家店，但同样可怕的事情又重复上演了一遍。他们不愿冒第三次被拒绝的风险，于是打算不吃晚饭通宵坐一夜，等待天一亮坐轮船回那不

勒斯。[74]

似乎是岛上的瑞典人医生阿克塞尔·芒特把他们从这悲摧的守夜中解救了出来。芒特在广场上偶然遇见这两个“迷失的灵魂”，便向道格拉斯打招呼。道格拉斯是他去年结识的。他并不介意被介绍给王尔德，却惊诧于道格拉斯竟然认为他会“如此无知、如此残忍，会对任何遭受如此多痛苦或如此可耻对待的人表现出不友善的态度”。他向来认为，对王尔德的定罪“荒谬至极”。[75]他坚持让这两个人和他一起回家吃饭休息。[76]王尔德很喜欢阿纳卡普里这座充满艺术气息的别墅，也很喜欢芒特本人，觉得他“是个极好的人”，是“希腊文化的大行家”。[77]第二天，道格拉斯继续留在卡普里，与美国社交名媛斯诺夫人共进晚餐，至于王尔德，也许是从基西萨纳酒店的经历中接受了教训，立即回到更宜隐姓埋名的那不勒斯。他不愿意向罗斯提起这件伤心事。[78]

不过，也有少数几个英国朋友和熟人在经过那不勒斯时没有避开他们。道格拉斯的牛津同学约翰·纳普和他们在一起度过了一段快乐的时光，[79]当战地记者哈里·德·温特（他曾赞赏地写过关于俄国战俘集中营的文章）在甘布瑞纳斯咖啡馆外遇到王尔德时，便向他打起了招呼，当时王尔德正“孤零零地坐在那里，面前放着一块砖头”；紧接着一天晚上，他同道格拉斯共进了晚餐。[80]然而，两位来访者都注意到，在与更广泛的社会场景的隔绝之下，这两个流亡者都略微有点幽闭恐惧。纳普回忆，道格拉斯“非常迷恋奥斯卡”，而王尔德“长篇大论地”对德·温特讲述了道格拉斯，称其“无论在什么情况下都和他在一起，是他最好、最忠实的朋友”。[81]

即便难得有英国人做伴，但好在身边还有别的人。让王

尔德大为开心的是，一群年轻的那不勒斯作家接纳了他。其
657 中最热情的要数 25 岁的诗人兼杂志编辑朱塞佩·加里波第·罗科，王尔德刚到没几天，他就找上门来。他英语说得很好，自告奋勇教王尔德意大利语，每周来上三次"意大利语会话"课。[82]

尽管意大利媒体广泛报道了王尔德的审判，但人们对他的实际工作仍然了解得非常有限。1890 年，米兰的戴安娜剧院上演了《薇拉》，但演出三场后就结束了；此外就是 1892 年一本西西里无政府主义杂志的副刊上刊登了《社会主义制度下人的灵魂》中的几段译文。[83]罗科建议他把《莎乐美》翻译成意大利语。王尔德很高兴。他希望自己在那不勒斯不仅是声名狼藉的名人，而且还能被"当作艺术家"看待。[84]然而他身边没有剧本，只好写信到伦敦，希望借一本。艾达·莱弗森以她一贯的慷慨，把自己那本借给了他。[85]

罗科也相信，剧本一旦翻译完成，将有可能在那不勒斯上演。[86]这是个令人兴奋的主意。王尔德写信告诉特纳："把这件事做成，对我在这里会有极大的帮助。"[87]他唯一关心的是一些实际问题；要找"一位惊人美貌，曼妙歌喉的女演员"担任主角，（他向斯坦利·马克欧尔解释说）"可惜除了杜塞之外，意大利的绝大多数演悲剧的女演员都是富态的夫人，而我想我无法容忍一个肥壮的莎乐美"。[88]宗教方面的反对意见曾经阻碍了该剧在伦敦的演出，意大利没有这样的宗教势力。事实上，罗科与那不勒斯的作家兼议员乔瓦尼·博维奥关系很好。博维奥的宗教剧《耶稣基督》已经在全国范围内获得了成功。[89]当罗科在王尔德的指导下完成初稿翻译时，他在博维奥家中组织了一场朗读会。这出戏受到了在场的作家、诗人、学生和记者的热

烈欢迎——尤其是博维奥夫人，据罗科说，她对这出戏赞不绝口。[90]这是一个很好的开头。另一位客人路易吉·孔福尔蒂被王尔德的写作生命力深深打动，建议在那不勒斯的语言学界举行一场更公开的二次阅读；然而令人遗憾的是，这个计划没有实现。[91]

孔福尔蒂是一位诗人和历史学家，同时也是那不勒斯国家博物馆的秘书，刚刚出版了一本关于博物馆藏品的指南。王尔德是博物馆的常客，十分喜欢那里来自庞贝、赫库兰尼姆、斯塔比亚、库迈和罗马的无与伦比的文物藏品。尤其吸引他的是"可爱的希腊青铜器"。[92]在那里，他可以在皇帝、舞者和哲学家中间沉思玩味浑身赤裸的摔跤手、所谓的那喀索斯，还有那休 658
憩的墨丘利（《贝德克尔旅行指南》将其描述为"一幅充满弹性的青春美丽画卷"）。[93]这些事情都很美好。"唯一恼人的事情是，"王尔德狡黠地对道森说，"他们在夜间满城游荡。"但他也补充说："人很快就会奇妙地习惯这一切，并且会得到补偿。"[94]

如果说在贝尔讷瓦尔那个孤寂的夜晚，罗斯让王尔德重新感受到了"同性恋的乐趣"，那么那不勒斯给他提供了更多。虽然那不勒斯以时尚的度假胜地而闻名，但它还有一个更黑暗的名声——一片充满性机会的土地。希腊人古老的异教道德似乎一直坚守在阴凉的小巷和阳光普照的街道上。年轻的男人很容易与人发生性关系。正如一位外国游客所记录的那样，只要"对一个尚未成熟的年轻人表示出兴趣，评论一下他的卷发或杏仁眼，这个年轻人就会开始调情……而且意图明确"。[95]只要不冒犯社会风化，法律就不会干涉这类事情。道格拉斯已经在前一年到访时证实了这一切的真实性，现在他急于向王尔德介绍这座城市的地下性交易。王尔德在获释后的几周曾经言之凿凿地表示，他以前在伦敦的男妓当中过着乱糟糟的生活，“不配做一个艺术家”，但这些话很快就改口了，接着便被抛诸脑后。在接下来的几个月里——用罗斯的话说——他“又回到了同性恋泛滥的状态”。[96]唾手可以买到的性行为给人带来的愉悦一如既往地令人兴奋。如果说王尔德注意到，随着年龄的增长，人在感官上“越来越难以获得愉悦”，那么同时他也发现“这种愉悦的刺激感比年轻时更强烈，也更自我”。[97]

罗科似乎也参与了王尔德和道格拉斯的这些性冒险，和他们一起的还有一个新结交的英国朋友 I. D. W. 阿什顿（“约翰爵士”）——王尔德形容他是“一个非常迷人而乐观的人”，他有惊人的“享乐能力，酒量很大，还有一颗金子般的心”。[98]与那不勒斯的年轻人做爱，促进了王尔德的语言技能：他跟他们谈论魅力的美学，他们教他街头巷尾的俗语。“我对我的意大利语会话很吃惊，”他对阿迪吹嘘道，“我相信，我说的是一种但丁式意大利语与最糟糕的当代俚语的混合语。”[99]

媒体开始注意到王尔德的一次次约会。有人提到他“为了
659 寻求刺激……而在夜间游荡”。[100]在一份低级庸俗的报刊上，一篇报道离奇地描述了王尔德与来自不同兵团的五名年轻士兵在一家酒店过夜的故事（酒店门房担心，王尔德引诱了这么多军人，可能会对国家安全构成威胁）。[101]

这类故事和“各种不愉快的八卦”出现之后，道格拉斯的“亲朋好友”——他的母亲和弟弟——更加竭尽全力地想要打破两人之间的关系。在他们的敦促下，使馆随员丹尼斯·布朗从罗马赶来，他是道格拉斯在牛津时的朋友。在别墅吃了一顿显然很愉快的午餐后，他把道格拉斯拉到一边，劝他放弃王尔

德，离开那不勒斯。道格拉斯一贯讨厌这种干涉。布朗称他是“堂吉诃德式的傻瓜”，两人“怒气冲冲地作别”。[102]

事实上，波西利波的生活已经开始出现紧张的迹象。良好的开端无法得到维持。缺钱是持续不断的压力和分裂的根源。他们生活在一种令人厌倦的“日常财务危机”之中。[103]王尔德不止一次地说过，道格拉斯的零花钱“连他自己都不够用”，更别说养活他们两个人了。[104]“勉强糊口的挣扎”只能“依靠给（道格拉斯）那些不情愿的亲戚发去绝望的电报，还有典当一些别针和饰针之类的小玩意儿来维持”。[105]当他们身无分文的时候，便只能回到皇家外宾饭店吃饭，在那里他们至少可以赊账。[106]

道森归还了欠王尔德的 10 英镑；[107]罗斯出人意料地寄来 9 英镑（“一个非常美妙的奇迹”）；[108]还有特纳，即便他没有寄钱，也会以王尔德的名义，支付一张 2 英镑 10 先令的邮政汇票给刚刚从雷丁监狱获释的英俊小伙子哈利·埃尔文。[109]但一直囊中羞涩的史密瑟斯夫妇只能零零碎碎地向他预付 20 英镑，而且还是在无数次（昂贵的）电报和多次毫无结果去库克的办公室催问之后才收到的。“我计算为等待这笔钱所花的费用到现在为止已经达到 34 英镑，”11 月初，史密瑟斯还欠着王尔德一半的钱，于是他写信对出版商说，“精神上的焦虑是无法计算的。我猜想，你认为精神上的煎熬对诗人有好处。但涉及对金钱的担忧时，情况并非如此。”绝望之中，王尔德甚至写信给欧内斯特·莱弗森，要求得到他认为应该得到的那笔钱。他没有得到回音。[110]

《雷丁监狱之歌》在美国的版权销售一直没有取得进展，这更加剧了他的焦虑和沮丧情绪。王尔德告诉道森：“我仍然继续建造着美妙的空中楼阁，我们凯尔特人一直这样做。”[111]但就像通常的情况一样，空中楼阁造起来很慢。他没有收到报价，而且所有的反馈都令人沮丧。这既令人震惊，又让人惊讶。“我不知道，我与美国出版界之间竟然有如此隔阂，”王尔德对
660 罗斯感叹道，“我原以为，我会轻松地获得成功并保证能得到一大笔钱。自负帮助成功者，而毁灭失败者，这很奇怪。往日我的一半力量来自我的自负。”[112]作为最后的策略，他建议联系他办事极其高效的美国经纪人伊丽莎白·马布里，希望她能帮上忙。[113]

大西洋彼岸的沉默——以及对金钱的持续迫切需求——促使王尔德重新考虑他在英国的连载版权。他之前已经向史密瑟斯保证，会让出版商“把我的绝对纯洁新鲜的诗作展示给英国公众使其癫狂”，[114]现在他建议同时在报纸上发表。他声称《音乐家》杂志的罗宾·格雷准备出价50英镑，他告诉罗斯，自己的确准备“同意任何一家英国报纸”——《星期日太阳报》《星期六评论》甚或《雷诺兹报》——“它在犯罪阶层中流传广泛，现在我正置身这个阶层，所以我的诗将由与我同病相怜的人来阅读，这对我来说是一个新体验。”[115]

史密瑟斯被这个想法吓坏了，他在罗斯的支持下发出了最后通牒，威胁说一旦做出任何这样的安排，他就放弃出版这本书。[116]王尔德让步了：“我敢说你会认为我的想法非常不切实际，”他对史密瑟斯说，“但我坦白承认，假如我不得不在《雷诺兹报》和史密瑟斯之间做出取舍，我会选择史密瑟斯。”[117]尽管他试图向罗斯解释，声称史密瑟斯曾“多次”写信给他说“他不介意这首诗出现在别处”，但他还是不得不放弃了这个计划：“我很清楚，那样做会毁了这本书。”[118]

王尔德的确想要出一本书。他与史密瑟斯保持着密切的通信，讨论这本书的外表样式。难点在于要让它与众不同，高贵尊严："公众很大程度上是受到书籍外观的影响。"王尔德认为，"这是关于公众的唯一艺术问题"。[119]他最初的想法是制作一部"非常艺术"的作品——有精美的封面（当然是质纸的）、卷首、首字母、附属页等。但是，他希望有一幅卷首画——类似保罗·赫尔曼创作的那种"忧郁、混乱和可怕"的作品，他是王尔德在巴黎认识的一个"有趣的天才"——但一直没有收到画作，希望逐渐破灭了。他只能接受至少第一版是没有插图的。[120]

材料的选择和排版方式可以制造出与众不同的感觉。为了增加这本书的"厚度和坚固性"，避免让它看起来太像"六便士的小册子"，他们决定采用单面印刷。[121]如此这般，再加上史 661
密瑟斯选择的厚厚的荷兰手工纸，其主体就足够保证进行布面装订。在王尔德的建议之下，设计师选择了一种"肉桂色"，书脊用白布（和金字）装饰。书本的外表比标准书籍更长更薄，这也让作者"颇为高兴"。[122]

收到第一份清样后，王尔德赞同史密瑟斯选择的字形，不过他认为问号"缺乏新意，而停顿号尤其是句号，毫无个性"。[123]不过，在标题页的措辞和布局上还需要投入更多的精力。大家一致认为王尔德的名字不应该出现，而是应该只用他的监狱编号 C.3.3 作为作者名。王尔德说，公众"喜欢公开的秘密"。[124]

书中有一段纪念骑兵伍尔德里奇的题词作为诗歌的主题，但王尔德还想加一段赠给罗斯个人的献辞："当我出狱的时候，有些人给我带来了衣服和香料，还有人带来了明智的忠告，你给我带来了爱。”[125]然而，罗斯表示反对，部分原因是他认为这种措辞“不合适”且不真实——他与王尔德会面时没有带着服装和香料，更不用说什么明智的建议了——还有一个原因是，正如他对史密瑟斯所说，既然没有提到他的名字（甚至连名字的首字母也没有提到），“无论对错，每个人都会认为这个人指的是波西·道格拉斯。这将损害这首诗的声誉，并且让反对的人一打开书就产生偏见”。事实上，罗斯在一定程度上怀疑，王尔德这样写献辞是为了“故意告诉我、道格拉斯和其他两三个人，这段话对每个人都有所指”。[126]

这本书的市场形势一直不甚明朗。作者和出版商之间就第一版的数量和定价存在很多争论，前者倾向于乐观，后者建议谨慎行事。王尔德反对史密瑟斯早期提出的“以 2 先令 6 便士的价格发行 600 册”，“如果事情进展顺利，肯定会按那个价格售出 1500 册。如果与此相反，可能卖出 500 册，那么每本的价格应该是 5 先令”。[127]王尔德满脑子都是钱。

随着秋天的临近，日复一日对于“生计”的焦虑正在慢慢地影响着朱迪切别墅里的气氛。道格拉斯确信王尔德能像过去一样，靠写剧本赚到一大笔钱，但他不能理解为什么进展如此缓慢。他对王尔德未能创作出一部商业化的戏剧感到闷闷不乐和愤愤然。他不习惯过穷日子。当本地的商人开始登门要求偿还小额债务时，道格拉斯“崩溃了”。[128]他们期望中田园诗一般
662 的家庭幸福和创作力日渐消退。王尔德和道格拉斯对自己的困境越来越不满，但两人都不准备向对方坦白心事。他们为了重聚，付出了那么多的努力，做出了那么多的牺牲，要是承认这种生活不够理想就会过于痛苦，让人想都不愿意去想。然而，一个巨大的情感事实是不可忽视的，即使它一直没有被说出来：

他们的旧爱无法重新点燃。

道格拉斯至少自己承认道："我已经失去了过去那种想要跟他（王尔德）相处的强烈愿望，过去当他不在我身边的时候，会留下一种痛苦的空虚。"[129]但这种想法只会让他觉得更加无法放弃王尔德。这样做是不名誉的：他需要一个借口。他企图挑起一场危机。用他的话说就是，"吵了好几次架"。[130]他开始摔东西。[131]王尔德回忆在一场可怕的争吵中，当时道格拉斯因为没付洗衣费账单而被人"讨债"，心里很不好受，于是便用尖酸刻薄的语气对王尔德进行怒斥和"鞭挞"："这太可怕了。"[132]但王尔德——别无选择，精神疲惫，天生不愿意和人对抗——既没有精力也没有意愿上当生气。"我只能眼睁睁地看着爱变成恨，"他后来告诉弗兰克·哈里斯，"爱情之酒的力量使苦味变得更具毒性。"他似乎只爆发过一次。波西质问他，"人人都杀心爱的人"，这句话是什么意思，他毫无感情地回答说："你应该知道。"[133]

王尔德的活动空间进一步减少，11 月 16 日，长久以来令人恐惧的"晴天霹雳"终于来了：汉塞尔来信通知他，因为他和道格拉斯住在一起，康斯坦斯将不再向他提供津贴。他谴责这一决定："说我因和他在一起造成了'社会丑闻'，这是不公正的……我的存在就是一桩丑闻。但是，我不认为我应当为继续活着引起丑闻而受到指责，虽然我明白，我确实在这样做。"他指责汉塞尔——毕竟汉塞尔是他自己的律师，而不是康斯坦斯的律师——认为道格拉斯是一个"声名狼藉的人"；毕竟，他从来没有犯过任何罪。他指责罗斯和阿迪没有反对汉塞尔的观点："我不否认阿尔弗雷德·道格拉斯是一个声名狼藉的纨绔子弟，但我的确反对在法律文书中将他不恰当地描述成一个不名誉的人。”[134]他怒斥全世界：“我希望你能创办一个保护被压迫者协会，”他告诉史密瑟斯，“眼下一个以残暴的人和律师为首的欧洲世俗联盟正在迫害我们。”[135]

663 然而，他几乎无能为力。各种力量正集结起来对付他们。道格拉斯收到了哥哥的一封信，敦促他与王尔德分手（“你已经有了你的观点，证明了你们不会受人干涉”）。[136]接下来是昆斯伯里夫人的来信，她称，如果道格拉斯继续和王尔德住在一起，将停止向他提供津贴。[137]王尔德怀疑，如果道格拉斯搬出朱迪切别墅，他们不再生活在一个屋檐下，这样也许可以满足各方势力，让他们恢复各自的津贴：“说我永远不会再见到（波西）或跟他说话，那当然是幼稚的——是不可能的。”[138]但没有人支持这个观点。很明显，他们将“被迫在这个问题上妥协……至少目前要分开”。[139]对于王尔德和道格拉斯来说，这或许让他们各自松了一口气：他们谁都不必为这次结束承担责任。

当然，道格拉斯声称他最终“感觉到并看到”王尔德并不是真的希望他留下，“而且如果我离开，他真的会松一口气”。即便如此，他也觉得不能在毫无准备的情况下抛弃眼下没有经济来源的王尔德。他说服母亲，道格拉斯家族因为王尔德与昆斯伯里的官司至少欠下了500英镑的“信用债务”，除非她想办法支付其中的一部分，否则他不会离开那不勒斯。昆斯伯里夫人承诺，在收到王尔德和波西今后永不在一起生活的书面保证后，将会支付200英镑——保证书很快就完成了。[140]她还立即向皇家外宾酒店支付了68英镑的账单。这笔账结清后，波西在12月的第一个星期动身前往罗马，用他自己的话说“问心无愧”。

他坚持对母亲说，他仍然爱着王尔德并钦佩他："我把他看成是进步的殉道者。我每件事都和他联系在一起。我渴望听到他获得成功，在艺术上获得康复……登上英国文学的巅峰。"他表示打算偶尔给他写信，"在巴黎或其他地方"见见他。但他承认，那不勒斯的经历是一种磨炼，也是一种"幸运"："如果我没有回到他身边，和他一起生活两个月，我永远也摆脱不了对他的渴望。它毁了我的生活，毁了我的艺术，毁了我的一切。现在我自由了。"[141]

王尔德也自由了，独自留在波西利波"试图从事文学创作"。[142]至少，在《雷丁监狱之歌》即将出版之际，最后一刻出现的一堆编辑问题占据了他的注意力。印刷者（"愚蠢的"奇 664
斯威克出版社）开始担心，对监狱医生、牧师和典狱长的描述——在诗中被描述为满嘴脏话、不停颤抖和脸色蜡黄——也许会被当作诽谤。他们需要得到保证，这些描绘是一般性的，并非具体有所指。[143]而王尔德自己也突然对开头高调描述骑兵伍尔德里奇的文字产生了怀疑："他没穿他那件猩红上衣，/因为血和酒都是红色的。"伍尔德里奇所在的皇家近卫骑兵旅——以"蓝调"而闻名。王尔德想知道，他们真的穿蓝色制服吗？"如果他们确实穿蓝色军服的话，我也无法改动我的诗，"他告诉史密瑟斯，"对我来说，他的制服就是红色的。"[144]他同时也承认，最好是等到新年再推出这本书。他说："我可算不上是一份圣诞礼物。"[145]

在这些讨论和决定的过程中，王尔德再也没有得到罗比·罗斯的理解支持。他们之间发生了一场不幸的争吵（由道格拉斯挑起），起因是罗斯不支持出售这首诗的连载权。[146]罗斯曾经写信给史密瑟斯，声称他觉得王尔德在"商业事务上不再信任”自己，所以不想再沾惹他的事情。王尔德立刻悔过了，乞求罗斯原谅，并告诉史密瑟斯，如果罗斯“能惠寄一双他最旧的靴子，我也会乐于把它们上油擦亮，并附一首十四行诗将它们回奉给他”。[147]然而，罗斯并没有立刻回心转意。

注　释

1. 这家酒店和其他宏伟的海滨酒店一样，占据了帕滕诺普大道和恰塔蒙街之间的街区，在每条街道上都有出入口。此后，它被皇家洲际酒店取代。
2. *CL*，947.
3. *CL*，947.
4. *CL*，943；*CL*，947.
5. LAD，*Autobiography*，152.
6. *CL*，949.
7. *CL*，952.
8. *CL*，952.
9. *CL*，947.
10. CMW to Carlos Blacker，26 September 1897，in Maguire，94.
11. Vyvyan Holland to Frank Harris，quoted in Ellmann，513；维维安于月底之前前往摩纳哥的学校。CMW to Carlos Blacker，30 September 1897，BL RP3291.
12. CMW to Carlos Blacker，26 September 1897，in Maguire，94.
13. CMW to Carlos Blacker，26 September 1897，*CL*，955n.
14. OW to RR，*CL*，942-3.
15. OW to Reggie Turner，*CL*，948.
16. OW to Reggie Turner，*CL*，948.
17. Paton to Carlos Blacker，29 October 1897，quoted in Maguire，96.
18. Quoted in Maguire，96.

19. *CL*, 962, Sherard, *SUF*, 258.
20. *CL*, 961.
21. *CL*, 1006.
22. *CL*, 949.
23. *CL*, 963.
24. Wintermans, *Alfred Douglas*, 87.
25. CL, 994. 康斯坦斯的信写于 1897 年 9 月 29 日。
26. *CL*, 955.
27. OW to More Adey, *CL*, 994.
28. RR to Schuster, *CL*, 1229.
29. CMW to Carlos Blacker; 1 October 1897, in Moyle, 311.
30. *CL*, 954-5.
31. LAD, *Autobiography*, 154; OW to RR, *CL*, 955.
32. *CL*, 943, 945, 948, 949.
33. *CL*, 957.
34. *CL*, 945.
35. *CL*, 956.
36. 'Arnoldo de Lisle' (G. G. Rocco) in Miracco, *Verso il Sole* (*Naples, 1981*), 23, 其中提到奥斯卡·王尔德搬到了一处"漂亮的公寓", 位于"朱迪切别墅(原稿如此)"; *CL*, 968. LAD to George Ives, 22 October 1897, Clark:"我们将在这里待到 1 月底, 在那之前我们一直住在这里。" 虽然人们时常认为是道格拉斯支付了租用别墅的费用, 但这笔钱肯定来自扬的 100 英镑。王尔德告诉罗斯, 由于歌剧脚本是两人合作, 因此道格拉斯已经"拿到了达尔·扬支付的 100 英镑的一半", RR to Clement Shorter, 27 December 1916 (Clark)。道格拉斯在给珀西的信中向他描述别墅时, 这样写道:"奥斯卡·王尔德和我在一起, 我们俩共同承担费用。" LAD to Percy Douglas, 5 November 1897 (BL).
37. *Il Pungolo parlamentare*, 9-10 October 1897, in Miracco, *Verso il Sole*, 30-1; LAD, *Autobiography*, 158.
38. *CL*, 950.
39. P. Borelli, *Esperia* (1903), in Miracco, *Verso il Sole*, 46-7.

40. LAD, *Autobiography*, 158. 道格拉斯的《自传》手稿（摩根）中提到仆人的名字是“佩皮诺和埃托雷”; *Il Pungolo Parlamentare*, 9－10 October. 朱迪切别墅旧址现在是穿过波西利波的37号大街。人们对于王尔德与道格拉斯究竟租住在哪里存有一些疑问，因为当地有好几栋建筑物。LAD, *Autobiography*, 158, 提到“我自己和王尔德以及仆人们的生活费大约为一天12法郎”（手稿中为10法郎），相当于9先令2.25便士——数额不大，但并非微不足道。
41. LAD to More Adey, 15 Oct 1897 (BL).
42. LAD, *Autobiography*, 158, 其中提到“房子对面”; ‘Arnoldo de Lisle’ (G. G. Rocco) 称其为基艾亚里维埃拉酒店。Miracco, *Verso il Sole*, 35.
43. LAD to More Adey, 15 October 1897 (BL).
44. Borelli, *Esperia*, in Miracco, *Verso il Sole*, 46-7.
45. LAD, *Autobiography*, 158.
46. LAD, *Autobiography*, 158.
47. LAD to More Adey, 15 October 1897 (BL).
48. *CL*, 944, 952; also Harris, 252.
49. *CL*, 949.
50. *CL*, 946.
51. *CL*, 950.
52. *CL*, 953.
53. *CL*, 996.
54. LAD, *Autobiography*, 156.
55. *CL*, 947.
56. RR to Smithers, 17 April 1898, *CL*, 1055n.
57. *CL*, 957.
58. LAD, *Autobiography*, 158. 道格拉斯未发表的诗歌中包含有这句：‘Into the dreadful town through iron doors, / By empty stairs and barren corridors’。
59. *CL*, 996.
60. *CL*, 950.
61. *CL*, 959.

62. *CL*, 956.
63. Norman Douglas, *Looking Back* (1936), 461-2. 道格拉斯提到，第一篇不实报道刊登在《晨报》上，但似乎它最早出现在《那不勒斯邮报》(*Corriere di Napoli*)。1897 年 10 月 11 日，该报在第一版刊登了更正。
64. *Star*, 9 October 1897; *La Patrie*, quoted in *Star*, 14 October 1897; Douglas, *Looking Back*, 461-2.
65. According to Miracco, *Verso il Sole*, 32, 奥斯卡·王尔德提到的媒体有 *Naples Echo*, *Journal des Etrangers*, *Captain Fracassa*, *Corriere di Napoli* and *Il Mattino*。
66. *Il Mattino*, 7/8 October 1897, p. 1.
67. 'Arnoldo de Lisle' quoted in Miracco, *Verso il Sole*, 35.
68. *Il Pugnolo parlamentare*, 9 - 10 October, 1897, reprinted in Miracco, *Verso il Sole*, 30 - 3. For an English translation see Masolino D'Amico, 'Oscar Wilde in Naples', in Sandulescu, ed., *Rediscovering Oscar Wilde*, 79.
69. *Il Mattino*, 7 October 1897, 1.
70. *CL*, 950.
71. 'Arnaldo de Lisle', in Miracco, *Verso il Sole*, 35.
72. *CL*, 955.
73. *CL*, 962.
74. *Comoedia*, 21 April 1923, in Miracco, *Verso il Sole*, 35-7; 罗杰·佩雷菲特 (Roger Peyrefitte) 在小说《卡普里岛流亡者》(*L'Exile de Capri*, 1959) 中也对这一事件进行了虚构式的描写。
75. LAD to Lady Queensberry, quoted in Bengt Jangfeld, *The Road to San Michele* (2008), 157.
76. *Comoedia*, 21 April 1923, in Miracco, *Verso il Sole*, 35-7.
77. *CL*, 965.
78. *CL*, 965.
79. Leonard Green to Charles Kains Jackson, 11 August 1919, quoted in Wintermans, *Alfred Douglas*, 88.
80. Harry de Windt, *My Restless Life* (1909), 232; LAD, *Autobiography*, 154.
81. Wintermans, *Alfred Douglas*, 88; LAD, *Autobiography*, 154.

82. *CL*，950；朱塞佩·加里波第·罗科（G. G. Rocco）曾经于1894年编辑过文学杂志 *Stenna Margherita*。虽然奥斯卡·王尔德称其为“诗人”，但他似乎并没有发表过诗歌作品。
83. Rita Severi，‘“Astonishing in my Italian”：Oscar Wilde's First Italian Editions’，in Evangelista，ed.，*The Reception of Oscar Wilde in Europe*，109.
84. *CL*，959.
85. *CL*，961.
86. 一封1897年10月25日寄给那不勒斯公证人索达诺（Sodano）的合同信里写道：“亲爱的罗科先生，我非常高兴地授权您翻译并安排我的戏剧《莎乐美》在意大利上演。奥斯卡·王尔德”。Rita Severi，‘Astonishing in my Italian’，111.
87. *CL*，959.
88. *CL*，967-8.
89. *CL*，959.
90. ‘Arnaldo de Lisle’，quoted in Miracco，*Verso il Sole*，55-6.
91. Severi，‘Astonishing in my Italian’，111.
92. *CL*，958.
93. *Baedeker Southern Italy*（1896 edition），67-8.
94. *CL*，958.
95. A. Sper，*Capri Und Die Homosexuellen*（1902），quoted in Robert Aldrich，*TheSeduction of the Mediterranean*（1993），163.
96. R. Ross，‘Statement of Evidence in His Case Against Douglas’（Clark）.
97. Harris，300.
98. Miracco，*Verso il Sole*，23；*CL*，979；1118.
99. Miracco，*Verso il Sole*，23；*CL*，967. LAD to George Ives，22 October 1897（Clark）.
100. ‘Arnoldo de Lisle’ in Miracco，*Verso il Sole*，35.
101. Miracco，*Verso il Sole*，39.
102. LAD，*Oscar Wilde and Myself*，127-8.
103. *CL*，976.
104. *CL*，978，981.

105. LAD to Edward Strangman, 29 Novem-ber 1897, in Ellmann, 520.
106. *CL*, 968.
107. *CL*, 971.
108. *CL*, 978.
109. *CL*, 976.
110. *CL*, 981, 990.
111. CL, 971.
112. CL, 980.
113. CL, 972.
114. CL, 953.
115. CL, 954, 957, 966.
116. James G. Nelson, *Publish to the Decadents* (2000), 181-2.
117. *CL*, 972.
118. *CL*, 975.
119. *CL*, 984.
120. *CL*, 994-5, 965, 959.
121. *CL*, 988, 969, 983.
122. *CL*, 1003.
123. *CL*, 984.
124. *CL*, 1011.
125. *CL*, 973.
126. RR to Leonard Smithers, 16 November 1897 (Fales).
127. *CL*, 956; *Publisher to the Decadents*, 200-1.
128. *Harris*, 252.
129. LAD to Lady Queensberry, 7 December 1897, quoted in Wintermans, *AlfredDouglas*, 90.
130. LAD, *Autobiography*, 154.
131. V. O'Sullivan to A. J. A. Symons, [? 1932] (Clark).
132. Harris, 252.
133. Harris, 252-3; Miracco, *Verso il Sole*, 39.
134. *CL*, 1004.
135. *CL*, 979, 995.

136. Percy Douglas to LAD, BLRP5487.
137. LAD to Edward. Strangman, in Ellmann, 520.
138. *CL*, 991.
139. LAD to Edward Strangman, in Ellmann, 520.
140. Lady Queensberry to M. Adey, 18 December 1897 (Clark).
141. LAD to Lady Queensberry, 7 December 1897, in Hyde, *LAD*, 117.
142. *CL*, 997.
143. *CL*, 983.
144. *CL*, 1003.
145. *CL*, 993.
146. R. Croft-Cooke, *Bosie*, 163-4：罗斯曾经向史密瑟斯表达过疑问，怀疑美国的连载权是不是真的能卖出价钱。道格拉斯得知此事后，便写信给他们共同的朋友（莫尔·阿迪），声称罗斯正在试图阻止王尔德凭借这首诗挣钱。
147. *CL*, 1006.

4. 痛苦的经历

我有一个重大发现……酒精，如果摄入足够的量，就会产生各种陶醉的效果。

——奥斯卡·王尔德

悔悟的十四行诗一直没有写出来，可悲的是，王尔德的其 665
他文学计划也一样。他独自一人待在波西利波的别墅里，努力集中精力。原本希望诗歌创作完成后就“转向戏剧”，事实证明这个设想其实是徒劳。早在道格拉斯离开之前，两人合作共写《达芙妮和克罗埃》脚本就已经失败了；他一走，这个项目随即烟消云散。他曾经多次尝试动笔创作“现代社会喜剧”。也许是希望促使自己行动起来，他甚至要求史密瑟斯重新接触奥古斯丁·戴利，以确保美国人的权利。[1]

但王尔德意识到，这其中存在着某种一意孤行，自相矛盾的东西。两年的牢狱经历和六个月的流亡生活已经彻底摧毁了他的幽默感。“我猜想它全部都在我心中的某个地方，”他告诉特纳，“但我似乎无法感觉到它。我的幽默感现在只集中在风格奇异的悲剧上。”[2]他没有让自己去接受这个考验。我们不知道戴利是否收到过他的提议；当然他从来也没有回复过。而王尔
德坚持要写悲剧，反而尝试着创作《法老》和《佛罗伦萨悲 666
剧》。然而，这些稍显温和的主题也同样超出了他的能力范围。他承认道：“我现在发现，构建艺术是件困难的事情。”[3]就连他

最近发明的刺激文学创作的秘方——“读十多页”福楼拜的《圣安东尼的诱惑》，吃“两三颗哈希什①”——也没能发挥魔力。[4]

在不那么正式的约束下，他确实保留了旧日许多富有想象力的创造天赋。他的信件和谈话充满了荒诞的幻想。他想象着为史密瑟斯写一本关于赫利奥加巴卢斯生平的书，他在国家博物馆参观过这位风流皇帝的半身像——“就像一个年轻的牛津人，非常迷人，表情既傲慢，又倦怠”。他认为，《道林·格雷的画像》中提到的皇帝“与月亮结婚”这件事，可以构成一篇珠光宝气的文字。但是，至少就目前而言，他无法坚持不懈地把这些想法写下来。[5]

在没有新作品的情况下，王尔德注意到了他现有的全部作品。他继续策划在意大利扩大自己的名声。当罗科圈子里的一位年轻诗人，不到 20 岁的比亚吉奥·基亚拉表示想翻译《道林·格雷的画像》时，王尔德迅速想办法给他寄了一本。[6]他努力重新燃起人们对《莎乐美》的兴趣，把该剧的意大利语译本寄给了演员兼经纪人切萨雷·罗西，后者包下了佛罗伦萨剧院的秋季演出。罗西对剧本感到“震惊”，但遗憾的是，他的剧团里“没有能够演这个角色的女演员”。[7]只有埃莱奥诺拉·杜塞能够演这个角色。她于 12 月初来到那不勒斯，王尔德观看了她短短的演出季中所有的晚场演出。[8]他认为她“是一位迷人的艺术家”，虽然“她根本没法同莎拉（伯恩哈特）相比”。[9]他通过朋友寄给她一份剧本，恳求她考虑一下。[10]她当然对这个角色很感兴趣，在她看来，若非“作者的坏名声”导致此举不可行的

---

① 一种大麻制品。——译者注

话，她可能真的会扮演这个角色。周围的演员也支持她这种可悲的传统观念。[11]杜塞 12 月 14 日离开那不勒斯，短期内上演意大利语版《莎乐美》的希望也随之破灭了。[12]

艺术上取得进步的希望越来越渺茫，王尔德只能从自怜中寻求更直接的安慰。“我的生活无法修补，”他告诉史密瑟斯，“这是命中注定的。我无论对自己还是对他人，都不再有快乐可言。我现在只是一个非常低等的普通贫民，在德国科学家眼里我还是一个病理学问题，但这只有德国科学家才感兴趣，甚至在他们的工作报告中，我也只是被列入表格中，归类于平均 667
率！Quantum Mutates！①”[13]随着时间的推移，一种对道格拉斯的不满情绪——并不是因为他扬长而去（这是不可避免的），而是因为他在那不勒斯的所作所为——开始滋长起来，痛苦的往事从记忆中冒出来，翻来覆去挥之不去。一切似乎都在和他作对。

他渴望将这一时刻戏剧化，用他的话说，就是把痛苦之酒倒入渣土。一天晚上，他甚至去了那不勒斯人自杀时最喜欢去的公园。然而，当他独自坐在黑暗中，突然听到四周有“云雾般的东西”伴随着沙沙声和叹息声向他袭来。他断定，那些自杀者的灵魂非但没有得到安息，反而遭到诅咒要永远滞留在这个地方。这足以让他打消了自杀的念头。且不说别的，一想到死后要在那不勒斯度过一生，他就受不了：如他所说，那里的饭菜实在太糟糕了。[14]

当然，还有其他原因让他选择活下去。“虚荣，那种巨大的冲动”仍然驱使着他“去思考一个可能的自信的未来”：他

---

① 意为“变化多么大啊！”，出自维吉尔的《埃涅阿斯纪》。——译者注

想看到《雷丁监狱之歌》顺利出版。惰性，也阻碍了他采取任何决定性的步骤。昆斯伯里夫人可能会给他寄来 200 英镑。12 月中旬，文森特·奥沙利文途经那不勒斯时，发现王尔德每天都生活在对金钱的期盼中。奥沙利文怀疑，他这位朋友的一连串抱怨中有强烈的戏剧性成分。[15]让他感到发笑而非惊诧的是，两人在餐馆共进晚餐时，一个当地的“女巫”（很可能就是灭老鼠的那个人）突然停下来从窗户往里瞧，王尔德顿时不安起来：“你看见了吗？”他问，“我们将遭遇重大的不幸。”[16]

尽管如此，奥沙利文还是很遗憾地意识到，王尔德已经丧失了他精神上的某种至关重要的灵活性。尤其让奥沙利文看清这一点的是，一天晚上，他们在一家餐厅坐到很晚，一群看剧散场的人认出了王尔德，把他弄得异常不安。尽管他们的做法似乎更多是出于好奇而不是恶意，但王尔德还是痛苦地逃离了餐厅。“我们默默地走了一小段路，”奥沙利文回忆，“一个一直蹲在门口的可怜的那不勒斯乞丐，站起身子伸出手。王尔德给了他一些钱，我听见他用英语喃喃地说：‘你这个可怜的人，怜悯已死，为什么还要乞讨？’”[17]

668 昆斯伯里夫人的第一笔 100 英镑（通过莫尔·阿迪）寄到了，它也许无法改变王尔德沮丧的情绪，但它可能带来新的排解方式——更疯狂的音乐和更浓烈的酒。罗比·罗斯肯定地说，正是在那不勒斯，也许就是在此时，王尔德怀着一种新的、坚定的决心开始喝酒。[18]他可能没有表现出明显的醉酒迹象，但不快乐的感觉已经迟钝了。性也是一种现成的消遣，而且价格很便宜。

那年 12 月，一位名叫威尔弗里德·布莱兹（贝伦森夫妇的朋友）的年轻朋友发现，王尔德的处境很糟糕：“目前，他觉得每个人都在反对他，他的意志彻底消沉，尽其所能地直奔魔鬼而去。眼下他手头有足够的钱（他主要用来自暴自弃）。”[19]布莱兹也许并不知道这些钱来自昆斯伯里夫人，而且他被王尔德的赫利奥加巴卢斯的故事所吸引，因此布莱兹怀疑——似乎没有根据——王尔德是在“为史密瑟斯写淫秽小说赚钱”。[20]尽管王尔德表达了想“振作起来”的愿望，但布莱兹担心他“和流氓混在一起”，要振作起来会“觉得很困难”。[21]王尔德需要精神上的支持。于是布莱兹敦促贝伦森一家给王尔德写信，并且让其他以前的朋友也这样做，因为——布莱兹相信——王尔德“非常容易受人影响”。[22]目前尚不清楚贝伦森或其他朋友是否写过这些信。而且更难确定的是，他们的信是否送到了王尔德手里。

王尔德没有独自在那不勒斯过一个悲伤的圣诞节，而是起程前往西西里，布莱兹形容那是一次“愚蠢的陶尔米纳之旅”。[23]他此行是去拜访一位“非常有教养”的俄罗斯长者，此人很可能是他的一个“无赖”新伙伴。[24]在陶尔米纳，王尔德住在翁贝托大道上的维多利亚酒店，他参观了弗洛伦斯·特里威廉建造的花园。小镇上住着几个与英国伪道学决裂的流亡者，她是其中之一。（她原是一名侍女，因据传与威尔士亲王有染，被迫离开英国。）[25]王尔德还结识了年轻的亲俄分子阿尔伯特·斯托福德，后者于 1894 年逃离伦敦，以逃避因严重猥亵罪被逮捕。[26]但这里最吸引人的似乎是威廉·冯·格鲁登伯爵的画室。这位 41 岁的德国人长期定居在陶尔米纳，他因为替西西里青年拍一些模仿西方古典作品的照片而小有名气，照相者会摆出（通常是裸体）农牧之神和牧童的姿势。王尔德至少获得了其中两张引人注目的同性恋照片，据一位知情人士透露，他甚至帮这些“了不起的男孩子”摆了姿势。[27]

669 尽管王尔德在西西里有意气相投的伙伴——以及性机会——但新年刚过，他便回到了那不勒斯。他回来发现，所有的衣服和一些财物都被留下来照看别墅的仆人偷走了。他的不幸遭遇随后因一场流行性感冒而越发加重。这是1898年一个悲伤的开始。由于健康状况不佳、孤独，再加上“对生活悲喜剧的总体厌倦”，他决定离开朱迪切别墅（虽然租金付到了月底）搬回城里。他在圣卢西亚路31号租了个住处，那里离时尚中心很近。

美国传来了《雷丁监狱之歌》令人失望的消息，马布里小姐称“这里似乎没有人对这首诗感兴趣”。不过，她还是设法从《纽约杂志》拿到了区区100美元（约合20英镑）。这已经是最好的结果了。[28]除了这一挫折，真正令人兴奋的是，史密瑟斯寄来了第一本样书。王尔德被它优雅的外表“完全陶醉了”。他说，这本书的扉页是“一个杰作——是我所见过的最好的之一”。[29]史密瑟斯也很兴奋。最初他只订购了400本，也许是在罗斯的鼓励下，他把印刷量增加了一倍。除了这800本外（定价为2先令6便士），他还制作了30本日本皮纸的特别版，定价为1畿尼。王尔德开始起草一份赠书名单：除了他的各种文学和艺术朋友（道森、比尔博姆、文森特·奥沙利文、艾达·莱弗森等），还包括纳尔逊少校和狱吏格罗夫斯。[30]

赠书虽然是一件令人愉快的事情，但也肯定让他倍感孤独——他已经远离了自己如此珍爱的知识圈和社交圈子。虽然他有了一个新的“美丽情人”，但他不得不自认（以及向伦纳德·史密瑟斯坦承）已经渐渐“厌倦了希腊的青铜雕像”。[31]他渴望的是陪伴和交谈。在那不勒斯，他必须去合适的地方寻找它们。他从众多毫无怀疑的游客中亲切地邀请到两位英国教师（其中一位是格雷厄姆·格林的父亲）：王尔德和他们一起坐在咖啡桌旁，滔滔不绝地讲了一个多小时，令他们相当愉快，然后他离开，留下他们为他的饮料埋单。正如老格林晚年所说，这表明王尔德一定很孤独，因此他才愿意在两个度假的学校教师身上花费那么多时间和智慧。[32]

显然，王尔德无法独自一人在那不勒斯工作。"我在这儿的生活已经彻底毁了，"他告诉史密瑟斯，"我现在既无思想，也无力量。"[33]2月初，他已决定前往巴黎。就像布莱兹建议的那 670
样，对他来说，巴黎是一个"更好"的地方。他会离英国朋友们更近，会得到智力上的刺激和友谊，还有工作的机会。"我希望，"王尔德在离开之前称，"能在巴黎振作起来。"[34]

注 释

1. *CL*, 998; Joseph Francis Daly, *The Life of Augustin Daly* (1917), 626; 王尔德希望"现付 100 镑，每完成一幕再付 100 镑"。
2. *CL*, 961, 969, 976.
3. *CL*, 958. A letter from L. Smithers to OW, 26 January 1898 (Bodleian), 信中提到，"我听说你即将完成你的剧本《法老》" 似乎是基于一份过于乐观的报道。
4. 'Arnoldo de Lisle' (G. G. Rocco), quoted in Miracco, *Verso il Sole*, 23. 罗科记录的这种轶事与道格拉斯相关，他为了模仿奥斯卡·王尔德的做法，服用了过多药片，导致出现严重病情。
5. *CL*, 972-3.
6. *CL*, 1005-6; Severi, 'Astonishing in my Italian', 113. 基亚拉最初翻译的是手头的一本尤金·塔迪厄（Eugene Tardieu）的法语译本（出版于

1895年）；王尔德自己的版本连同他从贝尔讷瓦尔寄到那不勒斯的其他书籍，因他无力支付有关款项而一直被扣留在海关。*CL*，992，1005. 基亚拉翻译的《道林·格雷的画像》，最终于1905年出版。

7. *CL*，992.

8. Sturge Moore，ed.，*Self-Portrait*，137；D'Amico，'Oscar Wilde in Naples'，80. 她在商业剧场演出了苏德曼的《玛格达》（*Magda*）和《第二任妻子》（*La Seconda Moglie*）（皮内罗的《第二任坦克雷太太》已经在意大利很有知名度）。

9. *CL*，1006.

10. Severi，'Astonishing in my Italian'，11；Sturge Moore，ed.，*Self-Portrait*，137.

11. 'Arnaldo de Lisle'，quoted in Severi，'Astonishing in my Italian'，111.

12. 罗科的译文1901年发表在意大利《那不勒斯》杂志上。意大利语版《莎乐美》于1904年12月30日在米兰戏剧剧场上演。Severi，'Astonishing in my Italian'，112.

13. *CL*，1006.

14. O'Sullivan，69-70.

15. *CL*，983；V. O'Sullivan to A. J. A. Symons［1932?］（Clark）.

16. O'Sullivan，64.

17. O'Sullivan，161-2.

18. RR，'Statement of evidence in his case against Douglas'（Clark）.

19. Samuels，*BernardBerenson*，292. 布莱兹，一个25岁的医生，未来的哲学家，之前一直住在托斯卡纳（他在那里恋上了玛丽·贝伦森，当时她的名字叫科斯特洛），当时正准备前往北非，12月份途径那不勒斯。

20. Edwin Tribble，ed.，*A Chime of Words*：*The Letters of Logan Pearsall Smith*（1984），102；see also Samuels，*Bernard Berenson*，292.“有传言说，史密瑟斯付给他一笔钱，让他写一些猥亵的书，然后以每本30镑或50镑的价格出售。”这些谣言并没有阻止布莱兹向一向慷慨的王尔德借一小笔钱。W. Blaydes to OW，28 January 1898（Clark）.

21. Samuels，*Bernard Berenson*，292.

22. Samuels，*Bernard Berenson*，292；Tribble，ed.，*A Chime of Words*，102.

23. Samuels，*Bernard Berenson*，292.

24. *CL*，1008；王尔德的这位朋友可能是摄影人 Baron Rudolf von Transéhe-Roseneck。克拉克图书馆藏有一封巴伦写给王尔德的信（1898 年 1 月 10 日），其中提到两人最近在陶尔米纳见过面，要求王尔德偿还他在那不勒斯借走的 1000 里拉，还提到“古列尔莫”每天都在念叨王尔德许诺给他的红色丝绸手帕。
25. http：//www. italiannotebook. com/ local-interest/florence-trevelyan-taormina/.
26. *CL*，1032；Nicholas Frankel，*Oscar Wilde*：*The Unrepentant Years*（2017），165.
27. 可参见陶尔米纳翁贝托大街 81 号维多利亚酒店外不太可靠的纪念牌匾。在其各种明显的错误中，描述王尔德在镇上待了整整一个月，直到 2 月 13 日才离开。其中还引用了一封不知名者写给阿尔弗雷德·道格拉斯勋爵的信，信中暗示两人可能会到陶尔米纳一起生活。但有关格鲁登的资料，可能保留了当地人对王尔德到访的记忆。
28. J. G. Nelson，*Publisher to the Decadents*，199-200：马布里小姐扣除佣金和开支后，寄了一张 88.59 美元的支票，让王尔德和史密瑟斯平分。
29. *CL*，1011-12.
30. *CL*，1012-13 +n.
31. L. Smithers to OW，26 January 1898（Bodleian）；*CL*，1013.
32. Graham Greene，*A Sort of Life*（1971），26.
33. *CL*，1013.
34. W. Blaydes to OW，28 January 1898（Clark）；*CL*，1013.

第十一部分
智慧的教师

1898～1900年

44～46岁

奥斯卡·王尔德在罗马，1900 年

1. 巴黎的快乐圣殿

只有在那里，人类的一切缺点才能获得绝对的宽容，人类的一切美德和能力才能受到激情的艳羡。

——奥斯卡·王尔德

王尔德于 1898 年 2 月中旬抵达巴黎，住在左岸美术街廉价 673
的尼斯旅馆。这个时机似乎正当其时，时逢《雷丁监狱之歌》在伦敦出版。该书立即大获成功。史密瑟斯事先在《雅典娜神庙》杂志的热门版面上为其出版刊登了广告。[1]2 月 13 日——正式出版当天——《雷诺兹报》为庆贺该书出版，刊登了一篇表达赞赏的长文，文中大段引用了书中的内容。他们利用从连载版权谈判中收集到的内幕消息，一开始就破解了所谓匿名“C. 3. 3”的底细。文章标题为“奥斯卡·王尔德的新诗”，作者认为，“人们将会怀着巨大的兴趣去阅读”这首高度“戏剧性”的诗歌，“不仅为它的艺术价值，还因为它能让人感受到一位非凡人物的自我袒露；无论他犯了什么罪，他都以尊严和
自我克制承担了惩罚”。[2]另一份报纸《星期日特别报》宣称： 674
“自从《古舟子咏》首次出版以来，英国公众还从未听到过如此离奇、迷人、娴熟的叙事。”[3]

星期一早上，这本书卖得红红火火。据报道，有家书店一下子就卖出了 50 本。全部印本几天之内就卖光了，第二版的 1000 本正在筹备中，“下周就能准备妥当”。这首诗通过“对监

狱生活极其生动而现实的描述”，展现了摄人心魄、新颖独特的内容。它引发了争议：小说家林恩·林顿夫人认为王尔德对这个主题的处理“一如既往地扭曲……为犯罪找借口，同情罪犯，但不同情受害者”；[4]而“迈克尔·菲尔德”却在他们的日记中向诗歌里“不朽而荒谬”的核心内容——“我们必须杀死我们所爱的东西”——致以敬意；他们认为“奥斯卡来到这个世界上，就是为了创造这个令人兴奋的怪物”。[5]

这本书即便没有受到普遍关注，但《每日纪事报》《每日电讯报》以及《回声报》《呐喊》等小有名气的出版物上都有评论见报。罗斯与王尔德重归于好，寄去了一沓剪报。[6]《帕尔摩报》称赞这本书是“今年以来面世的最杰出的诗歌”——尽管必须承认，当时才2月。阿瑟·西蒙兹在《星期六评论》上发表了一篇敏锐而慷慨的评论，而W. E. 亨利（也许是因为西蒙兹将这首诗歌与亨利自己最近出版的自由体诗歌《在医院》相比较，亨利心有不快）则在《视野》杂志上发表了一篇既不慷慨，也不敏锐的评价文章。[7]对王尔德来说，《雷丁监狱之歌》标志着艺术的胜利回归。尽管《每日纪事报》似乎只是把这首诗当作“关于监狱改革的小册子”，这让他有一点点失望，但西蒙兹的评论让人难忘，也让他“深受感动”。[8]他刻意忽略了亨利的评价，并告诉史密瑟斯：“他只是嫉妒罢了。他把自己的淋巴结核病写成了诗集，却因为我把‘薄麦片粥’写成十四行诗而大发雷霆。”[9]

他也很喜欢朋友们的热情赞扬，比如罗森斯坦和劳伦斯·豪斯曼。[10]他收到了坎宁汉·格雷厄姆寄来的“一封充满魅力的信”，还有一封来自伯纳德·贝伦森的信（他说，“自这首诗问世以来，没有任何东西能像你的信那样给予我更多的愉悦和骄傲"）。[11]他从罗斯那里确凿得知，埃德蒙·高斯很欣赏这首诗，纳尔逊少校也认为这首诗的某些段落的确"非常好"。也许，他还听说康斯坦斯觉得它"精美绝伦"，伯恩·琼斯也"认为它很棒"。[12]有报道称，爱德华·克拉克爵士买了"十几本"。[13]王尔德沉浸在兴奋之中，几乎每天都要列出一堆获得赠书者的 675
名单——"那些一直关怀我的人"。[14]

这本书势头正猛，必须让它保持下去。尽管王尔德开玩笑说，史密瑟斯太习惯于销售"禁书"，以至于抑制了自己的书，但事实上，出版商应对得相当好。在王尔德的催促下，他在 3 月初发行了一个特别的"作者版"，封面由里基茨设计；这 99 本书每本都有编号和签名，售价半畿尼。之后，普通版又加印了三次，到 5 月底，总印数达到了 5000 本。对于一本诗集来说，这是一项非凡的成就。[15]这部诗歌无疑是王尔德最成功的作品。

为了加强这首诗的话题性，王尔德（署名为"《雷丁监狱之歌》的作者"）给《每日纪事报》写了一封长信，充满激情地讨论了刑事改革的必要性。它于政府的监狱法案进行二读前夕见报。而且，令人满意的是，在辩论过程中，至少有两名议员引用了《雷丁监狱之歌》中的内容。[16]开局成功之后，王尔德和史密瑟斯开始兴奋地筹划让 W. H. 史密斯推出廉价的"6 便士"版本，王尔德表示，他希望"这首诗进入贫困阶层"，或者还可以随书赠送一块"五朔节花柱肥皂"："我听说它可以染出各种可爱的颜色，并且能用来洗净。"然而遗憾的是，这个计划没有成功。[17]王尔德试图在美国推出这首诗的袖珍本，但这个希望也落空了。[18]

不过，这本书在巴黎很受欢迎。王尔德沾沾自喜地称，诗歌“能给人公民权（droit de cité）”。他赠书给那些曾经在自己入狱期间给予支持的人：亨利·鲍尔、奥克塔夫·米尔博，等等。[19]但在王尔德被囚禁的这些年里，巴黎文学界的格局发生了改变。龚古尔和魏尔伦都已经去世。马拉梅境况不佳；他已经放弃了他的《星期二》，并于当年9月去世。那些曾经在19世纪90年代初热切地聚集在王尔德身边的年轻作家，如今并不热衷于再续前缘。尽管保罗·瓦莱里或许在写给皮埃尔·路易斯的信中满腔热情地提到过《雷丁监狱之歌》（称监狱显然“对诗人极好”），但丝毫没有表露出想要与昔日朋友重归于好的迹象。[20]施沃布和雷泰也是一副漠然的样子。亨利·德雷尼耶拒绝和他扯上任何关系，尽管当两人在街上擦肩而过时，是王尔德转过身去。德雷尼耶不以为然地注意到，王尔德身上穿着过于显眼的黄色格子西装，还有他的“漆皮鞋”。[21]

676 相比之下别的人则要更热情一些。斯图尔特·梅里尔寻到了他。进步杂志纷纷对这首诗歌表示热烈欢迎。《白色评论》上刊登了一篇“绝好的评论”，还寄来一封编辑费利克斯·费内翁的邀请信，请他去报社和大家见面。王尔德还与“颇有艺术气息的评论刊物”《隐居生活》的编辑共进了晚餐；[22]年轻诗人亨利·达夫雷曾经在王尔德获释时给他寄去书籍和慰问信，他自告奋勇要将《雷丁监狱之歌》译成法文。王尔德对这个想法很感兴趣，向他提供了帮助，因为他指出，达夫雷从没有进过监狱，可能对其中的用词感到困惑。在接下来的几个星期里，两人共同合作致力于这件事情。最初，王尔德希望史密瑟斯能在伦敦出版这本书的双语版，最终译文于当年5月刊登在《法国信使报》上。[23]它的出版进一步稳固了王尔德在巴黎的地位。罗斯认为它“很出色”，而法语版则是“如此不同于原作，以至于让人有读到一首新诗的感觉”。[24]同年晚些时候，该译本以图书的形式重新发行——以《法国信使报》的名义发行——与英文版同时发行。

王尔德获得的尊重还不止这些：奥德翁戏院举办了一次文学日场，朗诵了一些王尔德的“散文诗作品”（法文版）。[25]人们回想起当年《莎乐美》大获成功的情形，对王尔德的未来戏剧项目产生了兴趣。他作为导演的客人，至少在实验性的免费剧场观看了一次演出，并受到梅特林克和他的情妇、歌剧演唱家若尔热特·勒布朗的邀请，与他们共进晚餐。[26]

尽管受到追捧和关注，王尔德还是意识到，在法国首都，人们真正感兴趣的事物已经不再是艺术和文学。1898 年初，整个城市，甚至整个国家，都随着德雷福斯事件的不断发酵被弄得四分五裂。阿尔弗雷德·德雷福斯上尉是一名为法国军事情报部门服务的犹太军官，1894 年 12 月，他因受指控为德国人从事间谍活动，并被判处终身监禁，关押在法属圭亚那的流放地魔鬼岛。但人们一直怀疑他是否有罪。一名军方调查人员仔细审阅了关键证据上的笔迹——一份截获的、传递敏感军事信息的清单——（相当正确地）确信这封信根本不是德雷福斯所写，而是出自另一名心怀不满的法国军官费迪南·埃斯特哈齐少校之手。尽管军方不愿意接受（或分享）这些发现，但这些信息于 1897 年底被公开，引发了争议和抗议的风暴。德雷福斯 677
的有罪或无罪可能只是表面上的争议，事实上这起事件为长期存在的政治和宗教仇恨提供了一个焦点。反德雷福斯派，除了对现有体制的尊重之外，还受到了反犹太主义的推动。他们的对手，支持德雷福斯派则往往是反教权、反军国主义的知识分子。埃米尔·左拉是德雷福斯的支持者之一。1898 年 1 月，一个闭门军事法庭宣告埃斯特哈齐无罪，小说家发文愤怒地谴责这种对正义的嘲弄。左拉的文章——标题为《我控诉》——不但提高了该事件的热度，也将他送上了法庭，被控诽谤政府当局。

王尔德到巴黎时虽然对这一事件并无特别的兴趣，却意外地发现自己被这一事件所吸引。记者罗兰·斯特朗是他在巴黎的侨民朋友，也是《观察家报》《晨报》和《纽约时报》的通讯员。斯特朗是个名声不佳的红发酒鬼，自称是夏多布里昂的后代，是一个激烈的反德雷福斯派（和反犹主义者），并且利用记者身份宣扬这两种偏见。他最近结识了埃斯特哈齐，并把自己当作其朋友和捍卫者。他在圣奥诺雷街一个酒吧聚会上，将王尔德介绍给"指挥官"认识。斯特朗的秘书，年轻的爱尔兰"诗人"克里斯·希利当时也在场，他回忆，王尔德用完美的法语"滔滔不绝地讲着他最欢快的俏皮话"，让那个苦涩、狡黠、留着黑胡子的埃斯特哈齐感到既困惑，又钦佩。[27]

阵线的另一边是卡洛斯·布莱克，他和妻子凯莉稍早于王尔德来到巴黎。得知王尔德与道格拉斯决裂后，布莱克如释重负，并在康斯坦斯的怂恿之下，找到了他的老伙伴。3 月 13 日下午 4 点，他们在王尔德简朴的旅馆房间里会面，令人激动不已，重新点燃了友谊。在一下午兴奋的谈话中，布莱克透露，他自从抵达巴黎之后，就深切关注着德雷福斯事件，并深信德雷福斯是无辜的。他碰巧是意大利军方驻巴黎武官亚历山德罗·帕尼扎尔迪的亲密老友，从中独一无二地接触到了案件的全部秘密细节。其中有两点引人瞩目：埃斯特哈齐确实是个叛徒，曾经向德国武官冯·施瓦茨科彭上校出售敏感材料（约 200 份文件）；为掩盖这个行为，一名法国情报官员（亨利中

校）伪造了一封据称是帕尼扎尔迪写给施瓦茨科彭的信，内容 678
牵连到德雷福斯。布莱克忘乎所以地向王尔德透露了很多这方面的信息，还透露了一个事实：帕尼扎尔迪拥有埃斯特哈齐写给施瓦茨科彭的一些信件的摹本，他打算匿名寄给英国媒体。

王尔德很喜欢这个故事。几天后，当他发现自己和埃斯特哈齐在一起吃饭时，更平添了一种兴奋感。王尔德告诉布莱克："这位指挥官令人惊讶。我以后会告诉你，他所说的话。当然他翻来覆去谈的只是德雷福斯案件。"[28]然而，一向行事鲁莽的王尔德却忍不住把从布莱克那里得到的内幕消息告诉了他的酒友斯特朗和希利。两人被这个消息震撼了，并立即将之物尽其用——尽管是以截然不同的方式。希利私下里对德雷福斯持同情的态度，他直接找到埃米尔·左拉。他和他的同事以这些信息为基础，在 4 月 4 日的《世纪》杂志上发表了一篇未署名文章，重申了埃斯特哈齐的背叛行为，并声称军方为佐证德雷福斯的罪行伪造了文件。与此同时，斯特朗则试图提前削弱布莱克揭露真相的力量，他为《纽约时报》写了一篇文章，提到埃斯特哈齐谴责任何败坏他人名誉的所谓复制品都是伪造的。[29]

在令人焦虑的德雷福斯事件时期，没有任何主张是无可辩驳的，没有任何胜利是万无一失的，也没有任何事情是一蹴而就的，然而王尔德轻轻松松地（通过希利）传递给左拉的信息，却被视为一个决定性的转变。它给德雷福斯派们提供了主动权，让他们走上了最终胜利的道路。[30]然而短时间内，这导致了反德雷福斯者们纷纷将怒气发泄在可怜的卡洛斯·布莱克身上。斯特朗在他的文章中称，布莱克是这些信息的源头；许多人猜测他就是《世纪》杂志上那篇文章的作者。布莱克记录道："然后我的麻烦开始了。"他在有倾向性的媒体上受到攻击，在大街上受到侮辱。他甚至还遭到了警察的监视。[31]他理所当然地对王尔德感到相当愤怒，是王尔德将他置于这种为难的境地——而且还破坏了他和帕尼扎尔迪的计划，他们原本打算以一种更有控制的方式揭露这桩事情。[32]

然而，王尔德对布莱克的痛苦并不在意。他还拒绝了左拉的邀请，不愿意一起讨论这起事件——他将其视为“三流的福
679 楼拜”，“毫无艺术性可言，经常令人恶心”（他可能发现了，在他遭到监禁期间，左拉曾经拒绝在法国作家们的请愿书上签字）。[33]在接下来的几周里，王尔德确实继续与日益焦虑、偏执的埃斯特哈齐见面。他有点喜欢和倒霉蛋在一起。一次吃晚饭时，埃斯特哈齐说：“我们是人类历史上两个最伟大的烈士。”然后停顿了一下，又说：“但我遭受的苦难更多。”[34]王尔德毫不犹豫地反驳道：“不，遭受苦难更多的是我。”[35]当亨利·达夫雷规劝王尔德不要与这样的人为伍时，他回答道，自从出狱后，他就不得不与“小偷和刺客”为伍。此外，有罪的人往往比无罪的人更有趣：无罪只需被人冤枉；成为一名罪犯需要想象力和勇气。王尔德声称，如果埃斯特哈齐是无辜的，“我就不会和他有任何关系”。[36]

尽管王尔德（根据谢拉德的说法）本质上同情德雷福斯，但由于这起事件的核心问题是巨大的不公正，他只是拒绝参与其中。当被问及对事件的想法时，他变得油嘴滑舌起来，称：“左拉根据德雷福斯的口述写了备忘录，埃斯特哈齐把它拿到德国使馆，卖了15法郎。”[37]他对政治不感兴趣，在不涉及文学的时候，他的思想更多指向的是性、爱情、金钱和死亡这些永恒的问题。

失意的时候，“爱情，或者带着爱情面具的激情”成为他

“唯一的安慰”。王尔德作为一名“同性之爱”的传播者和倡导者回到法国首都。人们原本以为他的“疯病”可能会在狱中获得“治愈”，但在那不勒斯的时候，这种想法就已经被摈弃，如今再也没人提起。他现在公然宣称——并且纵容——他的同性恋品味。他的格言是：“一个因为爱国被关进监狱的人还是爱国，一个因为喜爱男孩而被关进监狱的诗人也依然喜爱男孩。”他对罗斯说，改变自己的生活，“就等于承认同性之间的爱情是可耻的。我认为它是崇高的——比其他形式的爱更崇高”。他赞同乔治·艾夫斯对“事业”的看法：“我毫不怀疑我们将获得胜利，”他让艾夫斯确信，“但道路还很长，而且它被无数殉道者的鲜血染红。”[38]

然而，王尔德的性取向与艾夫斯和“喀罗尼亚会”所推崇的知识分子同性恋新文化理想截然不同。他想要的那种“同性之爱”是与年轻的工人阶级男性之间随心所欲的、可以买卖的性爱。“花钱去购买爱是多么堕落，”他感叹，“出卖爱又是多么邪恶！然而，从那种我们称之为‘时间’的缓慢移动的阴郁事物中，你又能攫住怎样的绚烂时光！”[39]对王尔德来说，“激情 680
的本质”是“交换”。[40]在巴黎，他摆脱了《刑法修正案》的袭扰，交换的机会数不胜数。在王尔德与罗斯和特纳的通信中，时常有年轻“搭讪者”的名字点缀其中：利昂是他“沐浴着月光在小街上漫步时”邂逅的；马里于斯（他易患感冒）抑或乔治是在茹弗鲁瓦餐厅打工的“一个极富激情的农牧之神”。[41]

然而，王尔德对年轻的海军步兵莫里斯·吉尔伯特产生了一种特殊的爱慕之情。他在大街上被莫里斯·吉尔伯特的眼睛及其优美的外表打动（“他看起来像初次执政的拿破仑，只是没那么专横，更漂亮一些”）。一辆作为礼物的自行车奠定了他们的友谊。王尔德告诉弗兰克·哈里斯，这是他“在这个世界上最渴望的”；“他提到了镀镍的把手和链条”。[42]他花费大量的时间用来玩纸牌，在牌桌上冲昏了头脑。“莫里斯赢了25盘牌戏……我赢了24盘，”他告诉史密瑟斯，“不过，他拥有青春，而我只有天才，所以他击败我是再自然不过。”虽然最初是激情使然，但这段关系也有理智的一面。王尔德很快就借书给莫里斯，欣慰地看到他的思想“像花朵一样一周又一周渐次绽放”。[43]

王尔德需要更多的钱，用来追求莫里斯·吉尔伯特。虽然很难相信他已经花光了昆斯伯里夫人给他的200英镑，但他似乎就是因为缺钱才来到巴黎的。尽管《雷丁监狱之歌》比较成功，但他并没有立即收到版税。毕竟，根据他自己的估计，“每一本只有3便士”，而且他已经拿到30英镑的预付款。[44]他转而向朋友们求助。他刚刚重新联系上卡洛斯·布莱克，就开始小笔借钱，以应付迫在眉睫的需求。[45]

然而，布莱克很快发现，王尔德并非像他自称的那样一穷二白。康斯坦斯一听说他和道格拉斯分居，就把零用钱还给了他。她通过罗斯把钱寄给他，这样他就可以细水长流地每月给王尔德10英镑。“如果（奥斯卡）手里有很多钱，”她对布莱克夫妇解释说，“他会无所事事，喝得烂醉如泥。”[46]王尔德痛苦地抱怨，非但每月的津贴数额减少了，而且康斯坦斯还不打算
681 支付之前三个月的“欠款”。为了节省开支，他从尼斯旅馆搬到了邻近的阿尔萨斯旅馆——“条件好得多，而且价格减半。”[47]他对罗斯哀叹道：“我必须设法制订某种贫穷计划，去找一家每月只需花费80法郎的餐馆，那儿没有什么好吃的东西——一天两顿——所以我也要在那里接受救济。”[48]然而，康斯坦斯对这样的示威并不以为然。她警告布莱克，不要再和王

尔德的财务问题扯上任何关系，并尖刻地说：“奥斯卡是如此可悲，简直就是个天生的演员。”[49]她说，他真正需要的是“一个意志坚强的人和他一起生活，照顾他”。[50]

这是她关于丈夫的最后评论之一。4 月 7 日，康斯坦斯在热那亚的一家诊所去世，五天前她又一次接受了旨在解决匐行性麻痹的手术。医学上对死亡的确切原因意见不一；她的儿子维维安一直认为她死于过度悲伤绝望。[51]王尔德听闻这个消息悲痛欲绝。尽管他自称，在康斯坦斯去世的那天晚上，他曾做过一些关于她的令人不安的梦，但这个消息还是让他倍感震惊。[52]他接连发电报给罗斯和布莱克，表示他“非常悲痛”，并请求和他们见一面。布莱克立刻来了。罗斯从英国匆匆赶来，不过等他赶到的时候，王尔德似乎已经恢复了平静。“他心情很好，没有吃太多。”罗斯如此告诉史密瑟斯。尽管王尔德可能会沉浸在失去亲人的悲痛中（甚至在思绪中反复重温它），但他仍然无法理解自己一直以来对妻子是多么的“残忍”。他眼下忧虑的似乎在于，他的津贴可能会随着康斯坦斯的离去而终止。但在这一点上，他很快就打消了顾虑。[53]

她的离世结束了他生命中的一个篇章。它也消除了他在可预见的将来，再次见到孩子们的一切可能性。他们现在由康斯坦斯的表亲阿德里安·霍普监护。王尔德强烈地感觉到这是一种剥夺，至少在某些情绪和某些时刻是这样的。一个法国小男孩和母亲在王尔德吃饭的那家简朴的餐馆用餐，当他们问起，他是否有自己的儿子时，他的眼里溢满泪水。“我有两个，”他用法语回答，“但他们没跟着我来这儿，因为他们离这儿太远了。”他把孩子拉过来，吻了吻他的双颊，低声说（用英语）：“哦，我可怜的孩子们。”[54]

康斯坦斯的离去并不是那个春天唯一的死亡暗示。三周前，比尔兹利在芒通去世，年仅25岁。尽管他们性格迥异，王尔德
682 一直对这位年轻的艺术家赞叹有加。他在给史密瑟斯的信中写道："他灵魂的洞穴中总是藏有巨大的潜力，而他的夭折令人扼腕，具有可怕的悲剧性色彩。"[55]王尔德自己的健康状况一直令他担忧。5月初，他因扁桃腺炎（扁桃体周围脓肿）做了一个喉部小手术：手术本身"还可以"，因为他"被注射了大量的可卡因"，但后来他的喉咙"痛楚难忍"。[56]

然而，春天的巴黎也有其可供消遣的所在。无数英国游客蜂拥而至。王尔德经常和哈兰夫妇一起吃饭，弗兰克·哈里斯也会大方地款待他。[57]他根本不想隐藏自己。无论是出于"虚张声势还是真心诚意"，只要有机会，他就会选择去"奢侈昂贵并且人们经常光顾的地方"找乐子。他将别人眼光抛在脑后，完全无视他们的漠然。[58]他始终保持着"仪表堂堂的"形象，在任何场合都很引人瞩目；虽然他衣柜里的存货少得可怜，但他总是"穿着得体"，"胡子刮得干干净净"。[59]

他参加了新沙龙画展的预展（"罗丹的巴尔扎克塑像好极了——它恰如其分地反映出了一个小说家所具有的，或者应具有的气质"）。[60]他和诗人罗伯特·谢弗一起去游乐园玩，和斯图尔特·梅里尔一起去看了一场"奇迹剧"。之后他们和学生演员们共进晚餐，"整个拉丁区到处是光明、美女和美酒"。[61]另一个晚上，他和索罗夫妇一起外出吃饭时，和惠斯勒碰了个照面。他们彼此没有说话。"他看上去又苍老又古怪！"王尔德兴高采烈地告诉罗斯，"就像是梅格·梅里利斯①。"[63]比较令人痛

① 沃尔特·司各特小说《盖·曼纳令》（*Guy Mannering*）中半疯的吉卜赛女人。——译者注

苦的是与谢拉德的遭遇。他回巴黎报道德雷福斯事件，但他的反德雷福斯偏执和酗酒习性使他成了一个乏味无趣的伴儿。王尔德仍然对他那番有关那不勒斯和波西的评论耿耿于怀。他们确实偶尔见面，但如谢拉德后来回忆，王尔德“变得越来越疏远”；他们在林荫大道上相遇时，常常“默默擦肩而过，只轻轻地挥了挥手”。[64]

波西也回到了巴黎，住在克勒贝尔大街上一间小巧而“漂亮的公寓”里。虽然那不勒斯的阴影仍然笼罩在两人头上，但他和王尔德还是像朋友一样见面了，伴随着春日的脚步，他们见面的次数越来越频繁。王尔德帮道格拉斯挑选公寓里的家具，经常在那里用餐。[65]但两人并没有恢复往日的亲密关系。没有了爱的滤镜，波西的自私变得十分明显。罗斯到访巴黎后写信告诉史密瑟斯，道格拉斯“对其他人根本不感兴趣，其程度超过了以往任何时候，尤其是对奥斯卡，所以我真地认为他们的联盟会自然死亡”。[66]他把大部分时间和所有的钱都花在赛马上。 683
“他具有识别失败者的能力，”王尔德称，“考虑到他对赛马一窍不通，这简直太令人吃惊了。”[67]真正把他们吸引到一起的是他们共同而持久的兴趣，那就是和当地的街头“男妓”发生性关系。波西痴迷于一个“14 岁的可怕小鬼”，他被称为“花王”，王尔德解释说，因为“他可以在从事罪恶勾当的闲暇之余，到和平咖啡馆门前兜售紫罗兰花束”。“花王”经常使出各种招数勒索波西，然而那似乎只会令他徒增魅力。[68]

道格拉斯——还有罗斯和雷吉·特纳——都对王尔德的朋友莫里斯·吉尔伯特产生了浓厚的兴趣。的确，这个年轻貌美的男子迅速成了众人的宠儿。罗斯承认，那年 5 月在巴黎，他“和莫里斯鬼混了一段时间”，一周内花掉了整整一个季度的零花钱（罗斯对史密瑟斯说，“对那些爱慕他的人来说，他就是个昂贵的交际花”）。[69]“极有才干的莫里斯”还适时地为罗兰·斯特朗充当过一阵子不太称职的“秘书”。[70]

整个夏天，他经常和王尔德、道格拉斯、斯特朗以及斯特朗的狗“强盗”一起，定期去巴黎郊外马恩河畔诺让的一家名叫“创见”的古色古香的乡村旅馆。那是个迷人的地方。“哦，河畔小凉亭，或者叫它小屋，”斯特朗兴高采烈地说，“它的大花园里种满了鲜花、蔬菜和果树，枝繁叶茂，亲密无间。叫辆出租马车就能到那里了！不需要坐火车。整天都可以划船、钓鱼和洗澡”[71]也许更重要的是，房东可以提供赊账。王尔德在周围的环境中找到了一种怀旧的慰藉。他带着一名游客沿河散步：“这难道不是有点儿像泰晤士河的样子吗?”接着，他从河岸边一幢大别墅的铁门往里张望说：“我就喜欢站在这儿，从栅栏里往里瞧。像现在这样站着，只瞧一眼，就想进去，这比在天堂里要好。现实肯定会令人失望。”[72]

6月初，卡洛斯·布莱克从巴黎前来看望王尔德。虽然临分别时，两人表示要“相互忠贞不渝”，但这次见面并不圆满。这段友谊已经勉强维持了好几个月。布莱克受到妻子的压力，
684 要他断绝与王尔德的一切联系。他也得知王尔德又和波西见面了，他很不赞成。然而比这更糟糕的是，法国报纸上出现了有关他与纽卡斯尔公爵起争执的尴尬消息，他怀疑这是王尔德向外透露的，令他非常苦恼。从诺让回去后，布莱克写了“一封不落俗套，发自良心的信”重申这些观点，王尔德认为他冒犯了自己。于是他写了一封“措辞极为强烈的”回信，声称自己是无辜的，指责布莱克虚伪，结束了他们长久而珍贵的友谊。“所以，”王尔德对罗斯说，“伪君子从我的生活中消失了。”[73]

尽管王尔德装出（甚至让人感觉）一副冷漠无情的样子，但与布莱克的决裂对他在巴黎的地位产生了影响。布莱克的众多亲德雷福斯派朋友都认为这是一种卑鄙的背叛。评论家亨利·鲍尔——王尔德曾经给他寄过一本《雷丁监狱之歌》——写道，他现在对王尔德满心“蔑视”，而先前自己一直在为他“竭力辩护”，“他背叛了那些和他站在一起支持他的朋友。我要避开这股恶臭。对我来说，他已经不存在了”。[74]其他人也持同样的观点。但如果王尔德与布莱克决裂，他会继续与四面楚歌的埃斯特哈齐会面并共进晚餐。随着亨利上校的伪造行为被揭露出来，笼罩在叛徒头上的那张网越收越紧；9月2日，在斯特朗的鼓动下，他逃离巴黎，前往英国。至少在英国媒体上，人们认为王尔德在某种程度上参与了这起耸人听闻的事件。[75]

王尔德自己也想逃离巴黎。这个城市受到可怕的热浪侵袭。“我走在黄铜色的街道上”，他向弗兰克·哈里斯抱怨道，“除了汗流浃背的英国家庭外”，四周围空无一人。虽然这里的晚上也许很迷人，但白天它是“老虎的血盆大口”。[76]查尔斯·康德邀请他前往巴黎以西塞纳河畔拉罗什吉永附近的一个小村庄尚特梅斯勒小住一阵，将他从这种种的不舒适中解救了出来。王尔德参加了一个快乐的派对，其中有威尔·罗森斯坦和他的未婚妻爱丽丝。康德写信告诉达尔豪西·扬夫人：“我觉得有些人不乐意我把他（奥斯卡）招来——但他将尚特梅斯勒变成了一个迷人的小国度，他化身为国王，还给自己搞到了（阿瑟）布伦特的船——成了他的游艇——让小男孩们每天划船把他从尚特梅斯勒送到拉罗什，他在那里喝了开胃酒，回来时满载着鸭肉火腿和葡萄酒，通常这些东西就成了晚餐桌上的额外美食。”[77]

尽管如此欢乐，康德称王尔德比去年夏天在迪耶普时“严肃得多”——甚至“有时非常沮丧，可怜的家伙”。[78]巴黎生活
685 的种种限制似乎已经令他感到烦恼。康德问他为什么不租一套公寓：“每个人都愿意来看你。你会认识所有文学家和艺术家。”听了这番话，王尔德落寞地答道：“我亲爱的朋友，这就是问题所在：我不在乎什么文学家。我只喜欢伟人。我想要的是公爵夫人们。”[79]然而，他渐渐意识到——“非常遗憾地”——公爵夫人们现在是可望而不可即了。他“再也不能进入社交圈了”。相反，他必须努力接受一种“波希米亚式的生活方式”——这种生活方式（罗斯称）“与他的天才和气质完全不相符”。他向康德承认，自己开始觉得“对于‘本地’那些轻浮诗人来说，他显得有点老了”。[80]

注　释

1. *Athenaeum*，12 February 1898.
2. ‘New Poem by Oscar Wilde’，*Reynolds's Newspaper*，13 February 1898.
3. *Sunday Special*，13 February 1898，quoted in *CL*，1030.
4. G. S. Layard，*Mrs Lynn Linton*：*Her Life*，*Letters*，*and Opinions*（1901），356.
5. Ivor C. Treby，*Binary Star*（2006），140；1898 年 4 月 3 日的日记内容。
6. *CL*，1019.
7. Mason，417；Karl Beckson，ed.，*Oscar Wilde*：*The Critical Heritage*（1970），211-22. RR to L. Smithers，‘Saturday’［1898］（Fales），其中提到“在这一期的《视野》杂志第 57 页”上刊登了“一篇对这首诗歌很有利的文章”（亨利的否定性评论刊登在 1898 年 3 月 5 日那一期的第 146 页）。
8. *CL*，1036.

9. *CL*, 1037.

10. *CL*, 1024, 1027; 劳伦斯·豪斯曼的哥哥 A. E. 豪斯曼认为，这首诗中有"部分"内容"超出了王尔德的一般水平"，怀疑它们是阿尔弗雷德·道格拉斯勋爵的手笔。Archie Burnett, ed., *The Letters of A. E. Housman* (2007), 2: 77.

11. *CL*, 1021; John Rothenstein, *Summer's Lease* (1965), 145.

12. Ross, ed., *Robbie Ross – Friend of Friends*, 50; CMW to Carlos Blacker, 4 February 1898 (BL); CMW to Carrie Blacker, 5 March 1898 (BL); 罗斯给纳尔逊少校寄了一份校样，但他并没有完全被这首诗打动。他回信说："我非常同意您的批评，虽然我认为有些段落非常好，但我认为这部作品并不能体现作者的最高水平。这是一种好、坏和冷漠的可怕混合体。"尽管他遗憾地得知，"王尔德先生没有成功地将自己彻底从过去两年的泥沼中拯救出来"，但他希望"有一天我们会看到如此辉煌和独特的笔下能写出真正值得一读的作品"。

13. Lily Wilde to More Adey, 14 March 1898 (Bodleian).

14. *CL*, 1026.

15. Mason, 420; J. G. Nelson, *Publisher to the Decadents*, 202.

16. *CL*, 1045; 1053.

17. *CL*, 1063; J. G. Nelson, *Publisher to the Decadents*, 207.

18. J. G. Nelson, *Publisher to the Decadents*, 208; 奇怪的是，原定于 2 月 13 日在《纽约日报》上刊登这首诗的计划却从未实现。似乎是前一天一艘跨大西洋轮船的沉没，导致了报纸的版面被清空，以便对这场灾难进行全面报道。出于版权的考虑，史密瑟斯的确在美国制作了一个特别版，但只有 6 本。G. F. Sims Catalogue No. 78. (March 1971), item 438.

19. *CL*, 1022.

20. P. Valéry to P. Louÿs, 31 March 1898, in Fawcett and Mercier, eds, *Correspondances À Trois Voix*, 852.

21. David Charles Rose, *Oscar Wilde's Elegant Republic* (2016); 415; Niederauer and Broche, eds, *Henri de Régnier*, 449, March 1898 entry.

22. *CL*, 1079.

23. *CL*, 1057; OW to Henry Davray [June 1897], (Christie's sale 6973, 3

March 2004)；*CL*，1028；J. G. Nelson，*Publisher to the Decadents*，208.
24. RR to OW，'Monday evening' [May 1898] (Clark).
25. *CL*，1030.
26. *CL*，1078，1079；Georgette Leblanc，*Souvenirs*，*My Life with Maeterlinck* (1932)，127-8.
27. Healy，*Confessions of Journalist*，157，165.
28. *CL*，1051.
29. Maguire，120-6.
30. Healy，*Confessions of a Journalist*，125-6.
31. Maguire，120.
32. Maguire，127.
33. Healy，*Confessions of a Journalist*，125，136. 希利声称王尔德拒绝拜访左拉"是因为左拉是一个不道德的浪漫主义作家"。但考虑到王尔德对艺术和道德所经常陈述的观点，这似乎很难令人信服。
34. Ernest La Jeunesse，'Oscar Wilde'，*Revue Blanche*，15 December 1900，in Maguire，111.
35. Vance Thompson，'Oscar Wilde：Last Dark Poisoned Days in Paris'，*New York Sun*，18 January 1914，18.
36. Newman Flower，ed.，*The Journal of Arnold Bennett*，*1896-1910* (1932)，215；*CL*，1051 n1.
37. Robert Sherard，*Twenty Years in Paris* (1905)，443；Healy，*Confessions of a Journalist*，165.
38. *CL*，1105；1019，1044.
39. *CL*，1104.
40. Harris，300.
41. *CL*，1078，1106，1104.
42. Harris，269；哈里斯相当生动地逐字记述了王尔德与"小士兵"的会面，没有提到吉尔伯特的名字，尽管他给出的日期与王尔德信件中提到的日期并不完全一致，但这一身份似乎是确定的。
43. *CL*，1030-1；Harris，270.
44. *CL*，1036，1041，1037. 1898 年 3 月 15 日——该书出版一个月后——他收到了第一张小额支票 4 英镑。

45. Maguire, 119; for 200 francs and 100 francs.
46. CMW to Carrie Blacker, 26 March 1898 (BL RP 3291).
47. *CL*, 1050.
48. *CL*, 1038-9.
49. CMW to Carlos Blacker, 20 March 1898, in Maguire, 119.
50. CMW to Carrie Blacker, 26 March 1898 (BL RP 3291).
51. Frank Harris to Henry Davray, 24 November 1926 (Austin).
52. LAD, *Oscar Wilde, A Summing Up* (1940), 100-1.
53. *CL*, 1054, 1229; Maguire, 121, 127.
54. Vyvyan Holland, *Time Remembered after Père Lachaise* (1966), 10-12, in Mikhail, 361-2.
55. *CL*, 1040.
56. *CL*, 1062; Robins, *Oscar Wilde: The Great Drama of His Life*, 101.
57. *CL*, 1056.
58. Stuart Merrill, 'Oscar Wilde', trans.
H. M. Hyde (1912) (Clark); Vincent O'Sullivan to A. J. A. Symons, 26 October 1931 (Clark).
59. O'Sullivan, 54.
60. *CL*, 1058.
61. *CL*, 1065; 1077-8.
62. Noel Arnaud, *Alfred Jarry* (1974), 418.
63. *CL*, 1057.
64. Sherard, *SUF*, 263.
65. *CL*, 1057; LAD, *Oscar Wilde and Myself*, 130.
66. RR to L. Smithers, [April 1898] (Fales).
67. *CL*, 1058.
68. *CL*, 1066.
69. RR to L. Smithers, [9 May 1898] (Fales).
70. *CL*, 1090.
71. Rowland Strong, *Sensations of Paris* (1912), 187.
72. W. H. Chesson, in Mikhail, 377.
73. 卡洛斯·布莱克于6月7日到访; Maguire, 125; *CL*, 1085-6.

74. H. Bauër to Carlos Blacker, 2 August 1898, in Maguire, 137. 奥斯卡·王尔德似乎并没有觉察到鲍尔的敌意。1899 年 7 月，他给鲍尔寄去了一本《理想丈夫》。

75. Maguire, 150.

76. *CL*, 1094, 1092, 1093.

77. Conder to Mrs Dalhousie Young, quoted in Ellmann, 533.

78. Conder to Mrs Dalhousie Young, quoted in Ellmann, 533.

79. Kessler, *Journey to the Abyss*, 329.

80. Conder to Mrs Dalhousie Young, quoted in Ellmann, 533; RR to Adela Schuster, *CL*, 1229.

2. 前往南方

社会上只有一个阶级比富人更看重金钱，那就是穷人阶级。

——奥斯卡·王尔德

王尔德自己的诗歌灵感一直处于搁置状态。他曾经认为， 686
巴黎“令人振奋的”学术氛围也许能令他恢复创造力，但事实证明，这与他之前希望阳光和那不勒斯会带来改变一样，一切都是徒劳。他早先保证，很快就要动笔写“一部新剧”，但并没有付诸实施。[1]相反，他开始将《雷丁监狱之歌》当作他的“天鹅之歌”——垂死天鹅的最后挽歌。[2]然而，他拒绝放弃一切希望。他提醒罗斯，自从出狱以来，他已经“在一年中完成了不少工作”，“现在我想要再为明年而创作”，但是“要从生活的逆境中重新获得超脱的艺术心态并不容易”。[3]

与此同时，一种表面上的文学努力还是可以保持下去的。继《雷丁监狱之歌》大获成功之后，史密瑟斯正计划出版《理想丈夫》和《不可儿戏》，打算采用同约翰·莱恩早先为王尔德的两部社会喜剧所使用的一样的优雅样式。首先推出的是《不可儿戏》——因为罗斯说——它不仅是王尔德剧作中“最好的”，也是在评论界最受好评的，而且还是最不为人所知的： 687
“它上演的时间太短，很多没有观看过这部剧的人都会买它。”[4]

这一年的大部分时间，王尔德都在改稿。对于喜剧，他一如既往具备自信的鉴赏能力。他对文本进行了几十处小改动，改进了形容性词，精炼了台词。对于布拉克内尔夫人的那段台词——“幸运的是，在英国，无论如何，教育是毫无效果的。如果它有效的话，就会给上流社会带来巨大的危险，也许会导致暴力行为。”——他在结尾增添了“在格罗夫纳广场”这几个词。他要把这本书献给罗斯。王尔德曾拿罗斯对这部戏的巨大热情开玩笑说（显然不是真的）：“不喜欢我的戏剧有两种方式。一种是不喜欢它们，另一种是特别喜欢《不可儿戏》。”[5]王尔德自己的名字不会出现在标题页上。他认为，这一切还是来得太快了。相反，他建议采用《温德米尔夫人的扇子》的方式。[6]

回想过去的成功，痛苦和快乐交织在一起。然而，对于未来，他拒绝细想。他或许曾经对前往诺让拜访他的英国年轻小说家威尔弗里德·切森说过，“我毫不怀疑，我的未来会像我的过去一样美好”；但这样的说法只是为了鼓励他自己。[7]当希利问起他的计划时，他回答：“我不能说我这辈子要做什么；我在想，我的生活将会怎样。我想隐居到某个修道院，住在一个灰色的石头小屋里，在那里我可以看看书，写写诗，虔诚地抽着烟。”[8]他在很大程度上，满足于活在当下。在那转瞬即逝的一刻，他所想要的仅仅是捡到一个法郎去换一罐啤酒。“你担心得太多了，”他告诫切森，“不必担心。”[9]

他努力听从自己的忠告，而且大部分都成功了。喝酒很管用。他继续维持着从那不勒斯开始的消费水平，而且还有所提高。他灌下大量的啤酒、葡萄酒、香槟、白兰地、威士忌、苏打水和荷兰产蛋酒。但他现在首选的是苦艾酒。[10]在贝尔讷瓦尔，他曾经对约翰·福瑟吉尔讲过喝苦艾酒醉倒的三个阶段。

“第一阶段”被他称为“和普通饮酒一样”；在“第二阶段”，你开始看到“可怕和残酷的东西”；但如果你能坚持下去，进入第三阶段，你会“见到你想看的东西，奇妙而好奇的东西”。他描述了一个漫漫长夜，他独自喝完苦艾酒之后，是如何达到这个第三阶段的。此时，穿着绿围裙的侍者进来，把椅子堆放 688
到桌子上，咖啡馆要打烊了。他拿来一个喷壶，开始往地上洒水，“最奇妙的花——郁金香、百合和玫瑰，纷纷冒了出来”。但侍者始终看不见它们，王尔德回忆说，但“当我站起来走到街上时，我感到沉重的郁金香花头擦过我的小腿”。[11]

然而，现实并非总是可控的。文森特·奥沙利文发现，有时候，在谈话过程中，王尔德的“脸上会闪过极度的痛苦和遗憾”，或者“对未来的忧虑”。每当这种时候，他会“用颤抖的大手捂住脸，然后伸出胳膊”，好像要挡开这种想法。[12]

然而，他拒绝为明天做任何准备。他每月的零用钱更多是用来找男妓，而不是租房子。他依赖小小地挥霍一把来安慰自己。他与诗人们一起喝酒，让众人惊讶的是，他给侍者 20 法郎，要他去买一包金色烟头的香烟。然而他点燃第一根烟后却发现，这个香烟牌子令人失望。但是，当男孩把找回来的零钱——大约 15 法郎——递还给他时，王尔德说：“不用了，你留着吧。这样能让我产生错觉，以为烟还不错。”[13]他到斯克里布街的朱尔斯和罗杰商店去几次，买点古龙香水和其他洗漱用品，账单就超过 27 法郎。[14]

他手头宽裕时总是很慷慨，没有钱的时候就等着朋友们接济。他没有预算能力，这意味着几乎每个月都生活拮据。罗斯经常收到请求提前支付津贴的信件。一次，王尔德特别急迫地需要钱——他描述自己身无分文，“连充饥的食物都没有了”——

罗斯以 5 英镑的价格卖掉了比尔兹利的一幅画，让史密瑟斯将钱匿名寄给王尔德。[15]不过，罗斯很快就认清了王尔德夸大其词的习惯，事实上，那属于欺骗。王尔德被迫做出道歉，因为他谎称自己急需一笔钱，以便从诺让的旅店老板那里取回被扣押的行李。“我对我的托词感到遗憾，”他写道，“我忘了以前用过诺让这个借口。它显示出我的想象力已经完全崩溃，这使我感到非常苦恼。”弗兰克·哈里斯回忆，杜兰德餐厅曾经上演过一出晚餐悲喜剧，当晚一开始，他慷慨地送给王尔德一张支票，用来偿还眼下的债务。凌晨 3 点他们分手时，王尔德忘记了先前收到的礼物，自称“手头很紧”，询问能不能给他“几
689 个英镑”。[16]不过，王尔德在金钱问题上已经摆脱了尴尬和羞耻。贫穷也许“很可怕”，但它主要是一种周期性的不便。*

他一直希望有个更加光明的经济前景，即便图书版《不可儿戏》做不到，那也还有他的现代戏剧本《爱即法律》。如果利用得当，它有可能带来上千块钱的进账。尽管史密瑟斯与奥古斯丁·戴利的接触没有取得任何进展，王尔德还是在 10 月时将这部尚未动笔的剧本的英国演出权卖给了一个名叫霍勒斯·塞杰的伦敦戏剧制作人，后者当时正在成功上演改编版《爱丽丝梦游仙境》。[17]但如果王尔德希望通过签署合同激发工作能力，那么他要失望了。这一进展只能让他越发地放纵自己。

那年秋天，巴黎似乎空无一人。不过，他倒是见了一些老朋友，罗斯和特纳——他们正在意大利进行为期三个月的旅行——在前往南方的途中经过巴黎。艾达·莱弗森来了一次。

---

* 贫穷也有其矛盾的一面。王尔德喜欢讲这样一件事：他因为没有几个苏用来支付车费而被轰下了公共马车，于是他转而叫了一辆出租马车，因为这笔钱可以由他所要去的公寓楼的门卫支付。

她的诙谐机智丝毫未失：当王尔德给她讲述一个年轻的阿帕契人，忠心耿耿地陪着自己，手里无时无刻不攥着一把刀子时，她说："我敢肯定，他另一只手里拿着叉子。"[18]但王尔德的老伙伴们都不在。斯特朗身在伦敦，正在想办法把埃斯特哈齐的故事卖给英国媒体。波西在流亡了三年半之后回到英国，他的母亲从检察官那里获得保证，他不会面临逮捕。于是他在伦敦待了几个月，整理出版了两本薄薄的诗集，一本是他的诗集（没有包括《赞美羞耻》和《两种爱》），另一本是写给孩子们的胡闹诗。两本书的扉页上都没有他的名字。在英国期间，他曾经试图与父亲和解。两人在贝利酒店的吸烟室见面，事情进展得很顺利，昆斯伯里拥抱了他，称他为"亲爱的孩子"，并承诺恢复他的零花钱。但当侯爵随后写信要求了解他与"野兽王尔德"到底是什么关系时，波西回复了一封尖刻而放肆的信，终结了一切和解的可能性。[19]

既然身边没有英国密友，王尔德便把时间倾注在和艺术圈 690
里，或者有同性恋倾向的年轻人调情这件事上，他们纷纷从英国写来热情洋溢的信：其中有 17 岁的拉德利公学学生路易斯·威尔金森，他自称正在计划将《道林·格雷的画像》搬上舞台；还有阔气的异装癖美学家杰尔姆·波利特，他的每封信里都附有照片。[20]不过，王尔德讨厌独自待在他那间不招人喜欢，而且"颜色太黄"的房间里。他可能会在阿尔萨斯旅馆小小的后院里读一会儿书，但很快就会去街上寻找社交机会。他在拉丁区闲逛。他了解当地所有古董商的货品。人们经常在卢森堡公园里见到他。在认识他的人看来，如果他走得很慢，步子迈得很小，那是为了更好地享受回忆"他曾经的样子"。[21]

尽管王尔德仍然游离于日常社会生活之外，但有时候那是他情愿为之。一次他受邀拜访牛津大学老校友 J. E. C. 博德利的家，当他得知博德利的家人也在时，刚到门口便逃走了。[22]他转而接受了法国文学界。他告诉特纳，位于意大利大道（靠近歌剧院）的美国人开的卡利萨雅酒吧成了他主要的“文学胜地”；下午 5 点，他会和他的“朋友”莫雷亚斯、埃内斯特・拉热内斯，“以及所有其他的年轻诗人”聚在那里。[23]按照惯例，他们在 5 点钟喝开胃酒，做好当天的安排，夜晚就此开始。这家酒吧远近闻名的香槟鸡尾酒可谓引人入胜，谈话聊天也同样令人兴奋不已。[24]文学上的争论并不少见，但也有很多乐趣。科幻小说作家古斯塔夫・勒・鲁日初次见到王尔德就是在卡利萨雅酒吧，他回忆王尔德的样子令人难忘，“他诚恳善良，笑起来很真诚，露出一口几乎镶满黄金的牙齿，这让他看起来有点像一尊神像”。[25]

卡利萨雅酒吧的众人成为王尔德的听众，他滔滔不绝地讲着连串的寓言和故事。[26]虽然他很享受口若悬河地说话，但拉热内斯疑心此举也是在“为他自己”即兴创作，以确信“他仍然有能力，仍然会去做，仍然有名气”。[27]王尔德故事中的主人公几乎“无一例外”都是国王或者神——尽管有一个故事是关于国王和乞丐的。到了故事结尾，王尔德说：“我一直是国王；现在我将成为一个乞丐。”这种自我戏剧化和夸张是很典型的。无论王尔德在经济上如何窘迫，他始终（如拉热内斯所见）是一个完美的、打扮得体的英国人——“而且（他）从不乞讨”。[28]

691 在另一次自我神话的操练中，王尔德详细叙述了一个故事，说起他在前世，如何获得了成功和幸福，以至于“一种秘密的恐惧感”突然袭来，“（他）在现实中太幸福了，这种不太可能的幸福只会是他邪恶的天才设下的陷阱”。他回忆起暴君波利克拉特斯的例子，他决定向众神献祭，以平息他们的嫉妒，于是便像那位希腊国王一样，“把一枚贵重的戒指扔进了大海”。但是，和波利克拉特斯的遭遇一样，这枚戒指被一名渔夫发现并还给了他，渔夫是在一条鱼的肚子里找到这枚戒指的：“不幸的是”，王尔德面带着“奇怪的微笑”补充道，归还戒指的“小渔夫”，“那个家伙太帅了……”[29]

王尔德在故事中暗示渔夫英俊帅气，透露出一种新的自传性个人性息，表现出他如今在性的方面已经出现了反叛大胆的迹象。他毫不掩饰自己的癖好。事实上，他似乎还把搭讪来的几个人带去了卡利萨雅酒吧。他曾对特纳提到过一个“品性恶劣的英俊小伙子”也去那儿，他解释说：“他长相酷似安提诺斯，而且很聪明，所以被允许跟诗人们一起交谈。”[30]然而，这些可疑的伙伴却让自命不凡的巴黎青年作家感到不安。文森特·奥沙利文回忆说，斯图尔特·梅里尔和其他人“不断地请求我去找王尔德的英国朋友，让他意识到自己正在毁掉旧友们对他残存的一点同情”，因为他“和遭人摒弃的鸡奸者一起光顾卡利萨雅酒吧，而那些人有时在其他方面（也）很危险”。[31]

出于这种态度的缘故，王尔德发现不可能建立，甚至维持，因出版《雷丁监狱之歌》而建立的人际关系，以及因此带来的诸多善意。他仍然继续与梅里尔一起吃饭，但并不频繁。[32]他又见到了纪德，但只有两次：都是在林荫道上颇为尴尬的偶遇，王尔德竭力重温昔日的欢乐，而纪德却感到一种隐藏在努力背后的巨大悲伤。[33]尽管如此，还是有很多人喜欢和他在一起。他结识了一位名叫查尔斯·西布莱的年轻美国作家，后者正致力于将《鲁拜集》（*The Rubaiyat of Omar Khayyam*）从英语译成法语。[34]他不时见到亨利·德·图卢兹-洛特雷克，这位身材矮小的艺术家觉得他是一个“最富有同情心的伙伴，因为他不会总是盯着自己看，好像看见了一个怪物或奇迹似的”。[35]但成为王尔德“好朋友”的却是24岁的评论家兼小说家埃内斯特·拉热内斯。他的形象十分怪异，头发浓密，穿着古怪，脸上长满湿疹，手里拿着“帝国手杖”，当他和王尔德一起在林荫大道上散步时，两人十分引人注目。[36]王尔德觉得拉热内斯那副尖利
692 的假嗓和恶毒的诙谐十分逗乐。* 他的精力也令人叹为观止。拉热内斯一直在做短命的文学评论刊物。王尔德答应要为其中一份刊物写“一首散文诗”。但是，即使把一篇很短的故事写在纸上，也要付出“巨大的努力”，这件事似乎超出了他的能力范围。[37]

除了相对时尚雅致的卡利萨雅酒吧，王尔德——投身于他的新波希米亚主义——还光顾了拉丁区的低等酒吧：学生咖啡馆、“酒窖”、“臭名昭著的洞穴”。这些探险过程中理所当然包含有性元素。但他也获得了艺术方面的回报。王尔德慷慨地为他一路上遇到的各种不知名的词曲作者、未来的艺术家，以及“从未发表过作品的诗人”买酒，并称赞他们，这让他获得了令人愉悦的地位和知名度。他在来来往往的美国侨民艺术学生、年轻的斯堪的纳维亚画家和大众诗人中找到了朋友和听众。一次他在蒙马特咖啡馆参加诗歌朗诵会时，受到了“非常隆重的接待”——甚至连侍者，一个“特别漂亮的小伙子”也向他要

---

* 王尔德津津乐道的是，一次拉热内斯发现一位知名出版商暗示，尖嗓门表明他“肯定阳痿”，于是他便密谋报复。经过一段长时间的努力，拉热内斯成功地引诱了出版商的妻子。没过多久，她生下了一个他的孩子。出版商不安地发现，自己抚养的孩子会发出非常独特、异常尖锐的哭声。王尔德称，这是“史上最伟大的回击”。

签名。[38]

在伦敦，王尔德也没有被完全遗忘。虽然文学界普遍对他“回到巴黎吃狗屎”的消息感到沮丧，继续对他避之唯恐不及。[39]但一些老朋友依然真诚相待。这其中要数弗兰克·哈里斯最关心他的健康。他卖掉了《星期六评论》，正雄心勃勃地计划在摩纳哥收购一家酒店，手里资金充裕。他提出带王尔德一起去法国南部度假——希望场景的变化，免去了物质上的担忧，也许能够在写作上助他一臂之力。这是一项非常慷慨的提议，王尔德接受了，尽管和哈里斯相伴整整三个月着实让人心力交瘁，想到这一点他就感到有些惧怕。

结果证明，王尔德的担心是毫无根据的。哈里斯将他安置在戛纳郊外风景如画的拉纳普勒渔村德班酒店，之后便沿着海岸前往摩纳哥，继续他的商业计划。他们只是偶尔见面，在凉爽的夜晚聊聊文学，讨论哲学，在有关性别吸引力的问题上辩 693
论一番。* 在这些遭遇之后，王尔德告诉特纳：“我跌跌撞撞地回到房间，浑身大汗淋漓；我相信（哈里斯）谈的是橄榄球比赛。”当哈里斯拽着王尔德走了一段不太长的路去参观附近一座修道院时，他又汗流浃背了。老修道院院长对王尔德的举止做派印象深刻，他问哈里斯这是不是一个“伟人”。“是的，”哈里斯回答，“是个伟人——隐姓埋名的那种。”[40]

大多数时间里，王尔德都是自己做主。他仍然什么也不写，

---

* 哈里斯当时正在写一系列关于莎士比亚的文章，他接受了这位剧作家是同性恋的概念。一天下午，他在皇家咖啡馆谈论这个话题时，大声对黎塞留公爵说：“不，我亲爱的公爵，我对同性恋的乐趣一无所知。您可以和我的朋友奥斯卡谈谈这件事。”房间里顿时一片沉寂。“然而，”哈里斯思忖着，用更为柔和，但仍然令人震撼的语气说道，“如果莎士比亚问我，我会不得不服从的。”

只是偶尔写几封信。日子就这样在快乐悠闲中度过，享受着空气中松林的芳香，“蓝宝石墙壁一般的海浪”和“金沙般的太阳”。他读了不少书。亨利·詹姆斯的《螺丝在拧紧》给他留下了特别深刻的印象：他认为那是“一个极其奇妙、耸人听闻、令人厌恶的小故事，像是伊丽莎白时代的悲剧”。[41]他用晚上的时间勾搭年轻人。在戛纳或尼斯，“浪漫”是“月光下的职业”。[42]他发现，拉纳普勒的渔夫“和那不勒斯人一样不受道德伦理约束”。[43]新年伊始，他向罗斯吹嘘，自己“实际上已经跟一位18岁的渔民美男子订了婚”。[44]当哈里斯催促他写作时，他表示自己可能会写一首《渔家少年之歌》，作为《雷丁监狱之歌》的欢乐姊妹篇。它将“歌唱自由而不是监狱，歌唱欢乐而不是悲伤，歌唱亲吻而不是处决”。然而，这首诗只写了几句，甚至连这几句也没有落实在稿纸上。[45]

里维埃拉有许多英国游客，王尔德会不时经历意外的偶遇。一天乔治·亚历山大骑着自行车经过他身边，但他没有停下来，只是“扭曲着脸，苦笑了一下”。王尔德认为此举“相当荒谬而卑鄙”。[46]威尔士亲王的表现则更好一些：他坐着马车从王尔德身边驶过，转过身来，举起了帽子。[47]王尔德和一个定居瑞士，年轻富有的英国人哈罗德·梅勒成了朋友，他带着年轻英
694 俊的意大利仆人一起住在戛纳。梅勒虽然忧郁，而且常常令人沮丧，但他的陪伴令人愉快，偶尔还提供香槟晚餐。梅勒带着王尔德去尼斯观看了伯恩哈特在《托斯卡纳女人》中的表演。“我去后台看了莎拉，”王尔德告诉罗斯，“她拥抱了我，并抽泣起来，我也哭了，整个晚上过得好极了。”[48]

然而，随着新年的临近，王尔德变得焦躁不安起来。他变本加厉地滥用哈里斯的慷慨，从拉纳普勒搬到尼斯，又搬到蒙

特卡洛，再搬回来。每次换地方，他都会被要求立即结清旅馆的账单。要不是王尔德写作失败，哈里斯也许并不会介意。当哈里斯最后指出“每个人都厌倦了手里举着空袋子”时，王尔德很不高兴。作为一种逃避，他接受了梅勒的邀请，3月时一起去日内瓦湖岸边的格兰德别墅。至少梅勒并不指望他去工作。[49]

前往瑞士之前，王尔德过境意大利，前往热那亚。天蒙蒙亮时他去城外的陵园，给康斯坦斯上坟。“它很漂亮，”他告诉罗斯，“一个大理石的十字架，上面镶嵌着深色常青藤叶的悦目图案……我看到墓碑上所铭刻的名字时十分伤感——当然是因为上面没有她的姓氏，即我的名字——只有‘康斯坦斯·玛丽，霍勒斯·劳埃德（QC）的女儿’等字样，以及《启示录》中的一段话。我买了一些花。我感到深切的震撼，觉得所有的悔恨都无济于事。一切都不可改变，生活就是这么残酷。”[50]

不久，王尔德在格兰德别墅收到了另一个坏消息：他的哥哥威利去世，年仅46岁。他留下了一个寡妇和一个襁褓中的女婴。曾经存在于兄弟之间的“巨大鸿沟”现在可以弥合了。威利死后，王尔德继承了位于莫伊图拉的那笔“荒谬”而极度贫困的家族财产；但这一微薄的资产几乎立刻就被“法律这条章鱼”——官方的涉讼财产管理人——没收了。[51]

如果这是一件令人失望的事情，那么接下来还有更多无法预料的事情需要处理。《不可儿戏》于2月出版，新闻界一片沉默，公众兴趣寥寥。对作者来说，它的失败并不意外。王尔德曾经对哈里斯表示，这出戏是“如此琐碎而又不可靠的喜剧：而公众却喜欢听我诉说自己的痛苦——好奇心和自传体是引发人们感兴趣的元素——我不敢肯定人们会再度喜欢我轻松的一面，讥讽伦理道德，藐视社会法则”。事实印证了他的观点，《雷丁监狱之歌》仍然卖得很好，史密瑟斯正在安排大量
695 印刷（2000册）新版本，扉页上用括号标注了王尔德的名字。[52]
尽管从商业的角度来看，承认自己是这首监狱诗的作者是种精明的做法，但王尔德认为自己最好在其他方面保持匿名。* 霍勒斯·塞杰在媒体上宣布，他将要在伦敦的舞台上制作“奥斯卡·王尔德的一部新喜剧”，这让他感到非常愤怒。他对罗斯解释说：“我唯一的机会就是匿名上演一部戏剧。否则首演之夜将会令人毛骨悚然，人们会从每一句话里发现特殊的意义。”[53]

尽管《不可儿戏》的销量很少，史密瑟斯还是雄心勃勃地计划继续出版《理想丈夫》。王尔德在格兰德花了些时间用来修改、校正剧本的打字稿，还在出版细节上操心了一番。他打算把这本书献给弗兰克·哈里斯——并写道“谨以此纪念他作为艺术家的能力和威名，及作为朋友的侠义和崇高”。事实证明，编辑工作可以为单调的瑞士生活提供消遣。在梅勒家待一个月实在太长了。第三周刚一开始，王尔德就很不客气地抱怨：“梅勒枯燥无味，沉默寡言。他让我喝瑞士酒，这太可怕了。他只顾着精打细算，以及琐碎的家事。所以我觉得很受罪。”

---

* 王尔德仍然在旅馆登记自己是“塞巴斯蒂安·梅尔莫斯先生”。在意大利，当一家地方报纸宣布他就是“奥斯卡·王尔德”时，引起了人们极大的兴趣和兴奋。学生们蜂拥到咖啡馆与他“交谈——或者更确切地说是倾听”，王尔德拒绝在这些人面前卸下伪装。他向罗斯解释：“让他们极为开心的是，我一直在否认我的身份。他们问我叫什么名字，我说每个人只有一个名字。他们问我那是什么名字。我回答‘Io’（意大利语中‘我’的意思）。这是个很棒的答复，里面包含了所有的哲理。”

瑞士的风景之美是“显而易见”，“老派守旧的”，瑞士人“看上去丑陋无比”，以至于能将“忧郁传达”人灵魂，将可怕的“贞洁”传达入身体。[54]

4月初，王尔德逃回意大利的里维埃拉，寻找阳光、美丽、廉价的住所和随心所欲的性生活。“我打算试着在热那亚附近找个地方住，”他告诉史密瑟斯，“在那里我可以用10法郎维持一天的生活（包括男仆）。”[55]王尔德在距离热那亚仅1英里，“相当宜人”的港口小村圣玛格丽塔实现了这一理想。但是，不管这个地方有什么迷人之处，它无法让人兴奋。无聊和孤独很快袭来。甚至连王尔德钟爱的“小伙儿”也令人失望。[56]那个 696
年轻人只是因为没钱坐火车回巴黎，才被迫困在那里。

伦纳德·史密瑟斯的到来提供了转移注意力和逃离的机会。关于王尔德的新剧本，事情有了一些进展。王尔德未能交出剧本，让塞杰等待不及，再加上他自己也陷入了经济困难，于是便把他在这个项目中的权利转让给了一位名叫罗伯茨的制作人。他们讨论了新的条款。罗伯茨同意，除了支付王尔德的费用外，每完成交付一幕剧本支付100英镑。[57]这是一笔极好的交易，而且似乎罗伯茨和史密瑟斯一起到意大利敲定了这个计划。他们在热那亚的康科迪亚咖啡馆吃了一顿晚饭，但似乎并不十分令人满意。罗伯茨“满心厌恶地”回到家，提出要以一个让出版商“心动”的价格，把他的合同“转让”给史密瑟斯。

史密瑟斯最终屈服于诱惑。他写信给王尔德，提出接管这个项目。他会“支付”王尔德在圣玛格丽塔的酒店账单和他返回巴黎的车费，并提供每周的津贴，让王尔德可以在没有日常经济负担的情况下工作——除非“我发现你并没有认真地遵照许诺进行写作”。[58]王尔德欣然接受，但随后几乎马上就病倒了。罗斯——在一连串哀怨的电报的召唤下——再一次赶来救场。他设法让王尔德相信，他的诸多健康问题都与不断增加的酒精摄入量有关。他严厉警告王尔德不要喝酒——至少目前如此。[59]然后，他将病人带回了巴黎。[60]

王尔德解决了与史密瑟斯在业务安排上的短暂误会之后，很快便开始动笔写剧本。到6月初，他声称已经完成了第四幕的一多半。[61]由于他发现很难像过去那样“笑对生活”，于是便先写了“严肃”和“悲剧性”的结尾，“第一幕和第二幕的喜剧性”让他“有点”惧怕。[62]不过，当他在巴黎的一家餐厅偶遇美国制片人奥古斯丁·戴利夫妇，以及他的明星女演员艾达·雷汉时，他的心情很是乐观。这是一次愉快的邂逅。王尔德和他们坐到一起，“聊得如此尽兴”——雷汉后来回忆道——“就像过去一样”。[63]他们讨论了戏剧计划。戴利准备“出一大笔钱购买”王尔德正在创作的《爱即法律》的美国版权，但他和
697 雷汉也希望王尔德能为他们“写点新鲜的东西”。[64]不幸的是，还没来得及做任何安排，第二天戴利就去世了。王尔德以其典型的慷慨为戴利夫人和艾达·雷汉打点一切，帮助他们与法国当局打交道。他“非常善良，乐于助人，简直溢于言表”，雷汉说，“就像一位仁慈的兄长”。[65]

尽管戴利的死让王尔德感到震惊和失望，然而他实际上还在考虑其他的计划。他返回巴黎时，收到了伦敦老朋友演员克尔·贝柳的来信，信中邀请他参与合作一部关于博·布鲁梅尔的戏，该剧很可能由富有的上流社会女演员布朗-波特夫人主演。[66]多项工作同时推进，向来能让王尔德热情高涨，他很支持这个想法。7月初他收到一份打字草稿，接受了贝柳的建议，

同意两人在布洛涅或其他诺曼底避暑胜地会面，讨论这项任务。[67]

这次见面使得整个夏天的计划略微发生了改变。王尔德——夏季的大部分时间都住在巴黎郊外马恩河畔的谢纳维耶尔——逐渐对史密瑟斯制作他的任何剧本的能力感到失望。出版商毕竟没有运作伦敦剧院的经验。于是王尔德转而游说贝柳，与其继续推进博·布鲁梅尔项目，不如买下史密瑟斯对《爱即法律》的股权，他——还有布朗-波特夫人——应该制作这部作品。史密瑟斯显然在一次巴黎之行后同意了这个计划。王尔德主动提出归还他迄今为止收到的160英镑，但不是立即归还；而是取自“这部戏的收益”。与此同时，王尔德已经从贝柳那里得到了每周5英镑的报酬，以便继续创作这部剧，但五周以后，这种方式就被取代了，布朗-波特夫人为这出戏预付100英镑，其余更多的钱将在剧本完成之后到账。[68]

虽然这一切都可以被视为某种进步，但毫无疑问，王尔德自由自在的第二年过得并不像第一年那样富有成效。他在马恩河畔谢纳维耶尔创作的文学作品主要是写给朋友和熟人的信，讲述他在巴黎的生活安排并且乞求施舍。他急切地想搬回左岸，但是他在马索里尔旅馆——他被安置的地方——的账单还没有支付，他的行李也被扣下了。[69]不过，他确实有一本新书值得庆祝。《理想丈夫》（《温德米尔夫人的扇子》的作者创作）于当年7月出版。虽然这本书没有获得什么评论，但王尔德还是向英国和巴黎的朋友赠阅了该书。纳尔逊少校和图卢兹-洛特雷克也获得了赠书。[70]

夏末，王尔德回到巴黎，设法从马索里尔旅馆逃出来，又搬到了河对岸令他适意的阿尔萨斯旅馆。旅馆的主人迪普瓦里 698

耶先生很同情他，为他提供早餐，并延长了赊账的时间。[71]* 他又恢复了他在巴黎的日常生活：晚起看闲书，5 点钟喝开胃酒，聊天、喝酒到深夜。他常常感到孤独，有时也感到悲伤。虽然他从不喝醉，但也并非总是清醒。[72]他的样子让人看了难过。据一位法国作家回忆，一天晚上看见他独自坐在咖啡馆外面，当时正下着瓢泼大雨，侍者们在他周围收拾东西。[73]

当然，他也有抑郁，甚至绝望的时候。但这是"他对自己悲惨处境的一种放纵"。他的信件和谈话中充满修辞华丽的哀号："我要完了，"他对弗兰克·哈里斯说，"停尸房正张着大嘴在等我"。[74]道格拉斯经常见到王尔德，他认为王尔德在巴黎的那段时间"总体上颇为快乐"。他活泼的性情基本上没有受到损害；他的幽默感和"无与伦比的享受当下的能力"在持续支撑着他。[75]年轻的奥古斯都·约翰回忆那年秋天，他在巴黎待了两个星期（与康德和罗森斯坦夫妇一起）经常见到王尔德。令他难忘的是，尽管王尔德遭遇了那么多不幸，但他丝毫没有表现出"辛酸、怨恨或悔恨"。[76]他周围都是专心致志的听众，"没有任何忧郁或者邪恶之处。他幻想自己是'快乐王子'，或者承认自己有点粗俗，是一个和蔼可亲，但永远透支的百万富翁"。尽管他一直保持着一种随和——以及令人印象深刻的——"源源不断的实用智慧"，但他一点儿也不像个中年人。相反，他有一张年轻人的"坦率、开放、友好、幽默的面孔"；因为——约翰发现——"他很有见识，不会变老"[77]。

劳伦斯·豪斯曼——同年秋天也在巴黎——生动地记录了王尔德在咖啡馆给围在桌边的年轻追随者们讲话的情形。他的

---

* 王尔德早餐喜欢吃煮鸡蛋："鸡蛋永远是一场冒险，"他称，"它可能每次都不一样……有些东西——比如肖邦的夜曲——可以不重样地来回重复。"

种种奇思妙想（他选择了一家特别的酒吧，因为它的装饰与他的肤色相得益彰）逗得他们很开心，他的故事令他们着迷："有一个人出卖了自己的灵魂，结果却发现——令他大失所望——他再也无法犯罪了；抑或有一个身在地狱的诗人，通过 699
诗歌的力量，设法让他的前缪斯女神相信自己身在天堂。"[78]

他的幽默机智和创造力尚在；只是丧失了将它们落于笔端的能力。他完成《雷丁监狱之歌》已经快两年了，至今没有创作出任何作品——既没有写成象征主义戏剧或社会喜剧，也没有完成一首诗，或是一则寓言。他还拒绝了，或者没有兑现几篇稿费颇为丰厚的媒体约稿，理由不是它们太庸俗，就是太乏味。[79]事实上，他还遭遇了一些挫折。那个写有《圣妓》草稿的笔记本——一直由艾达·莱弗森保管，也许可以当作现成的材料写成一部象征主义短剧——带到巴黎后不久，便被遗失在出租马车上（王尔德对罗斯戏称道，他认为"出租马车是一个非常合适它的地方"）。[80]但真正的失败在于意志。他的核心动力似乎已经丧失。当豪斯曼问起王尔德的文学计划时，他答道："我告诉过你，我打算写点东西：我对每个人都这么说。这是一件每天都可以重复的事情，打算第二天就动笔。不过在我心里——那回荡着沉闷的回音的房间里——我知道我永远不会写。这些故事是虚构出来的，它们确实存在，只要我能在自己头脑中让它们获得所需的形式，这就够了。"[81]

他把自己一直无法写作的原因归结于，每当他一提起笔，过去的生活就会生动地浮现在眼前，"使他痛苦不安"。然而，道格拉斯怀疑他"文学贫乏"的真正原因是，他的伟大天赋是作为"生活的阐释者"，而他在巴黎放荡不羁的生活"过于狭隘，过于受限，以至于无法激发他的创作热情"。这些都不值得映入他天才的“魔镜”。他需要靠“伦敦的花天酒地”寻求刺激。事实上，王尔德经常告诉道格拉斯，他在巴黎流亡期间最想念的是过去那些坐在他脚边，听他说话的“聪明漂亮的女人”。[82]

面对无法创作新作品的窘境，王尔德开始阐述自己的失败哲学。他声称艺术家的成功可能是“偶然的”，而“绝非有意的”：

> 如果它们确实如此，那就仍是不完整的。艺术家的使命是活出完整的人生：成功，就像一段插曲（仅此而已）；失败，如同现实，是最后的终点。死亡，分析它生成的元
> 700 素——只不过是对失败的一种辩护：永远摆脱那些困扰了人一生的权力、欲望和胃口？诗人最高贵的诗句，剧作家最伟大的场景总是与死亡有关；因为艺术家的更崇高的使命是让人们感知失败之美。[83]

这番理论也许会在餐桌上引起人们的兴趣，但在漫长而孤独的日复一日中，它是无法用来聊以慰藉的。随着冬天的来临，访客日益稀少，王尔德的情绪低落下来。他被诊断为患有“神经衰弱症”，这是当时一个笼统的医学术语，指的是神经衰弱和抑郁。他发觉自己“直到下午才能起床，除了偶尔给路易斯·威尔金森写封轻浮的信外，什么信也写不出来”。甚至连他写给史密瑟斯的乞求信也“沦落为明信片了”。[84]喝酒似乎能让人获得释放，但却只会加剧病情。[85]

创作《爱即法律》完全超出了他的能力范围。当他发现美国制片人路易斯·内瑟索尔——女演员奥尔加·内瑟索尔的弟弟——买下了“剧本提纲”，并急切地想要看到剧本时，便惊慌

起来。[86]内瑟索尔手里的这份剧本提纲是一个名叫阿瑟·艾略特的“无赖”“偷窃”得来的，他是塞杰从前的搭档。[87]这又是一个让人不想看到的新困难。压力无助于改善王尔德的健康状况。1900年初，随着他的神经衰弱出现了一种令人难受的、神秘的皮疹，它奇痒难忍，让他看起来“像一头豹子”。王尔德认为这是蛤贝中毒导致的。[88]今年2月，他再次遭到打击，患上了一种严重的感染，袭击了“咽喉和灵魂”。而且它似乎还伴随着“某种血液中毒”（目前的医学研究表明，王尔德患上了“链球菌性咽喉炎引起的败血症”）。[89]为了从这种郁郁不振中恢复过来，他不得不花掉一大笔钱，在一家私立医院度过了10天。[90]

伦敦传来年仅32岁的欧内斯特·道森去世的消息（2月23日），这件事让他清楚地意识到自己的病情。这位诗人那年夏天才到过巴黎。王尔德请史密瑟斯在这个“可怜的和受伤的好人”墓上放一些鲜花。[91]道森在凯特福德的最后几天是由谢拉德照顾的。谢拉德到巴黎时，特意拜访王尔德，给他讲了一些诗人去世的细节。王尔德还没来得及换下睡衣，便接待了他的老朋友。道森的去世让他很悲痛，但他相信“他写的很多东西将会保留下来”。当谢拉德问起他自己的“作品”——当时就堆放在桌上的杂物中间——进展如何时，他回答说：“人总得做点什么。我现在对它毫无兴趣。对我来说，这是一桩苦差事，但是，就 701
像我们所谓的折磨一样，总能借此打发掉一两个小时。”谢拉德一听，立刻下了断言（呼应了他自己对道森的判断）：即便他从此不再动笔写一句话，他的成就也已经足够“流芳百世”了，这句话令他开心不已。[92]

昆斯伯里侯爵也在新年辞世，他于1月31日在伦敦去世，享年55岁。临终时，他从他的兄弟、天主教牧师阿奇博尔德处获得了“有条件的赦免”，不可思议地重新皈依了童年时信仰的基督教。不过，无论波西，还是珀西，都没有与他达成和解。事实上，当爵位继承人珀西来到床边时，侯爵竟然从枕头上强打精神起身，朝他脸上吐了口唾沫。然而，没有一个儿子被排除在遗嘱之外。甚至连小儿子波西也继承了大约 1.5 万英镑（8000 英镑马上就到了他的名下，其余的随后到账）；珀西得到的则要多得多。[93]

对王尔德来说，这是个极好的消息。现在他终于有了一个真正的机会，可以从道格拉斯家得到欠他的余款，用来支付他在那次不幸的官司中所开支的法律费用。2 月底，波西和珀西短暂地到访巴黎。“他们戴着重孝，而又兴致勃勃，”王尔德说，“英国人就是这样。”[94]波西立即向王尔德支付了他自己的那份“信用债务”125 英镑（还额外加了 20 镑），而珀西却一再拖延着付钱。[95]

与此同时，王尔德也在通过其他方式积累自己的资源。2 月初，他与艾达·雷汉达成了创作“一部三到四幕新原创喜剧”的协议——这似乎是一部不同于《爱即法律》的戏剧。他得到 100 英镑的预付款，另外 200 英镑将在 7 月 1 日或之前交稿时到账。[96]他希望剧作家莫里斯·多奈能够改编他的几部作品，使之在法国上演。[97]他还与赫伯特·比尔博姆·特里取得了联系，希望能从最近《无足轻重的女人》的巡回演出中收取一些版税。特里遗憾地说，这出戏只演了一次，而且所有的钱都必须送交“破产受托人”。不过，他提到乔治·亚历山大手里倒是有一些“费用”，他很乐意“结算”。[98]

亚历山大从官方的破产管理人手里购买了《温德米尔夫人的扇子》和《认真的重要性》的演出权，并酌情向王尔德支付了些许费用。这两出戏虽然很少在伦敦演出，但已成为巡回演出的固定剧目。[99]这是一种慷慨的姿态，王尔德对此十分感激。702
大家都忘记了在纳普尔骑车相遇的不愉快经历。亚历山大还计划继续推进，为这两部戏剧制作廉价演出版本，以鼓励业余戏剧制作。[100]这些并不是王尔德与伦敦戏剧界的仅有的联系。查尔斯·温德姆仍在向他索要作品。王尔德对他的坚持感到受宠若惊，尽管他拒绝改编大仲马的《蒙梭罗夫人》，但他的确承诺要尝试并考虑另一种选择。[101]然而，对患病的王尔德来说，思考简直几乎和认真敷药一样困难。

或许是为了刺激康复，王尔德接受了哈罗德·梅勒的邀请，前往意大利的西西里岛、那不勒斯和罗马旅行。虽然梅勒的陪伴谈不上令人兴奋，王尔德却丝毫没有失去享受的能力，他能够从春天的阳光、年轻人的黑眼睛和艺术的奇迹中获得极大的快乐。“西西里风景极佳”，他告诉莫尔·阿迪；巴勒莫的金色教堂以及所有拜占庭镶嵌画都是“奇迹中的奇迹。置身于其中，人们感觉就像是踏进了圣殿，在神龛里献祭”。那不勒斯是“罪恶而奢侈的”。[102]尤其是，王尔德“爱上了一位海神，后者由于某些特殊的原因，身处意大利皇家海军学校，而不是和海王在一起”。[103]

而罗马则是“一座灵魂之城”。[104]他们于复活节前抵达，王尔德回忆起学生时代的那次到访。当梅勒回瑞士时，王尔德沉浸在天主教会的各种仪式和壮观的场面中。他得到了教宗的祝福，不是一次，而是七次。[105]教宗赐福的一大好处是“彻底治愈了”他的“蛤贝中毒症”。他觉得这是个奇迹，应该回报以一张“还愿”图：“唯一的困难是，”他自嘲，“是如何处置蛤贝，除了贝壳之外，它们毫无装饰性可言，而我不吃贝壳类食物。”[106]约翰·格雷当时正在罗马学习成为神职人员，王尔德觉得他看起来很好笑：当这位神学院新生一言不发地走过时，空气中弥漫着“嘲弄”。[107]

罗斯也和母亲同来这座不朽之城过冬，给罗马假日增添了不少乐趣。他和王尔德在一起度过了许多时光，他们结交年轻人，参观古典雕像。尽管王尔德身上的皮疹已经奇迹般获得了治愈，但让罗斯大为震惊的是，这位老朋友的总体健康状况竟然在过去的六个月里发生了“巨大的变化”。不过，他发现王尔德“精神状态非常好”。欢声笑语中，王尔德请罗斯给他介绍一位牧师，
703 以期“被教会接纳”。罗斯表示了异议。他仍然不相信王尔德是认真的——尽管他承认，王尔德自己也拿不准他什么时候是认真的。他的这番拒绝令王尔德开玩笑说，“每当他想成为天主教徒时（罗斯）就拿着燃烧的剑站在门口”挡住去路。[108] *

罗斯离开后，王尔德在罗马闲逛了几周，以他最新的爱好作为消遣。他拥有了一台相机，“以小孩子一般的热情”拍了无数张照片。他特别喜欢在波各赛公园拍摄的一张奶牛的照片，并告诉罗斯：“奶牛非常喜欢被人拍照，而且它们跟建筑物不同，它们是静止的。”[109]

注　释

1. *CL*，1028，1080.

---

* 阿德拉·舒斯特认为，王尔德的“一个救赎机会”——如果他无法恢复写作——便是皈依。“他会成为一名出色的传教士。”她如此告诉莫尔·阿迪。“这并不意味着轻率，”她补充道，“尽管我担心听起来可能是这样。”

2. *CL*, 1035.

3. *CL*, 1068.

4. RR to L. Smithers, 19 [?] February 1898 (Fales).

5. Ellmann, 528.

6. *CL*, 1101.

7. Wilfrid Hugh Chesson, 'A Reminiscence of 1898', *Bookman*, 34 (1911), in Mikhail, 376. 其中错将切森的名字"Wilfrid"写成了"Wilfred"。

8. Chris Healy, in Mikhail, 385.

9. W. H. Chesson, in Mikhail, 380.

10. 奥斯卡·王尔德对苦艾酒的热情则是一种新事物。19 世纪 90 年代初，他曾告诉伯纳德·贝伦森，"苦艾酒无法告诉我什么"。Samuels, *Bernard Berenson*, 155.

11. Fothergill, *Confessions of An Innkeeper*, 134, 272; Leverson, *Letters to the Sphinx*, 39-40.

12. O'Sullivan, 54.

13. J. Joseph-Renaud, 'The Last Months of Oscar Wilde in Paris', 3, ts (Clark).

14. 这张标注日期为 8 月 29 日、30 日的账单，目前收藏于克拉克图书馆。

15. *CL*, 1061-2n; 罗伯特·罗斯还试图靠王尔德的朋友们建立一笔基金。尽管欧内斯特·莱弗森承诺"两年之内，每年捐助 5 英镑"，但这件事情没有办成。E. Leverson to RR, 2 June 1898 (Clark).

16. *CL*, 1102; Harris, 265-6.

17. *CL*, 1098; 这份合同——签署于 1898 年 10 月 24 日（大英图书馆）——签名时向他预支付了 50 英镑，八周内每周支付 150 法郎，"1 月 1 日左右交稿时"支付 100 镑。

18. Harold Acton, *Confessions of an Aesthete* (1948), 381.

19. Stratmann, *Marquess of Queensberry*, 264.

20. *CL*, 1103, 1106, 1109.

21. Sherard, *Life*, 418-19; O'Sullivan, 53; La Jeunesse, 'Oscar Wilde', *Revue Blanche*, 15 December 1900; Mikhail, 478.

22. Shane Leslie, *Memoir of John Edward Courtenay Bodley*, 18.

23. *CL*, 1108. 王尔德将酒吧的名字写作 Kalisaya; 在奥沙利文笔下，它的名字是“Calsaya”；J. Joseph-Renaud 写成“Calysaya”；Leonard Carlus（在一封写给王尔德，收藏于克拉克图书馆的信中）写成“Calizya”；本书采用的是 Marcel Boulestin 和古斯塔夫·勒·鲁日认同的写法“Calisaya”。

24. Rose, *Oscar Wilde's Elegant Republic*, 407.

25. Gustave Le Rouge, 'Oscar Wilde' [1928], in Mikhail, 460-1.

26. John Stokes, *Oscar Wilde: Myths, Miracles and Imitations* (2006), 23-38.

27. La Jeunesse, 'Oscar Wilde', in Mikhail, 479.

28. Stuart Merrill, *La Plume*, 15 December 1900, in Mikhail 466; Ernest La Jeunesse, 'Oscar Wilde', in Mikhail, 479. 奥沙利文还发现，尽管奥斯卡·王尔德“会向他的房东或洗衣妇借几个法郎”，但他不会向他的法国文学朋友借钱。但这并不完全是真的：达夫雷回忆，王尔德曾经为了几个苏联系他（拿出他自己的《马尔菲公爵夫人》签名本作为担保）；斯图亚特·梅里尔曾经收到一张王尔德的便条，请求要一点点钱，“以便应付我这一周的日子”。O'Sullivan, 56; H. Davray to Walter Ledger, 26 February 1926 (Ross Collection, Univ Coll, Oxford); Ransome, 198.

29. Gustave Le Rouge, in Mikhail, 461.

30. *CL*, 1108.

31. Vincent O'Sullivan to A. J. A. Symons [1931] (Clark).

32. *CL*, 1157.

33. Gide, *Oscar Wilde*, 82-8.

34. Rose, *Oscar Wilde's Elegant Republic*, 419. 查尔斯·西布莱的译作于 1900 年在美国俄亥俄州出版；一本 1901 年私人印制的，由巴黎知识分子撰写的诗集（*Verses Written in Paris by Members of a Group of Intellectuals*）中也收录了他的作品。

35. Kessler, *Journey to the Abyss*, 351.

36. Reggie Turner to G. F. Renier, 22 March 1933 (Clark).

37. *CL*, 1105.

38. Gustave Le Rouge, 'Oscar Wilde' [1928], in Mikhail, 461-2; Thomas Beer, *The Mauve Decade* (1926), 130-1; Sue Prideaux, *Strindberg: A*

Life (2012), 106; *CL*, 1157.

39. Wilfrid Scawen Blunt, *My Diaries - Part Two* (1932), 122.
40. Harris, 277.
41. *CL*, 1118.
42. *CL*, 1119.
43. *CL*, 1112.
44. *CL*, 1116.
45. Harris, 281-2; 287.
46. *CL*, 1115.
47. Neil Titley, *The Oscar Wilde World of Gossip* (2011).
48. *CL*, 1116.
49. Harris, 294-5.
50. *CL*, 1128.
51. *CL*, 1130, 1138.
52. *CL*, 1154; James G. Nelson, *Publisher to the Decadents*, 212; Mason 423——新版《雷丁监狱之歌》于1899年6月23日出版。
53. See 'Theatrical Gems', *Bristol Mercury and Daily Post*, 7 March 1899; *CL*, 1128.
54. *CL*, 1131, 1129, 1139.
55. *CL*, 1139.
56. *CL*, 1142.
57. *CL*, 1149. 塞杰遭到《爱丽丝》剧中一名儿童演员的母亲起诉，被迫额外支付16镑10先令（1899年5月6日，《时代》杂志）；1899年7月5日，塞杰被宣布破产——这是他职业生涯中的第二次——他的失败在于“开支超过收入”。*Era*, 8 July 1899.
58. L. Smithers to OW, 4 May 1899 (Bodle- ian);“罗伯茨”的身份目前尚不清楚。或许，他可能就是王尔德警告伊丽莎白·罗宾斯小心提防的兰德尔·罗伯茨爵士。
59. *CL*, 1225.
60. 奥斯卡·王尔德住在距离卡利萨雅酒吧不远，蒙西尼街的涅瓦旅馆；随后搬到了附近的马索里尔旅馆。
61. *CL*, 1143, n, 1145, 1146, 1147, 1150; L. Smithers to OW, 30 May

1899 (Bodleian).

62. *CL*, 1150.

63. Robertson, *Time Was*, 230-1.

64. *CL*, 1154, 1152.

65. Robertson, *Time Was*, 231.

66. K. Bellew to OW, 20 April 1899 (Clark).

67. *CL*, 1143; Kyrle Bellew to OW, 12 June 1899; 6 July 1899; 7 July 1899; (Clark). 6月底时，王尔德正在勒阿弗尔和特鲁维尔。

68. *CL*, 1202; 1195.

69. 王尔德写信要钱的对象包括：哈里斯、史密瑟斯、罗斯、阿瑟·汉弗莱斯，以及莫顿·富勒顿。CL, 1154-63.

70. Kessler, *Journey to the Abyss*, 351; 奥斯卡·王尔德赠阅《理想丈夫》的名单手稿（克拉克图书馆）中有一个“Lautrec”——这个人也有可能是亨利的亲戚加布里埃尔·劳特雷克（Gabriel Lautrec）。

71. Sherard, *Life*, 410, 418; 谢拉德称，迪普瓦里耶为王尔德“支付”了马索里尔的账单，但这笔钱显然是王尔德交给他的。

72. 有关王尔德最后几年在巴黎醉酒的记述证明是相互矛盾的，谢拉德认为他从未“因为喝酒而变得更糟糕”[Sherard to A. J. A. Symonds, 13 Mary 1937 (Clark)]，道格拉斯称，“他一次又一次地醉到无法行走”[LAD to A. J. A. Symonds, 8 March 1937 (Clark)]。但最可靠的评价似乎是雷吉·特纳在1934年1月3日给谢拉德的一封信（雷丁）中所写，参见 Frankel, *Oscar Wilde: The Unrepentant Years*, 349; RR to A Schuster, quoted in *CL*, 1225。

73. Frédéric Boutet, 'Les Dernières Années d'Oscar Wilde'（无法辨认的报纸简报），3 December 1925 (Clark), in Ellmann, 531; 作者认为，王尔德之所以独坐那里是因为没钱付账，但这纯属臆测。他很可能只是不想回旅馆房间。

74. *CL*, 1025.

75. [LAD] 'Oscar Wilde's Last Years in Paris', *St James's Gazette*, in *The Trial of Oscar Wilde: from the Shorthand Reports* (1906), 117.

76. Augustus John, *Chiaroscuro* (1954), 34.

77. Augustus John, *Finishing Touches* (1964), 145.

78. Laurence Housman, *Echo de Paris* (1923), 49-59.
79. George Charles Williamson to RR [n. d.] (Clark).
80. RR, 'Introduction', *Miscellanies*, 13; Speedie, *Wonderful Sphinx*, 116.
81. Housman, *Echo de Paris*, 37.
82. [LAD] 'Oscar Wilde's Last Years in Paris', in *The Trial of Oscar Wilde: from the Shorthand Reports*, 118-9; Harris, 256.
83. Housman, *Echo de Paris*, 28-30, 37, 49-59; L. Housman to Hesketh Pearson, 4 April 1944 (Austin), 其中提到了书中最接近王尔德原话的段落。
84. *CL*, 1175, 1169.
85. Robins, 110-11.
86. Louis Nethersole to OW, 27 December 1899 (Clark).
87. *CL*, 1200: 艾略特是塞杰在《爱丽丝梦游仙境》和《伟大的恺撒》中的合作伙伴，媒体称他为"温伯恩勋爵和圣德伯爵的侄子"。'The Theatres', *Daily News*, 5 December 1898.
88. *CL*, 1173: 提出的其他原因还包括：二期梅毒（尽管这样的皮疹不会痒），以及对染发剂的过敏反应。Robins, 112.
89. *CL*, 1176; Robins, 101.
90. *CL*, 1173-4, 1176.
91. *CL*, 1173.
92. Sherard, *Real*, 419-20.
93. LAD, *Autobiography*, 161; Stratmann, *Marquess of Queensberry*, 271-2.
94. *CL*, 1173.
95. LAD to Percy Douglas, 7 March 1900, Hotel Victoria, London:"我希望你能认真安排一下付给奥斯卡·王尔德 125 英镑的事情。他一直就这件事写信给我。我以为你已经安排好将钱付给莫尔·阿迪，或者其他某个人。如你所知，我已经在两周前付了我的那一半，并且还多出了一点。"(BL) 然而，珀西似乎一直没付这笔钱。阿尔弗雷德·道格拉斯勋爵在一封写给珀西的信中（1900 年 12 月 19 日）询问，"那笔 125 镑的钱"在哪儿。这也许表明，阿尔弗雷德·道格拉斯勋爵以分期付款的方式替珀西支付了这笔钱。他接下来付给王尔德的三次钱分别是：12 镑（2 月 27 日）、25 镑（3 月 16 日）、25 镑（5 月 10 日）。

LAD，*Autobiography*，323.

96. *CL*，1170+n；Guy & Small，205-7.

97. Elisabeth Marbury to OW，30 April 1900（Clark）；马布里也在 1899 年 10 月将王尔德定于 1900 年 6 月 1 日“之前”完成的“一部现代喜剧”的美国演出权卖给了查尔斯·弗罗曼（Charles Frohman）。王尔德签字之后收到 100 英镑预付款，完成后将再拿到 200 镑（大英图书馆）。

98. H. Beerbohm Tree to OW，17 February 1900（Clark）．沃勒夫人的公司于 1899 年 11 月 30 日在伦敦皇冠剧院上演了《无足轻重的女人》。

99. Michael Seeney，*From Bow Street to the Ritz*（2015），127ff.

100. Aubrey C. Smith to OW，20 March 1900，St James's Theatre（Clark）：“亚历山大先生希望我随函附上他收到的一封来自法国的信，内容是关于把《温德米尔夫人的扇子》和《不可儿戏》出版成书。他认为，对业余爱好者来说，这种做法的广告效果远远优于手稿，因为可以免去审稿费。我注意到，你希望暂时扣留支票——你一定会告诉我，你希望下次寄出支票的时间和地点！”

101. *CL*，1176，March 1900；Ransome，197.

102. *CL*，1185.

103. *CL*，1179.

104. *CL*，1185.

105. Ransome，197.

106. *CL*，1182.

107. ‘Michael Field’，‘Works and Days’，BL Add MS 46798 f. 202（notebook 23，page 414）.

108. *CL*，1225-6.

109. Ransome，197；*CL*，1183.

3. 落幕

杰克·沃辛：他好像表示过要葬在巴黎。

普丽斯姆小姐：只怕临终时，他的头脑不是十分清楚了。

——奥斯卡·王尔德

王尔德于5月底回到巴黎，北上途中，他在梅勒的格兰德 704
别墅逗留了十天。梅勒刚买了一辆“汽车”，这令王尔德的短暂停留很值得纪念。王尔德认为这个新装置“很不错”——尽管他向罗斯解释说：“当然，它抛锚了：所有的机器都一样，它们比动物更加任性——是神经质、易怒和陌生的东西。我要写一篇文章，题为《无机世界中的神经》。”[1]

如果身在巴黎，这篇文章就不缺好素材。令人紧张不安的新机器比比皆是：柴油发动机、电影放映机、自动扶梯、巨大的摩天轮、留声电话机。为庆祝上个世纪取得的成就，并展望下一个世纪的未来，这座城市正在轰轰烈烈地举办一场大型世界博览会。一切都令人兴奋——国家馆、熙熙攘攘的人群、大皇宫和小皇宫的新艺术风格的曲线轮廓——但它也提醒人们，王尔德本人在过去一年取得的成就是多么微不足道。6月已至，他却只字未写。

那种让他认为也许“明天”就可以开工的习惯性乐观主 705
义，似乎产生了动摇。7月1日，他写信给艾达·雷汉的业务经理，对自己未能写出她要的喜剧而感到遗憾，并承认无法在近期内完成这部作品。他承诺会偿还预付的100英镑，只是要求给他"少许时间"筹钱。[2]

罗斯希望新近富起来的波西可以帮助王尔德改善经济状况——或许可以为他提供稳定的收入，或者偿还他的债权人，让他有机会从现有的版权中再次获得赚钱的机会；然而，道格拉斯拒绝了。[3]他愿意对王尔德慷慨解囊，但要按他自己的条件和标准。这是他平生第一次有钱，他迫切地想要大把花钱——大部分都花在赛马、"男孩子、白兰地酒和赌博上"。[4]王尔德盼着可以偶尔得到几张支票，时不常拿到些现金钞票。但是，一天晚餐后，当他提出可能需要一些更正式的关照时，波西便"大发雷霆，接着又是一阵挖苦性的大笑，说这是他听过的最荒谬的主意"。[5]当王尔德强调他的观点时，道格拉斯告诉他，他的所作所为就像"一个又老又胖的娼妓"。[6]

道格拉斯的狭隘吝啬在乔治·亚历山大的慷慨大方面前显得尤为刺眼。那年夏天，这位演员经理携妻子来到巴黎。他们与王尔德进行了一次愉快的会面。谈到亚历山大想要自行支付费用时，王尔德表示，如果他能——通过罗斯——"在每月1号支付20英镑"，那将是一个"巨大的恩惠"。有了这笔固定收入的保证，王尔德甚至还希望，也许有一天，他可以"做一些（亚历山大）会喜欢的事情"。[7]徒劳无功的写作努力仍在继续。为了让布朗-波特夫人最终拿到《爱即法律》（可以理解，她逐渐变得不耐烦起来），王尔德同意与弗兰克·哈里斯合作写这个剧本。这样安排至少还有可能取得进展。王尔德只需要写第一幕。但即便如此，他也没能动笔。[8]

自从回到巴黎之后，他就一直沉浸在博览会的各种消遣娱乐中。回想起 1867 年的那次访问，他感觉自己回到了孩提时代。他顾不上自己的病痛。因为大自然“为他集合了她所有的荣耀”，他决定好好欣赏这场表演。埃内斯特·拉热内斯描述他表达喜爱的方式是，“大口地、贪婪地喝着它，就像在战场上喝血一样。他要在每一座宫殿里重建自己的名声、财富和不 706
朽”。[9]他在西班牙馆观看放荡不羁的弗拉门戈舞者，在埃及咖啡馆喝酒，侍者是一位“身材苗条的棕色皮肤埃及人，看起来很像一根漂亮的竹手杖”。[10]他对一切都很感兴趣。[11]他在众多的舶来品、新发明和旧艺术品中“自得其乐”——如斯图尔特·梅里尔所见——“像个大孩子”。[12]

王尔德对位于阿尔玛门外罗丹的专属展台大为赞叹。出于位置的原因，那是一个很少有人光顾的展台，正如罗丹向让·洛兰夸耀的那样，“我吸引的不是参观者的数量，而是质量”——他列举最近的来访者中就有波托卡伯爵夫人和“诗人奥斯卡·王尔德”。[13]罗丹向王尔德展示了他的“所有用大理石来表现的梦想”——包括“地狱之门”。王尔德称赞雕塑家“是法国最伟大的诗人”。[14]

这是一个社交的季节。王尔德和依然被人爱慕、风流依旧的莫里斯·吉尔伯特一起参观展览（他当时正在和一个玫瑰花一般的女孩，以及她留着小胡子的情人一起搞“三人姘居”）。他还经常和保尔·福尔见面：他们一起观看摔跤比赛，关注一个名叫“拉乌尔·勒布歇”的赛手的命运。[15]展览会将成千上万的英国参观者吸引到巴黎。对于王尔德来说，其间难免遭遇一些令人不快的邂逅，以及诸多不以为然的目光。也许就是在这个时候，他遇见了爱德华·卡森，但两人只是目光相交了一下而已。[16]遇到罗森斯坦夫妇的时候，情形颇为尴尬。他们没有提到自己住在巴黎，当王尔德推断他们可能正打算回避他时，两人注意到王尔德眼中闪过痛苦的表情。这种猜测是正确的：威尔仍然很生气，因为上一次来巴黎时，王尔德带他们去了一家餐厅，声称他喜欢那里的音乐，但在晚餐时，事情明摆着，“他更感兴趣的不是音乐，而是其中的一个乐手”。威尔认为王尔德看起来面带病容，而且有点“邋遢”，共进晚餐时，他怀疑王尔德现在要靠喝酒来“勉强维持自己的智慧”。[17]其他几次会客则要更愉快一些。史密瑟斯和文森特·奥沙利文来了。哈罗德·梅勒也来拜访过一次。[18]艾梅·劳瑟和埃伦·特丽发现王尔德凝视着一家糕点店的橱窗；两人邀请他共进晚餐，他“一如既往地神采奕奕”。[19]他还在一艘驶往圣克劳德的游船上遇见了老朋友安娜（布雷蒙伯爵夫人）聊起了往事。[20]

王尔德喜欢用这样的短途旅行来缓解城市里夏日的暑热。他有时候会去枫丹白露。彼得斯·查尔默斯·米切尔就是在
707 那里的一家咖啡馆外面发现了他。彼得斯·查尔默斯·米切尔是一位年轻的动物学家，几年前他曾经为道林·格雷“处理尸体”的最佳方法提供过建议。两人就犯罪与惩罚、诗歌与科学，兴奋地聊了好几个小时。米切尔对王尔德渊博的知识和机敏老练大为赞赏。王尔德拒绝了当天共进晚餐的邀请，因为他怀疑米切尔的两个旅伴是相当传统的人，他们不会赞成。[21]

8月，道格拉斯和珀西去苏格兰高地的斯特拉斯佩弗狩猎。临行前，他在格兰德咖啡馆请王尔德吃了一顿大餐。所有的怨恨都被置于一边。王尔德当时“兴高采烈”，为波西急于赶到苏格兰参加“松鸡狩猎季”而感到十分逗趣。但酒足饭饱之后，他突然沮丧起来。他对道格拉斯说，自己恐怕活不过这一

年了。他有种“预感”。“如果新世纪开始，”他神色肃穆道，“而我还活着，那英国人可真的受不了了。”道格拉斯对此不屑一顾，认为这是他特有的夸张。他答应从苏格兰给他寄一张15英镑的支票，并且照做了。[22]

王尔德拿到这笔钱后再次去拜访了梅勒。他已经抗争了一年，希望能摆脱病痛和忧郁症的持续困扰，他开心地说，“梅勒疗法”虽然“沉闷无趣”，却很有效。[23]回到巴黎后，他的情绪一度短暂地高涨起来。一天晚上，他在卡利萨雅酒吧为埃内斯特·拉热内斯朗诵了几乎所有的寓言。[24]他甚至告诉艾梅·劳瑟，他创作的《诗人》终于即将发表在一本法国杂志上，尽管没有迹象表明确有其事。[25]

他将《爱即法律》的写作计划一推再推，等到9月中旬，哈里斯终于带着完整的剧本（重新命名为《达文特夫妇》）来到巴黎。他实在等不及王尔德的第一幕，于是便自己动笔完成了剧本。王尔德表示很生气，但很快就接受了既成事实。他提出的条件是，哈里斯以“预付200英镑”买下“情节和剧本提纲”，他持有哈里斯酒店价值500英镑的股份，以及得到哈里斯从该剧中获得利润的四分之一。[26]哈里斯急于将这部戏投入制作，便接受了这些条件。

这本该是一个令人兴奋的消息，但王尔德从中获得的快乐却因为慢性耳疾复发而大打折扣。整个夏天，他全身不适，萎靡不振，头痛愈演愈烈。[27]现在，这个问题尤其突出。9月24日，一位名叫莫里斯·埃科特·塔克的新医生给王尔德做了检查，越来越多的英国侨民正在成为这位32岁医生的病患。[28]塔克虽然是个“善良、优秀的人”，而且真心实意地欣赏王尔德的文学天赋，但在罗比·罗斯看来，他相当“愚蠢”。[29]他最初的诊断似 708

乎并没有认识到王尔德病情的真正本质。[30]因此，无论他开出什么样的治疗方案，都毫无改善效果。王尔德的耳朵持续化脓。10月的第二周，塔克觉得有必要请一位“知名”耳科大夫征求一下专家意见。[31]

专家对诊断结果感到震惊。王尔德的中耳感染似乎已经蔓延到周围的乳突（耳朵周围坚硬的蜂窝状结构），而且有进一步发展的危险。正如王尔德所述：“外科医生觉得有责任告诉我，除非马上动手术，否则我的病就没治了，拖延的结果可能会致命。”这看起来很可能是一种根治性乳突切除术，根除病变组织，并防止疾病蔓延到大脑及包裹的脑膜。[32]

10月10日，王尔德经全身麻醉后，在旅馆房间里接受了手术。他形容这次严酷的折磨——几乎肯定涉及中耳和乳突腔的外置——“极其可怕”。[33]而让人感到可怕的一部分原因则是费用。外科医生最初开出了1500法郎（60英镑）的账单，不过在塔克医生的努力下，账单数目最终得以减半。无论如何，手术似乎取得了成功。王尔德得到了很好的照顾；白天由“一名医院男护士”和塔克医生，夜间则由另一名医生负责他的术后大量敷药以及止疼等护理。王尔德的医药费很快就达到了“大约20英镑”。[34]为寻求支持和陪伴，他发电报给罗斯，请求他“尽快”前来。[35]他突然感到忧心忡忡。

雪上加霜的是，路易斯·内瑟索尔来到巴黎。也许是听说了哈里斯计划演出新剧的消息，王尔德手术的前几天，他“几乎每天”都“擅闯”阿尔萨斯旅馆，坚持声称拥有《爱即法律》的剧本版权。[36]王尔德尽管身体虚弱，还是设法让内瑟索尔“搞明白了，他没有权利使用或上演我的剧本提纲”。然而，胜利是有限的。内瑟索尔随后联系了弗兰克·哈里斯，声称他有权在纽约使用该剧本。[37]这并不是哈里斯要面对的唯一问题。从两人“合作”伊始，王尔德就指出布朗-波特夫人（和克尔·贝柳）拥有这个剧本的版权，哈里斯必须和他们达成某种协 709 议。哈里斯咨询法律顾问之后，认为他无须做这些事情，因为“其中并不涉及版权”。[38]但他似乎发现很难坚持这种立场，于是随后向贝柳和布朗-波特支付了 125 英镑。[39]但即便如此，事情也没有尘埃落定。

10 月初该剧投入制作，新近破产的伦纳德·史密瑟斯也找到哈里斯，因为王尔德之前曾承诺要偿还 160 英镑，而他至今分文未得。哈里斯不顾王尔德的强烈反对，觉得有必要再花 100 英镑搞定史密瑟斯。[40]这是一笔巨大的、意想不到的开支。而且，付完这笔钱之后，哈里斯只能——或者说只愿意——给王尔德 25 英镑，而不是两人协议中商定的 175 英镑。王尔德已经被医药费折腾地虚弱而焦躁不安，这下彻底被激怒了。他躺在病床上写了一封长信，信中做了通篇的自我辩白，反复要求归还他失去的这笔钱。

正当事情闹得沸沸扬扬的时候，10 月 17 日，也就是王尔德 46 岁生日的第二天，罗斯匆匆赶到巴黎。罗斯对哈里斯深表同情，他指出王尔德现在的处境比过去“要好得多”，因为哈里斯制作了这部剧之后，不仅会还清所有人预付给王尔德的钱，还能够让王尔德分享版税。对此，王尔德以他特有的方式回答说，哈里斯剥夺了他“唯一的收入来源，他拿走了一个能为我筹到 100 英镑的剧本”。[41]这样的幽默令人欣慰。事实上，罗斯发现王尔德“精神矍铄”，这让他很受鼓舞。他给莫尔·阿迪写信说：“尽管他告诉我病势沉重，但他同时有说有笑，讲了很多嘲弄医生和他自己的故事。”他招待着一个接一个的朋友。[42]

虽然每天负责护理的护士担心，塔克医生没有充分意识到王尔德病情的严重性，但病情马上就出现了好转的迹象。[43]雷吉·特纳的到来让王尔德很开心；他和罗斯每天都来，有时候一天两次。他们经常和王尔德一起在他的房间里共进午餐或晚餐。食物是从附近的餐馆端来的，大家无一例外地喝下了“太多的香槟”。王尔德尽管看起来病恹恹的，却“始终非常健谈”
710 和十分逗乐。当王尔德身上恼人的皮疹复发，而被罗斯发现正在抓挠时，他说：“说真的，我比以前更像一只大猩猩了，但我希望你给我的是午餐，博比，而不是坚果。”[44]

10月25日，罗斯的弟弟亚力克、威利的遗孀和她的新婚丈夫亚历山大·特谢拉·德马托斯也来了，这是一场特别欢乐的聚会。[45]王尔德神采奕奕地重复了他的那句话：英国人不会容忍他活到下一个世纪。他还说，法国人也绝不会再容忍他了，他们认为“博览会的失败应由他个人负责”，因为英国人“看到他衣冠楚楚、仍然那么快活时”便都赶紧逃走了。此外，他还提到了自己不断增加的医药费，以及对香槟的喜爱，他说自己会“入不敷出地死去”。[46]

这些俏皮话掩盖了王尔德对债务的真正焦虑，他欠了一大笔钱——他的医生、艾达·雷汉、达尔·扬，尤其是阿尔萨斯旅馆老板迪普瓦里耶（他一直那么耐心和慷慨）。据王尔德计算，欠款总共“大概在400英镑以上”，其中近四分之一是他的旅馆账单。在这个问题上，他时常表现得漫不经心，现在却“对一些债主怀有自责的悔恨之心”。[47]事实上，塔克医生认为，为酒店账单而焦虑可能正在妨碍王尔德康复。罗斯和特纳由于自身财力有限，无法提供帮助。不过，罗斯写信给道格拉斯，提醒他关注王尔德的状况，并且强调了王尔德对债务的担忧。[48] * 哈里斯未能寄出那笔未付的 150 英镑，这件事情让王尔德愤愤不平。它成了一种执念。王尔德虽然没写其他东西，但他每周都会写一封冗长的指责信，信的结尾总是恳请哈里斯把"你欠的"钱寄来。[49] **

尽管塔克医生不断提醒，但王尔德自从手术后就一直不愿意起床。不过，10 月 29 日那天，他不但起了床，而且还提议出去走走。晚上，罗斯陪着他散步到附近的咖啡馆。王尔德虽然走路"有些费劲"，但他看上去"状态不错"。医生嘱咐他不 711
要喝烈性酒，他却听不进去，"坚持喝苦艾酒"。[50] 第二天，他便毫无悬念地起不了床了。但又过一天，为了享受秋日的阳光，他觉得可以坐车去布洛涅森林兜风。[51] 罗斯与他一起短途旅行，他们中途在几家咖啡馆稍事停留，其间王尔德又点了一杯苦艾酒。当罗斯向他提出异议时，他严肃地答道："我为什么而活呢，罗比？"[52]

"死亡"连同"弗兰克·哈里斯"一起成为王尔德反复提及的话题。一天晚上，他梦见自己"与死人一起吃晚饭"。听到这个说法，特纳——让王尔德非常高兴——说了一句："我亲爱的奥斯卡，你也许是这场聚会中的生命和灵魂。"[53] 一天罗斯从拉雪兹神父公墓回来，王尔德问起有没有替他挑选一块墓

* 罗斯（和王尔德）不知道，就在两周前，道格拉斯短暂而秘密地到访过巴黎，是为追求一个他迷恋的年轻男妓。这次巴黎之行结局非常糟糕，道格拉斯遭到了这个年轻人的两名保护人的袭击和抢劫。

** 该剧于 10 月 25 日在皇家剧院首演，受到热烈欢迎。有关王尔德是否对这一消息感到鼓舞或恼火，这一点并未记录在案。该剧的巧妙和大胆得到了广泛的认可。虽然观众中的有些人知道这部戏源于王尔德的一个想法，但媒体没有提到两者之间的这种联系。

地，接着便开始讨论——“以一种非常轻松愉快的方式”——他的墓志铭。[54]他希望罗斯也能葬在附近：“当最后的号角声响起，我们躺在自己的斑岩墓穴里时，我会转身说，‘罗比，罗比，咱们就假装什么也没听见！’”[55]

他的脑海中也会掠过一些较为传统的想法。一名《每日纪事报》记者跟踪他到病房，王尔德（吐露了弗兰克·哈里斯的背叛行为之后）向他讲述了宗教带来的安慰。“我在道德上的偏颇，”他说，“在很大程度上是因为我父亲不允许我皈依天主教。教会也有艺术的一面，它那芬芳的教义本会治愈我的堕落。我打算不久之后就皈依它。”[56]罗斯仍然不相信，但他承诺，如果王尔德真的快死了，他会去请一位牧师来。[57]然而，这个时刻似乎还没有到来。

虽然王尔德自称正在迅速走向末日，但和以往一样，这种姿态中有很多自我戏剧化的成分。有时候，他很可能真的觉得自己“活不了多久了”。[58]但转过头来，他就开始为将来制订计划。[59]塔克医生仍然很乐观。他相信，即便王尔德没有“振作起来”——并且彻底戒酒——他也至少还能再活“5 年”。[60]

罗斯听了这番预测后很受鼓舞，继续他自己的计划，去尼斯和母亲过冬。王尔德同样受到鼓舞，希望在适当的时候追随
712 他们去南方。但 11 月的第二周，也就是罗斯即将离开的前几天，王尔德的耳朵疼痛加剧了。感染复发了。罗斯在临行前夜登门告别，发现王尔德说话含糊不清，他无法确定这是因疾病引起，还是由于注射了吗啡，或者是喝了香槟。[61]他们进行了一次令人痛心的面谈。王尔德请特纳和看护护士出去一下，他恳求罗斯留在巴黎；“在过去的几天里”，他坚持说，自己感觉病情“发生了很大的变化”。他大哭起来，说他害怕再也见不到

罗斯了。然而，罗斯认为这一切不过是有点歇斯底里。他不为所动。事实上，王尔德很快就恢复了平静。他们谈了些别的事情。临别时，他对罗斯说“在尼斯附近山上给我找一小块地”，等他“好点了”，就可以去那里——并且“你也能经常来看我”。[62]

罗斯不在的时候，特纳在几名护士和迪普瓦里耶的帮忙之下，承担起看护的责任，莫里斯·吉尔伯特偶尔也来帮忙。塔克医生每天都来。王尔德从院子边一楼的房间搬到了二楼的13号房间。[63]他不甘心当病人——常常“很难护理而且态度粗鲁”。他拒绝让护士在他腿上涂芥末膏。[64]但时常注射吗啡——常常由迪普瓦里耶注射——缓解了疼痛，他偶尔能够起床。特纳还带他出去坐了几次车。[65]

朋友们不间断地来看望他；有来自贫民区和卡利萨雅咖啡馆的诗人。一阵阵谈笑声此起彼伏。王尔德对作家克莱尔·德·普拉茨说：“我和我的墙纸正在进行一场殊死决斗。我们两个中，有一个必须离开。”[66]大家经常谈论起去法国南部旅行的计划。但王尔德现在很容易疲倦，他睡得越来越多。[67]罗马尼亚流亡诗人海琳·瓦卡雷斯库来看望他时，发现他正躺在床上，脸对着墙。她在桌上留下一瓶香槟和一些“安慰品”，便悄然离开了。“谢谢你，陌生人。”王尔德没有转身，低声嘟囔了一句。[68]

脆弱的平衡维持了一个多星期。11 月 24 日晚，王尔德的病情恶化。他“突然觉得头晕”，神志不清。第二天他起不来了。塔克对事态的转变感到震惊，他向“脑专家”保罗·克莱斯医生征求意见。很明显，正在化脓的中耳感染已经影响到王尔德的大脑。这样的发展十分可怕。现在，恢复的希望非常渺茫。特纳立刻写信给罗斯，告诉他王尔德情况不妙。[69]

713 11月27日，塔克和克莱斯注意到症状不断恶化，便出具了一份会诊报告。无疑，经诊断肯定是“脑膜炎”。由于他的大脑和周围的脑膜都发炎了，进行外科介入性治疗是不可能的。病人的病情只能通过药物和其他保守疗法予以缓解。[70]

王尔德在睡梦中辗转反侧。他头上敷着冰袋以减轻压力。[71]他经常神志不清，似乎“一直用英语和法语说着胡话”，但有时候会突然清醒。他说，特纳应该去当一名医生，因为他“总是希望别人做那些他们不想做的事”（这是在特纳恳求他不要吸烟之后）。[72]还有一次，特纳手持冰袋在他头上敷了45分钟之后，王尔德对他说：“你这个可爱的小犹太人，你不觉得这已经够了吗？”[73]他之前曾说：“犹太人没有优美的人生哲学，但他们是令人愉快的。”[74]他有时候口齿不清。当他想要一份《祖国报》（*Patrie*）的时候，他要的却是火油（paraffin）。[75]他问特纳，是否能请一位“芒斯特来给他做饭？”——又补充说“两艘汽船非常相似”。王尔德可能想象自己回到了年轻时代的爱尔兰：“芒斯特”是定期往返于霍利黑德和金斯顿之间的船只之一。[76]

11月29日星期四上午，罗斯回到巴黎。收到特纳的信后，他立即连夜搭乘火车出发。他极其难过地发现，王尔德形容枯槁地躺在那里，皮肤呈青灰色，呼吸沉重。他的头发被剃了一部分，以便到时候可能会用到水蛭。王尔德虽然似乎意识到罗斯的存在，但他说不出话来。塔克和克莱斯也在场。他们证实王尔德活不过两天。罗斯回想起自己的承诺，问他要不要找个牧师来。王尔德举起手表示默许。[77]

罗斯下午4点左右和卡斯伯特·邓恩神父一起回来了。卡斯伯特·邓恩是一名年轻的牧师，隶属于奥什街（靠近凯旋门）的圣约瑟夫教堂。他们到达时，王尔德渐渐恢复了意识，他试图说话，却一个字也说不出来。然而，当邓恩神父解释说，他是来接纳王尔德加入天主教会并主持病人圣礼时，王尔德的“手势”和“尝试说话的努力”足以让神父确信，已经获得了他的同意。邓恩神父不顾附着在病人额头上的两条水蛭，及时给他施了圣礼。牧师凑近王尔德，对着他的耳朵念诵“信仰、希望、慈善和忏悔的做法”，以及“谦卑地顺从上帝意志”等教义。王尔德似乎在试图重复这些话。[78]

协助神父进行完这些仪式后，罗斯给道格拉斯和弗兰克· 714
哈里斯发了电报，告诉他们王尔德即将离世。他还给律师霍尔曼发了电报，以便通知王尔德孩子的监护人阿德里安·霍普。晚上塔克医生又来了。他认为病人也许还能苟延“几天”。

那天晚上有人一直在床边守夜。由于护士已经精疲力竭，他们不得已又找了个专职看护。罗斯和特纳睡在酒店楼上的一个房间里。罗斯写信告诉莫尔·阿迪：

> 我们两次被看护叫醒，他以为奥斯卡真的要死了，大约凌晨5：30，奥斯卡的模样完全变了，脸上的线条都变样了，我相信所谓的垂死挣扎开始了，但我以前从未听见过任何像这样的声音。它听起来就像是转动曲柄时发出的可怕嘈杂声，而且它从头到尾一直没停过。他的眼睛不再对灯光测试做出反应。泡沫和血从他的嘴里冒出来，必须由站在他旁边的人不停地将它们抹去。[79]

早上，邓恩神父接到电报，回来主持临终圣礼。[80]中午，罗斯和特纳轮流出去了一小会儿用午餐。下午 1 点的时候，两人都回到了床边。王尔德喉咙里发出的奇怪声音越来越大。迪普瓦里耶也来接替值班的两个护士。差一刻 2 点时，王尔德的呼吸变了。罗斯走到床边，握住他的手。王尔德深深地叹了口气，他的四肢似乎不由自主地伸展开来。他的呼吸变得越来越微弱。他在下午 2 点差 10 分的时候去世了。[81]

经过几天的“可怕的挣扎”，罗斯和特纳看到他们的朋友终于“安静下来”，感到如释重负。[82]但除了肉体上的痛苦，还有一种棘手的问题获得解决的感觉。在过去的三年里，人们发现，要想看到王尔德的生活向幸福而富有成效的方向发展，已经变得越来越艰难。当然，虽然失去这样一位伟大而又难得的人物令人相当遗憾，但“那句最落俗套的话”：“这是最好的结局”，用在他身上却是千真万确的。[83]

王尔德的去世并没有引起公众或媒体的极大兴趣和关注。12 月 3 日上午举行了简朴的葬礼。① 大约有 50 人聚集在圣日耳
715 曼教堂高高的祭坛后举行了简单的仪式：一些法国小作家、阿尔萨斯旅馆的员工、几名记者，还有一些老朋友。罗斯、特纳和莫里斯·吉尔伯特跟在灵柩后面。道格拉斯前一天从英国赶来，作为“主要哀悼者”出席了葬礼，但弗兰克·哈里斯因为卧病在床，无法前往。

法国和英国报纸都敷衍了事地刊登了讣告。罗斯认为，总的来说，保持沉默总比廉价的说教要好。[84]事实的确如此。流行一时的“诗歌正义”观决定了王尔德的最后几年必然是不快乐的。[85]《泰晤士报》的讣告在简要概述王尔德的生涯之后，

---

① 原作中写的是 11 月 3 日，应有误。——译者注

在结尾处写道，死亡终结了王尔德“一段注定充满不幸和遗憾的生活”。[86]《星期日泰晤士报》称，王尔德获释时留给他的“少量同情”“被他后来的所作所为和恶劣环境挥霍殆尽”。讣告的结尾写道：“再也找不到比这更悲惨的，遭受蓄意摧残的人生记录了……这个不幸的人唯一的墓志铭是：‘哦，真可惜！’”[87]

罗斯相信，人们“以后”会认识到王尔德真正的成就，他的作品会一直流传下去，但他去世时人们对他的文学作品（而不是他本人）所作的少数直接评价则表明，这种等待可能会很漫长。《帕尔摩报》称，尽管他有“惊人的聪明才智”，但他“缺乏实质性”：他的戏剧虽然充满了机智的“亮点”，但缺乏戏剧的“建设性能力”。甚至连《雷丁监狱之歌》也被认为不过是“一篇熟练的仿作”。在他的美学“荒诞”时期，他或许对“纠正英国人的迟钝”稍有用处，“他写的任何东西都没有持久力”。根据他们经深思熟虑作出的估计，王尔德对文化记录最持久的贡献仍将是他对大西洋的“失望”。[88]

注　释

1. *CL*, 1187.
2. John Farrington to OW, 9 July 1900 (Clark).
3. Harris, 308; RR to Vyvyan Holland, 1918, in Mary Hyde, ed., *Bernard Shaw & Alfred Douglas: A Correspondence* (1989), xxiv.
4. *CL*, 1192.
5. *CL*, 1188.

6. Harris，305；这次与道格拉斯的令人不快的晚餐发生在 5 月底。6 月 30 日，道格拉斯给王尔德一张 25 镑的支票，7 月 17 日给了两张 50 镑和 25 镑的支票；LAD，*Autobiography*，323.
7. *CL*，1193；1226+n.，罗斯告诉阿德拉·舒斯特，1900 年期间，王尔德"从一位剧院经理处收到 100 英镑"——几乎可以肯定此人就是亚历山大。
8. *CL*，1189-90+n；Harris，301-2.
9. La Jeunesse，'Oscar Wilde'，*Revue Blanche*，15 December 1900，in Mikhail，480.
10. *CL*，1194.
11. Paul Fort，quoted in Ransome，198.
12. Stuart Merrill，'Some Unpublished Recollections of Oscar Wilde'，in Mikhail，470.
13. Frederic V. Grunfeld，*Rodin*：*A Biography*（1988），411.
14. *CL*，1192；La Jeunesse，'Oscar Wilde'，*Revue Blanche*，15 December 1900，in Mikhail，478.
15. *CL*，1191；Ransome，198-9；Ellmann，543. 拉乌尔·勒布歇是艺名，他的真实姓名为 Raoul Musson。
16. 对这次邂逅有过一段耸人听闻的描述，Marjoribanks，*Life of Lord Carson*，其中写道，卡森在不经意间将"可怜的，涂脂抹粉的"王尔德撞进了水沟里，但此种描述一直以来都被认为是不可信的。See Vincent O'Sullivan to A. J. A. Symons，[1932]（Clark），and Mrs C. S. Pell，*Life's Enchanted Cup*（1933），103.
17. Rothenstein，*Men and Memories*，362.
18. *CL*，1190-1.
19. Steen，*A Pride of Terrys*，206n.
20. Anna，comtesse de Brémont，*Oscar Wilde and His Mother*（1911），176-88，in Mikhail，450，其中安娜记述的聊天内容似乎并不可信。
21. Sir Peter Chalmers Mitchell，*My Fill of Days*（1937），183-4，in Mikhail，366-7.
22. [LAD]，'Oscar Wilde's Last Years in Paris'，in *The Trial of Oscar Wilde from the Shorthand Reports*，125；Hyde，*LAD*，127；LAD，

Autobiography，323.

23. *CL*，1194.

24. Ellmann，543.

25. *CL*，1163-4. 编辑将奥斯卡·王尔德给劳瑟的信标注为写于“1899 年 8 月”，但这封信更有可能是写于 1900 年，因为信中提到劳瑟和泰利在博览会期间拜访了王尔德。据万斯·汤普森（Vance Thompson）记载（见‘Oscar Wilde：Last Dark Poisoned Days in Paris’，in the *New York Sun*，18 January 1914），《白色评论》的老板 Thadée Nathansen 曾经敦促王尔德写稿，王尔德甚至“写了几个法语词”。

26. *CL*，1198.

27. Ransome，199.

28. 莫里斯·埃科特·塔克医生 1868 年生于巴黎，其父是英国人；他于 1896 年获得医师资格。

29. *CL*，1212；TLC Mrs Mamie Ella Christie to R. H. Sherard，22 January 1937（Clark）：“王尔德去世时我正在巴黎读书，有一天塔克医生进来说，‘你们英国人不配拥有伟人，如果你们真的让他们饿死的话。’”

30. *CL*，1223.

31. *CL*，1212，1127；根据罗伯特·罗斯记述，那位“知名专家”是 Hobean——这个名字很有可能是误传。阿什利·罗宾斯并没有在法国医疗记录中找到“Hobean”这个名字。

32. 有关王尔德病情的最完善、最可信的记述，可参见 Robins，104-8；*CL*，1206。

33. *CL*，1200；过去 14 个月里，王尔德一直住在阿尔萨斯旅馆的不同房间里，手术时住在“一楼的一个通往院子的大房间里”。Reggie Turner to Thomas H. Bell [1935]（Clark）.

34. *CL*，1199，1200，Robins，op. cit. 106-9.

35. *CL*，1199.

36. *CL*，1207.

37. *CL*，1199-1200.

38. *CL*，1195，1202.

39. *CL*，1199-1200.

40. *CL*，1199-1200.

41. *CL*，1212.
42. *CL*，1212，1226.
43. *CL*，1212；Robins，109.
44. Harris，314.
45. *CL*，1212-13，1227.
46. *CL*，1212；罗伯特·罗斯只是记录了王尔德说过“入不敷出地死去”这句话。特纳［见 Harold Acton，*Memoirs of an Aesthete*（1948），63］记述，王尔德是“在要了香槟酒”之后说这番话的。J. Joseph-Renaud［‘The Last Months of Oscar Wilde in Paris’，ts 5（Clark）］认为——并不十分可信——王尔德说这番话是因为，他偷听到“两名英国医生（原文如此）正在窗边窃窃私语地——很不友好地——议论费用问题”。当然，奥斯卡·王尔德很可能在好几个场合都说过这句话。
47. *CL*，1213. 据罗伯特·罗斯称，奥斯卡·王尔德欠塔克医生 50 镑，欠旅馆 96 镑；*CL*，1228.
48. *CL*，1213.
49. *CL*，1201-8，1213.
50. *CL*，1212，Harris，314.
51. *CL*，1212.
52. *CL*，1212；Harris，315.
53. *CL*，1213.
54. *CL*，1213.
55. Ricketts，59.
56. Clifford Millage（《每日纪事报》驻巴黎记者）to OW，5 November 1900（Clark）；米雷吉的这篇报道发表在许多媒体上：例如，1900 年 12 月 4 日的《北方回声报》（*Northern Echo*）。
57. *CL*，1220；Blunt，*My Diaries - Part Two*，121-2.
58. *CL*，1213.
59. *CL*，1227.
60. *CL*，1213，1227.
61. *CL*，1213.
62. *CL*，1214.
63. Reggie Turner to Thomas H. Bell［1935］（Clark）；R. H. Sherard，

Modern Paris（1911），160，其中提到换房间的时间是“（王尔德）死亡前两周”，也就是大约在 11 月 16 日。

64. *CL*，1215-16.
65. RR to Will Rothenstein，11 December 1900（Houghton）；*CL*，1218.
66. Ellmann，550. 雷蒙德·拉塔亚德和让·克里斯蒂每天都来看望他；Claire de Pratz，in G. de Saix，*Souvenirs inédits*，in Ellmann，456；*CL*，1228.
67. *CL*，1228.
68. Mrs Will Gordon，*Echoes and Realities*（1934），83-4.
69. *CL*，1227，其中罗伯特·罗斯所书克莱斯（Claisse）医生的名字为“Kleiss”；*CL*，1214；1900 年 11 月 27 日，塔克医生与克莱斯医生的会诊报告，复印件参见 Robins，106-7。
70. 1900 年 11 月 27 日，塔克医生与克莱斯医生的会诊报告，复印件见 Robins，106-7。在奥斯卡·王尔德去世后的十年里，显然是罗伯特·罗斯提出，王尔德最终的疾病是“三期梅毒发作后遗症”。这方面的谣言早在 1906 年就开始流传。那年年初，哈里·凯斯勒在他的日记（1 月 12 日）中写道，康德告诉他“王尔德死于梅毒，并且因为喝了苦艾酒而进一步恶化”。这一内容最早由阿瑟·兰塞姆发表在 1912 年出版的《奥斯卡·王尔德：一项批判性研究》（罗伯特·罗斯为该书提供了传记信息，最初的引言也出于其中）。这本书的校样中提到，奥斯卡·王尔德早在牛津大学时就感染了这种疾病，但确信他在结婚时已经治愈。然而，尽管罗伯特·罗斯已经将这些细节告诉了谢拉德和其他人（Robins，113），但它们并没有出现在兰塞姆的书中。此后，从弗兰克·哈里斯（1916）到理查德·艾尔曼（1987），传记作家们一直倾向于称，王尔德自从成年后一直患有这种疾病，该病在某种程度上导致了他的死亡。然而，这一点是有争议的。假定罗伯特·罗斯认为他提出的主张是正确的。但众所周知，外行人在评估自己和他人的疾病时，总是会做出一些奇思妙想的诊断。与他的断言相反，应该指出的是，在王尔德有生之年的来往信件，或是关于王尔德的信中，没有一封提到他感染了梅毒，或者他感觉自己活在某种可怕的、不知名的疾病阴影之下。王尔德在监狱被押期间留下的大量医疗记录中也同样没有提到这方面的问题。阿尔弗雷德·道格拉斯勋爵当即否定了这种说法（*Oscar Wilde*：*A Summing Up*，96）。至于他最终患病的具体情况，阿什利·罗宾斯 2011 年出版的《奥斯卡·王尔德：伟大的戏剧人生》（*Oscar Wilde*：*The Great Drama of His Life*）中虽然含有众多医疗信息，但其中没有提到梅毒。当然，没有证据证实他得了这种病。王尔德的生活事件中，也几乎没有任何迹象表明他患有这种疾病。约翰·斯托克斯明智地指出，就连艾尔曼所谓这种疾病"对我了解王尔德的性格十分关键，有助于解读他末日生活中的许多事情"，在他的书中也是站不住脚的（Schroeder，35）。鉴于上述情况，最明智的假设似乎是，奥斯卡·王尔德一生中没有患过梅毒。当然，他 1900 年的疾病并非这种疾病的第三期表现。

71. *CL*，1218.
72. *CL*，1216.
73. *CL*，1218.
74. *CL*，1216.
75. *CL*，1216.
76. *CL*，1218+ n.
77. *CL*，1219：R. Turner to Thomas H. Bell，[1935]（Clark），其中提到王尔德的头发被剃掉，并使用了水蛭，"在他死亡前两天"——也就是 11 月 28 日。
78. Fr Cuthbert Dunne（1869－1950），'Extracts from the Memoir of Father Cuthbert Dunne，C. P.'，ts（Austin）；Rev. Edmund Burke，'Oscar Wilde：the final scene'，*London Magazine*，1，no. 2（May 1961）. *CL*，1219－20.
79. *CL*，1220.
80. RR to A. Schuster，其中提到王尔德在"去世的那天早上"接受了"临终圣礼"，*CL*，1226；根据卡斯伯特·邓恩神父的叙述（'Extracts from Memoir of Father Cuthbert Dunne，C. P' and *CL*，1223－4），他至少去过一次王尔德的病房，而且很可能去过多次。
81. *CL*，1220.
82. *CL*，1225.
83. *CL*，1229.
84. *CL*，1229.

85. [LAD] 'Oscar Wilde's Last Years in Paris', in *The Trial of Oscar Wilde*: *from the Shorthand Reports*, 117.
86. *The Times*, 1 December 1900.
87. *The Sunday Times*, 2 December 1900.
88. *CL*, 1229, *PMG*, 1 December 1900.

后　记

昨夜我梦见了他，看见了他的脸，
容光焕发，没有痛苦的阴影，
像在过去那样，在无量的乐声中，
我听见了他那金子般的声音，画出他的轨迹，
那是隐藏在尘凡之下的美，
空虚中变幻而出的奇妙。

——阿尔弗雷德·道格拉斯勋爵，《逝去的诗人》

罗伯特·罗斯希望王尔德的文学声誉能及时获得恢复，这在1900年的冬天似乎是一种幻想。但实际上，某种程度的救赎确实是以惊人的速度实现了。

人们普遍认为，在长达整整一代人的时间里，王尔德的戏剧都没有在英国上演，这一观点并没有事实予以佐证。如迈克尔·西尼在他的戏剧史中所示，在王尔德倒下后的十年里，从弓街到丽兹酒店一直在成功上演王尔德的喜剧——尽管是地方巡回演出。它们带来的愉悦是无法否认的。

罗斯作为公认的王尔德文学遗嘱执行人，勤勤恳恳地维护着仍然属于王尔德遗产的少数版权，其中最能获得直接盈利的是《莎乐美》。尽管这部剧在英国仍然被禁，但它在欧洲寻到了知音，尤其是在德国。1902年，理查德·施特劳斯亲眼见证了马克斯·莱因哈特在柏林的著名演出，该剧启发他要以歌剧

的方式来演绎这个故事。国外的认可促进了国内地位的提升。施特劳斯的歌剧《莎乐美》于1905年在德累斯顿成功首演，这成为促使英国审查官重新考虑对该剧执行禁令（该禁令于1907年被取消）的因素之一。

作为王尔德各种作品最终版本计划的一部分，罗斯经过大量编辑，在1905年出版了王尔德篇幅极长的监狱信件。它被命名为《自深深处》。书中拿掉了所有苦涩的个人指责（事实上还删去了所有指向道格拉斯的内容），展示的是对惩罚和忏悔的哲学思考。事实证明，该书极其受欢迎，这或许有点出人意料。这本书通过展现一幅饱受磨难的画面，拯救了公众眼中的王尔德。他已经为自己的罪孽付出了代价。

及至1906年初，罗斯终于使得王尔德免于破产。1909年，王尔德的遗体从郊区默默无闻的巴涅墓地移至拉雪兹神父公墓——在那里，一座由雅各布·爱泼斯坦设计的宏伟的葬礼纪念碑已经适时地竖立其上。

随着王尔德的作品日益获得欣赏，人们对他的生活也越来越感兴趣。王尔德在《作为艺术家的批评家》中写道："如今，每个大人物都有自己的信徒，而写传记的总是犹大。"在王尔德的众多门徒中，将善意的谢拉德塑造成犹大或许有些苛刻；不过，他的确是第一个匆忙印刷出版的人，推出了《奥斯卡·王尔德：一段不愉快的友谊故事》（1902）和《奥斯卡·王尔德的一生》（1906）；1907，《奥斯卡·王尔德》出版了，它由伦纳德·史密瑟斯的前密友、机会主义者兰杰·格尔（Ranger Gull）剪剪贴贴拼凑而成，该书作者署名为"伦纳德·克雷斯韦尔·英格比"（Leonard Creswell Ingleby）。尽管这些书名不副实，但它们都开始聚焦于王尔德那些或令人兴奋，或令人扼腕，跌宕起伏、引人入胜的故事。他们也开始将王尔德的形象定位成一个典型的同性恋男人——华丽、机智、挑衅，略带柔弱。这是一种颇吸引人眼球的组合。

1912 年，克里斯托弗·米勒德（化名“斯图亚特·梅森”）出版了王尔德著作的权威参考书目，罗斯得以在序言中写道，该书目的出现证实了其预言的真实性，即王尔德的著作将“比几乎任何同代人的作品更能激起广泛的兴趣”。“事实上，除了狄更斯和拜伦之外，”他补充道，“我怀疑 19 世纪的英国作家中，还有谁比他在更广阔的地理范围内更加享有盛名。”

然而，同一年，在罗斯的指导下，年轻的阿瑟·兰塞姆出版了《奥斯卡·王尔德：批判性研究》，这一势头变得复杂起来。虽然这本书主要关注王尔德的作品，但其传记部分（由罗斯收集的资料和《自深深处》未出版的部分组成）隐晦地提到了王尔德对道格拉斯的敌意，原因是道格拉斯在王尔德的没落及其后续结果中所扮演的角色。道格拉斯当时已经结婚，皈依了罗马天主教，并对自己的同性恋经历产生了厌恶。他对兰塞姆及其出版商发起了诽谤诉讼。1897 年，他连看都没看，就销毁了寄给他的《自深深处》原信副本，因此他根本不知道兰塞姆的评论出自何处。当法庭朗声宣读王尔德的信（由罗斯保存并出示），并谴责他的卑鄙和无能时，他不得不忍辱听完整封信。这段经历令人肝肠寸断。

为了替自己辩护，他（在斗志旺盛的助手 T. W. H. 克罗斯兰的协助下）匆匆写出了《我与奥斯卡·王尔德》一书，用尖刻而片面的笔调，将王尔德描述成一个无能、腐朽的江湖骗子。由此开始了一场漫长的反对纪念王尔德的运动。在另一次出庭中，道格拉斯将王尔德描述为“过去 350 年里，出现在欧洲的最强大的邪恶力量”。虽然道格拉斯最终妥协了，并对他与王尔德的关系有了一种更平衡的看法，但正是由于他威胁要采取进一步的法律行动，阻止了弗兰克·哈里斯的《奥斯卡·王尔德传》1916 年在英国出版。该书尽管有许多虚构的片段，却为我们描绘了一幅生动的肖像。这本书成为美国的畅销书，那里的人对王尔德的兴趣增长极快，其速度几乎超越了欧洲。尽管哈里斯的书直到 1938 年才在英国出版，但对它的压制并没有削弱王尔德日益增长的声望。

1927 年，艺术评论家罗杰·弗赖写信给他的朋友海伦·安雷普说，重读王尔德的文章时，他“相当震惊并羞愧地”“发现我对他的评价如此之少”。尽管弗赖认为王尔德是一个“爱出风头的人”，但他仍然设法成为“比当时所有高尚的雄辩家，如卡莱尔、罗斯金等，更接近某种真理的人。他拥有一种保持正确的方式，这在当时是令人吃惊的，甚至在任何时候都是令人吃惊的”。

自那以后的几年里，这一判断以不同的形式和节奏得到了回应。它适应了不同的情况，采取了不同的侧重点。王尔德闪耀的智慧创造了一种鼓励所有的异端邪说的开放式话语。而且，他在去世之后戴上了与之生前一样多的面具，而且其活力不减当年。他以反文化的叛逆者、同性恋殉道者、英国殖民压迫的受害者、原始现代派、原始后现代派、“酷”的先驱者等形象出现。这个列表还会继续下去。王尔德保留了他所有传说中的沟通能力。他仍然拥有“一种保持正确的方式”，既“令人惊骇”又令人愉悦。

注释中使用的简称与缩写

人名

CMW——康斯坦斯·玛丽·王尔德，娘家姓劳埃德，后改为霍兰德

ES——爱德华·沙利文

JFW——简·弗朗西斯卡·王尔德，娘家姓埃尔吉，笔名“斯佩兰萨”

JMW——詹姆斯·麦克尼尔·惠斯勒

LAD——阿尔弗雷德·道格拉斯勋爵

LVK——洛滕·冯·克雷默

MQ——昆斯伯里侯爵

OW——奥斯卡·王尔德

RR——罗伯特·罗斯

WCKW——威利·王尔德

WRWW——威廉·罗伯特·威尔斯·王尔德爵士

奥斯卡·王尔德作品

AIH——《理想丈夫》（An Ideal Husband）

BRG——《雷丁监狱之歌》（The Ballad of Reading Gaol）

LWF——《温德米尔夫人的扇子》（Lady Windermere's Fan）

IBE——《不可儿戏》（The Importance of Being Earnest）

PDG——《道林·格雷的画像》（The Picture of Dorian Gray）

WNI——《无足轻重的女人》（A Woman of No Importance）

《牛津英语读本》系列，包括奥斯卡·王尔德的所有作品

OET Ⅰ——《牛津英语读本Ⅰ》，《诗集》，编者 Bobby Fong 和 Karl Beckson（2001）

OET Ⅱ——《牛津英语读本Ⅱ》，《自深深处》，编者 Ian Small（2005）

OET Ⅲ——《牛津英语读本Ⅲ》，《道林·格雷的画像》，编者 Joseph Bristow（2005）

OET Ⅳ——《牛津英语读本Ⅳ》，《评论》，编者 Josephine M. Guy（2007）

OET Ⅴ——《牛津英语读本Ⅴ》，《剧本Ⅰ》，编者 Joseph Donohue（2013）

OET Ⅵ——《牛津英语读本Ⅵ》，《新闻报道Ⅰ》，编者 John Stokes、Mark Turner（2013）

OET Ⅶ——《牛津英语读本Ⅶ》，《新闻报道Ⅱ》，编者 John Stokes、Mark Turner（2013）

图书馆与研究机构

Austin——得克萨斯大学奥斯汀分校哈利·兰塞姆中心

Berg——纽约公共图书馆伯格藏书

BL——大英图书馆

Clark——加州大学洛杉矶分校威廉·安德鲁斯·克拉克图书馆

GUL——格拉斯哥大学图书馆

Fales——纽约大学法尔斯图书馆

Houghton——哈佛大学霍顿图书馆

TCD——都柏林圣三一学院

Yale Beinecke Library——耶鲁大学贝内克图书馆

其他作品

Blackwood's—— [George A. Macmillan], "A Ride Across the Peloponnese", *Blackwood's Magazine*, 123, no. 751, May 1878

Beckson——Karl Beckson, ed. , *Oscar Wilde: The Critical Heritage* (1970)

CL—— Hart-Davis, Rupert and Merlin Holland, eds, *Complete Letters of Oscar Wilde* (2000)

Coakley——Coakley Davis, *Oscar Wilde: The Importance of Being Irish* (1994)

Croft-Cooke—— Croft-Cooke, Rupert, *The Unrecorded Life of Oscar Wilde* (1972)

Dibb——Dibb, Geoff, *Oscar Wilde: A Vagabond with a Mission* (2013)

DNB——*Oxford Dictionary of National Biography* (2004)

Dulau——A. Dulau & Co. , *A Collection of Original Manuscripts, Letters and Books of Oscar Wilde* (1929)

Ellmann——Ellmann, Richard, *Oscar Wilde* (1987)

Friedman——Friedman, David M. , *Wilde in America* (2014)

Guy & Small——Guy, Josephine M. and Ian Small, *Oscar Wilde's Profession: Writing and the Culture Industry in the Late Nineteenth Century* (2000)

Harris——Harris, Frank, *Oscar Wilde, His Life and Confessions*

(1916)

Hofer & Scharnhorst——Hofer, Matthew and Gary Scharnhorst, eds, *Oscar Wilde in America*: *The Interviews* (2010)

Holland—— Holland, Merlin, *Irish Peacock*, *Scarlet Marquess* (2003)

Hunter-Blair——Hunter-Blair, Sir David, "Oscar Wilde As I Knew Him", *In Victorian Days and Other Papers* (1939), 115-43

Hyde, *Aftermath*——Hyde, H. Montgomery, *Oscar Wilde*: *The Aftermath* (1963)

Hyde, *LAD*——Hyde, H. Montgomery, *Lord Alfred Douglas*: *A Biography* (1984)

Hyde, *Oscar*——Hyde, H. Montgomery, *Oscar Wilde*: *A Biography* (1974)

Hyde, *Trials*——Hyde, H. Montgomery, *The Trials of Oscar Wilde* (1948)

Lewis & Smith——Lewis, Lloyd and Henry J. Smith, *Oscar Wilde Discovers America* (1936)

Maguire——Maguire, J. Robert, *Ceremonies of Bravery*: *Oscar Wilde*, *Carlos Blacker*, *and the Dreyfus Affair* (2013)

Mason——Mason, Stuart, *Bibliography of Oscar Wilde* (1914)

McKenna——McKenna, Neil, *The Secret Life of Oscar Wilde* (2003)

Melville—— Melville, Joy, *Mother of Oscar*: *The Life of Jane Francesca Wilde* (1994)

Mikhail——Mikhail, E. H., ed., *Oscar Wilde*: *Interviews and Recollections* (1979)

Morse—— Morse, W. F., "American Lectures", in *The Works of Oscar Wilde* (1907)

Moyle——Moyle, Franny, *Constance: The Tragic and Scandalous Life of Mrs Oscar Wilde* (2011)

NYT——《纽约时报》

O'Sullivan——O'sullivan, Vincent, *Aspects of Wilde* (1936)

OWIA——Oscar Wilde in America website, www.oscarwildeinamerica.org

Pearson——Pearson, Hesketh, *The Life of Oscar Wilde* (1946)

PMB——*Pall Mall Budget*(《帕尔摩文摘报》)

PMG——*Pall Mall Gazette*(《帕尔摩报》)

Raffalovich/Michaelson——Alexander Michaelson [André Raffalovich], "Oscar Wilde", Blackfriars VII, no. 92 (1927), reprinted in Sewell, Brocard, *Footnote to the Nineties* (1968)

Ransome——Ransom, Arthur, *Oscar Wilde: A Critical Study* (1912)

Ricketts——Raymond, Paul and Charles Ricketts, *Recollections of Oscar Wilde* (1932)

Robins——Robins, Ashley H., *Oscar Wilde: The Great Drama of His Life* (2011)

Schroder—— Schroeder, Horst, *Additions and Corrections to Richard Ellmann's Oscar Wilde* (2002)

Sherard, *Life*——Sherard, Robert H., *The Life of Oscar Wilde* (1907)

Sherard, *Real*——Sherard, Robert H., *The Real Oscar Wilde* (1916)

Sherard, *SUF*——Sherard, Robert H. , *The Story of an Unhappy Friendship* (1902)

Smith & Helfand——Smith, Philip E. and Michael S. Helfand, eds, *Oscar Wilde's Oxford Notebooks* (1989)

Tipper, *Hilson*——Tipper, Karen Sasha Anthony, ed. , *Lady Jane Wilde's Letters to Mr John Hilson, 1847-1876* (2010)

Tipper, *Kraemer*——Tipper, Karen Sasha Anthony, ed. , *Lady Jane Wilde's Letters to Froken Lotten von Kraemer, 1857-1885* (2014)

Tipper, *Oscar*——Tipper, Karen Sasha Anthony, ed. , *Lady Jane Wildes Letters to Oscar Wilde* (2011)

White——White, Heather, *Forgotten Schooldays: Oscar Wilde at Portora* (2002)

Wright——Wright, Thomas, *Oscar's Books* (2008)

WW——《女性世界》(*Woman's World magazine*)

ts——Typescript（手稿）

图片来源

封面

封面、封底 TPG Images

篇章页图片

第 2、615 页 The William Andrews Clark Memorial Library

第 92、216、334、446、744、842、984、1058、1128 页 TPG Images

第 924 页 The Standard, Vol. XIII, September 1895

彩插

1、2、3、7、11、14、15、16、21、22、23、25、27、30、33、34、35、37、38、39 默林·霍兰（Merlin Holland）私人收藏

4、5、6、8、9、12、13、17、18、19、20、24、26、28、29、32、36 Wikimedia Commons

10 TPG Images

31 The William Andrews Clark Memorial Library

索　引

（索引页码为原书页码，即本书边码）

图书在版编目(CIP)数据

奥斯卡·王尔德：一部传记：全二册 / （英）马修·斯特吉斯（Matthew Sturgis）著；马娟娟译 . --北京：社会科学文献出版社，2024.4

书名原文：Oscar：A Life

ISBN 978-7-5228-0476-7

Ⅰ. ①奥…　Ⅱ. ①马…　②马…　Ⅲ. ①王尔德（Wilde，Oscar 1856-1900）-传记　Ⅳ. ①K835.615.6

中国版本图书馆 CIP 数据核字（2022）第 134623 号

奥斯卡·王尔德：一部传记（全二册）

著　　者 / ［英］马修·斯特吉斯（Matthew Sturgis）
译　　者 / 马娟娟

出 版 人 / 冀祥德
责任编辑 / 刘　娟
责任印制 / 王京美

出　　版 / 社会科学文献出版社·甲骨文工作室（分社）（010）59366527
地址：北京市北三环中路甲 29 号院华龙大厦　邮编：100029
网址：www.ssap.com.cn
发　　行 / 社会科学文献出版社（010）59367028
印　　装 / 北京盛通印刷股份有限公司

规　　格 / 开　本：889mm × 1194mm　1/32
印　张：38　插　页：0.75　字　数：876 千字
版　　次 / 2024 年 4 月第 1 版　2024 年 4 月第 1 次印刷
书　　号 / ISBN 978-7-5228-0476-7
著作权合同登记号 / 图字 01-2019-2607 号
定　　价 / 238.00 元（全二册）

读者服务电话：4008918866